2013
OBSERVATION REPORT ON THE THIRD SECTOR OF CHINA

中国人民大学非营利组织研究所
公域合力管理咨询有限责任公司
康晓光　冯利　主编

2013 中国第三部门观察报告

社会科学文献出版社
SOCIAL SCIENCES ACADEMIC PRESS(CHINA)

 中国扶贫基金会资助

编写说明

本报告由中国人民大学非营利组织研究所与公域合力管理咨询（北京）有限责任公司共同完成。报告由康晓光与冯利领导与指导的编写小组执笔，编写小组其他成员主要来自中国人民大学非营利组织研究所的博士生、硕士生以及公域合力管理咨询（北京）有限责任公司的工作人员，包括罗德、周扬明、梁晨、杨维东、郭佩坤、黄必成、许文文、马玲、王琦棠、章一琪、陆稀云、陈南方。此外，编写小组邀请到原"我开"网工作人员刘丽美及 Emily 加入报告编写，还邀请到香港中文大学中国研究服务中心主任萧今教授赐稿。陈南方同时承担编写小组的助理工作。

本报告的编撰工作历时九个月，从确定选题到最终形成文稿，经历了复杂的过程。本报告中的总报告、分报告、典型案例均以小课题研究的方式进行。每篇文章写作时基本采用的工作逻辑与工作流程为：（1）确定研究目的；（2）根据研究目的设定研究内容；（3）针对研究内容进行文献研究、综述；（4）针对研究内容，在文献研究的基础上，建立分析思路、分析框架；（5）针对研究内容与分析框架的要求，设计覆盖所需信息的调查方案；（6）按照调查方案，实施田野调查，获取所需经验资料；（7）分析一手资料与二手资料；（8）进行汇总、撰写。每篇文章从立意到撰写提纲，直至形成文稿，编写小组均进行了反复讨论与论证。各篇文章执笔人如下：

第一部分　总报告

微公益变革中国　　　　　　　　　　　　　　冯　利　陆稀云　罗　德

第二部分　分报告

将慈善调查进行到底：声势浩大的公众慈善扒粪运动　　　　　　　杨维东

一边捐款一边害人：中国企业怪象　　　　　　　　　梁　晨　章一琪
非营利组织的管治与管理　　　　　　　　　　　　　　　　　萧　今
中国公益组织试水社会营销　　　　　　　　　　　　　　　章一琪
杭州庭院改善工程见证公众参与社会管理　　　　　　　　　周扬明

第三部分　典型案例

典型机构

基金会中心网
　　——中国基金会问责推动者　　　　　　　　　章一琪　王琦棠
友成企业家扶贫基金会：致力于成为社会创新的
　　支持者和倡导者　　　　　　　　　　　　　　　　　陆稀云
老有所养：天津鹤童的故事　　　　　　　　　　　　　　黄必成

典型项目

腾讯月捐计划：先导先行承诺性捐赠　　　　　　　　　　许文文
政府—NGO合力破解留守儿童困局　　　　　　　　马　玲　陈南方
社会合力，责任至上
　　——《梦想合唱团》大型电视活动解析　　　　陈南方　郭佩坤

典型人物

"我开"网联合创始人魏可欣　　　　　　　　　　刘丽美　Emily

第四部分　大事记

大事记　　　　　　　　　　　　　　　　　　　　　　　陈南方

序

2012年是中国经济减速和各种隐患显露的一年。由于最近几年金融量化宽松的流量主要流向了国有企业和地方政府这两大经营主体，加上2万亿美元外汇储备通过国企对外投资的冲动，致使国企因获得过量资源而急剧膨胀。同时，地方政府为经营土地而经营城市的竞赛性升级，使固定资产拉动GDP的份额急剧上升，通货膨胀全面抬头。为了压下通货膨胀而收缩流动性，民间资金紧缺，小贷公司满天飞，利率犹如脱缰之野马。创造中国85%就业的民营企业受到高利率、人民币升值、劳动力成本上升的三重挤压，全面萎缩和萧条，而房地产依然一放就涨。民企的萧条带来出口的下降与内需的萎缩，从而尽管政府推动了劳保福利等刺激内需的重大举措，需求依然下行，经济不振，预期低迷。而地方政府全面尝到经营城市的甜头，大规模举债修路、收地、土地变性、挂牌，成为中国经营土地的最大生意人。各种地方性（直到县乡）国有企业在上一轮改革退出后全面复苏并多头重返地产、零售、农业、矿业、制造等竞争性经济领域。这种行为趋向凸显出政府通过经营取得收入、与民争利的垄断商人形象，而不是一个通过税收取得收入以维护社会公平公正的公共利益形象，因此引发诸多官民纠纷、群体事件，演绎了社会过多的冲突与躁动。这就是2012年理解中国公益与社会变迁的深层背景。

康晓光先生和冯利博士所带领的团队即在这种背景下展开了2012年中国社会变迁的第三部门观察。

如果把时空的镜头拉到比较经济学和比较社会学的高度，我们会找到一个理解中国今天所面临的经济与社会变革的观察角度。中国现在所追求的现代化是始于18世纪以工业文明为特征的完全有别于中国传统农耕文明特征的文明形式,这种文明形式有其客观的标准和特征,根本特征就是用平等竞争的市场化机制取代传统等级制、君权神授民权君授的身份化机制。这种工业文明将市场化机制运用到了极致,在经济领域,全面推进平等竞争的市场化机制,从而激发起人们的创富欲望和消费欲望,创造了前所未有的物美价廉的物质文明和令人眼花缭乱的物质繁荣。在政治领域,因为引进了平等竞争的市场机制,使公民授权政府行使公共利益权利的政治思想得以落地,并且由于党派在政治领域的平等竞争,消除了严重不透明的政治黑幕和普遍贪腐,使公众通过媒体对政治的监督成为可能,因此使国家治理中原教旨主义的平等公平公正公开最高准则能够成为现实。更重要的是,由于在社会领域引入了平等竞争的市场机制,使为公共利益自由结社的社会自治思想得以落地,结合社会财富大规模创造产生的社会志愿(剩余财富和剩余时间)的规模性提升,以及人们因市场经济过度物质化导致的孤独感、道德丧失与悲悯情怀,形成了前所未有的渗透进社会细枝末节的公益运动和社会改造,创造出一个温情的、悲悯的、行动的和精细的前所未有的公民社会。因此形成了具有政治市场、经济市场与社会市场三大市场的现代化文明形态。这种文明形态在城市化率达到70%之后逐步演化成熟,此时即现代化国家。

在这场跨民族跨世纪的现代化竞争中,胜出的国家寥寥无几。除了英美等欧美原发型国家及其移民国家(澳大利亚和加拿大)外,只有东亚少数国家/地区完成了这个现代化进程,如日本、韩国、中国台湾和香港。其他英美扶持的南亚、非洲、中东等地区的现代化国家,都远远没有实现现代化,因为政治是一个快变量,而经济和社会则是慢变量。通过外力介入或自身改造在形式上搞一个三权分立民主宪政的政治市场形式是相对容易的,但要通过经济市场推动就业非农化,使非农就业超过80%,推动居住城市化,使城市化超过70%以上,则是非常不容易的。而非农化和城市化率上不来,则无法形成财富的全面积累和富裕量大的中产阶级,因此基于自由结社的社会自治和改造难以全面形成,因此形不成现代公民社会,因此达不到现代化国家的标准。像印度、巴基斯坦、菲律宾、伊拉克、阿富汗这样一些英美强力扶持改造的国家,还完全不具备现代化国家的构件,而且还看不出它们如何走向现代化的路径。中国是一个发展中国家,但中国是一个可以看到现代化曙光和模式的国家。

中国近百年来在这场现代化的世纪竞赛中伤透了脑筋,无数热血男儿为此目标流血牺牲。但似乎到了邓小平手里,我们的这些探索和牺牲才找到了一个启动现代化的可行性路径,即搁置政治变革,维护一个威权政府,同时在经济上引入平等竞争的市场机制,让其在经济领域充分发挥作用,推动财富积累和经济发展。三十年的实践证明,这一启动模式符合中国国情,不仅人均国民生产总值从 200 美元增长到了 5000 美元,而且非农就业率超过 65% 逼近 70%,城市化率超过 50%,经济现代化可以企及。但对比研究我们发现,这样的现代化启动路径与模式并非中国独有,而是东亚模式独有,与日本、韩国、中国台湾的路径相同,中国好像没有独特到可以摆脱东亚模式宿命的地步,因为中国是东亚文明的创造者和传播者,成就的力量和毁灭的力量同源。

也许你会说这扯得有点远,但这个东亚国家现代化之比较的观察很有意义。它的核心意义在于:既然中国在开启现代化的模式上不同于西方(先政治市场化后经济市场化),只能采取先威权政治加经济市场化的启动模式,那么在现代化发育发展和完成的模式上是否也不同于西方。我的观察确实如此,它们均是先经济市场化,然后社会市场化,最后完成于政治市场化。而西方则是政治、经济,最后是社会。这符合东亚的思考与文化逻辑,它们需要把变革置于可控之下。它们不愿过早触碰政治制度引致社会动荡。这个观察对中国的意义在于,中国是否应该从东亚国家的现代化模式中吸取足够多的营养,即在人均 5000 美元 GDP 和城市化率 50% 之后,重心是放在推动社会变革,还是政治变革。东亚的经验告诉我们,中国现阶段的重心是迎接社会变革,构建社会市场,推动社会改造,发育公民社会,而不是过早地推动政治变革,引发社会深度不安,改了快变量,慢变量又跟不上,形成早产与畸形,造成现代化进程中的陷阱和尴尬。其实南美、南亚、非洲很多所谓"民主"国家,都陷入这种头脑和身体完全不协调的"现代化陷阱"的尴尬之中,无法破局。

不幸或者万幸的是:康晓光先生和冯利博士在《中国第三部门观察报告(2013)》中所发现的动向,与我的国家之现代化比较研究的观察完全一致,即不管你选择不选择,不管你喜欢不喜欢,中国基于为公益自由结社的社会自治与改造运动已经开始,可以用于自由结社的财富和时间志愿资源正在迅速增加,公益提速时代已经来临,公民意识正在觉醒,社会问责之风正在迅速形成。在这个阶段,对于作为东亚地缘政治中心的中国的正进行现代化试验探索的公众而言,他们更倾向于推动社会变革而非政治变革,这就是东亚成功实现现代化的"魔咒"。

康晓光和冯利今年编撰的观察报告中的总报告的标题是《微公益变革

中国》。他们揭示了近两年利用互联网和移动互联网推动公益和公益问责的风起云涌的事件，并把其提升到"社会改造运动"和"社会扒粪运动"的高度来考量。这些组织者通过个体行动、集体行动和社会运动三种方式来推动微公益式的社会变革。显然，微公益是中国式自由结社的社会自治改造运动的突破口，因为所有的公募资源都被政府和政府操控的NGO所垄断，并形成了从上到下的社会控制，所有的媒体都为政府所控制，因此借助中国巨大的手机与互联网市场，公民先驱们孜孜不倦地在其中寻求突破，形成了始于郭美美问责的风起云涌的自由结社为特征的自治改造运动。这表明公民社会这颗"公民意识"的种子，已经冲破了板结的硬土地，从很不理性和宽松的社会土壤中破壳而出，寻求生机与成长。

如果中国的高层精英和政府能够对目前发生在中国的微公益运动有足够的认知，就应该致力于推动立法使政府退出公益募捐市场，推动事业单位改革和官办NGO去行政化以构建平等竞争的社会市场，构建进一步透明运行的社会市场规则，构建独立公正执法的裁判系统，加强公众问责制的构建，从而推动中国社会自治的繁荣，而不是空谈那些华而不实的、形式主义的、繁文缛节的政治改革，这才是顺势而为地推动中华民族现代化顺利演进的福祉。

今年的《中国第三部门观察报告（2013）》更臻成熟，它不仅深入地揭示和剖析了微公益这种社会变革的创新形式和内在运行规律，还将这场微公益中锲而不舍的慈善问责调查与一百年前发生在美国的慈善扒粪运动进行了比较研究。研究了企业社会责任的法律层面、道德层面和慈善公益层面。剖析了非营利组织的内部管理水平与问题。并通过案例观察公益组织如何运用社会营销的工具和方法来提升自己的公益治理能力。特别是通过杭州庭院改造工程的案例，来揭示政府如何在公共事务处理过程中引入公民参与社会管理，以提升社会自治的公民意识和公民参与能力。政府购买社会服务和引入市民参与社会管理，对公民意识的发育和自治能力的提升，意义十分重大。

这是一份值得认真阅读和探讨的行业观察报告。

相信康晓光和冯利所带领的团队能够更加成熟地驾驭和发展这样的一份观察报告，也相信这样的观察报告能持续不断地带给行业更加专业的引领和更加正能量的激发与推动。

何道峰

2012年11月12日于北京

目录
Contents

第一部分　总报告
003　微公益变革中国

第二部分　分报告
061　将慈善调查进行到底：声势浩大的公众慈善扒粪运动
097　一边捐款一边害人：中国企业怪象
116　非营利组织的管治与管理
138　中国公益组织试水社会营销
164　杭州庭院改善工程见证公众参与社会管理

第三部分　典型案例

典型机构
195　基金会中心网
　　　——中国基金会问责推动者
230　友成企业家扶贫基金会：致力于成为社会创新的支持者和倡导者
253　老有所养：天津鹤童的故事

典型项目

281　腾讯月捐计划：先导先行承诺性捐赠

293　政府–NGO 合力破解留守儿童困局

318　社会合力，责任至上
　　　——《梦想合唱团》大型电视活动解析

典型人物

337　"我开"网联合创始人魏可欣

第四部分　大事记

359　大事记

382　致谢

第一部分
总报告

微公益变革中国

2011年,《凤凰周刊》记者部主任邓飞和一群知识精英借助新媒体工具发起了为贫困地区学童提供"免费午餐"的公益行动,倡议以社会捐赠的力量让贫困地区的孩子"吃好饭",增加营养。在以微博为代表的Web 2.0新媒体和传统纸质媒体、电视媒体等的助力下,项目发起的最初8个多月筹募资金超过2500万元,捐赠人数逾100万人,其中80%为全国各地的普通大众,使13个省份的110所学校3万名山区孩子最终受益。不仅如此,项目直接推动政府行动。2011年10月26日国务院决定启动实施农村义务教育学生营养改善计划,中央每年拨款160多亿元,按照每生每天3元的标准为试点地区农村义务教育阶段学生提供营养膳食补助,试点范围包括680个县(市)约2600万在校学生。专家评论"免费午餐"行动成功汇集大量捐助款,网聚无所不在的公众力量,取得的成就前所未有,有网友称其为"中国式慈善的改革样板"。此外,感动无数网友的白血病女孩鲁若晴,引发诸多爱心人士对白血病患者的关注,知名天使投资人、微博打拐发起人之一薛蛮子和爱康国宾集团董事长兼CEO张黎刚发起"青少年白血病救助行动",实施社会化募集行动,整合医疗专家团队和志愿者爱心团队实施项目。还有中国社会科学院农村发展研究所社会问题研究中心主任于建嵘等发起的"微博打拐——随手拍解救乞讨儿童",被认为是2011年春节期间非常值得关注和被铭记的公共事件,网友们零碎的、非专业的行动,与公安部门、媒体、人大代表及政协委员等社会力量结合在一起,迅速形成舆论焦点,在全国范围内掀起救助行动。还可以看到,2011年公众对公益的问责风暴,推动领域变革:红十字会捐赠平台上线,后形成体制机制改革方案;民政部发布《公益慈善捐助信息披露指引(征求意见稿)》,宣布启动建设"中国公益慈善信息报送平台";深圳慈善会去行政化改革,等等。同时还有大众网民要求知情权,推动政府信息公开;公民环境保护行动以及各种维权行动……这些公益行动产生了巨大影响,引起了社会的广泛关注。除了邓飞、薛蛮子以及于建嵘这些精英个体之外,普通大众也纷纷运用新媒体工具,发起各类公益行动。譬如,微博名为"伞兵啦"的网友发起了"送出一本书,成就一个梦"为高原小学募捐书籍的倡议。而在"微公益"官方微博平台上,普通大众发出的各类求助微博络绎不绝,数不胜数。由此可见,以微博为代表的 Web 2.0 新媒体,一定程度上改变了人们交流互动和参与公益的方式,为人们提供了无组织的组织手段,使每个普通人可以不受时空限制了解并随时随地从事公益。与此同时,它也反映了中国存在大量的社会问题,反映了中国具有巨大的社会需求亟待满足。

可以说,2011 年的中国公益事业出现冰火两重天。与上述如火如荼的大众公益的迅速崛起和迅速蔓延形成鲜明对比的是,公益组织因"郭美美事件"等而陷入公信力困境;个别政府行为被指称借助政府行政力量"强捐",等等。人们赋予大众公益一个温暖而亲切的词——"微公益"。当下,"微公益"不仅成为热词,更走入了人们的生活中。《人民日报》刊发评论《当公益注入"微力量"》指出,互联网上由新媒体技术引燃的公益活动的星星之火,渐具燎原之势。联想集团品牌沟通部总经理陈丹青认为,"每个人的一小步,积累在一起,都是社会公益事业的一大步"[1]。事实上,微公益为中国带来的变化,远远不止于公益界的变化。

纵观改革开放以来中国公益领域格局,可以说,微公益越来越被人们认为是一种真正的公益,是一种民间公益力量的体现,它在蓬勃发展的同时,影响着、改变着人们的公益观念,悄然地改变着中国的公益格局,乃至中国的政治、经济以及人们生活的方方面面。在进入 21 世纪之前,中国的公益领域可以说是政府一手掌控的时代,是政府和官办慈善机构为主、民间公益力量非常微弱的时代。20 世纪 70 年代末到 20 世纪 90 年代初,以政府做公益,官方或半官方的慈善/公益组织配合为主,民间公益组织与个体发起的公益比较罕见。其间,自 80 年代起,政府进行了一系列城市福利事业单位改革整顿工作,相继恢复和发展了一批社会福利机构,如敬老院、康复中心等。与此同时,一些官方或半官方的慈善/公益性社会福利团体相

---

[1] http://www.sootoo.com/content/179558.shtml.

继出现，如中国儿童少年基金会、宋庆龄基金会、中国残疾人福利基金会等。① 在这十几年间，政府是中国公益领域的领军者、主导者，公众更多是被动参与，主动性不足；公益活动涉及的领域也多为社会福利、扶贫救助、教育等，领域较为单一；开展公益活动的地域相对受限；方式多以直接捐款捐物为主，缺乏多样性；受益者类型也较为单一，以贫困群体、残疾人、孤寡老人为主。20 世纪 90 年代初至 21 世纪初，民间公益组织与个人发起的公益活动仍然比较少且影响微弱，政府与官方或半官方慈善/公益组织是开展公益活动的主力。从 90 年代初开始，大量地方性的官方或半官方慈善机构开始涌现，例如各地成立慈善会、慈善协会或慈善总会。至 2000 年，全国已有 26 个省、直辖市、自治区成立了省级的慈善会、协会或总会，并作为团体会员加入中华慈善总会。② 虽然有大量地方性慈善机构相继出现，但由于其官方或半官方背景，这一阶段的公益主导者仍为政府，民间公益力量依然较为微弱；公众参与公益的主动性虽稍有提高，但仍然较为被动；涉及的领域相对有所扩展，除了传统的社会福利、扶贫救助、救灾、教育等领域外，开始涉及环保等领域；方式也开始逐渐多样，不再局限于过去的直接救助、捐钱捐物，开始强调赋权、赋能等；受益者仍然以贫困群体、残疾人、孤寡老人、受灾群体等为主。进入 21 世纪以来，中国的公益格局发生了巨大变化，中国公益开始走向民间公益时代。这一时期，真正代表民间诉求和呼声的公益组织及微公益不断兴起和蓬勃发展，政府做公益及官方或半官方慈善机构的公益相对弱化。真正体现公益内涵但此前中国公益领域极其匮乏的公益特性——民间性与个体性不再稀缺，公益开始逐渐回归本性，政府行政色彩进一步被弱化。与此同时，组织化公益在公益领域所占据的地位以及对民众的吸引力也略有下降。

一 彰显个体性、民间性和纯洁性

1. 彰显个体性和民间性

"微博打拐""免费午餐""随手拍""大爱清尘""铅笔换校舍"、大学

---

① 周秋光、曾桂林：《中国慈善简史》，人民出版社，2006，第 384 页。
② 周秋光、曾桂林：《中国慈善简史》，人民出版社，2006，第 388 页。

生吴恒创建食品安全网站、公众问责公益组织系列事件、市民自检 PM2.5、多地市民街头运动追求自己的环境目标等引起了社会的关注,掀起了公众自发组织和参与公益的浪潮。这些公益行动被冠以了相同的名称——"微公益"。事实上,微公益至今没有统一的概念界定,但是,围绕微公益却有基本共通的内涵——民间性和个体性。目前,对微公益的界定大致有两种:一种认为"微公益"是指从微不足道的公益事件着手,公益活动发源于草根民众,是一种自下而上的公益慈善模式。[①] 这一定义强调非精英化、平民化和民间化。另一种认为"微公益"是指借助以微博为代表的 Web 2.0 新媒体而发起的公益行动。这一界定强调新媒体在公益事件中的作用和贡献,尤其是在传播方面的极大优势。本文将微公益界定为:民间个体化的公益。"民间"是指民间发起、大众参与;"个体化"是指个体发起,发起者既包括一般老百姓,也包括精英。政府背景的公益、组织化的公益不属于我们所说的微公益。

我们看到,在微公益中投入的时间、资金、技术、想法等,有多有少;微公益的行动或轰轰烈烈,或"微不足道";或易参与,或难参与;或有一定的组织性,或无组织性较随意;持续时间或较持久,或较短暂;而微公益的受众,或是少被人关注的弱势群体,或为边缘的社区村落;也有较为发达地区的受众,既有收入较为可观的人群,也有普通大众。微公益展现在人们面前看似较为多面,但实际却有相当的定性,这种定性就是它的个体性和民间性。

微公益展现出一种人人可公益、人人做公益的全民公益图景。自古以来,人们即有从善的习惯,而从 1889 年钢铁大王卡耐基发表《财富的福音》以来,人们似乎开始默认社会组织或社会团体是人们从事公益、慈善,将财富进行再分配的主要通道。随着信息网络技术的发展,尤其是进入 Web 2.0 时代以来,人人都能利用网络及时/即时发起公益行动。微公益改变了以往只有社会精英人士和慈善机构才能做公益而普通人只能袖手旁观或被动参与的局面。在微公益的图景中,普通大众成了主角,他们可以发起、组织、参与多种多样的遍布全国的公益活动。如火如荼的微公益显现出全民崇尚的公益理念。一方面,微公益的发起主体可多样,不仅有精英,还有大众。另一方面,发起微公益的大众可来自各个行业、各个领域、各个阶层。

---

① 朱健刚:《2011 年中国微公益传播报告》,载朱健刚主编《中国公益发展报告 2011》,2012,第 181 页。

有媒体人等个体精英发起的微公益，如本文开篇提到的《凤凰周刊》记者部主任邓飞等 500 位记者发起中国贫困山区小学生"免费午餐"计划，《经济观察报》深度调查部主任王克勤发起救助尘肺病人的"大爱清尘"行动，前《瞭望东方周刊》总编辑助理孙春龙发起"老兵回家"活动等。也有草根人士发起的微公益，如前文提到的微博名为"伞兵啦"发起"送出一本书，成就一个梦"，为高原小学募捐书籍的倡议。还有大量普普通通的人，如郭明义 20 年累计无偿献血 6 万毫升，并义务组织活动，带动身边的人。北京一位出租车司机得知乘客因为儿子治病而负债累累时，不仅免收车费，还给了他们 500 元钱，感动得乘客父子热泪盈眶。有一位登山爱好者登山途中迷路，只好用无线电台寻求帮助。许多人得知这一消息，自发赶来救援，竟有百人之多，有的还从百里之外特意赶来。因为诸多原因，其中一些人并不能亲自参加营救，但他们并没有离去，执著地在山下等了大半夜，直到被困的登山者被安全营救，他们才默默地离开……他们都是名不见经传的老百姓，他们有血有肉，他们中一部分人成了"感动中国"人物，还有千千万万未被人提及的公益人士，他们或发起公益行动，或直接参与公益，或号召他人参与，发扬着"毫不利己，专门利人"的精神。

在中国，真正具有民间性和个体性的公益长期以来一直稀缺。公益原本是民间的代名词，民间性也是公益的本质属性。但是，在过去的中国，公益更多是政府公益和官办慈善机构公益的代名词。民间性，尤其是个体主导下的公益的民间性一直匮乏。随着草根组织、微公益不断出现和发展，民间性在今天的中国公益领域开始逐渐体现，公益的内涵得到了重新诠释和拓展。在西方，微公益也同样存在，但是相比于组织化公益，并没有像在中国一样产生如此巨大的影响力。因为，西方公益一直是在民间力量的主导下进行，实实在在地体现着公益的民间性、自发性、独立性、志愿性、自治性、利他性等。

微公益的出现和蓬勃发展极大地体现了公益的民间性与个体性，而民间性与个体性也是公益的灵魂。在现代社会中，政府的主要职责是解决法定的公共事务和公共服务问题。除此之外的事务，包括公益活动，都需确保其充分的民间性、参与性、社会自治性。民间性是市民社会（Civil Society）的天然属性。市民社会是独立于政治国家的民间社会，它是一个有自组织能力的巨大系统，其生成、组织和运转都主要以民间方式进行，社会自治是其出发点。台湾学者将 Civil Society 翻译成"民间社会"，以强调政府角色的边界。用托克维尔的话说，它体现为一种"社会制约权力"，是公民个人向政治国家表达观点、主张的重要渠道,在市场经济和现代民主法制条件下,个人自由与各项权利的实现是社会和国家的目的所指。民主制度需要保障个人的财产与生命权利,实现公民权与人权,故市民社会的民间性应是其首要属性。[①] 公益行动一方面是在回应社会个体的需求,保障基本权利;另一方面也是公民个人自由地向社会和国家表达自己观点、主张,实现自己各项权利的一种途径。而在中国,公益一直是政府的附属品。民间想要做公益,尤其是组织起来做公益的道路和发展空间受到政府的控制和挤压。对于民间成立公益组织,政府采取双重管理体制、限制业务领域等一系列管控措施。另外,政府自己做公益以及成立官办慈善机构做公益,又接连不断地被曝出各类丑闻,严重损害了公众对其的信任。在这种民间组织化道路不畅、官办公益、组织化公益又问题重重的情况下,轰轰烈烈的微公益成为人们生活中的"新鲜空气"和"生机"。一定程度上可以说,微公益中民间力量的彰显是在"被逼无奈"下对政府和官办公益组织的一种反抗,一种出路,是对公益个体性和民间性的强烈呼唤和维护。它为人们提供了一条维护个人权利,承担社会责任的路径。它是一股真正代表民意、实现民意的新力量。这股新力量势不可挡,冲击着原有的中国公益格局,将个体性与民间性带入其中,影响着人们的公益理念和行动。

2. 彰显纯洁性

公益本质上是一种超越自我关心或自我利益,超越利己而关注和理解他人利益,造福社会的利他主义的事业或行动。公益的利他性本是发自内心的,是纯粹而不掺杂任何利益交换的。但现实中,公益成了政府、企业、某些慈善机构、个体获取自身利益的工具,公益的纯洁性被践踏。公益寻租丑闻不断。公益也在讲排场,强调领导人露面,官僚作风浓厚。个别大型公益机构务虚不务实,甚至披着公益的外衣沽名钓誉。某些企业做公益则超越公益边界,以获取企业自身利益。而会聚草根力量,倡导从微不足道的事情做起、从身边做起的微公益,所追求和表现出的则是纯粹、踏实、朴素、积极向上。微公益不注重排场,却能号召并集结大批人群参与进来;微公益默默无闻,却能引起大众关注,成为热点,且实实在在地解决问题;微公益没有

---

① 卢德友、郑易平:《市民社会民间性研究的政治哲学视角》,《中国矿业大学学报(社会科学版)》2008年第3期,第40页。

某个捐方动辄千万、亿元的豪情,却能会聚千万、亿元;微公益没有政府、央视或地方媒体大面积的动员,却能将公益的种子播种在人们的心中,能将公益热情感染到每个人。微公益以其独特的魅力——纯洁性影响着每个人,而每个微公益的行动者则以其淳朴、不张扬、务实维护着公益的纯洁性。

微公益撬动了整个社会的公益之心,唤醒着人性中向善的一面,维护着公益的纯洁性。当我们面对跌倒的老人,犹豫搀扶后会不会被讹诈时;当我们面对拾金不昧的人,流露出鄙夷的神情时;当我们听到"诈捐""逼捐"的报道,乐此不疲地搜寻内幕时,慈善公益只是"听起来很美"。欣慰的是,很多人依旧坚持自己的行善之举,从小事做起,从感染身边的人开始,用微公益的模式去撬动整个社会的爱心。① 它生动地展现了微公益的纯洁性,唤醒人们深层的公益意识。微公益的深远意义不仅在于它能积少成多,凝聚众多的微力量,将小善会聚成大爱,将众多被忽视的草根力量拧成一股绳,让受助者得益,甚至解决社会性问题;其更重要的意义在于它所强调的从身边做起、随手公益、随时公益、全民公益的理念,有助于在全社会形成"人人可公益""人人做公益"的良好风气,影响每个人,点燃每个人心中的爱和善,唤醒每个人的公益之心。正是由于这种纯洁性,微公益注重自身透明,主动进行自我监督以及接受社会监督,并积极回应来自各方的问责。这与个别慈善机构遮遮掩掩、不透明不公开形成鲜明对比。

"随手拍解救流浪儿童""随手救助街头流浪人员""随手关爱乡村教师"等一系列微公益行动的发起者于建嵘在谈到普通人如何成功地发起微公益时说道:"我发起的微公益是倡导大家做自己能够做的事。比如,我做的关爱乡村教师,参与者可以是捐钱,实在不行,发条微博也算公益。要做你能做的事,而认识到你能做什么比较重要。比如你家里有棉衣,比如今天有时间,转发两条公益微博也是一种公益,所以要量力而为,不要有负担,不要借钱去做,必须自己有。""永远不要强迫人做公益。对那些天天做公益,让大家给钱做路费的行为我很不喜欢,要做就做,不做拉倒,而且会败坏公益的名声。你的确是好心,但做的时候可能就不是这样的结果。我的观点很简单,所有的东西随心。""所以是做你能够做的事,不要强迫。要发自内心,我们要发掘人心最善良的一面。""中国的公益很多人是在为自己

---

① 网友"小义大道":《小善聚大爱,"微公益"找回漠世温存》,2011年6月20日,http://blog.sina.com.cn/s/blog_4b630e7701017rcr.html。

在做公益,很多公益活动的做法是做给人家看的,但我认为我们所有的公益必须落地。之前薛蛮子和徐小平问我说我们有什么样的公益理念。我说是底层理念,就是落地的理念。在现在很多社会公益面临很大质疑时,为什么随手公益到目前为止看不到社会的质疑?一是透明和公开,二是的确去做每一个事,每个事落实到每个人,每五块钱、一块钱都有一个手印,这是落地的问题。"①

中国传统美德中也提倡"勿以善小而不为",做公益不能道德绑架,一定要发自内心,这样做公益才经得起推敲,经得起时间的检验,才能真正地唤醒人性中最好的一面。

二 微公益的三种形式

微公益有多种类型。如果按微公益各主体之间熟悉的程度划分,微公益包括熟人社会中的和非熟人社会中的微公益。如果按微公益工作方式划分,微公益包括倡导类和服务类微公益。如果按微公益运用网络平台的方式划分,微公益包括线上和线下微公益。本文按微公益组织化的程度以及是否多中心两个维度②,将微公益划分为三种形式:非组织化、单中心的个体行动式微公益,组织化程度低、单中心的集体行动式微公益,以及组织化程度高、多中心的社会运动式微公益(此处不赘述各种混合型的,如存在线上微公益和线下微公益并存的情况,存在倡导类微公益和服务类微公益并存的情况等)。具体分类说明见表1。

表1 微公益三种形式

分类维度		微公益分类
1. 组织化程度 2. 是否多中心	非组织化,单中心	个体行动式微公益
	组织化程度低,单中心	集体行动式微公益
	组织化程度高,多中心	社会运动式微公益

① 于建嵘:《社会学者眼中的公益》,《燕山大讲堂》第152期,2012年3月,http://www.xj71.com/2012/0307/661288.shtml。
② 本文参考《"集体行动"研究中的概念谱系》的概念,对微公益进行划分。见王国勤《"集体行动"研究中的概念谱系》,《华中师范大学学报(人文社会科学版)》第46卷第5期,第34页。

相较其他划分方法，将微公益划分为个体行动式微公益、集体行动式微公益和社会运动式微公益更有助于我们阐述微公益的特点、微公益的影响力和微公益的由来。

1. 个体行动式微公益

个体行动式微公益是指由个体发起，由每个个体完成，没有其他个体加入其中的非组织化、单中心的公益行动。无论何种身份、地位、财富、职业、年龄、民族等，个体行动式微公益的发起主体均可做公益。他们所做的公益可大可小，需要的资源可多可少。他们所从事的微公益没有组织化，没有"英雄振臂一呼"，而是各主体"各自为战"，呈现"单中心"，人们出于自愿，随时随地、随机而为。

20年来照看隔壁智障父子的荆州"江妈"、最美女教师张丽莉、东北义丐、淮南义丐……各种各样的个体行动式微公益遍布在我们生活的每个角落，存在于熟人社会和非熟人社会之中，有倡导类的，也有服务类的，有在线上进行的，也有在线下进行的。如果要找寻个体行动式微公益的足迹，我们会发现无数鲜活的例子，令人目不暇接。

得益于现代交通、信息技术等社会基础设施，人们不仅利用自有的资源，还极大地运用社会公共资源。个体行动式微公益在不断地拓展，不仅从传统的线下发展到线上或线下线上相结合，还打破了"好人好事"的传统范畴，同时，数量、规模以及所涉及的范围和领域都在扩展。个体行动式微公益有以下较为明显的特点。

（1）每个人可成为个体行动式微公益的行动者。任何具有正常行为能力的人都可以成为个体行动式微公益的行动者。能不能成为行动者，不取决于其自身所具备的条件。无论贫富，无论官民，只要留心自己周围发生的事情，随时都有做好事的机会。这是个体行动式微公益最明显的特点之一。善良乞丐徐大爷，义丐龚忠诚，申请政府官员工资公开、推动政府信息公开的大学生刘艳峰，帮助当地农民卖板栗的云南省寻甸县柯渡镇的大学生村官……像他们那样捐出一元钱、出一份力、发出公平公正倡议……即微公益行动。

（2）个体行动式微公益遍及日常生活的方方面面。现代社会高度分化、高度复杂，人们的生活五彩缤纷，活动遍及每个角落，公益需求也必定千差万别，这决定了微公益的触角延伸到我们日常生活的方方面面，像默默无闻为流动儿童补习功课、照顾邻里老人的志愿者就随处可见。

（3）每个人都可能成为个体行动式微公益的受益者。个体行动式微公益随处可见，每个人便有可能成为受益者。生活中总会有坎坷，总会有"荆棘"，无论精英还是老百姓总会遇到困难，这些困难有大有小，有的自己能解决，有的自己难以解决，如果有人向你伸出援助之手，你就成为微公益的帮助对象。这些人可能是你迷路后的引路人、雨天为你撑伞的人、口渴时递给你一杯热水的人等。

个体行动式微公益看起来没有宏大的目标，但切切实实，且灵活有效，它为受助者带来了需要的帮助，更给自己带来了心灵的安慰，构建了人与人之间的信任，节约了社会成本，释放了巨大的社会压力，营造了良好的社会氛围。

2. 集体行动式微公益

集体行动式微公益是指由个体发起，有其他个体加入其中，组织化程度低、单中心的公益行动。通常，集体行动强调的是对某一共同影响或刺激产生反应而引发的行为，它寻求或反对的目标往往与具体的物质利益或较低范围的抽象利益相关。它要求"改变"，但这种改变一般称不上"变革"。发起行动的个体以某议题为核心，被动员者以该议题为行动"指南"。相比个体行动式微公益，集体行动式微公益更强调行动目标，因此，它容易在短期内形成强大的感染力或影响力。单个个体的力量虽然有限、微薄，似"大海中的一滴水"，但多个个体共同对某一特定刺激做出反应和行动时，虽没有强制性的行动规则，个体之间也不必然有很多的沟通和交流，一切出于自愿，但这种组织化程度低的联合或集合，效率却相对较高。例如，"免费午餐"行动，成千上万人参与，帮助贫困地区儿童改善营养；"老兵回家"行动，通过微博万次接力，帮助7名中国抗日老兵回到阔别70多年的家，接力者在相当长的时间里"用心专一"，"不达目的，不罢休"。这些行动都在客观上形成了一个中心，众多人关注，舆论传播，动员各种资源，众多志愿者投入……他们围绕这个中心聚拢而不偏离。

还有解救乞讨流浪儿童的"微博打拐"行动，北京"7·21"特大暴雨中的"爱心车队"，唐俊勇创办戒烟主页宣传戒烟、反烟、控烟思想，"爱心衣橱"，网友求笑脸鼓励扬州绝症女孩，爱心"瓶"传只为拾荒老人……这些微公益行动有广泛的公众参与，虽然不是由正式注册的公益组织发起，但井然有条,甚至比正式注册的公益组织发动能力还强,参与微公益的个体彼此之间也许没有很密切的互动和交流,但却有着一个中心目标。集体行动式微公益有以下较为明显的特点。

(1) 集体行动式微公益有核心发起者。集体行动式微公益的核心发起者是具有一定社会号召力和社会责任感的知识精英或经济精英。在行动初期,行动对核心发起者的依赖度较高,不仅需要他们识别和辨析相关社会问题、思考解决之道,还往往需要他们投入大量的时间和精力,需要放弃一定的个人利益,全身心地投入到公益行动中。当行动逐渐深入、发展至成熟阶段时,较容易形成完善的机制,行动开始步入正轨,对最初发起者的依赖度开始降低。

(2) 集体行动式微公益打破地域和领域限制。集体行动式微公益致力于解决各种各样的问题。随着网络信息的开放性和人群的高度流动性,以及全球化的不断加深,人们意识到亟待解决的社会问题各种各样,有环境保护、低碳生活、教育公平、"三农"问题、医疗救助、城市犯罪、科学普及、贫困扶持、留守儿童、缩小数字鸿沟、农民工问题、政府监督、养老问题、三公消费……对这些问题,集体式微公益无不涉足。此外,现代信息技术的即时性和空间跨越性为跨地域开展集体行动式微公益创造了条件。与过去相比,跨越空间限制开展公益行动已经不是奢望和幻想。例如,南京某大学生发起的"心愿接力"遍及全国各地,邓飞发起的"免费午餐"使十多个省份的一百多所学校的几万名孩子吃上了热腾腾的午饭,王克勤发起的"大爱清尘"对农民工尘肺病患者的救助跨越了几个省……如今,便利的交通设备和即时交互的网络设备使参与行动的人们容易聚合起来,共同为一个目标而投入时间、资金、精力和智慧。

(3) 集体行动式微公益倡导和服务并行。集体行动式微公益由于具有核心提议和明确的行动目标,使得参与者同时深思多种可以促使目标达成的路径。仅提供直接的服务,微公益覆盖面毕竟有限,同时所产生的影响力并不长久。因此,集体行动式微公益往往在提供公益服务的同时,进行包括政策倡导及公众倡导在内的行动。例如,"免费午餐"除了动员大家提供每餐3元钱的经济资助,同时还使人们意识到贫困或偏远地区儿童营养问题,使政府意识到如何通过积极的政策来解决这一问题。

(4) 集体行动式微公益的受益面较大。与个体行动式微公益不同,集体行动式微公益的受益面较大,此类行动的受益对象有时为某类群体。如

2012年5月28日由薛蛮子、张黎刚发起的为白血病网友鲁若晴捐款的倡议，最终发展为通过微公益平台针对0～18岁患白血病的贫困家庭患儿的专项救助行动，帮助更多的患病孩子重获新生。行动又引起人们对"大病救助"的关注，博友们广泛参与到大病救助的行动中。2012年8月底六部委出台针对大病医保的指导意见，9月保监会又出台了实施细则。大病医保的受益范围得到了极大的拓展。那些罹患尘肺病的矿工、癌症患者、视听障碍者、先天性心脏病患者、癫痫病患者、残疾人……都从中受益。还有很多类似的实例，有关注贫困地区儿童衣食住行的行动，有对其教育权利的关注，各类围绕微公益热门议题的集体行动式微公益让更多的人成为受益者。

3. 社会运动式微公益

社会行动式微公益是指由多个个体发起，公众广泛参与其中，组织化程度高、多中心的具有长远目标的公益行动。一场社会运动不是一个事件，也不是彼此孤立的众多事件的集合，而是许多人参与的、有着明确诉求的、持续的集体行动。这些为数众多的参与者，尽管缺乏统一指挥，却能抱着共同的信念，采取持续的集体行动，这背后一定潜伏着一系列广泛、深刻、持久的根源。[1] 他们有意识且有计划地改变或重建社会秩序，用意在于促进或抗拒社会变迁。社会运动总是伴随着独特的信念、理想，能够鼓励运动参与者的精神，还能够帮助他们在运动遭到原有社会秩序的抵抗时，仍保持高昂的斗志和忠诚。社会运动式微公益与集体行动式微公益的区别在于它的"多中心化"，中心多了，显得就没有中心了，所以也有"去中心化"的特征。例如在民族文化复兴运动中，有人着重理论研究，有人通过办学传播传统文化，有人通过艺术品进行宣传和倡议，等等，这些活动之间有内在的关联，但是在现实中各行动者彼此不一定有多的交往，他们共同交织、聚合成社会运动式微公益。

公民意识觉醒，问责公益组织；各种各样的公民环境保护运动，公民低碳生活倡议；公民推动政府廉洁，曝周久耕"天价烟"和杨达才"天价表"；微博"围观"促政府信息公开；维护农民工权益的各个公民行动；传统文化公益讲坛团队免费提供公益讲座……如前所述，个体行动式微公益和

---

[1] 康晓光：《中国归来》，世界科技出版社，2008，第16页。

集体行动式微公益是针对具体的刺激产生特定的反应，而上述这些社会运动式微公益往往针对相对宏观的刺激产生特定的反应。社会运动式微公益由一系列行动集结而成，其中包括个体行动式微公益，也包括集体行动式微公益，它们具有共同的目标，目标指向明确、清晰。社会运动式微公益虽包含了大量个体行动和集体行动，表面上看，与个体行动式微公益和集体行动式微公益容易混淆，但整体而言，社会运动式微公益的性质不同，由深层的政治和社会议题将看似散乱的一个个事件贯穿起来。就时间跨度而言，个体行动式微公益"即发即止"，迅速、及时发生。集体行动式微公益可在某一时段内完成其使命，社会运动式微公益的任务最为艰巨，持续时间持久。社会运动式微公益的组织化程度高，尽管包含其中的一系列事件关联度不高，但在一个历史阶段中看，它们始终围绕着核心的目标而进行。在信息社会里，网络把人们高度联结在一起，一旦这些处于"待命"状态的人有了凝聚的共识，则在有事件触发或有领袖呼唤时，就能够一呼百应，在多个轨道上为某个目标采取一致的行动。

社会运动式微公益既有精英领导发动的轰轰烈烈的行动，也有普通个体努力践行的身影。从这个意义上来讲，同时参与者意识到相关议题的重要性，并且认同发起者的理念，同时愿意付诸行动，就可以成为社会运动中的一员。从行动地域来看，由于社会运动式微公益涵盖了前两类微公益，所以，地域不受限制，甚至可能出现"遍地开花"的局面。从领域上看，社会运动式微公益着眼的议题往往较为急迫且意义深远，如文化复兴、推进民主等。从服务方式上看，社会运动既有服务类，也有倡导类。社会行动式微公益有以下较为明显的特点。

（1）社会运动式微公益受益面更为宽泛。社会运动式微公益的受益面基本上为大众。目前中国的社会运动式微公益主要集中于环境保护、食品安全、医药安全、民族文化复兴、推动政府和公益组织透明、法治建设、动物保护、法律援助等领域，可见在这些领域开展的社会运动式微公益更强调公共利益的达成，受益面为不确定的大多数。

（2）社会运动式微公益持续时间长、空间跨度大。因此，社会运动式微公益蕴涵的能量很大，容易对公众、社会舆论、政府、公益组织产生深远的影响。它们正推动着政府的进步、市场的完善、社会资源的整合，也在重塑政府、市场、社会关系中发挥着重要作用。

三 微公益三种形式的由来

1. 影响微公益主体的三种外部因素

利他主义是一种无私地为他人福利着想的价值观,它是公益的基石,微公益也不例外。当微公益个体之间没有充分的信息互动与交流时,微公益更多表现为微公益主体独自做公益;当微公益个体之间有充分的交流互动时,此时不仅有独自做公益的情形存在,还容易使很多人聚合在一起共同采取公益行动。

微公益的形成和发展往往受到外部因素的影响,这些外部因素会影响微公益主体的意识、能力和行为。我们发现,有三种因素影响着微公益:政治环境、组织化公益、社会基础设施(包括舆论环境在内的软性社会基础设施和信息技术在内的硬性社会基础设施)。其中,有的外部因素是积极的影响因素,有的外部因素则是消极的影响因素。比如积极的影响因素有良好的舆论环境和舆论引导,它有助于唤醒、激发并传播利他主义价值观,有助于影响或强化微公益主体做公益、公民参与社会等意识。而信息技术的出现和发展,使得人们可以不受时空限制,更深、更广地进行信息交流,为个体提供快速、高效、低成本参与公益的工具,赋予个体做公益的机会和能力。而消极的影响因素,如对民间组织化公益进行控制和挤压的政治环境,迫使人们另辟蹊径,不通过组织化公益,自己来做公益,即我们所说的民间个体化的微公益;再如,存在着低效、低透明度等问题的公益组织,会迫使人们对公益组织不信任,宁愿选择自己做公益,而不愿选择公益组织。

(1)政治环境。

具体而言,影响微公益的政治环境分为三方面:政府消极对待民间组织化公益,政府鼓励在某些领域开展公益,以及政府在提供公共物品、解决社会问题方面存在不足。它们对微公益的影响较为显著。

①政府消极对待民间组织化公益。

目前,政府对民间组织起来做公益设立了较高门槛,可以说民间成立公益组织障碍重重,发展空间受到挤压。例如,对民间组织采取双重管理体制,规定由业务主管单位和登记管理机关共同实施对民间组织的管理。另外，政府规定社会组织一般不得设立分支机构或二级机构，如全国性社会团体一般不得在市、县（区）设立分会，县（区）成立的同类社会团体，可以以团体会员的身份加入全国性社会团体。在同一行政区域内原则上不得重复成立相同或相似的社会团体。县（区）范围内的同一行业，原则上只能成立一个行业协会。此外，政府严格限定民间组织开展业务的范围。目前，成功注册登记的民间组织主要分布在科技与研究、教育、卫生、文化等社会服务领域，而涉及维权、国际及涉外领域的民间组织数量极少。对于这类组织，政府一般不给予合法登记注册，即便给予合法注册，也实施严格的监控和管制。这迫使人们以个体化公益的方式开展公益。

②政府鼓励某些领域的公益行为。

政府对扶贫、济困、社会服务类领域持鼓励和支持的态度。《中华人民共和国公益事业捐赠法》即以法律的方式鼓励人们参与公益，参与领域包括救助灾害、救济贫困、扶助残疾人，教育、科学、文化、卫生、体育事业，环境保护、社会公共设施建设，促进社会发展和进步的其他社会公共和福利事业。各地政府设立各类公益日，如"扶贫日""慈善日"等。这些为每个个体从事公益创造了良好的环境。

③政府在提供公共物品、解决社会问题方面存在不足。

提供公共物品是政府的重要职责。政府在履行这一职责时，有不足之处。这些不足表现在：有的地方政府顾及不到，有时政府提供公共物品低效，有时政府不公平或不公正地进行公共物品配置。政府在提供公共物品以及解决社会问题方面的不足会在很大程度上影响第三部门提供公共物品及解决社会问题的广度与深度。例如，贫困地区的教育问题、留守儿童问题、食品安全问题、企业环境污染问题等，社会需求大量存在，由于政府在解决这些问题方面存在不足，这就为微公益这支第三部门力量的出现和蓬勃发展提供了发展空间。"免费午餐""随手拍解救流浪儿童"、网络上发布各类救助信息等微公益之所以红红火火，正是对大量政府未解决的社会问题给予的针对性的回应。

当民间参与公益的热情难以经由组织化公益的路径疏泄，而大量社会问题亟待解决时，公众只能另辟蹊径，选择个体做公益的方式，即产生和强化微公益。

（2）社会基础设施。

①良性的软性社会基础设施。

软性社会基础设施指价值观、相关知识和理念的准备和普及，如舆论环境、价值观的准备、理念的普遍化和社会化。软性社会基础设施的构建方式包括舆论引导、教育等。这种价值观的准备，以及理念的普遍化和社会化的程度，为微公益的产生和发展提供了必要的、基础性的社会共识。"利他"价值观和慈善公益理念的舆论环境等对微公益来说，是一种良性的软性社会基础设施，它们不仅强化人们的意识，亦容易使不同的人达成共识。

②便捷的硬性社会基础设施。

硬性社会基础设施主要是指信息技术，尤其是 Web 2.0 技术[①]，以及这类技术的发展程度、普及程度和被有效充分使用的程度。以 Web 2.0 为代表的信息技术的出现，改变了信息获取与传播的方式，改变了人与人之间的交流互动方式，也改变了人们做公益的方式。它的出现及其发展程度、普及程度和被使用程度对微公益个体的影响不容忽视，甚至可以说是变革性的。这种交互式的信息技术使具有相同理念的人会聚在一起，建立起一个圈子，在这个圈子中，靠着相同的理念或者价值共识就能引导人们往一个方向上共同行动。它是一种"无组织的组织力量"，为人们提供了一种"非组织化的组织手段"和公共资源，使人们，尤其是陌生人之间不必通过成立实体组织就能集结起来共同行动。

（3）组织化公益。

①组织化公益顾及不到。

改革开放以来，中国社会发生的巨大变化为公益组织的发展创造了有利的空间，公益组织的发展相当迅速。民政部发布的《2011 年社会服务发展统计报告》中提到，截至 2011 年年底，全国共有社会组织 46.2 万个，但

[①] Web 2.0 是相对 Web 1.0 的新的一类互联网应用的统称。Web 1.0 的主要特点在于用户通过浏览器获取信息。Web 2.0 则更注重用户的交互作用，用户既是网站内容的浏览者，也是网站内容的制造者。所谓网站内容的制造者是说互联网上的每一个用户不再仅仅是互联网的读者，同时也成为互联网的作者；不再仅仅是在互联网上冲浪，同时也成为波浪制造者；在模式上由单纯的"读"向"写"以及"共同建设"发展；由被动地接收互联网信息向主动创造互联网信息发展。因此，Web 2.0 具有平等性、开放性、分享性、交互性、聚合性等特点。在 Web 2.0 技术下，用户关系趋于平等，用户被赋予更多话语权。信息传播的速度和传播面极大地快于且广于 Web 1.0，能形成核爆式的链式信息传播。另外，基于平等关系和共同兴趣，在 Web 2.0 下能形成关系更牢固且信任度更高的社群。Web 2.0 技术的主要应用包括博客，如新浪博客、百度空间等；图片和视频博客，如优酷、土豆、酷 6 等；微博，如新浪微博、腾讯微博、搜狐微博等；社交网站，如人人网、开心网、豆瓣网等。

是，这样的数量根本难以满足庞大的社会需求，公益组织难以顾及的地方有很多，这为微公益的产生和发展创造了有利的条件。

②组织化公益表现不佳。

民间组织是公众参与公益的主要途径。一直以来，人们认为只有成立组织或通过公益组织才能做公益，公益是公益组织的事情。公益组织也占据了大量社会公益资源。当然，公益组织有其独特性，除了专业性，还具有持续性和连续性，运用这些公益资源也产生了实效，为公众所瞩目。然而，也有一些公益组织存在诸多问题，挫伤了公众对公益组织的信任感，减少了公众对公益组织的支持。

组织化公益表现不佳是促使微公益兴起的缘由之一。如个别官办慈善机构存在官僚主义作风严重、机构臃肿、效率低下、受政府控制严重、公信力差等问题。自2011年"郭美美事件"以来，公益组织被迫暴露在公众监督之下，社会上掀起了公益领域的问责风暴。在这种背景下，一些社会公益资源开始转而流向微公益，人们更愿意自己做公益，或者更愿意信任那些对社会议题能及时响应的、透明的、主动接受监督、注重公信力建设的微公益行动。微公益的大量涌现一定程度上是公众对公益组织暴露出的种种问题的回应，也是对公益纯洁性的维护和彰显。

如上所述，微公益会受到三种外部因素的影响，这些因素会同时作用于微公益（见表2）。而微公益反过来也会对这三种外部因素产生反作用。微公益与这三种外部因素处于不断互相作用、不断互动的状态中，作用方式如图1所示。

表2 影响微公益主体的三种外部因素

三种外部因素	内容	具体说明
政治环境	政府消极对待民间组织化公益	政府对民间组织化公益设置较多的障碍，如双重管理体制、限制跨地域开展业务等
	政府鼓励某些领域的个体公益行为	政府对扶贫济困等领域的个体公益行为鼓励且支持
	政府在提供公共物品、解决社会问题方面存在不足	贫困地区教育问题、留守儿童问题、医疗保障问题、食品安全问题等社会问题大量存在，政府并未及时而有效地回应和解决这些问题
社会基础设施	良性的软性社会基础设施	如舆论环境，包括利他主义价值观、公民参与社会的意识，相关理念，基础性社会共识的准备和普及
	便捷的硬性社会基础设施	主要指信息技术的发展、普及和被利用情况

续表

三种外部因素	内容	具体说明
组织化公益	组织化公益顾及不到	公益组织数量有限,只能解决有限的社会需求
	组织化公益表现不佳	个别官办组织官僚主义作风严重、机构臃肿、效率低下、缺乏透明度、公信力低 个别民间组织专业性不足、能力有限、缺乏透明度、公信力低

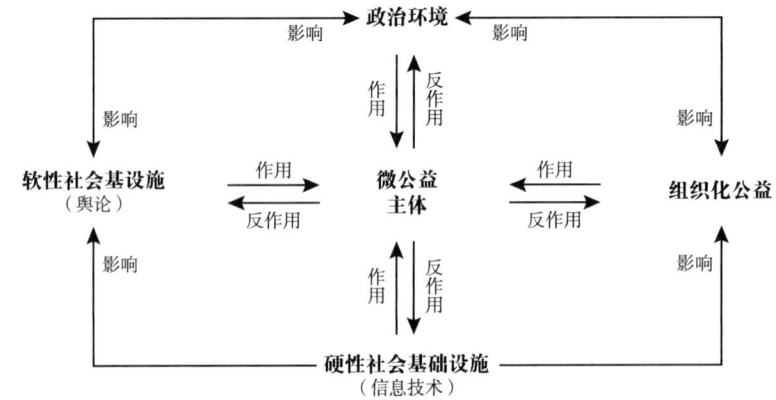

图 1 微公益主体与外部因素之间的互动

2. 三种微公益形式的由来

三种形式的微公益其共通之处是从事微公益的主体具有利他主义的价值观。如前所述,影响微公益主体的外部因素有三种:政治环境、社会基础设施、组织化公益。这三种因素与微公益主体之间具有互动关系。由于微公益主体本身具有一定的差异性(微公益主体均具有利他共识,但是对于各种社会需求和社会议题其诉求不同),当三种外部因素不同程度地作用于微公益主体时(对于不同的社会需求和社会议题,政府/政治环境不同,组织化公益状况不一,社会基础设施对微公益主体的意义不同),微公益就会有不同的表现形式,具体见表3。

(1) 个体行动式微公益的由来。

①微公益主体具有利他共识,就某些议题改变现状的诉求弱。

个体行动式微公益无论发生在熟人之间,还是陌生人之间,无论进行的是倡导还是提供直接的服务,无论是否利用信息技术,我们都不难发现,每

表3 三种微公益形式的由来

微公益形式 \ 要素	微公益主体	微公益主体的外部影响因素			
		政府/政治环境	组织化公益	软性社会基础设施	硬性社会基础设施
个体行动式微公益	・具有利他共识 ・就某些议题改变现状的诉求弱	・良好的政治空间（政府鼓励某些领域的个体公益行为）	组织化公益力量有限	软性社会基础设施较完善	硬性社会基础设施较完善
集体行动式微公益	・具有利他共识 ・就某些议题改变现状的诉求较强，力求推动改变	・政府对民间组织起来做公益进行控制 ・政府在提供公共物品、解决社会问题方面存在不足 ・政府鼓励某些领域的个体公益行为	组织化公益问题严重	软性社会基础设施完善，且被有效运用	硬性社会基础设施完善，且被有效运用
社会运动式微公益	・具有利他共识 ・就某些议题改变现状的诉求强烈，力求推动变革	・政府对民间组织起来在某些领域做公益进行强烈控制 ・政府提供某些公共物品的能力以及解决某些社会问题的能力非常有限 ・政府对民间做公益给予了一定空间	组织化公益问题严重，或组织化公益力量有限	软性社会基础设施非常完善，且被非常有效地运用	硬性社会基础设施非常完善，且被非常有效地运用

个行动者有着共同的理念，他们拥有为他人着想的善良之心，不论这种心思是出于责任意识还是权利意识，其归宿是统一的。如果没有对行善的高度认可，没有对相对弱势的人的同情之心，却能有利他行为，甚至有时会付出巨大的牺牲，这是难以想象的。

"人皆有不忍人之心者，今人乍见孺子将入于井，皆有怵惕恻隐之心。非所以内交于孺子之父母也，非所以要誉于乡党朋友也，非恶其声而然也。"① 孟子认为人人皆有善根，见人受苦必有恻隐之心，将伸出援助之手，这是人的本性使然。这也是微公益产生的根本。人们为什么在没有利益交换的情况下，没有极其明确的群体感染的情况下会自愿从事公益？根本原因是这种利他的价值观在驱动。"恶有很多，善是唯一"。也许每一个人做善事的动机和思维逻辑迥异，但是出发点都是"万法同源"，支撑个体行动式微

---

① 《孟子·公孙丑上》。

公益的精神基础概括地讲都是利他主义价值观。大多数个体行动式微公益的行动者通常受中国传统公益文化的影响，体现着"疾病相扶持"的理念。中国的慈善文化源远流长。以"仁爱"为中心的儒家文化慈善观构筑了我国本土慈善文化的核心，它强调一种推己及人以至整个社会的社会本位公益思想。南京大学"心愿接力"的核心成员田野说道："社会是一个家，互帮互助，互亲互爱让大家更温暖。我们希望用心愿传递的方式唤起每个人对于这个家最温柔的感动与爱。"这是一种不同于西方个人本位的思维。另外，基于"报"的观念行善，也是中国慈善文化中的重要价值观念，在传统乃至现代的中国人社会生活中有着多方面的影响。网上很火的"我不伟大，但我比您挣钱容易点儿"的当事人老马说："至少让我闺女知道，好人有好报，以后她能帮别人的时候一定要帮忙。"女儿小马请老马看网友的留言，老马感慨道："大伙能都伸把手，不挺好嘛！"正是这些良知良能，将人们带入利他的境界，以润物细无声的方式影响着人们的意识和行为。

即便以现在人们所笃信的"理性经济人"假设，我们也可以理解个体行动式微公益的产生缘由，即"每个人随时随地都可能成为施助者，同时每个人随时随地都可能成为受助者""利他即自利"，在施助与受助的统一中形塑美好社会，这也许是个体行动式微公益追求的极致。强者和弱者只是一对相对的概念，每个人在不同的情境下可能会是迥然不同的角色。没有一个人一生中绝对地不需要他助。正是这种朴素的辩证法，进驻到人们的意识里，成为个体行动式微公益的动力。

与此同时，当存在大量的社会需求，而剧烈的结构性紧张在这些方面不明显或"隐匿"时，政府无暇顾及太多这些需求，也未投入足够的资源加以解决，个体会对这些社会需求做出响应，此时往往容易形成个体行动式微公益。如，献血模范郭明义，公交车站台出手相助晕倒老人而不留名的3名市民，为老人、小孩儿让座的人，王福海式的人，的哥马志刚以及各个默默地奉献自己的时间、智慧和金钱的善良的人们，他们所采取的行动往往缺乏计划性，随机性比较明显，会随时随地对某种或某些刺激做出响应，同时，也不会动员他人加入到其行动中。

②良好的政治空间。

在当前中国，行动者开展任何活动首先要考虑的问题是政治环境。政府允许不允许、支持不支持，往往决定行动的命运。政府的逻辑很明了，首先这些行为对现存政治秩序是否构成挑战和冲击，是否有助于社会和谐稳定，这决定了政府允许不允许这类行动的存在。其次,政府考虑这类行为能否帮助自己提供公共服务,这决定了政府是否支持和鼓励这类行为。从这两个角度来看,个体行动式微公益在解决实际问题时非常有效,而且人们"各自为战",极大地缓解了社会矛盾。同时,它不是权威主义政府所忌惮的有组织的和有挑战性的行动,不会对政治结构造成冲击,可谓"两全其美",是执政者梦寐以求的。因此,整个政治环境以及受政治左右的舆论对于这些行动往往持高度赞扬和支持态度,甚至主动引导和鼓励,通过树立典型、给予奖励等正面激励手段,为这类行动营造良好的氛围。譬如"感动中国"人物评选活动等,客观上进一步激发社会正能量。正是这种几乎毫无阻碍的政治机遇,以及一般情况下个体行动式微公益运作的低成本(对施助者而言),高度的灵活性和即时性,使得政府充满热情和信心,激发深藏在每个个体行动者心中的善意,使之成为社会和谐稳定的基本力量,从而促使个体行动式微公益迅速发展起来。

③组织化公益力量有限。

经济发展过程中社会问题大量出现,呼唤公益组织承担重任。然而,公益组织毕竟数量有限,现存的公益组织只能"抓大放小",那些"不起眼"的事情往往不在公益组织的工作范围之内。另外,公益组织本身也无法"事无巨细"地开展工作,仅从成本的角度考虑,也难以为遍布各个角落的各类人群相对分散的需求专门设立项目。因此,这类需求往往被遗漏,得不到公益组织的"青睐"。这就为个体行动式微公益提供了良好的"工作"契机,公益组织也不会认为个体行动式微公益在和他们"抢饭碗"。

中国大部分公益组织的工作方式是"自上而下"的,而不像一些草根组织是"自下而上"的,其前者难以及时挖掘基层需求,并及时做出响应,尤其是一些官办组织,其工作路径是以行政化推动进行,从发现基层现实需求到做出响应需要经过烦琐的行政程序,而草根组织和个体行动式微公益往往可随时而动,针对周边出现的问题给出解决方案。另外,难免有个别公益组织出于自身利益的考虑,为了吸引人们的眼球,倾向于做那些有名有利有影响的项目。这些普遍存在的现实情况,留给个体行动式微公益以巨大的行动空间。

④健康的社会舆论。

促使个体行动式微公益产生的最重要的外部因素莫过于健康的"软性基础设施"了,它既包括基本的教育,也包括正面的社会舆论导向,它们对人们行为的影响异常巨大。如果一个社会压制人们的公益行为，那将是不可想象的。《人民日报》发表《寻找我们社会的正能量》系列评论，论述当今中国需要良好的价值观和正确的社会舆论。文章指出，当今中国正处于大转型的现在进行时。财富的持续增长、社会的不断变动，激发出空前活跃的思想。维权意识日益敏感、利益诉求更趋多元，方此之时，共同的社会认知、道德理念、行为规则，才能保证思想的交锋、价值的角力、利益的博弈，不至沦为撕裂社会秩序的负资产，而成为推进社会前行的正能量。我们能理解观念上的不同取舍，能理解价值上的不同立场，却更欣喜于言论不为眼球裹挟，良知不被利益吞没，人性不被"理性经济人"的预设绑架。我们的价值可以多元，但在行为规范上却应有基本标准，这样，被救者才不至于理直气壮地一走了之充当"道德杀手"；我们对现在的认识可以各持己见，但对公平正义的追求却应殊途同归。①

当然，不同情境下，帮助他人所需要的具体条件是不同的。总的来说，一个人的善心可以无差别，能力却有高低，拥有的资源和实现目的的手段也是高度分化的。因而，个体行动式微公益行动者，通常都是在自己的视野、能力、资源所能企及的范围内，根据自己的判断对他人施以帮助。俗话说"有钱出钱，有力出力，有人出人"，这句话是对个体行动式微公益的最朴素和真实的写照。买得起奔驰轿车的可以实施"免费搭车"，会用电脑的可以发起网络"爱心接力"，只懂日常生活琐事的可以做邻里互助的"江妈"，出租车司机可以在暴雨时展开"接力救援"。总而言之，但凡个体所需要的硬性的东西，或是信息技术，或是财力，或是体力，对于面对的具体事情，都是足够的，而且不用学习不用培训就能够使用，唯一需要的是"我愿意"。

⑤信息技术带来便利。

便捷的信息技术从各个层面改变了人类的生活方式，把人们带入了"信息时代"，微公益的个体行动者也不例外。对手机和互联网的使用，极大地扩展了个体行动式微公益的视野，赋予了行动者更加有力的工具，加强了行动者实现目标的手段。信息技术的普遍化，也改变了人与人之间的关系。对于个体行动式微公益而言，最重要的就在于信息技术所伴随的平等

---

① 《人民日报》2012年7月12日，http://www.wenming.cn/wmpl_pd/ddmp/201207/t20120712_754021.shtml。

性，这种平等性表现在它向社会所有成员开放，而且技术门槛极低，不需要过多过繁重的学习和训练就可以掌握，这使得社会成员得以方便容易地使用这种工具。而信息技术的即时性和跨越性又在一定程度上打破了时空的界限，达成相应的目标的效率能大幅提升。这实际上间接给予了社会大众更多的话语权，使得人们独立于政府或市场的社会行为的普遍化成为可能。

（2）集体行动式微公益的由来。

什么样的条件更容易使集体行动式微公益出现？我们的分析认为，当微公益主体拥有利他主义价值观，在某些领域改变现状的诉求较强，力求推动改变，同时社会呈现一定程度的结构性紧张（某些社会问题亟待解决，社会需求亟待满足，而政府和公益组织在社会领域表现不佳或存在不足，政府对组织化公益进行管控），人们具有足够的行动能力并占有或能够动员一定资源时，微公益主体之间以及微公益主体与这些外部影响因素之间不断互动的情况下，较容易产生集体行动式微公益。

①微公益主体就某些议题改变现状的诉求较强，力求推动改变。

"集体行动"是社会心理学、经济社会学、政治经济学和公共管理学研究的一个共同主题，凡是涉及群体或集体的行为或行动的现象都离不开集体行动这一范畴。西方学者认为，集体行动是由专业组织动员的、有充分物质资源支持的政治性的制度外行为。在中国，有学者认为，中国的集体行动因为缺乏"合法"身份而难以为继。然而，我们从中国的集体行动式微公益来看，尽管集体行动式微公益缺乏专业化的组织动员，也没有强有力的物质资源的支持，但是微公益集体行动依然可以在弱组织化的状态下获得成功。从集体行动的表现特征来看，它与公民意识的觉醒和发展有着密切的关联，公民意识意味着"责任"与"权利"的统一。就责任而言，每个人认为，这个社会是"我"的社会，"我"有责任使这个社会变得更加美好。中国传统的信念强调"仁者，爱人"，一系列经典所阐述的对待他人、对待社会的态度都具有与个体息息相关的积极改造的责任意识，正是这种高度的责任意识，成为人们行动的内核。就权利而言，既然"我"是公民，是完整社会中的一员，就有权利要求获得一个美好的社会，种种不公平现象都应当被削弱。每个人（无论是精英还是大众）都有权利参与到削弱不公平的行动当中去。

基于这种责任意识和权利意识，越来越多的人承担起改变社会的重任，人们形成强烈的认同感，保证了群体内高度的凝聚力。大家希望以己之力，推动变化，如"贫困地区的学童应该吃饱饭""妇女儿童被拐卖是社会不能容忍的""老人应该受到照顾"……于是，"免费午餐""微博打拐""大爱清尘""爱心衣橱"等项目应运而生。由于绝大多数情况下精英们掌握着知识、技能、话语权，他们认为自己有责任去缓减贫困，削弱不公，他们也认为自己有权利这么做，因此，集体行动式微公益大多由精英发起。

当然，无论是发起者，还是参与者，他们并没有与现有体制发生冲突的想法，对现存秩序没有挑战性和破坏性，只是以务实的心态、务实的手段，解决具体的现实问题。他们希望改变现状的诉求虽然强烈，但只是希望以"量"取胜，希望动员社会大众加入其中，"积少成多"。普通参与者与每个个体行动式微公益的行动者看起来没有区别，但是，他们的诉求更为强烈，愿意加入到这样的倡议中。当然，随着行动的进展难免产生一定的"冲击力"。

改革开放并没有使所有人平等受益，广大工人和农民承担了改革的成本，严重的社会不平等伴随着经济不平等而来，普通民众的公共福利普遍降低，大家的诉求越来越强烈，并且不限于经济利益。中国大规模社会变迁造成许多社会问题亟待解决，出现结构性紧张，这成为集体行动的诱发因素，并使得这些行动成为社会内在的需要。例如，在教育公平、安全就业、生命健康、未成年人保护、老有所养、人有居屋等方面，人们一方面希望政府和民间组织能够有所作为，一方面又因问题不能得到有效解决，只能亲自投入到行动之中。

②政府限制组织化公益。

中国政府对有组织的集体行动控制很严，成立民间组织受到限制。政府对待民间组织采取"分类控制"和"功能替代"策略，以此限制人们组织起来。

改革开放以来，中国的政治、经济和社会都发生了深刻的变革。在社会领域，法律政策的有限开放为民间组织的生存创造了制度空间，经济的发展和社会的需求则促成了民间组织的蓬勃发展。然而，在国家和社会关系中，政府占据绝对主导地位的现状并没有改变，民间组织获得的生存和发展空间只是有限制的开放。总的说来，政府对民间组织的管理是谨慎且严格的，这体现为"一体制三原则"的模式。一体制即双重管理体制，三原则包括分级管理原则、非竞争性原则和限制分支原则。双重管理体制是指由业务主管单位和登记管理机关共同实施对民间组织的管理。这种双重管理是深入而全面的，从民间组织的成立注册，到机构治理、资源获取以及项目活动等，涉及民间组织生存发展的各个环节。分级管理原则指不同级别的民间组织由相应级别的政府管理部门负责登记管理。非竞争性原则指同一地域内不得成立两家或两家以上业务范围相同或类似的民间组织。限制分支原则，即民间组织不得设立地域性的分支机构。这种严格的管理模式很大程度上限制了民间组织的成长和发展。例如，在注册环节上，民间组织如果要注册成基金会、社会团体或民非法人的话，首先必须找到相应政府部门作为其业务主管单位。但实际中，很多政府部门出于"害怕担责任"的心理，在选择是否担任民间组织业务主管单位的时候非常谨慎，这就导致很多没有政府背景的民间组织因找不到业务主管单位，只能转向工商注册或者不注册。没有合法身份所带来的消极影响是一系列的，在募集资源、开展活动、机构公信力等方面，都会使民间组织因为身份问题而遇到瓶颈，不利于其成长和发展。尽管各地已经开始尝试破解民间组织登记难问题，但是尝试范围更多局限于扶贫济困、社会服务类民间组织，局限于政府放心的组织或者能够承担政府部分职能的组织，民间组织并没有迎来全面"解禁"的政策暖春。

与此同时，政府对民间组织业务范围进行控制。相对于发达国家第三部门组织分布领域的广泛，中国第三部门组织分布领域则相对单一，民间组织活动的范围主要集中在社会服务领域。以在民政部门登记注册的第三部门组织为例，2008年，科技与研究、教育、法律、卫生、社会服务、文化、体育等社会组织占所有登记注册的社会组织数量的86.2%。而涉及宗教、生态环境、国际及涉外领域的组织数量只占3%。中国的第三部门发展本身起步晚，加上政府对待第三部门"重限制、轻发展"，开放空间有限，给予的资源也很少，而且政府在所有重要的领域成立官办的第三部门组织，试图通过"功能替代"抑制民间同类组织的产生和发展，这些都成为中国第三部门发育不良的主要原因。

当组织化公益被严格控制，公民期望通过组织化公益解决社会问题的空间被严重挤压时，践行利他主义价值观、践行公民参与社会意识的人们只能另辟蹊径，选择个体发起公益的方式，即微公益。集体行动式微公益出现后，其发展趋势愈演愈烈，这实际上是政治环境严格监控组织化公益的结果。微公益与组织化公益两者殊途同归，最终回应社会需求，解决社会问题。

这种"挤出"效应，是中国特定的政治结构决定的。改革开放以前的政府是一个全能型政府，伴随着市场化进程的经济领域的改革促生了权威主义政府。政府最核心的利益就是执掌政权，而稳定地执掌政权就要求社会的稳定，而社会挑战政府的方式就是集体行动，至少在 Web 2.0 以前，没有组织的集体行动是不可想象的。政府的逻辑就是堵住民间力量组织化的道路，自己发展具有替代性功能的官方组织。这样，似乎"两全其美"。但是，在这个充分信息化的时代，人们经由组织化公益解决社会问题无门时，可以选择自己发起公益行动，选择自己动员民众参与公益，以"抒发"自己的良知，也为社会做些有益的事情。

③组织化公益问题严重。

不可否认，无论在数量上还是质量上，中国的组织化公益取得了很大的进步。但是，总体看来，中国的组织化公益还呈现出许多不足。世界银行的研究报告表明："中国有一百多万个事业单位，职工总数接近三千万。大多数事业单位建立的目的是提供公共服务。迄今为止，在中国，非国有部门在公共服务提供方面的参与还相当有限。"我们可以简单地将公益组织划分为具有官方背景的公益组织和民间公益组织。显然，尽管各种新型的民办非企业单位、民间社团也在积极地提供社会服务，媒体也给予了相当广泛的报道，社会也普遍关注，但是政府主导的官方背景的公益组织在整个公益行动中仍然占据着主导地位。如果从专业性、可信度、多样化三个维度考察具有官方背景的公益组织和民间公益组织，我们会发现前者专业性相对较强，但是公众认为其可信度低，多样化不足，故而得不到大众的青睐。而民间公益组织在专业性上没有呈现优势，多样化方面虽然稍好，可信度却也不高。

尤其在可信度方面，无论是内部治理还是外部监督，近些年来，国内的公益组织和慈善机构被一次次地推上舆论的风口浪尖。像丑闻缠身的中国红十字会，还有良莠不齐的各种基金会，正面临一场空前的信任危机。信息不透明、执行情况差、内部管理混乱、运作模式不成熟，这些问题阻碍其进一步发展，公益慈善的公信力遭受重创。

在传统公益慈善活动中，由于缺乏监督意识和相关渠道，普通民众往往只能更多地参与资金筹募这一初级阶段，捐款、献爱心之后，很少主动要求或者有条件对善款的具体去向、受益对象的状况进行持续的跟踪调查。加之政府职能部门监督乏力、行业自律缺失，公益组织的运营存在监管真空，在某种程度上纵容了违法违纪行为，譬如出现善款遭侵吞等问题。

随着公民意识的日益觉醒，普罗大众尤其是有较高知识文化层次的青年群体，对待公益慈善的态度有所转变。从先前单纯响应募捐，到如今更加关注公益项目运作全过程及其最终能够实现的效果，从旁观者、参与者到践行者、监督者,这种角色的转换反映了当前我国公益慈善事业的现状。这些公益组织本身的存在本来是有其合法性的,问题在于,只准这些组织来办事情。倘若能办好也罢了,问题在于,它们办不好事情。

一方面,很多公益组织的社会公信力严重滑坡,公众的爱心被利用、善款被糟践,人们不得不有所警觉和提防;另一方面,在越来越多的社会公益组织、民间慈善机构不断涌现的情境之下,公益慈善已逐渐进入经济学意义上的"买方市场",人们献爱心的渠道已非囿于某个单一平台,开始拥有更多自主选择的机会。在此过程中,公益团队的执行力、贯彻力将是人们考察的关键方面和评判的重要标准。捐还是不捐,捐多少,筹建什么项目,要达到怎样的效果,从资金募集到项目实施再到信息披露,有意做公益慈善的人士可以提出自己的要求,得不到满足则可考虑更换合作方。如曹德旺在2010年进行的"史上最苛刻捐款",要求签合同的基金会半年内必须将2亿元善款发放到近10万农户手中,差错率不得超过1%,管理费不超过3%。事实上,竞争机制的引入,或将成为公益组织优胜劣汰的自然法则。一家公益组织如果服务差、执行能力不强,不能把资金如期用到实处,久而久之,其口碑以及公信力难免下降,从而也将影响其今后的生存发展。相反,如果能在团队的执行力、工作效率上多下工夫,公益组织还能提升影响力、公信力。

在公益组织表现不太理想,公益慈善逐渐进入"买方市场",公民意识不断觉醒,且公民个体做公益的机会和能力不断增强的情况下,微公益的出现和普遍发展成为顺理成章之事。在信息越来越对称的自由选择环境中,每个理性的公民自然会优先选择最信任的方式献爱心,践行利他精神,在实现自我价值的同时帮助他人,履行公民社会责任。而在当下,以个人形式发起的微公益应该算是公民较为信任的公益操作形式。现有的公益组织满足不了庞大的社会需求和人们的期望,人们必然会寻求其他出口。这就是微公益能够蓬勃发展的核心原因之一。

④开放、积极的舆论环境。

中国人从来不乏善心,"含蓄"的中国人缺乏的往往是表达,目前这种情况正在悄然改变。"爱就要大声说出来"成了网络上的主旋律,这种"爱"并不局限于爱情,也包含了对至亲之人的亲情,对至近之人的友情,更重要的是,网络上表现出来的对陌生人境遇的关切,对与自己毫不相干事情的关注,时常成为舆论的焦点。不能不说这种舆论氛围正是承载公益话语的绝佳平台:通过发布人们的困境,唤醒身在安乐中人们的同情心;通过传播公益的价值观和精神，提高公益理念的"市场占有率"，抢占文化阵地。舆论最大的特点是感染力，尤其对青少年社会化起着异常重要的作用，当年轻人将微公益作为"时尚潮流"和"先进"的象征时，微公益的烙印就深深地留在了人们心间。

罗素说"舆论是万能的，其他一切权力形态皆导源于舆论"，尽管这听起来有点极端，然而，的确，舆论影响到社会中的每一个人。舆论具有"再生产"能力，一个社会的舆论导向惯性异常强大，一旦形成势头，极容易形成"恶性循环"或者"良性循环"。当社会生活中、媒体网络上，人们口耳相传的都是正面的言论，传播的都是"善"的种子，崇尚的都是利他主义，脑子里都是对他人尤其是弱者的关怀和同情，这样温情脉脉的社会，才是值得生活和向往的。

当社会的不公平、弱者的苦难成为人们关注和讨论的对象时，不仅仅是唤醒"沉睡"的人们，让他们意识到问题及其严重性，更唤起了人们的行动感。倘若这时候有"英雄"振臂一呼，人们必然"闻风而动"。在今天的中国，集体行动式微公益蓬勃发展，显得如此容易。

⑤信息技术造就无组织的组织手段。

并不是只要有了强烈的责任意识和利他主义情怀，又有了去实践这些"理念"的工具和能力，就可以形成一个牢不可破的集体。价值观和能力这两个东西，我们都是在个体层面考虑的。也就是说仅仅是"各自为政"，"单枪匹马"，这样注定是乏力的，影响力也是小的，是容易被攻破的。有一首歌唱得好："一支竹篙哟，难渡汪洋海；众人划桨哟，开动大帆船。""一根筷子哟，轻轻被折断；十双筷子哟，紧紧抱成团。"是什么把单兵作战的个体有效地连接融合成强内聚力的集体行动式微公益？是信息技术！"在行动中交流，在交流中前行"。显然，Web 2.0 的交互性把相关的人、不相关的人都联系起来，而它的聚合性又把这些人团结在一个集中的议题周围。

历史是由群众创造的，任何个体的英雄，如果不借助群体的力量，不可能完成惊天动地的伟业。"一盘散沙"的个体改变现实的力量是有限的、缓慢的。当今集体行动式微公益表现出的"爆发力"，依靠的并不是传统的实体组织，也不借助于等级森严的命令结构，而是借助信息技术。信息技术赋予人们"无组织的组织手段"，把志同道合者"黏合"在了一起。

网络时代到来前集体行动的发生，基本上是在局部范围内，是小规模的，稍微大一点的集体行动通常需要酝酿几年甚至更长的时间。其中一个重要的原因是人际沟通的困难与信息传播的缓慢，难以在短时间内组织或动员更多的人参与其中。当前的集体行动可以在短短的几天或者十几天里发生。互联网作为信息的载体和舆论的平台在现代大规模的集体行动的发育和扩散中成为一种不可或缺的结构性因素。Web 2.0在各个层面把现代人紧紧地联系在一起，微公益的行动者也不例外，而且因为利他主义价值观的强烈指引，他们的认同感更强烈，更有"默契"。微公益行动者相互信任，互相鼓励，共同讨论，各抒己见出谋划策，更方便有效。在网络上，有大量的网站、论坛、社区、QQ群、社交网络，微公益的行动者在上面发布信息，发表见解，分享感想，寻求支持，请求帮助，汇报进展。这种广泛而深入的信息流通，还是一种精神的再生机制，通过不断地重复和强化，真正地把人和事用感情和理想黏合在一起。网络本身是一个虚拟的空间，但是操纵网络的是真正生活着的人。网络为素不相识、远隔千山万水的人们提供了绝佳的交流平台，让人们感觉到"四海之内，皆兄弟姐妹"。微公益凭借价值观这一纽带，打破了陌生人的区隔。

网络是一个准入门槛相对较低的工具，陌生人之间可以利用，熟人之间也可以有效地利用，形成无数交叉复杂而稳固的网状联系，成为微公益行动者之间的黏合剂，为微公益行动者组织起来奠定了基础。当然我们不能忘记那种"亲不亲，故乡人""远亲不如近邻"的熟人社会温情脉脉的互动和交流，而在现代社会中，我们因共同的价值观成为"熟人"，共同交流想法，维系着共同认可的价值理念，催生着一次次的行动。在今天，表现得最为突出的是微博，例如"微博打拐"的发起者于建嵘在新浪微博访谈中充分肯定微博解救乞讨儿童的作用："的确，这次微博网友起到了非常大的作用。如果没有微博，互动性不可能这样高。""微博把一批有相通基本理念的人建立一个圈子，而在这个圈子中，只要有这样的理念就会引导着我们往一个方向走。"

Web 2.0时代的信息技术，把受到各种束缚的善心很大程度地解放出来。它本身是一种工具，但它却赋予了人们一种信息沟通的能力，使得发起集体行动成为可能，使得"乌合之众"能够在理智的指导下从事那些高尚的事情。虽然依旧手生，但当这是一个庞大的群体，而且群体的多数人都意识到它所蕴涵和能够爆发的力量的时候，也蔚为大观，不可小觑。这种技术解决了工具手段问题，造就了无组织的组织手段。正是这些方面的复合，赋予了今日中国人强有力的行善能力。当具备了这种行善的能力后，个体的自信心进一步激发,使得人们认为自己不但有意愿改变这个社会,而且能够改变这个社会。这会反过来激发和加强人们的利他主义价值观。集体行动式微公益行动者努力地改变着身边的一切苦难和不公,真正为和谐社会的建设而努力践行着。

(3)社会运动式微公益的由来。

社会运动式微公益的产生条件与集体行动式微公益基本相同。两者的区别主要体现在,社会运动式微公益的行动者不仅具有价值共识,在某些议题方面具有强烈的改变现状的诉求,力求推动变革,与此同时,还存在更为明显的结构性紧张诱因(例如,政府在某些方面对民间组织起来做公益的控制程度更高,政府提供某方面公共物品或解决某类社会问题的能力更显不足,组织化公益表现出更多的问题),更好的政治机遇结构(如政府在某些方面对民间个体化公益给予了更多的空间),具有更充足完备的资源(包括利他主义价值观得到普遍推广,信息技术更加完善、普及且被更加有效地使用),以及更加有效地进行资源动员。

①微公益主体就某些议题改变现状的诉求强烈,力求推动变革。

在某些社会议题方面,特别是公共物品方面,人们的公共意识强烈,普遍能够感受到强大的张力。譬如环保问题愈来愈被人们关注,其原因有三方面,一是大众的环保意识随着对生活质量的要求提高而提高,人们越来越关注与自己生活息息相关的环境问题,客观上使得人们将目光投向环境问题。二是环境问题往往与各个利益相关者高度相关,人们的参与热情骤然提升,尽管看起来出于"自私"目的,但是却能达到公共的目的。三是环境问题亦与我们每个人的"权利"有关,比如,我们每个人有权利享受到清洁的空气和纯净的饮用水。与环境议题类似的,还有农民工基本权益保障、食品安全、文化复兴、公益组织的公信力,等等,这些问题成为微公益主体关注的焦点,这些议题不同于一般的公益议题,它们是人们期待并力求改变的,也是人们力求推动变革的。人们形成了明确的社会目标,希望改变社会观点,改变社会不公。与个体行动式微公益不同,在这些议题方面,人们不强调具体的细节性问题,而着眼于实现全面的近乎抽象的目标。例如,更为洁净的环境、更安全健康的食品、更清明的政府、更文明的社会、每个人的基本权利得到保障,等等。因此,这往往会与现实形成较大的反差,或者触动某些人的利益,或者触动现有体制和秩序,因此,关注并采取行动就意味着对现实的抗争,意味着将是持久的、艰难的抗争。能否取得成功,何时可以达到目标，难以预料。

与此同时，信息技术赋予关注这些议题的人们以足够的空间和便利，它使得关注者从单纯的信息接收者，转变为信息制造者、接收者、再传递者。每个人都可能成为信息源。人们可以就某一公共议题发起讨论和互动，形成关系牢固、信任度极高的社群。这一切进一步强化了公民改变现状的强烈诉求，创造了有效的社会运动式微公益所需要的条件。

②逐渐开放的政治机遇。

毫无疑问，对于正处在转型十字路口的中国，未来何去何从是一个大问题。而政治机遇结构是任何社会运动必需的契机。首先在法律上，社会运动式微公益是合法的。事实上，不能说我国法制不健全，应当说我们的法律在很大程度上规定了公民的合法权益，尤其从宪法的历史演变来说，很多政治权利、经济权利、社会权利的确立是与时俱进的。问题更多地在于没有得到落实。

其次，当前的政治环境在国际社会和国内社会双重发展的情况下，面临着政治上由亲资本向亲民众逐渐转变的压力，于是，民众的诉求，只要合法，且方式不过激，政府也能容忍。政府甚至为了获取一定的民众支持率，在时机成熟的时候，不仅允许甚至会鼓励民众起来抗争，形成积极改革的合力。同时，政府对于言论和行动的开放程度也逐渐加大，开放了利益表达的渠道。这些都为社会运动式微公益提供了良好的政治机遇。

③高度的结构性紧张。

只有广泛存在且持续得不到解决的问题才会引起广泛的关注和行动。此时，政府不可避免地要充当所有问题的"冤大头"。因此，政府如果不能在较短的时间内采取公众认可的举措，便会引发公众的质疑和参与热情下降，导致某种程度的民意"爆发"。事实上，任何体制下，完全令公众满意的政府几乎没有，但是，政府对公众的诉求却不能无动于衷，类似环保、农民工权益保障等问题，这些问题是中国特有的经济发展模式带来的问题，即以牺牲环境和健康为代价，以牺牲普通劳动者的基本权益为代价而换取经济增长。因此，政府不得不面对。然而，政府面对保全自身利益还是保全大众利益的抉择时，会更多考虑自身利益，这与公众超前的环保观念和过激的环保行动必然形成对立。因此，社会运动式微公益行动过程中出现一定的冲突是正常的。尤其在发展的初级阶段，以经济建设为中心的时代，政府天然是亲资本的，即便在转型时期，政府开始转向民众一边，但根本上仍然以发展经济为重。因此，发起诸如农民工维权的公益行动，就是公众对于官商勾结打压劳动群众的抗争。而种种抗争，最后的指向都是要打破各种利益联盟格局，弥合联盟所带来的恶果，保存联盟所带来的成果。

这种高强度的结构性紧张，是中国走市场化路线三十多年来必然会出现的。一方面社会经济仍然高速运转，另一方面这么多年积累的矛盾会显现出来阻碍稳定和增长，这种混乱和对立是大转型时期的典型特征。这种时候，人们的思想也是左冲右突。人与人之间的隔膜、阶级与阶级之间的隔阂、人与自然的割裂，这些鸿沟如何弥合，呼唤着人们的行动，这就是社会运动式微公益的原始动力。

缓解这种结构性紧张的力量可以有很多，除了政府的矫正作用之外，组织化公益也是一种，只不过组织化公益显得"力不从心"和"杯水车薪"。组织化公益所拥有的资源，所采取的行动，并不能对现状格局造成强有力的改变。而政府主动改革的动力往往不足，改革的程度往往不够，不足以使现状格局产生革命性的剧变。这些议题所积聚的巨大能量远非个体行动式微公益和一般集体行动式微公益关注的议题所能企及的。这种情况下只能依靠社会，只能依靠公众力量。

四 微公益变革中国

微公益所追求的是对人性中善的一面的呼唤。正是这样一种极力维护和彰显个体性、民间性和纯洁性的微公益，在中国这样的特殊情境下释放出了巨大的势能。

一名香港艺人庆生之日发出微博，号召大家转发一则捐赠倡议。3天内，她的捐赠倡议被拥趸们转发了7.5万次，最终这名艺人践行承诺，向慈善机构捐出了8万元。身患白血病的河南女孩"闪闪"，则由一名素不相识的网友为其发出义卖微博，凡有网民在该网友店铺购买指定货物，所付全款将全额作为"闪闪"后续治疗费用，最终20万元善款得以筹集完毕。在郑州大学，有290多名"筑梦基金"的志愿者，他们利用课余时间，在校园内搜集废品，把换来的钱放入"筑梦基金"。这个"拾荒行动"他们已经坚持了两年多，举办多次，发动了近1500名大学生志愿者进行校园拾荒、校园义卖、爱心支教等微公益活动，募集到21625元"筑梦基金"。利用"筑梦基金"，志愿者们帮助了许多人，其中包括5名家境贫困的学生和身患重病的学生,并为玉树地震灾区筹集了善款。① 2012 年 9 月 1 日下午,湖北三峡大学在校生刘艳峰向陕西省财政厅寄送政府信息公开申请表,申请公开在延安特大车祸现场"微笑"的陕西省安监局局长杨达才 2011 年度工资。这些发生在我们身边的事,看似"微",却不弱。它正在以不同的方式、在不同的层面影响着中国、变革着中国。

  微公益会聚微力量。在今天这个无所不"微"的年代,借助微博等新技术平台,"微公益"逐渐兴起,成为普通人参与公益的新形式。"微公益"自产生以来就处处显示着积少成多、聚沙成塔的公益精神,如古人所说:"道生一,一生二,二生三,三生万物。"1 次转发 = 1 元钱,1 个"粉丝"= 1 角钱……"微公益"以充满创意的方式,凝聚着普通个体的力量。微公益的兴起,使得公益发起主体越来越多样化,从过去的以名人发起为主逐渐走向大众化,越来越多的普通老百姓成为公益主体。过去那种认为只有成立组织才能做公益,或者公益是慈善家、企业家等精英人士"行侠仗义""扶贫济困"的观念得到改变,再加上信息技术的发展,以及大量公益需求的存在,使得越来越多的民间草根组织涌现出来做公益,也使得越来越多的个人自己发起或参与公益,一个个原本被忽视的微小的个人力量汇集在一起,汇成一股大爱。例如由中国平安在微博上举办的为旱区学生送水的"一次转发一瓶水"公益活动,吸引了林心如、苏有朋、舒淇等多位明星参与。但是,在超过 23 万次的转发中,绝大部分还是普通的网友。还有,西安的"1 元关爱计划"公益行动,最初是由一名普通的小吃店老板发起的。因为常有老人从市郊跑到他的店里吃饭,考虑到老人年纪大,跑太远辛苦,于是对这些老人他都只收 1 元的饭钱。随后他便发起了"1 元关爱计划",并通过媒体呼吁更多的人加入进来。在媒体的号召下,仅半个月的时间,便有 150 个商家正式签约服务承诺书,为 80 岁以上的孤寡老人提供 1 元买药、1 元就餐、1 元洗衣、1 元理发、1 元打车等多种多样的关爱。一个普通人的善念、善举,带动了整个城市,甚至整个国家的普通人加入进来。这一切,看似天方夜谭,却实实在在发生在我们身边,不得不让我们对"微公益"刮目相看:1 角钱、1 元钱的"微公益",并不是想象中那样"微不足道"。在微公益下,原本微弱的草根力量得到了会聚,被重新展现出来,温暖着整个社会。《人民日报海外版》2012 年 8 月 22 日刊文《"微公益"体现在生

---

① http://paper.people.com.cn/rmrbhwb/html/2012-08/22/content_1101258.htm.

活的点滴之中》,指出"微公益,使普通人成为公益主体,激发了普通公民的公益热情,展现了积少成多的巨大力量"①。微公益的如火如荼,预示着召集一群志趣相投的人变得不再复杂,预示着人们借助网络召集更多普通人以集体力量来实现公益成为流行,预示着平民公益时代的到来。

微公益放大善念善举。每个人都有一颗向善的心,一个契机就能将善心挖掘出来,汇合成大爱的洪流。"微公益"正是这样的一个聚爱的平台,不要求少数人做很多,而是倡导大家都来做一点。在传统的公益观念里,"少数人"就比其他人更应该付出爱心。在"微公益"的范畴里,曾经是公益围观者的大多数人也和"少数人"一样,都能践行自己的爱心。微公益的意义不仅在于将小善会聚成大爱,让受助者得益,其更重要的意义在于有助于在全社会形成"人人可公益""人人做公益"的良好氛围,形成慈善公益事业的"蝴蝶效应",撬动整个社会的大爱心。2012年7月21日北京暴雨中便涌现出许多微公益,它们极大地凝聚并传递着正能量。2012年7月21日,由于暴雨原因,当天首都机场取消航班500架次,机场快轨停止运营,导致大量旅客滞留机场。很快便有网友在微博上发起呼吁,号召大家自发组成车队前往机场搭载滞留乘客回家。据悉,有近30辆车参加了此次活动,由望京网微博负责扩散和后勤工作,网友都非常积极地参与其中。一直到第二天清晨5点,各位网友才陆续回到家中。除了组车队接送乘客之外,也有微博网友在网络上公开电话和家庭地址,24小时等待求助,众多商家加入24小时免费收留滞留旅客……类似的例子还有很多,微公益如同一米阳光,微小却照亮了整个世界,点燃了每个人内心的爱和善,唤醒了每个人的公益之心。

微公益蔓延至生活的各个方面。有别于传统公益,微公益所倡导的是一种随手公益、随时公益的理念。它强调从每个人的身边做起,从日常生活中做起,从看似微不足道的"一点点"事情做起,不强调投入精力和时间的多少。如在人流高峰时,选择爬楼梯来减轻扶手电梯的人流重负,即微公益的一种。再如一家"微公益"网络社区创建者所言:"其实公益很简单,当你走在马路上,看到一个路面上飘动的塑料袋,捡起来,然后放到正确的分类垃圾箱中,你就做了两件公益的事。"另外,从涉及的领域来看,微公益的触角已经涉及了几乎所有与我们日常生活直接或间接相关的领域,从传统

---

① http://paper.people.com.cn/rmrbhwb/html/2012-08/22/content_1101258.htm.

的日常互助，到环境保护、低碳生活、教育公平、"三农"问题、医疗救助、城市犯罪、科学普及、贫困扶持、留守儿童、缩小数字鸿沟、农民工问题、政府监督、养老问题、三公消费……可以说，微公益踏入了几乎一切它应该和不应该踏足的领域，踏入了几乎一切它适合和不适合的领域。

微公益可解决大问题。强调从身边做起的微公益，看似默默无闻、微不足道，但正由于它的积少成多、聚沙成塔，将微力量会聚起来，撼动着各方力量，推动着某些社会性问题的解决。"免费午餐"便是最典型的例子。另外，2011年年初"随手拍解救乞讨儿童"迅速成为舆论焦点后不久，公安部便于2011年4月12日起在全国启动了为期6个月的来历不明儿童集中摸排行动，并于6月1日起，在全国范围内实施了儿童失踪快速查找机制。微公益就像杠杆一样，以巧妙的方式、巨大的力量推动着社会的各方加入进来，甚至推动政府公共政策的改变，从而在更深的层面上解决某些社会性问题。

当然，不同类型的微公益所发挥的影响力有所不同。①

1. 个体行动式微公益的影响力

现代社会一般被划分为政府、市场和社会三个领域，那么，个体行动式微公益在这几个领域起到什么作用，与它们的关系如何呢？这是不可不回答的问题。由于个体力量的微弱和无组织性，对于政府和市场，个体行动显然并没有构成强有力的挑战，更多做的是"拾遗补阙"的工作。一方面，这些行动很大程度上弥补了政府以及公益组织忽视或遗漏的地方；另一方面，这些行动用自己的方式削弱了市场行为必然导致的社会分化和大量的负外部性，一定程度上削减了市场咄咄逼人的"锋芒"。然而，这些行动本身是在"社会"之中的，对于社会而言，又意味着什么呢？笔者认为，这些微公益行动对于社会的意义在于不断地"消费"和"再生产"利他主义价值观，因为价值观只有在实践中才能得到锻炼和体现，才能得到传播和加强，在这个意义上，个体行动式微公益凝合、传播、加强了利他主义价值观，也就等同于进一步巩固了与之对应的公益文化。当然，在探讨这些"虚无缥缈"的问题时，我们最不能遗忘它给社会中千千万万人带来的最实际的帮助。

（1）增强个体的独立性与主动性。

---

① 以下描述的影响力是个体行动式微公益、集体行动式微公益、社会运动式微公益独有的影响力，彼此间具有共同之处则不赘述。

个体行动式微公益表现出的与以前个体公益最大的差异是个体的独立性和主动性的大幅度提升。熟人社会里，人们开展互助时，受到一般伦理关系、礼尚往来等的约束。现代社会呈现出"陌生人社会"的特征。这客观上将人们隔离开来，形成独立的个体。此时，人们不受制于人情的羁绊，也不受制于群体的号召和鼓动，选择做还是不做的自由度完全由自己把握，主动精神显得尤其重要。后文叙述的集体行动式微公益和社会运动式微公益中，我们一样能够看到这种个体的独立性和主动性的体现。

这种独立性和主动性的增强，概括地说就是公民意识的提高，是个体自主行动的权利意识的提高和个体意愿的彰显。完整的或者说完善的公民意识一定是双向的，人们意识到自己不但是自己的主人，还是这个社会的主人，他们因此主张自己改变社会，抱有西方价值观的人把这称为改造社会之权利，抱有传统价值观的人把这称为改造社会之责任。

这种独立性和主动性，直接导致了个体对于社会公共事务的思维方式和行动方式的转变。人们不仅仅要求狭隘的受益权，以及低层次的知情权，还进一步要求享有参与权，甚至要求一定的决策权，要求落实监督权；不仅仅是被服务的对象，而是要求成为服务的主体，成为社会责任的承担者。这种独立性和主动性的提高，体现在人们"呼唤行动"的倾向，摆脱那种"等、靠、要"的被动状态，摒弃那种期待其他主体大发慈悲的幻想，而把权利收归自身。

（2）触发公共政策的变化。

绝大部分个体行动式微公益从主观和客观上都无意对政策产生影响，然而，它们依然可能成为某些公共政策变化的"起因"，一部分个体行动式微公益，做大了可以推动公共政策，尤其是具有一定可推广价值的微公益。往往某个个体的行动者在这个"领域"起到了拓荒的作用，发现并开辟一片新的天地，但是，要依靠个体行动有效地推动公共政策的变化无疑是很困难的，一个可行的途径是某个微公益的个体行动者把某件事做得足够好，经过广泛报道后影响的范围和程度足够大，以此引发公众的关注，进而与该项微公益相关的事情暴露于公众和公共部门的面前，就算只做到这一点，行动者们也功不可没。例如，我们可以说从"免费奔驰"中看到了现实社会中的人性亮点和文明闪光，然而，倘若仅仅想到这些，满足于此，似乎有点"看低"了这一事迹的借鉴意义和参考价值。王永也说，"我一个人，就算捐了10万人，也不如把顺风车理念推广了更有意义"。现在的他，开始投入更多的精力,来推进顺风车的规范化、制度化。并且,已通过自己全国青联委员的身份,提交了关于顺风车的提案。他建议,政府应当建立可行的免费顺风车制度,允许民间组织参与,最好在政策里规定,私家车满员时,可免收或少收高速费。"免费搭车既可以让人与人之间的关系更加融洽,又可以省钱、节能、环保。这样的事儿,有什么理由不能推广开呢?"这是王永的乐观想法,同时也是他坚持公益善事的动力所在。"免费奔驰"再好,坚持时间再长,如果只是停留于王永个人层面,那它终究还是"一花独放"的孤独样本。

无论从国际先进理念出发,还是就目前现实需求出发,有识之士和社会公众早就通过各种渠道,建议城市管理的善治举措尽快出台。雷闯运用行为艺术反乙肝歧视是值得一提的案例。为了反对幼儿园对"乙肝宝宝"的入园歧视,他曾在北京某幼儿园门口,头戴灰太狼面具,胸挂"乙肝歧视"的牌子,不允许"喜羊羊"入园;他也曾在东莞人力资源局门口左手举"浮云",右手抱"神马",讽刺粤电集团违规进行乙肝检查。他的行为艺术引起的关注带来了不少改变,例如卫生部、教育部和人保部于2010年要求各地废止入学、就业的乙肝项目检测。①

能够触发公共政策变化的个体行动式微公益往往对于行动者个人的素质、能力、意愿,乃至社会地位要求比较高,现在,越来越多的精英个体开始涌现出来,以个人的力量推动一些政策层面的问题的解决。能够产生这种比较强烈的影响的个体行动毕竟只是少数。因此,我们不能仅仅把眼光紧盯在少量的起了宏大效应的个体行动式微公益上面,因为那并不是它最核心的部分。今天有很多人都讲微公益需要的是"自下而上"推动变革,这句话只说对了一部分。个体行动式微公益的主业并不必须是"而上",那是集体行动式微公益和社会运动式微公益的职责,而它自己能够完成"自下"的"任务"就已经可以了。

(3)传递美好的价值观。

个体行动式微公益的影响和作用看似"最不起眼",但我们不能局限于它实际产生的"微小"作用上,它更引人注目的是对整个社会舆论氛围的净化与升华,对软性社会基础设施的巩固起到的不可或缺的作用。绝大多数的个

---

① 朱健刚:《2011:公益改变社会》,《21世纪经济报道》2012年1月9日第14版,http://www.21cbh.com/HTML/2012-1-7/0MMDM2XzM5NDA0MA.html。

体行动式微公益的行动者,并未抱有任何"野心",他们只是做自己该做的事。正是这种"随时发起,随时结束"的个体行动式公益行动在净化着整个社会。

个体行动式微公益往往"普通"和"平凡",但却总是感人至深。有网友写道,事情可能真的很小,但给人带来温暖,让人感觉到,那些来自"路人甲""路人乙"身上的正能量。这种正能量蕴涵和传播着爱的力量,并悄然改变着周围的生活。总有这样一些微小的瞬间:眼看赶不上正在关门的电梯,多亏电梯内乘客及时按键后电梯门重新开启;提着大包裹吃力地蹒跚在长长的地铁台阶上,路人在旁边善意地帮了一把;因急事在路边等候打车时,周围人理解地让自己先打车……在人们最需要的时候,正是微公益伸出了援助之手。

这些个体行动的社会价值不容忽视,它将生活中随处可见的一件件小事以善的方式去处理,让充满温暖情意的爱心传递下去。这些不起眼的善举让爱的种子得以传播,这种春风化雨、润物细无声的影响直抵人心,"就像一束光簇拥着另一束光",唯有簇拥在一起,才能照亮我们共同的未来。"只要人人都献出一份爱,世界就是美好的人间"。微公益的价值并不仅仅在于它化解了多少困难,更重要的还在于净化了社会风气,提高了人们的道德水平。负能量和正能量的关系必然是此消彼长,如果更多的人为微公益所打动而开始行动,星星之火也可燎原,统筹起来考虑,全社会就是一次革新。

(4)满足各类社会需求。

个体行动式微公益并非"微不足道",对于受助者来说,他面临的"小事儿"都是难过的坎儿,是压在肩上和心头的大山。正是由于这个原因,个体行动式微公益的正能量可以被成倍放大。有网友写道:"来自这些普通人身上的正能量,给予我们向上的希望。这其中,没有什么豪言壮语、伟大功绩,只是在别人需要帮助的时候,力所能及地搭把手儿,以最朴素的行动将一个人身上的正能量传递给周围的人。"

个体行动式微公益虽不考虑引起巨大的轰动或变革,但是,长远看来也许它能够达到这种效果。它的重要之处在于满足了大量社会需求。这些需求是分散的,而且往往是被政府和公益组织所忽略的。然而,个体行动式微公益由于其便利性能够轻易地挖掘这些需求,并及时地回应,通过及时的资源转移,客观上优化了整个社会资源的分配,减少了交易成本,满足了"用户"需求,呈现出良好的"市场状况"。

(5)一种社会稳定器。

统筹起来考虑，个体行动式微公益所起的作用，无异于一种社会稳定器，这种稳定器能减少社会冲突和社会压力。由于社会的高度复杂和不可避免的分化，矛盾与冲突随处可见。如果没有消解方式，可能引发更大的冲突。个体行动式微公益以零零星星的行动，化解了很多社会矛盾，释放了极大的社会压力，甚至于可能避免"革命"。

人类的大部分冲突，多半来自相互之间的"隔阂"，显然，只有"理解"能够打通这种隔阂。个体行动式微公益正是在一些细小的方面为人们塑造一种"德业相劝，过失相规，礼俗相交，患难相恤"的良好秩序，规范人们对于"义""利"的态度。对于一个和谐而稳定的社会，个体行动式微公益功不可没。

（6）引起组织化公益反思。

当个体行动式微公益广泛兴起时，公益组织开始思考一些根本性的问题，即公益组织为什么存在，存在的意义在哪里，公益组织与个体性公益的区别是什么，公益组织生存的基础是什么。个体行动式微公益的兴起，一方面为公益组织敲响了警钟，一方面使公益组织看到了发展的契机。如此巨大的公众力量，在何种情况下，他们会选择公益组织，而不是自己做公益？

这一切直接关联到公益组织的合法性问题。当然，公益组织具有个体不具备的专业性、稳定性和聚合力等优势。但是当人们自己行动的时候，公益组织的优势是什么？它们存在的价值在哪里？人们为什么要把资源贡献给它们？如果组织所固有的专业性、效率和透明度的优势丧失，人们还会愿意通过公益组织这个平台吗？如果大部分资源被公益组织内部消耗了，而真正用于公益的资源又不能在有效监督下被利用的话，公益组织的合法性的确面临挑战。公益组织不得不反思自己工作的效果，考虑资源再分配的合理性、效率和透明度能否经得起社会大众的考验。从这一点来看，个体行动式微公益促使人们和公益组织自身审视公益组织存在的意义和价值。

2. 集体行动式微公益的影响力

集体行动式微公益与个体行动式微公益有很大不同，它所产生的影响也不同于个体行动式微公益。Web 2.0 之前的微公益，是沉默的微公益。由于传播有限，个体之间互动有限，微公益的影响在时间上并不持久，在空间上受到局限，在政治领域几乎无所作为。虽然我们丝毫不否认 Web 2.0 前微公益的重要性，但是，至少在我们能够看到的层面，其对外部因素的反作用，对整个社会产生的影响并不明显。而 Web 2.0 之后，情况急剧变化，新型的微公益不断涌现。没有哪个时代，公益领域赢得如此多的关注。微公益的势力开始强大起来。这种强烈的效应，更多的是源于集体行动式微公益所产生的影响力。

如果说个体行动式微公益在于"拾遗补阙"和"润物细无声"，那么集体行动式微公益远远超越了这个层面，在某些重大的社会问题上获得了卓有成效的进展。集体行动式微公益关注的都是当前亟待解决的问题，而这些问题往往影响着当前中国政府最为关注的两个方面——社会的稳定和经济增长。因此，集体行动式微公益首先能够吸引公众的眼球，引发公众的行动。同时，政府考虑到问题的紧迫性和挑战性，也会迅速介入。我们在"免费午餐"和"微博打拐"实例中可以十分清楚地看到这一点。如此看来，集体行动式微公益在前期通过"进入"政府忽视的领域，引发大量公众的参与，进而引起政府的"警觉"，从而推动政府主动承担责任。对于社会而言，集体行动式微公益爆发的能量相对温和，持续时间一般比较长，对于社会经济秩序不会造成破坏，同时还能完善政府和社会对公共事务的处理，推动公共治理，无疑受到公众的青睐。

（1）唤醒公众的参与感和行动感。

茶缸网创始人杨明与爱人共同创造了茶缸的微博捐米模式。杨明认为，茶缸网的捐米模式，目的不是捐米本身，而是通过"21 天习惯"法则培养网友的公益习惯，在日常的网络行为和公益之间建立联系，让公益成为网友生活的一部分，进而埋下公益的种子。他认为："改变世界不是让少数人做很多，而是每个人都做那么一点点。"在他心中，一粒米具有不同的意涵。一粒米是公益的最小单位，但即便是这个最小的单位也能产生惊人的力量。做一个统计，如果十三亿人每人捐献一粒米会怎么样？那么就是二十六吨米，可以让一百六十名灾民吃上一年。一粒米更重要的是一种启迪，告诉每个参与者，加入微公益的社会、帮助别人其实非常简单，从而使其关注身边的公益。如果人们能用公益的思维去生活，那么生活处处皆有公益，有慈善的存在。①

华声在线评论文章写道：众所周知，一个成熟的公民社会，大到政策制定、官员问责，小到社区环境的维持，无不有赖于公民的积极参与。遗憾的

---

① 茶缸网：《茶缸网成长记》，2012 年 8 月 7 日，http://blog.cha-gang.com/archives/363。

是，一段时期以来，"莫谈国事""莫管闲事"成为不少自诩精明的"小市民"对待公共事务的"第一反应"，于是乎，老人倒地没人扶、小孩落水没人救、"公车暴力"没人挺身而出……想在这样的社会里推进民主，无异于痴人说梦。不同的是，集体行动式微公益让我们感觉到整个社会在变化。集体行动式微公益的参与个体之间或多或少具有合作性质，大家有明确的行动目标，体现了人们对公共事务的关心和现代公民意识。

尽管集体行动式微公益对参与者没有任何严格的要求，参与者彼此之间没有过多的互动和交流，互不相识，但是，他们却有极其强烈的参与感和行动感。人们纷纷参与到抗击贫困或抗击"不公正"的行动中，也许这样的意识只是下意识、潜意识。

（2）推动公共政策的改变。

集体行动式微公益尽管能解决很多大问题，但是不能完全系统地根除问题，它需要公共政策的保障。集体行动式微公益的作用在于提示、示范和表率，唤醒人们的意识，推动政府行动。从这个意义上看，民间公益与政府的关系应当是良性互动的关系。"免费午餐"正是这种关系的典范。

2011年5月11日，"免费午餐"发起仅一个多月，《人民日报》便发表评论《"免费午餐"期待政府接棒》，评论指出："免费午餐背后隐含着营养权这项基本的权利，它与生命健康权息息相关，也关乎社会公平公正、长远发展。提供物质上、经济上的支持，提供保障这一权利的法律程序和服务，本是政府应尽之责。"2011年7月，国家决定从2011年秋季学期启动民族县、贫困县农村免费午餐试点工作，并将宁夏确定为首批试点省区。令"免费午餐"发起人邓飞想不到的是，短短几个月之后，这一试点政策的普惠范围，一下从宁夏的26万名学生迅速扩张到了全国的2600万在校学生。

从"免费午餐"到农村义务教育学生营养改善计划，舆论普遍认为，民间探索引领了国家行动。民政部社会福利和慈善事业促进司前司长、北京师范大学中国公益研究院院长王振耀认为："对'免费午餐'而言，它是一个奇迹；对当下社会而言，这是民间与政府良性互动的范例。"邓飞接受采访时也表示，"免费午餐"是典型的由民间发起国家接手的爱心项目，现在有很多公益人士尝试走这条道路，这条路是可行的。

继"免费午餐"之后，"儿童大病医保"又脱颖而出。它吸引了诸多知名网友和公益人士，既有邓飞，还有商界人士、知名网友薛蛮子，咨询界人士袁岳、法律界人士大成律师事务所律师吕波，北京师范大学中国公益研究院院长王振耀。2012年人民网舆情监测室何小手在一篇文章中对"儿童大病医保"和"免费午餐"微博数进行了比较（见表4），并评论说，"微公益"为普通民众参与公益事业提供了渠道，但是就其本质而言，"微公益"在塑造公益共识和影响力方面的作用要大于公益本身的救助作用。①

表4 "儿童大病医保"及"免费午餐"微博数

单位：条

话题	原创微博数	认证用户微博数	其他微博数	总微博数
"儿童大病医保"	873	483	8554	7910
"免费午餐"	290789	141055	1940353	2372197

2012年8月多家国家部委联合发文，宣布将出台大病保险新政，在基本医保已报销基础上，对城乡居民因大病产生的高额医疗费用再做不低于50％的报销。人民网评论说，这是中国社会福利的巨大利好消息，是一次里程碑式飞跃。由国家财政支持的福利向全民覆盖，是缩小中国社会差距的最有效途径。"大病医保新政开启'福利中国'的元年"。②

（3）对组织化公益构成压力。

中国公益组织的总体治理状况堪忧，当这些组织的问题一点一点地暴露于阳光之下，人们对公益组织的关注成为公益组织发展的巨大压力。微公益席卷而来，集体行动式微公益成就斐然，与组织化公益形成鲜明的对比。人们把对公益的热情，通过微公益释放出来，集体行动式微公益开始吸引大量原本可能会聚为组织化公益的社会资源，包括专家、创新力、效果、志愿者、资金和物资等，这等于变相与组织化公益展开竞争。

"透明"是摆在公益组织面前的巨大挑战。而集体行动式微公益恰好比较注重这一点。邓飞接受雅虎公益访谈时说："透明是'免费午餐'的生命，这点做不到的话我们就得不到信任得不到支持，站在我个人角度来说，我以前是个记者，我们记者毕生的追求就是信息的公开透明。在做'免费午餐'一开始我们就要求公开透明，这个没有涉及国家机密、没有涉及个人隐私，我觉得我们的所有信息都可以透明公开，除非捐款人公开要求我的捐款信息不能公开，除了这部分其他的信息我们都要争取公开透明。我们怎

---

① http://news.china.com.cn/rollnews/2012-02/14/content_12702703.htm.
② http://gongyi.people.com.cn/n/2012/0831/c152509-18882021.html.

么做的，学校怎么收到这笔钱的，我们一年收入多少钱，发了多少钱全部公开。我们请了一个注册会计师事务所来帮我们审理我们所有的账目。我们不认识他们，我们不过多地交往以保持它的独立性，我们有一个网友说他愿意帮助我们做会计审查，他定期去我们那里拿到账目形成列表。另外要求我们学校都要设微博，每天吃了什么东西花了多少钱，这样有所有民众的监督，学校会有压力。我们通过官网定期公开我们的信息，实际上核心信息就是钱，我们发现我们越公开越透明，我们得到的支持会越多，我们会把信息公开透明进行到底。"

公开透明也是集体行动式微公益的生命线，显然，目前一些行动经受得起这样的考验。这无疑在道德上、绩效上、法律上为公益树立了标杆，对当前受到批评的公益组织起到了一种示范作用。来自公众、媒体的问责压力，促使公益组织思考自己的前途和命运。而它们的命运，也影响着微公益的走向。集体行动式微公益虽呈爆裂式发展，但能在较短时间内在公众关注的情况下，具有一定的计划性、专业性和透明度，运作到位，不能不对公益组织构成压力。人们会追问组织化公益在享受免税特权，享受法律保护，收取一定比例管理费的情况下，产生了何种社会效果。因此，在这种情况下，随着微公益的发展，特别是集体行动式微公益的发展，公益组织不得不走向善治。邓飞说："中国的公益事业在最近这些年一定会成为一个重点，会是公益发展的一个重要时期。中国在转型过程中出现了很多问题，这些社会问题不是说国家有决心就可以解决好的，有些政府的力量没办法进入的空隙，这个时候需要更多的公益组织去帮助国家，所以中国的公益事业会赢来一个很重要的时期，这是一个很难得的机遇，但在这个过程中我们发现了一些问题，从民众的角度说因为长期以来我们的慈善公益是被官方垄断的，它们有很多的官僚病，比如说不公开、不透明、铺张浪费然后拒绝监督，民众对这种事情很反感并且很痛恨。"

（4）引领舆论风尚。

良好的社会舆论氛围可以感染社会中的每一个人，反过来，每一个人都可以为建设良好的社会舆论氛围贡献自己的一份力量。任何人或组织的不良行为，都可能对社会产生破坏性的影响，人人都应该加倍小心维护"易破不易立"的氛围，尤其是美好的事物往往最容易受到伤害。集体行动式微公益的行动者，怀着崇高的利他主义价值观，他们有着天然的感染力和净化力。例如"免费午餐"某活动的主题曲《分享笑脸》旋律舒缓优美，温婉动听，真诚朴实的歌词"一颗米，一碗饭，一张笑脸，爱到过的地方，就是天堂"，没有华丽的辞藻和刻意的渲染，最易打动心灵，温暖心海，字字贴近生活，句句彰显召唤。在"微博打拐"的行动中，有网友评论："作为一个母亲，对于那些丢失孩子的父母的痛苦，我感同身受；我为他们找到儿女而开心，也为他们苦涩无助的寻子过程而心酸流泪。那些小小年纪就被迫离开父母，流离失所的流浪儿童，那些在被乞讨者身边或伤或残的儿童，会不会有很多是被残害的孩子，是不是有很多是被拐卖又被抛弃的孩子？试问哪个孩子不是父母的心头肉，捧在手里怕摔着，含在嘴里怕烫着？作为母亲，我绝不希望我们的社会变成人人自危的社会，每位父母都成天担心孩子会丢失；如果真是这样，又有谁会安心地工作，安心地建设国家？设问，如果一个社会，一个国家连下一代都保护不了，这个社会、这个国家又如何会有充满希望的未来？"

相对于个体行动式微公益而言，集体行动式微公益的"知名度"更高，对社会舆论的正面影响更大，而且更重要的是，这种影响是非常具有建设性的。因而，这种集体行动式微公益显得尤其耀眼。当微公益的行动日渐普遍化，当微公益内化成一部分人的日常意识的时候，其吸引力是巨大的。对于北京暴雨中的"爱心车队"，网友说："很感人，不停地有好心人在家里发出信息要加入爱心车队，很多人都受益了。谢谢你们，你们献的不只是一份爱心，而是代表了一种精神，一种祖国各地人汇集北京后的'北京精神'，你们送的不只是温暖，也是一种希望。"网友还写道："昨夜出去救人的时候一路看到双闪车队，突然觉得双闪是这个城市最温暖的灯火！"更有网友认为："双闪志愿者是北京人的表率，真正的北京精神。"正是这些动人心弦的话语，在网络上传开，像一泓清泉，注入人们心田。

当善的言论、正义的呼声在日常生活中、在网络生活中逐渐壮大起来，公益理念就获得了自我成长、自我传播的能量。这种传播的能量像细胞分裂，呈指数级增长，使人们毫不犹豫地赞同和追随。当然，不能忽视的是，集体行动式微公益往往源于"精英"或者"英雄人物"的发起和动员，如果没有这些"引爆者"，它快速推进并具有轰动效应不大容易。正因为如此，无形中提高了这种集体行动式微公益的门槛。然而，当知名人士发起或参与时，他们会更注重行动的效果，注重行动的高透明度，因为每个人的声誉已经主动"绑架"其中，每个人都暴露在公众面前，他们自然会洁身自好，不敢有半点私心，这进一步强化了微公益的纯洁性。

3. 社会运动式微公益的影响力

社会运动式微公益当中包含了大量的个体行动式微公益和集体行动式微公益，因此，其影响力通常表现出与前两种趋同的现象，这是必然的。不过，由于社会运动式微公益的范围更广，程度更深，因此其影响强度更大、更持久，性质上也与前两者有所区别。社会运动式微公益最终的目的着眼于公共利益，着眼于社会的整体和谐与社会中个体的幸福，这些目标是统一在一起的。

社会运动式微公益的出发点以及产生的缘由不同于前两种微公益，它更关注变革的发生，而变革所产生的影响范围更为广泛，意义更为深远。

（1）使个体更具挑战性。

社会运动式微公益的行动个体不仅具有独立性和参与性，也更具挑战性。因为，他们行动的内容往往涉及政府和企业的既得利益，他们着眼于改变某种秩序、某种格局，推行某种文化，这对既定的社会秩序、社会结构和文化会造成一定的冲击。与此同时，他们也具有明确的合作和策略意识。

社会运动式微公益的行动个体之间看上去是一种松散的关系，没有正式的、有组织的、制度化的规范和约束，但实际上，彼此间不仅存在紧密的关系，且存在的范围还很广泛，甚至超越血缘、地缘的限制。这些社会关系以社会利益为联系的纽带，最后通过共同的目标外化为有意识的利他行动。在社会运动式微公益中，对这种社会关系的要求相对要高一些，因为需要持续和紧密的联系和互动，通过通力合作，以保证整个运动有机体的高效运转。

更强的独立性、主动性和挑战性，以及更强的合作与策略意识，从一开始就为社会运动式微公益做好了准备。它也催生了新型的个人英雄，促成了中国社会运动式微公益的运动领袖。这些个人英雄，有的"特立独行"，一开始在某些领域独自"耕耘"，例如为司法公正不断"奔走呼号"的法律人士，为推进政府信息公开而不断"骚扰"政府的民间人士，为推进食品安全而建立网站曝光问题食品的人士……近几年，这类为公共利益而不惜牺牲个人时间、精力、资源，甚至冒着一定风险不断行动的公民越来越多。还有一些，通过自己的呼吁，唤起民众关注。

（2）政府被迫变革。

社会运动式微公益的目的是推动社会变迁、转型和变革。政府几乎是"斗争"的对象、反抗的对象，也是推动改变的对象。

①政府放权，多方治理。

伴随着改革开放三十多年的进程以及信息技术的发展，越来越独立于政府和市场的"社会"越来越成为一个"新"的领域。这必然也伴随着触及社会公共事务的治理问题。有关社会公共事务谁是治理主体的问题已经成为热议话题。显然，由政府独揽一切的情况正在发生变化。改革初期由政府主导、市场跟进的格局已不适应当前的形势。"社会"作为一个新的治理主体开始登场。社会公众通过一系列的行动来"抢夺""治理权"。政府迫于社会压力必须坐下来，与各个利益相关方协商，在社会公众的监督下完成其决策。当然目前看来，公众更多针对的是政府公共政策实施的效果，而对于政策制定前期的参与似乎还没有太多的呼声。社会运动式微公益无疑产生了两方面显著的作用：一方面，推动政府承担其应当承担的职责，另一方面推动政府向社会释放足够的权力，促成政府与社会协同治理。显然，随着经济领域相对独立于政府，社会也在和国家逐渐分离并成长壮大起来，这时候，政府不可能一肩挑，它既没有能力一肩挑，社会也不允许政府一家独大。所以，划定二者的大致边界，促进多方共同参与治理，也是现代社会良性运转的表现。

②公共政策被迫改变。

社会运动式微公益由于其指向明确，往往在某一具体的事件中能够迅速取得显著的成果，如我们在2011年推动PM2.5检测一事中看到的那样，这类行动由于短时间内积聚了大量的舆论压力，甚至产生现实的群体性冲击，使得政府容易给出实质性的让步，典型的标志是对既定公共政策的修正或抛弃。又如，在人们对食品卫生问题持续地穷追猛打之后，政府就出台了更加细致和更加严苛的行业标准，并以更加严格的态度执行。对于教育公平，在人们的不断推动下，政府也出台了相当多的政策以解决教育不公平问题，虽然很多政策的变化不见得一定能够在很大程度上改变现状，但是至少在形式上达成了公众的"胜利"。这种进步虽是缓慢的，然而只要不是停滞，就有希望。

③问责、规范政府行为。

社会运动式微公益对政府工作人员的个体行为也产生了影响，比如公务人员公款吃喝、公车私用、购买高价名牌产品、行贿受贿、徇私枉法、权力滥用、在特殊场合有不当言行等。公众对这些行为持续不断地搜索、举报，这在周久耕"天价烟"以及杨达才"名表门"中表现得淋漓尽致。另外，社会运动式微公益促使政府在回应性、透明性、公开性等问责层面发生变革。近几年来，一直有个人"英雄"通过自己的行动向政府提出要求,随着网络的发展尤其是微博的发展,公众的力量被有效地调动起来,对政府工作人员日常行为以及政府行为的关注、监督、问责越来越成为一种"时尚",大批官员因为"行为不检"而被网友"扒下台"成为一种奇观。

(3) 改变社会观念。

①挑起舆论敏感点。

社会运动的辐射能力一般很大也很广泛,除了影响到政府,在社会舆论方面也会造成大的影响。通常,这种社会运动的声势及其取得的显著成果深深地影响着人们,唤醒人们去关注身边同样的事情或者类似的事情,把权利或者责任的观念意识扎入人们的内心,并通过不断重复得以强化,这样,此后类似情况发生时,一旦需要公众的支撑,便能一呼百应,群起而攻之。社会运动式微公益涉及的议题,往往较为特殊,是人们最为关切,也是人们认为最亟待解决的,因此,社会运动式微公益一旦出现,会像"冬天里的一把火",格外耀眼,在一定时期内,成为社会媒体和公众关注和舆论的焦点,街头巷议家喻户晓。尽管各人关注的程度不一,但很多人会被卷入其中,接受观念的熏陶和洗涤。

②左右社会舆论。

社会运动式微公益的终极任务是改变人们的思想观念和价值规范,确立新的价值标准。这一点在"文化复兴"的社会运动式微公益中体现得尤为明显。一方面中国综合国力日益壮大,逐步提振了人们对于自己民族文化的信心;另一方面西方价值观入侵,而且往往是糟粕入侵,造成了人们强烈的异化感。这种情况要求人们回到自身寻求终极的认同和归宿。但是这个"价值重建"的过程是缓慢而艰苦的。这需要每一个"卫道者"的不懈努力。正是这些行动者们各自贡献自己的力量,从学术、经济、教育等方面发起全面的活动,引发社会的大讨论,以达成最终的目标。

如果说个体行动式微公益和集体行动式微公益所产生的影响是局部性的,那么社会运动式微公益从其最初萌芽之时,就带有影响全局的"野心"。在今日中国,各种矛盾尖锐,最后会集中地指向政府,向政府发出一系列冲击,主要有经济发展模式、社会稳定、权威主义政体、意识形态等重大问题。而这几大问题是发展中国家在转型时期最头疼、最具颠覆性的问题。因而,社会运动体现为理论和思想上的一系列思潮,体现为现实与实践的一系列行动。最终,将波及政治、经济、文化等领域,带来个人行为的改变和社会制度的变迁。

（4）组织化公益被迫改变。

社会运动式微公益对公益组织的影响最为直接也最引人注目。2011年掀起了以"郭美美事件"为代表的公众问责行动，公众对公益组织透明度、专业性、效率、内部治理等展开全方位问责。公众、媒体无疑是最主要的问责主体，全面铺开了对公益组织的"调查"。公众主要通过微博、论坛等网络媒介发掘和传播有关消息，提出质疑，并要求公益组织予以回应，尤其是通过微博。也有公众打电话对问责对象进行问责。媒体主要包括电视、报纸、杂志、广播等传统媒体以及网络媒体。"公益丑闻"时常成为最热点的新闻。公益组织被问责的同时，也经历了一次蜕变，暴露在公众面前的问题开始被重视和提上工作议程，一定程度上净化了行业风气，促进了行业的成长。社会运动式微公益的"穷追猛打"促使公益组织在相应方面做出反省和改变，为公益行业建立一些共同遵守的准则作出了极大的贡献。

五 微公益的局限性

微公益的作用力和影响力不可小视，它改变着人们的公益理念和公益行为，推动着中国公益格局的改变，使民间性、个体性和纯洁性逐步回归到中国公益领域，也促使政府和公益组织发生变革。随着经济的发展，人们公益理念的改变，中国的民间公益热情如井喷般迸发，越来越多的个人主动发起或参与微公益。与此同时，对微公益的质疑声也开始出现，并逐渐增加，人们对其合法性、专业性、透明度、持续性等提出质疑。

1. 合法性面临挑战

对微公益合法性的质疑主要集中在公开募捐资格上。我国法律规定只有公募基金会等公益机构拥有公募资格，个人或一般机构没有法律授予的公募资格，其公募行为不受法律保护，只能与有公募资格的机构合作发起募捐。如果不与拥有公募资格的公益机构合作募捐，在自身取得公开募捐资格之前，一些民间自发成立的微公益行动在公募方面缺乏合法性，募捐行为处于法律监管的空白。目前，在网上，很多由网友发起的募捐活动并没有公募资格，他们同时也没有与有公募资格的公益机构合作进行募捐。他们的募捐行为虽出于良好的意愿，但从法律角度来看，是缺乏合法性的。

2. 专业性面临挑战

微公益项目的发起者或组织者通常是普通大众，他们一般缺乏组织公益活动的经验和相关专业知识。专业性是微公益面临的一大挑战。2012 年 1 月，在新华网上邓飞坦言，"免费午餐"发展到现在，不足之处在于是志愿者组织的，没有足够的专职人员和全职人员。"公益做到最后，需要精细化、正规化，这一块确实做得不够好。8 个多月的时间、精力，主要都是在找学校、开餐、监督学校，最开始要解决的问题是避免贪污浪费。"① 因此，他们在组织公益活动中容易暴露出冲动、缺乏严谨论证等规范性不足或专业性不足的问题。例如，公安部治安管理局日前通过官方微博，首次公布了去年"随手拍解救乞讨儿童"行动成果，并表示"随手拍"形式需要慎用。微博称："近日，一则疑似被拐女童的微博流传，但后被证实是虚惊一场。在去年微博发起的'随手拍解救乞讨儿童'行动中，被拍的基本没有被拐儿童。"在"随手拍"活动热火朝天之际，就有批评者强调对肖像权的尊重，同时指出行动本身存在的错误前提预设——乞讨儿童中相当部分是被人贩子拐卖。有评论指出公益活动动机良好，但如果产生在一个对社会现象错误认知的基础上，就可能产生南辕北辙的效果。这要求公益发起人在行动之前，应有基本的社会调研，"想当然"，并非负责的表现。网络社会是平的，有巨大社会影响力的公众人物容易激励起民间潜藏的情绪，但对互联网使用不慎，也可能滥用了这份影响力。②

3. 透明度面临挑战

目前，微公益项目的发起者与组织者大多会在网上公示捐款数额、使用去向及明细等，保证项目的透明度，以获取更多网友的支持。但由于很多微公益项目的发起者或组织者本身缺乏组织管理经验，内部缺乏严格的监管制度，久而久之，很容易出现账单漏洞等问题，破坏人们对公益事业的信心。一项网上调查显示：29.58% 的网友表示遇到"微公益"会捐款，"虽然数额不大，积少成多可以帮助更多人"；近半数网友则表示"不会捐"，认为

---

① http://www.zibosky.com/gn/1335298.shtml。
② 韩福东：《今天我们如何做公益》，《华商报》2012 年 8 月 30 日，http://www.chinadevelopmentbrief.org.cn/newsview.php?id=5784。

"无法知晓捐款最终去向";还有网友则表示观望,"看捐给谁"。而在"你最关注这种形式的公益项目哪方面"的问题上,超四成网友选择了"能否对网友有一个公开账目,实现透明捐赠";其次是"赠款额的用途是否明确";然后是"怎样监督是否真实如数捐赠"。[①] 微基金刚开始做"免费午餐"公益活动的时候就遭受诸多质疑。直到现在,仍然会有人怀疑,自己捐赠的款项或是认购的午餐是否能送到小学里面去?

4. 持续性面临挑战

越来越多的微公益组织者意识到,单纯利用网络,依靠志愿者,缺乏机构的规范管理,活动将难以持续。目前的微公益多是利用网络平台和网民热情,依靠个人和志愿者的单打独斗,由于其时间和精力不容易长期延续,很容易因为个人问题影响整个活动的进程,甚至造成活动夭折。微公益项目如果缺乏专门机构和专业化运作,将难以持久。微公益项目在成功运作后,应考虑成立专门的机构和人员进行规范化管理,或者与正式的公益慈善组织合作,推动微公益项目的可持续发展。中国青少年发展基金会秘书长涂猛曾对"免费午餐"的可持续性表示过担忧。他认为:"公益的四个要素是理性化、专业化、组织化和实践化,没有这些要素的支撑,一项公益活动很难做到可持续。"[②]

纵观所有对微公益的质疑,以及微公益自身存在的问题,一方面是由微公益的自身特性所决定的,即它的非制度性。另一方面是由微公益的主体本身所决定的。制度是要求成员共同遵守的办事规程或行动准则,是确保某一行动目标实现的具体措施和保障规定。因此,制度具有稳定性、长期性、规范性等特点。而微公益正是由于缺乏制度性,其稳定性、长期性、规范性都难以保证。实际上,对微公益存在的种种问题的质疑,本质上是由微公益的这一天然特性所造成的。也正是因为这样的天然特性,使得微公益必然会存在相应的缺陷和不足。除了微公益自身的非制度性之外,微公益主体本身也决定着微公益会存在一些问题。在缺乏制度性约束的情况下,微公益活动发起者的个人经历、偏好、专业性等会在很大程度上影响微公益活动的走向、

---

① 《小善筑大爱——网络"微公益"时代来临?》,http://www.hnedu.cn/web/0/public/201105/23153615654.shtml。
② 石岩:《"微公益"受热捧,青基会秘书长称担忧可持续性》,《中新社》2011年8月13日,http://www.chinanews.com/sh/2011/08-13/3255911.shtml。

发展等。上述提到的很多微公益暴露出的冲动、缺乏严谨论证等问题正是这一情况的体现。

六 微公益的未来

1. 微公益主体及外部影响因素在发生变化

（1）政治环境宽松，释放社会活力。

新中国成立之初，我国创立的是一种典型的"总体性"体制，这种体制的核心特征是一方面国家吞没"社会"，另一方面国家吞没经济。在新中国成立之初，由于历经了百余年战乱，社会、经济一片萧条，在这样的背景下，"总体性"体制确实更能有效地动员全体国民，尽快集中有限资源，迅速实现国家的社会主义工业化。随着时间的推移，"总体性"体制暴露出越来越多的弊端，中国终于在20世纪70年代末迎来了经济体制改革的转折点。其实，经济体制改革的实质，无非是将原先包含在"总体性"体制内的经济释放出来，按照"市场"即"价格机制"的原则进行重组。时至今日，我们或许可以自豪地宣布，"市场取向"的改革取得了一定成功，"市场经济"已经基本建立。但与此同时，被"总体性"体制吞没的"社会"却一直没有被完整释放出来，即使随着经济体制改革而释放出来的一部分"社会"也并没有按照"社会"自有的逻辑发展，而是出现了向"市场社会"① 发展的趋势。而当前频频发生的社会冲突以及微公益的不断兴起，正表明一直被吞没压抑着的"社会"如地下奔腾的岩浆，正在寻找突破口，释放其巨大的能量。

从2005年前后开始，国家不断地释放出关于"社会"的信号，"和谐社会""社会建设""社会管理""小康社会""社区发展""社会组织"等，频频见诸各种红头文件和大众媒体。有专家认为，根据以往中国发展演变的经验可以推断，新中国的运动和发展已再次进入新阶段，而这一次的主题应当是"社会"，即国家将包容于自身内的"社会"释放出来，并且理当按照"社会"的本意即"自组织"来加以重组，一如三十年前释放出经济并按照

---

① 市场社会，即把价格机制的原则引入到社会生活的各个领域中来，把它变成调节政治、文化和社会生活的普遍性手段。

"市场"的原则来重组一样。[①] 2011年2月在中央党校省部级主要领导干部"社会管理及其创新"专题研讨班上,在胡锦涛再次将十七大报告提出的三个"最大限度"作为社会管理创新的总要求,即最大限度激发社会活力、最大限度增加和谐因素、最大限度减少不和谐因素,从而"确保社会既充满活力又和谐稳定"。

具体地说,政府必须也必然会向社会下放足够的权力。对社会进行全面控制,个体没有机会反抗,以此来控制秩序已经不是今天能够实现的了。今天的社会需要具有良好的基本共识、基本的行为规则,人们可以按照日常规则协调彼此的行为或利益,实现社会平稳而有序地运行,每个个体享有充分的权利,对自我行为负责,这样的社会才是有秩序、有活力、有生产力和创造力的社会。政府需降低社会组织成立和运作的门槛,开放更多的领域,发展和创建各种有效的机制扶持和培育社会力量,转移自身职能。

(2) 微公益主体享受权利和担负责任。

马克思提出"社会是自由人的联合体"。诚然,被泯灭和禁锢的个体独特价值、受压制的人性、被剥夺的权利,在这样一个民智开化的时代,必然而且应该还给广大公众。公民政治权利、经济权利、社会权利在法律框架下的确认和在实际操作层面的落实,越来越成为考验一个政权合法性的基础性指标。但与此同时,片面强调权利的正当性,罔顾历史文化的传承,罔顾后世子孙的可持续发展,"个体独大,权利神圣"成为新时期的"上帝",而往往走向极端,导致社会普遍极端的世俗化、功利化、现世化、私欲化、庸俗化、资本商业化、非生态化、非历史化、非道德化的严重弊病,严重地影响了人类自身的发展。[②] 如此看来,我们一方面要强调个体的选择权,个体的独立性,另一方面也不可抛弃个体的责任感。个体对于他人、家庭、社会、历史文化、后世子孙的不可推卸的责任意识必须在社会上确立起来。

(3) 组织化公益高度自律和问责。

联合国亚太经社理事会认为,公益组织的"善治"有八个特征:本质上是参与,具有公信力,积极回应,公平和包容,透明,有效用和效率,法治,方向上达成共识。要达成这些目标,涉及行业自律和外部问责以及公益

---

① 沈原:《又一个三十年——转型社会学视野下的社会建设》,《社会》2008年第3期第28卷,第16页。
② 蒋庆:《再论政治儒学》,华东师范大学出版社,2011,第5页。

组织内部治理的问题。这就要求公益组织要由更加有社会责任感的人来担任理事并让他们在内部决策中发挥决定性作用，同时促进组织学习提高专业素质。同时，推进行业自律、确立行业行事标准，建设行业共识和文化。并且接受来自政府、企业、公众、媒体等主体的广泛问责，确立常态的参与机制。① 组织化公益的自律和问责是必然的，"郭美美事件"之后，红十字会及公益领域再度掀起自律、问责热潮，同时政府也加强了对公益组织的约束，要求组织加强自律和问责。

（4）积极的社会舆论。

媒体的作用在今天尤其重要，它是一个重要的社会化阵地。人们的价值观受媒体的影响非常大。而媒体的社会责任尤其突出。良好的社会中的媒体承担着两项重要的任务：一是揭露丑恶，并且批判丑恶。然而当前，我国很多媒体不但不能做到揭露丑恶，甚至于宣扬坏的东西，鼓吹弱肉强食的社会达尔文主义，鼓吹市场的万能和美好，回避社会的不公正和人们的道德沦丧等问题。二是宣扬美好的价值。媒体也是人来操纵的，媒体人也需要良知，并且把这种良知传播开去，形成社会的舆论氛围，而不能只是为了吸引人们好奇的眼球，用"怪力乱神"博取眼球效应，用"声色犬马"挑起人们的欲望。媒体需要发挥自己的特长，唤起人们的社会责任感和公益精神。

2. 明天的微公益将不再"喧嚣"

微公益和组织化公益各有各的优势，各有所长各有所短，互相之间并不存在彼此替代关系。当前中国特定的外部因素使得微公益过分热闹，这是一种不正常的现象。随着外部环境的变化，这种喧嚣会慢慢冷却，微公益与组织化公益也许会此消彼长，最后走向均衡发展。通过前文的分析，我们可以知道，中国特定的政治结构是影响公益格局的核心力量。只有弱化行政色彩，把政府过去侵犯的公共空间让渡给民间，公益格局才有可能走向理想状态。有专家认为，"未来30年，中国一定要发展公民社会，才能有一个平衡结构，创造和谐社会"。而公益去行政化是从根本上解决这一问题的路径之一。我们的基本判断是，政府不会在短期内放弃其对公益的控制权，但政府一般不会收回已经让渡出去的空间，也不会肆无忌惮地侵犯公共空间。从

---

① 冯利：《中国公益组织的治理状况分析》，载康晓光、冯利主编《中国第三部门观察报告（2012）》，社会科学文献出版社，2012，第52页。

这个意义上看，走向理想的公益格局也是一种可能的趋势。

（1）一些微公益向组织化公益演变。

涉及募款环节的微公益的合法性是一大难题。它缺少外部法律的制度化规范，这会导致一些需要集结大量资源的活动无法开展，因为个体和没有资质的组织没有资格进行公募。这会激发微公益的行动者通常是发起者去开拓思路，寻找相关的有公募权力的公益组织，通过设立专项基金的方式，从而间接获得"公募权"。这种情况通常发生在集体行动式微公益中，个体行动式微公益由于所需资源通常是微小的和分散的，其行动所要求的集结程度不高，没有必要通过这种方式来解决。

上述办法确实可以有效地越过制度上的障碍，回避个人名义募捐"名不正言不顺"的问题，较大限度地发挥社会动员的作用。此外，出现的微公益"变形"，也解决了资源的合法性问题。有的直接由公益组织发起"微公益"，如中国扶贫基金会发起的"爱心包裹"项目；上海公益事业发展基金会为了让贫困地区的孩子们每天能吃到一个鸡蛋，举行"一个鸡蛋的暴走"的微公益募款项目。有的由企业发起，或公益组织与企业共同发起，如2011年6月，中国平安联合中国青少年发展基金会，在新浪、腾讯的平安"爱心公社"公益微博上发起主题为"一次转发一瓶水"向旱区平安希望小学捐水的公益活动；中国移动河南公司爱心志愿者协会发起组建"爱心接力"微公益联盟，在新浪微博和大河论坛发起"随手转发帮助贫困大学生""随手转发爱心资助孤儿""随手转发帮助大学生勤工俭学"等微公益传递活动；腾讯网倡导发起大型微公益项目"衣加衣"温暖行动，为偏远贫困地区募捐冬季衣物。或者，由个体和组织共同发起"微公益"，譬如著名记者王克勤和中华救助基金会共同发起的"大爱清尘，寻救中国尘肺病农民兄弟大行动"。由于公益组织的参与，使得这些活动有了内部治理的规范性，也有了相应的外部制度化约束，在效率和方向控制上，比"纯粹"的微公益有了一些优势。有的由社区组织，如安徽马鞍山花果山社区2012年4月组织开展"捐一本"的微公益活动，解决花果山社区图书馆书少、书目单一、经费少困境。又如，茶缸微公益创始人杨明希望未来茶缸网能够发展成为一家社会企业。无论如何，按照我们对微公益的定义和强调的方向，微公益的"个体性"是需要尤为强调的，无论对发起者还是参与者来说，这在我们看来是首要的。所以，这种"变形"，还是要和最初的微公益区分开来看待。

(2) 微公益与组织化公益、政府行为良性互动。

一个比较理想的国家应该有社会、政府和市场三大支柱优势互补。其中，政府与社会应该是一种互相促进的良性互动关系。两者之间既是独立主体、倡导制衡的关系，也是互相合作、依附攀升、利益共谋的关系。[①] 而社会这一部门下的自组织行为，主要指微公益和组织化公益，它们与政府形成良性互动关系时才是达到了一种比较理想的状态。因为，无论是政府，还是社会，作为公共治理的主体，它们的共同目标都是为了构建一个公平正义的完美社会。只是在共同构建的过程中，需要它们之间的互相制衡监督以及互相合作，这样才能达到事半功倍的效果。

现代国家除了维持其统治之外，最重要的职能是提供公共服务，而发展中国家尤其是转型国家，往往在提供公共服务方面是不能令公众满意的。公民意识的觉醒意味着公民通过两个途径来改善处境，一是通过自身的努力亲历亲为，二是通过推动政府接手。这二者是统一而不可分割的。自身的努力唤起了大多数"沉睡"公民的意识，使得这些问题进入人们的思想中，一旦人们提出诉求或采取行动，无疑会影响到政府的行为。

对于微公益而言，这一作用尤其突出和明显。"免费午餐"和"大病医保"就是通过上文所述路径完成华丽的交接。"免费午餐"和"大病医保"正是通过精英个体发起，大众响应，点点滴滴从基础做起，借助现代信息技术唤醒更多人关注，从而使儿童"健康权"和大病"救助权"真正进入人们的脑海，深入到人们的行动中，形成足够大的声势，迫使政府在"主动"和"被动"的双重压力下出台公共政策。

微公益所做的事情被接手是可能的，不管是政府接手还是公益组织接手。像社会保障、医疗卫生、教育公平等这些关系到全局的、影响深远的、对于政府维持其统治意义重大的问题，政府显然是要亲自过问的。这些事情本来就不应当是微公益的使命，不过是由于历史发展阶段所造成的国家综合国力尤其是经济能力暂时不足，或者能力已经具备但主动性不足，需要公民有意识推动。华南理工大学大四学生钱进曾发起"随手拍解决自行车出行障碍"活动，倡议公众通过拍照上传微博的形式，关注广州市机动车霸占自行车道、自行车乱停乱放、自行车道维护等现象，他对媒体说，"希望能够用一年的时间，把'随手拍'建成一个市民和政府合作沟通的平台"。也

---

① 张辉：《公民社会的十个特征》，http://hi.baidu.com/zuojianqiang/item/c9610b3178f711f42784f40b。

有众多微公益志愿者表达了与政府及传统公益机构合作的愿望。① 总之，政府哪怕仅仅出于自身利益的考虑，也须在适当的时机处理好这些事情。对于那些暂时还不具备全局性影响，然而又比较迫切需要解决的事情，如果政府具有越来越大的开放性，它对于民间组织的"恐惧感"下降，"宽容度"提高，降低组织起来做公益的门槛，则公益组织将会蓬勃发展，以其"集中力量办大事"和良好内部治理的优势，可以接手大量的社会事务。如此，相应领域的微公益将逐渐淡出。政府和公益组织完美接手微公益，并不是一蹴而就的，这需要多方面的配合，因此，这种淡出必定是渐进的。因为，其背后的逻辑和深层的根源还在于中国的政治结构问题，而中国政治改革的典型特征就是渐进式。

此外，政府面对微公益不可束手无策，随着微公益的发展，特别是各类个体行动式微公益、集体行动式微公益和社会运动式微公益的爆发式发展，鉴于微公益本身所具有的生命力，以及基于公开、透明、自发的原则，政府需要为微公益建立规范机制和游戏规则，避免出现问题，给社会带来不幸。作为新的公益形态，微公益也需主动从传统的公益机构中寻找规范的经验与教训，采取透明化、专业化操作，方可有所作为。②

微公益永远不可能退出历史舞台。因为人类社会永远需要进步，永远不可能达到乌托邦一样的完美，只能去无限地接近理想。因此，需要它做的事情不会消失，新的事情会不断涌现。人类社会将始终面临一些基本的永恒的问题。个体行动式微公益从来就有，以后也不会消失，只不过关注的问题不同而已。显然，这是极其重要的。对于人们日常生活中即时的帮助的作用，笔者已经在前文多次提及，而对于集体行动式微公益和社会运动式微公益，如前文所述，既有可能退出历史舞台，也可能走向与政府或公益组织的合作，还可能独立存在。也许更现实的路径是这些微公益与政府和公益组织之间良性、频繁地交换信息，传递能量，优势互补，达成动态的平衡。

① http://www.sootoo.com/content/179558.shtml.
② 张丽：《网络"做公益"时代来临，吁全民参与人人献爱》，《浙江商报》2011年12月8日，http://society.people.com.cn/GB/8217/16542427.html。

第二部分

分报告

将慈善调查进行到底：声势浩大的公众慈善扒粪运动

引言

19世纪下半叶，美国的商品经济得到高度发展，资本主义从自由竞争走向垄断。经济巨头控制了美国的经济命脉，奉行所谓"只要我能发财，让公众利益见鬼去吧"的经营理念，引起了社会公众舆论的强烈不满和抨击，出现了多篇揭露实业界丑闻的文章，这段历史被称为"扒粪运动"时期。后来的美国历史学家、社会进步运动的参与者，都给予这些扒粪者（黑幕揭发者，Muckrakers）极高的评价，认为正是这些专盯社会黑暗面的Muckrakers引发了社会进步运动，如果没有他们的参与，美国社会的黑暗面，诸如食品掺假、剥削童工、环境问题、恶劣的煤矿、政府的腐败、垄断企业的贪婪、富人的为富不仁就不会被注意和铲除。

当前，食品安全问题、环境污染、道德败坏使我们对这些中国社会的阴暗面深恶痛绝，盼望着一场中国式扒粪运动的洗礼。与一百多年前美国的那场运动不同的是，随着网络的盛行，"扒粪者"的范围从专业媒体记者扩展到了普通网民，正是这些普通人，睁大眼睛时刻关注着社会的丑恶角落。从网友质疑华南虎假照，到曝光抽"天价烟"的房产局长周久耕，再到质疑陕西省安监局局长"表哥"杨达才，中国的公众开始关注并调查社会中存在的问题，并且参与度越来越高，在事件调查中发挥着越来越重要的作用。扒粪行动在曾经被视为净土的慈善领域也已不新鲜，"郭美美事件"、上海红十字天价发票事件等一系列负面消息造成公众对慈善组织的信任危机。Web 2.0时代，博客、微博、论坛等新兴社交媒体扮演着越来越重要的舆论监督角色，一时间人人都成了慈善扒粪者。社会公众的质疑不仅令资深慈善组织、社会名人、企业经受着重重考验，也让草根慈善组织头痛不已。这些新情况新问题对慈善组织的行为透明化、制度建设提出了更高的要求。

究竟是什么原因造成了慈善调查汹涌之势？又是什么原因让公众如此痴迷于此？背后是什么在推动？目前汹涌的公众调查是将趋于常态化，还是只是特殊时期昙花一现的公众集体行动？它对转型期的中国慈善事业又将会产生什么积极影响？19世纪下半叶的美国扒粪运动促成了美国的进步运动和社会风气的好转，今天公众的慈善调查能否担当净化中国慈善环境进而整肃社会的重任，我们将拭目以待。

一　公众慈善扒粪运动汹涌来袭

1. 什么是公众慈善调查

公众慈善调查是指社会公众通过各种方式，对慈善组织、企业或个人的公益行为进行关注、追踪以求真相的过程。例如对名人捐款、企业慈善营销等行为产生质疑并进行调查。与政府调查行为、媒体慈善调查行为不同，公众慈善调查是发自内心的、中立的社会调查。虽无政府调查的权威性，但它可以形成社会舆论，影响社会舆论；虽无媒体调查的专业性，但它拥有万千的无形记者，能量不容小视。

2. 火山爆发般的慈善调查

过去，受体制和意识形态的影响，有资格从事慈善的组织很少，主体较为单一，有意识去做慈善的人也不多，造成社会对慈善事业的关注度不高，慈善组织往往是闷声做慈善，慈善方面的好事、坏事很少能传到社会上来。因为没有负面新闻，中国慈善事业看起来是一片没被污染的净土。

时过境迁，当前从事慈善的主体较之过去大幅增多，NGO、企业、个人都已经参与进来，慈善事业在社会当中越来越显性，无论是将慈善作为目的，还是将之当做工具，越来越多、良莠不齐的个体和组织开始参与到慈善中来。有意无意间，慈善的曝光度大大提高，无论好事、坏事，统统传遍千里。慈善是"一片净土"的神话同时也被打破了。这一事实对于公众是一种沉重的打击和伤害，他们化悲痛为愤怒，期望将慈善所有隐匿的黑暗丑陋面挖掘出来公之于众。有赖信息技术的发展,尤其是进入 Web 2.0 时代,普通公众有了挖掘真相的工具,公众慈善调查如火山爆发般呈现,激烈且具有强烈震慑力。

3. 劈头盖脸而来的慈善调查

从 2008 年汶川地震开始,网民开始关注经常曝光的公益慈善机构,单单是中国红十字会,就经受了一轮又一轮的慈善扒粪,从"2008 年天价帐篷"到 2011 年"天价餐费",从"超声波刀"到劣质自行车,各式各样的奇事丑闻让人眼花缭乱。网友大漠鱼在《红十字丑闻多,不炒你炒谁?》一文中说,"有关中国红十字的信息有如插上了翅膀,飞进了地球的每一个角落,被人们渐渐地熟知起来。这其中涵盖的信息量之多之独特无不叫人大开眼界,咂舌惊呼"。在众多的红会事件中,"郭美美事件"无疑算得上其中最吸引眼球的慈善调查事件,尽管红十字会具有百年基业,可谓根基深厚,其副部级的官方背景曾经让人敬而远之,但民众似乎并没有被这样的官气吓倒,依然固执地寻找着任何一丝可能将它撼动的机会,"重磅爆料基本上由这些默默无闻的网民们热情自发地掀开,又不知疲累地推动着"①。"郭美美事件"及其后续的社会影响可以说影响了整个慈善环境,影响巨大而深远,它伤及的是人们对公益慈善的信任,使更多的人在慈善事业上投"弃权票",而不仅仅是事关中国红十字会这个"百年老店"这么简单。

当然,不光是树大招风的红十字会特别受到社会公众的"宠爱",仅 2011 年,就有多家慈善组织、社会名人、企业的慈善丑闻被拉上台面,令人大跌眼镜。2011 年 9 月,河南宋庆龄基金会被指下设各式各样公司,利用善款经商,兴建豪宅出售图利。同样是 2011 年,中华慈善总会涉嫌违规,向诈捐的企业开出发票。2012 年,更有打着公益旗号赚钱的全国爱眼工程组委会,捐劣质自行车的仁爱基金,发放低俗杂志、倡导人流的石家庄红十字医院浮出水面,引起网友的持续热议。

事实上,从 2008 年汶川地震开始,已经被唤醒慈善意识的公众更加关注慈善丑闻,形成了一种调查冲动,发扬刨根问底的精神,对揭出慈善丑闻不遗余力,大有不见真相不罢休之势。用"焦头烂额、灰头土脸"来形容

---

① 邱瑞贤:《谁在默默挖掘郭美美》,《广州日报》2011 年 7 月 14 日第 A10 版。

被调查的慈善组织、社会名人、企业家、企业等，一点都不过分。

以下，我们将从调查主体、调查对象、调查对象的特征、调查内容、调查手段与方式、调查初期结果、调查效果这几个方面来解剖中国公众的慈善调查现状。

二 走进公众慈善扒粪运动

美国扒粪运动时期，罗斯福总统将专门揭丑的记者称为"扒粪者"（Muckrakers），把他们比喻为班扬（Bunyan）著名的小说《天路历程》中的"扒粪者"。这些扒粪者手拿粪耙，目不旁视，只知道朝下看，因此看不到任何美好的事物，满目都是地上的秽物。但这一带有谩骂意味之词反而得到公众的首肯，成为对丑闻调查者的尊称。

公众是进行慈善调查的主力军。社会捐赠资源属于全社会共有，理论上每个公民都有权力问询善款的去向及使用情况，但是目前公民参与能力有限，参与意识不足，如没有知情人报料、媒体披露，善款运作基本上处于"暗箱"状态，如有丑闻很难公之于众。

本文所指的慈善调查的主体是指具有法律权利或道德权利去了解慈善行为主体行为的组织或个人，包括各类利益相关者。例如，捐赠人会根据慈善组织的项目或年度报告，判断他们所捐赠的钱和物的使用情况和结果；志愿者因提供大量的无偿服务，也会问责所支持的慈善组织；虽然被服务对象享受了免费服务和低价服务，但他们有时也会问责提供服务的慈善组织是否很好地履行组织承诺的服务；社会公众看似为旁观者，他们也会对慈善事件发表评论。当前公众慈善调查主体具有以下特征：

- 数量庞大。网络慈善扒粪主体有个特点，就是人不分老幼，地不分南北，只要出现慈善丑闻旋即群起而攻之；职业上也没有明显的区分，有企业高层、白领、高校教师、自由职业者，也有没有工作的游民；年龄以中青年为主，他们有充沛的精力对慈善事件进行关注，也有一些赋闲在家，看不惯社会丑恶现象，具有正义感的老年人。

- 熟练掌握网络技术。数量庞大、无处不在的网民变成了中国社会重要的扒粪者，这些扒粪者与被扒者是平等的，没有上下级的关系，没有利益关联。不同于政府部门调查，公众慈善调查不是上级部门的常规检查，手段和方式也不是那种听汇报、访谈式的，也不是简单地复制粘贴信息，更多的是运用网络调查、人肉搜索手段,并在把这些信息汇总的基础上将调查引向深入。网络技术的支撑,可以说是慈善调查形成声势的重要基础。

网络工具让更多松散的网民通过 BBS、博客、爱心 QQ 群、主题博客、百度贴吧等形式参与到调查中来,整合了调查资源,汇集了各类信息。没有互联网这个人们获取信息和交流的平台,公众慈善调查就缺少形成声势的必要条件。

● 关注社会利益的志愿行为。近年来,随着公益理念深入人心,越来越多的人开始关注慈善事业,很多人还投入其中,为慈善事业出钱出力。2008 年汶川大地震后,社会捐赠款物达到了高潮。根据民政部公布,截至 2008 年 11 月 10 日,全国共接收国内外社会各界捐赠款物合计(不含特殊党费)595.69 亿元,超过了改革开放三十年来我国接受的捐赠总和。人们在踊跃捐款的同时,开始行使自己的知情权,大家开始关心自己捐的钱去哪儿了,能否到达真正需要的人手里,有没有被滥用,进而开始对接受捐款的政府、民间组织进行问责。一些慈善组织因没有及时公布捐赠数据和善款使用情况,引起公众不满和质疑,他们担心善款被挪用,希望公开善款使用情况。大家都把警觉的目光对准了这些慈善组织,关注着它们的一举一动,特别是官办背景的老牌组织,如红十字会、宋庆龄基金会等,以及慈善组织之外的行善者,特别是名人、企业家和企业。"郭美美事件"正是在这样的背景下发生的。

进行慈善调查的公众没有明显的职业分别、年龄界限,且完全出于自发,而非组织行为,没有任何利益在其中,这些问责者都具有典型的志愿性。这与媒体进行的慈善调查不同,媒体的慈善调查一方面出于社会责任,另一方面出于吸引眼球的自身利益,揭黑本身可以增加公众对其的关注度。网友们进行慈善调查,不但挣不着钱,有的还要搭钱,有的人还因此丢了工作,但他们的所作所为让更多的人获得了了解慈善真相的机会。

1. 公众慈善调查对象多样化

互联网时代,网民的情绪很容易在瞬间被点燃,而其蔓延的速度使得被调查对象狼狈不堪。网民或单兵作战或自发地成立民间监督小组,观察形形色色的慈善组织以及或高调登场或默默无闻的明星、企业、企业家的慈善行为,观察的重点常常是声称捐赠的企业、个人到底捐了没有,捐了多少,捐赠态度,等等。在慈善调查过程中,公众对不同的调查对象有不同的关注重点，调查方式和效果也各有不同。

（1）慈善组织成为慈善丑闻的重灾区。

近年来，我国慈善事业蓬勃发展，其中慈善组织的数量越来越多，资源越来越多，做的事情也越来越多，在灾害应对、绿色环保、扶贫救治、社区服务等领域做了大量工作。民政部发布的《中国慈善事业发展指导纲要（2011～2015年）》显示，截至2010年年底，在民政部门依法登记的各类社会组织数量由2005年年底的31万个增加到44万个，其中基金会数量从975个增加到2200个[①]，初步形成了多种类型、分工协作的社会慈善网络。政府也意识到公益慈善组织在社会建设中的重要作用，通过公益慈善组织在民政部门直接登记、建设公益慈善组织孵化器、推进公益慈善组织信息公开、开展政府购买服务、加强资金支持和项目扶持、创新慈善募捐载体等多种方式，加强了对慈善事业发展的支持与管理。

一些习惯于自我管理、封闭管理的慈善组织，没能适应形势发展及时推进公开透明，未能履行好自身的职责，出现了信任危机，引发了公众的质疑。在对众多的慈善组织的调查中，社会公众往往"垂青"于拥有政府背景且往来资源多的慈善组织，尤其是大型官办慈善组织。这类慈善组织社会影响力大，承担的责任也大，公众对其更加关注，如红十字会、宋庆龄基金会等老牌慈善机构，公众针对这些组织的扒粪行动越扒越有劲，越扒越想扒。

个别慈善组织定位偏离，特别是非营利组织营利问题，一直是公众关注的焦点。2011年，在基金会中心网的捐赠收入数据中排名第一、在短短3年里总资产实现了从零到近30亿元飞跃的多元化经营的超级航母河南宋庆龄基金会进入了公众的视野，成为大家关注的对象。先是揭出基金会放贷、投资房地产、钢铁、计算机网络、商品贸易等诸多领域，捐款付息浮出水面；继而揭出其以"公益医保"名义在农村大量"吸金"；后又曝出其在郑州黄金地段建设一座大型"宋庆龄"雕像，带出了这个公益机构"自筹资金"4亿元建设的大型项目，引发了社会公众一轮又一轮的关注和调查。自2011年开始，以助学、救助社会弱势群体、改善贫困地区农村医疗卫生条件为宗旨，宣传"人道、博爱、奉献"红十字精神的中国红基会仁爱基金向陕西大型国企、老干部局等非弱势群体主动捐赠上万辆自行车，其中不乏中航工业西安飞机工业公司、澄合矿务局这样的大型国企，捐赠自行车号称

---

① 《我国公益慈善组织快速发展 基金会数量增加到2200个》，新华网2011年7月15日。

每辆值 700 多元，实际只值 140 元。一时间引起网友捐赠到底应该给谁、应该给什么的争议。

公益慈善组织与企业合作的规范性问题也是公众讨论的焦点之一。如"曜阳国际老年公寓"项目，被红基会描述为"新型社会养老模式"的探索，"主要凭借红基会的品牌影响力、社会公信力和公募基金的号召力，整合社会资源"。其具体运作模式多为红基会与地方政府谈判争取土地，然后利用企业投资或社会定向捐赠，兴建高端老年公寓。这种所谓公益性服务与市场化运作相结合的新型社会养老模式，因游走于公益与商业的交叉地带，引发"借公益之名开发房地产"的质疑和社会各界的广泛关注。"郭美美事件"发生后，郭美美发布的一条回应微博，对整个事件的发展产生了重要影响。这条微博解释说："我所在的公司是与红十字会有合作关系，简称红十字商会，我们负责与人身保险或医疗器械等签广告合约，将广告放在红十字会免费为老百姓服务的医疗车上。"正是郭美美说的这种合作模式，让公众的疑问进一步升级。公众质疑是否有人在利用慈善，为个人或企业获取巨额利益。

此外，慈善组织内部管理问题也是公众关注的重点，诸如会计制度不透明、管理人员工资过高、资金滥用等问题常常会引起网民众怒。2011 年，以中国版权协会教育委员会秘书长身份引爆尚德公司"捐赠门"的罗凡华继续爆料，称中华慈善总会开免税发票有附加条件，即在开发票前需要再给中华慈善总会捐赠现金。他将 5 万元现金转账支票交给中华慈善总会财务部的会计张女士，对方才开具了 1500 万元的免税发票。2010 年，他们开 1700 万元的免税发票，给了中华慈善总会 8 万元现金支票。中华慈善总会在捐赠品没有到位的情况下，用 5 万元现金转账支票就能开出 1500 万元免税发票，一时间引发网民的广泛关注，令网民群情激愤。比这更轰动的、更吸引公众眼球的，无疑是红十字会的"餐饮发票"事件。

4 月 15 日 13 时 50 分，一位实名注册网友肖雪慧（其微博身份认证为：西南民族大学教授）发了一条微博："红十字会一顿饭的发票不涉密吧？想转发却被告知已经删除。"随微博还附了一张餐饮发票的照片。这张消费发票的付款单位是"上海市卢湾区红十字会"，收款单位为"上海慧公馆餐饮管理有限公司"，付款日期为 2011 年 2 月 28 日，发票上消费金额为 9859 元。

这条图文并茂的微博一经发出，便在网络上引起轰动，很短时间内便有上万网友通过各种社交网络进行转发。吸引广大网民的并不是这张发票的金额，而是餐饮发票的付款单位上海市卢湾区红十字会，以及消费的场所慧公馆。

慧公馆是上海的一家高档餐厅，人均消费在500元以上，而红十字会是众所周知的人道主义救援机构。因此，这条微博在网络上走红后，网友的声音基本上一边倒："质疑卢湾区红十字会为什么去高档餐厅用餐。""你们吃的是饭还是血？""近万元的餐费招待了谁？""要求红十字会给个说法！"更有网友在这条微博后留言："我们捐的款都被公益机构挥霍了，大家再不要捐款了。"

一时间，上海市卢湾区红十字会以及其所在红十字会系统被推上了"网络舆论"的风口浪尖。

在红十字会捐赠自行车事件中，网民除了对捐赠到底应该给谁、应该给什么的争议之外，还对产品质量、采购流程提出质疑，指出这些劣质自行车，不仅涉嫌"假冒伪劣"，且票据全无。还有，为何动辄几十万上百万元的捐赠，红会却连一张票据收条都不曾提供，难道红会的捐赠不曾记账？红会提供的这些劣质自行车，究竟是其他人士或企业捐赠，还是红会旗下的仁爱基金私自购买？且为何捐赠对象都为国有大企业？这些疑问都需要红会以及红会旗下的仁爱基金出面给予澄清。

在汹涌的慈善调查中，官办慈善机构是重点，但草根慈善组织也未能幸免。凡是涉及慈善，公众都有着极强的敏锐感，特别是当前爱心、感情慈善有余，理性和合法慈善不足，政府监管乏力的情况下，公众对慈善组织更是睁大了眼睛。2011年9月，中国著名民间草根公益组织"青海格桑花教育救助会"（以下简称格桑花）管理混乱的传言在网上不胫而走，一时间民间公益组织的公信力也受到社会质疑。事件源于《公益时报》刊出关于格桑花财务"两本账"、会员名单造假、涉嫌签订秘密协议等问题的报道以及一些捐助人在网上对管理层的质疑，其后，天涯网上直接有帖子说格桑花是个骗子公益组织，这个帖子迅速被雅虎公益、腾讯公益转载。

北京市太阳村特殊儿童救助研究中心是原中华慈善总会特殊儿童救助工作部、北京示范儿童村，简称太阳村，2009年，这家专门资助服刑犯未成年子女的草根慈善组织受到质疑，媒体经过调查认为北京太阳村缺乏合法身份，存在财务黑洞，以公益之名敛财，变卖捐赠物资，拒绝公开财务信息。有捐助的网友在看见媒体大段大段爆料"黑幕"后在微博中写道："我的心在颤抖：难道这又是这个几乎没有道德底线的商业社会的一次商业秀？"

2009年，重庆的几个草根慈善组织经历了慈善调查后的"诚信危机"。绿叶义工的主要职能是救助弱势群体，森森孤学院的主要职能是救助流浪儿童，小动物协会的主要职能是救助流浪动物。有网友发帖说：绿叶义工的张海峰在奥园买了一套房子，买房子的钱是绿叶义工以救助生病的孩子为旗号募来的；森森孤学院一段时间每月花掉约2万元，而那时该院只有4个流浪儿童；小动物协会的创始人以救助小动物为幌子，骗取捐款，并用善款买别墅、买车，还给儿子买了一套房子。一名网友表示，草根慈善人士自己并没有多少钱，却投身慈善，如果财务再不透明，难免让人怀疑其中有猫腻。另几名网友表示，他们不知"骗捐"是否真实，但在国家还没有出台相应的法规制度来明确谁来管理、如何管理草根组织且草根组织账务不透明的情况下，"宁可信其有"。

（2）明星、社会名人、企业家的慈善行为成为公众关注的重点。

对于名人、明星来说，他们从事慈善行为一方面是发自内心的社会责任意识，从事公益事业是履行社会责任的表现；另一方面，从事慈善事业可以使他们"名利双收"，扩大自己的社会影响。他们通过成立专项基金、捐款、担任公益大使、拍摄公益广告、参加慈善拍卖、义演及捐款等多种方式，参与到公益慈善活动中来。例如有的明星自己成立基金会做慈善，如李连杰、成龙。有的在公募基金会下成立基金，如嫣然天使基金是由李亚鹏、王菲夫妇倡导发起，在中国红十字基金会的支持和管理下设立的专项公益基金，接受社会爱心人士、国内外法人和自然人的捐赠，资助家庭贫困身患唇腭裂的患者。有的直接捐赠，或担任公益大使，如范冰冰就拥有中国扶贫基金会慈善大使、北京慈善协会慈善大使、世界医药卫生理事会国际亲善使者、爱心2008—大型公益活动慈善大使、"中国校园安全行动"的爱心公益大使等头衔；孙俪除在香格里拉和西双版纳捐资援建了两所希望小学外，还出任中华健康快车基金会的"光明大使"；李冰冰则担任世界自然基金会"地球熄灯一小时"的中国区大使；等等。除此之外，明星们还通过明星慈善拍卖夜、慈善晚宴等形式参与慈善活动，对宣扬慈善理念、传播慈善文化起到了积极作用。如一年一度的"一路有你—中国扶贫基金会慈善晚会"也吸引了众多明星参与，该晚会主要以慈善拍卖和现场认捐的形式筹集善款，所筹善款全部用于中国扶贫基金会的小额信贷项目、新长城特困高中生自强班项目、国际援助项目、筑巢行动四个公益项目，让更多的弱势群体实现他们的梦想。

但是，并不是所有事物都像看起来那么美好。随着四川省慈善总会主办的大型慈善公益演出入不敷出、章子怡诈捐等一系列慈善丑闻的曝光，大众对明星等公众人物从善的质疑日益强烈。明星尽管可以给慈善加上一些现代化的元素，但把慈善事业变成名利场却不是一场风花雪月的错误，而是道德缺失的"滑铁卢"。①"诺而不捐"已经成为公众质疑他们的重点，丑闻中的公众人物将道德榜样的引领作用、回馈社会的责任置于脑后，使公众对这部分明星深恶痛绝，纷纷通过人肉搜索等手段深挖真相，大有不把他们的丑闻不挖干净不罢休之势。

2008年在法国戛纳，章子怡为"5·12"地震灾区募捐善款的行为感动了很多人，甚至当年因此入榜2009中国明星慈善榜以及获得"非凡女人"称号。但是，随着网上一篇帖子的流传，章子怡的形象彻底改变了。2010年1月22日，一网名为"善款去向"的网友在天涯社区发帖称，汶川大地震发生后，章子怡宣称要自掏腰包捐款100万元，实际捐赠的金额只有84万元，在戛纳电影节期间，章子怡声泪俱下为地震受灾者募集的50万美元也未捐献给有关部门。随后，网民启动"人肉搜索"，质疑其善款是否完全到位以及善款去向。更有一位美国当地的网友爆料称所谓的"章子怡基金会"目前已经"名存实亡"。至此，章子怡身陷诈捐门。其后事件再度升级，某网友向章子怡发出一封公开信，提出事件中的五大主要疑点，希望能得到对方的正面回应。有人认为，这封公开信标志着网友们的个人行为正在向集体行为演变，零散的投诉和质疑正在成为一场浩荡的民意表达，网民对整个事件进程的影响力将会越来越有力和直接。据了解，这封公开信是由该论坛上追查善款的网友骨干经过商议后拟定，并广泛征求意见最后定稿的。这封信发表后，得到了网友的广泛响应，已经有网友签名表示支持。网友们希望能发起一个万名网友大签名，向章子怡方面施压，希望她能早日出来对此事有所交代。事后还有人专门整理了网民跟帖②，足见网民对此事件的愤

---

① 《名人慈善成人礼》，《齐鲁周刊》2010年4月3日，http://www.qlweekly.com/News/CoverStory/201004/302406_2.html。
② 《天涯网友驳斥章子怡越辩越黑》，http://www.tianya.cn/publicforum/Content/free/1/1806030.shtml。

怒。网民部分跟帖内容如下：

　　观众：有人说你们是网络暴民，四处乱投诉。

　　网民：我们网民是很弱小的，由于信息的不对称，让我们很多想知道的问题得不到解答，才让有些人焦躁。如果章子怡方面在事件发生后的第一时间出来回应，事件是不会演变得越来越大的。网民们到其代言厂家或媒体投诉，也是希望能逼迫章子怡方面出来正面回应……总体来说，整个网络调查是很有序进行的，大家可以去高楼《章子怡　地震善款你用在了哪里？》看看，有激动的语言，但绝少人身攻击或谩骂，大家是积极想办法各尽所能寻找真相。

　　……

　　观众：有人说你们是想把章子怡往死里整。

　　网民：没有。我们这楼就一个宗旨：追出善款，查明真相。换了陈子怡、李子怡出现捐款门也是一样的追到底。……周老虎、天价烟局长……这些事件不都是我们网民不容邪恶、追求真相、维护真理的表现吗？我们不是针对章子怡个人，如果证明她清白，她出演的电影、代言的产品我们还一样地支持。

　　四川大地震之后，出现了很多热心公益的人，但也有不少人拿赈灾捐款作秀，严重伤害了我们的爱心，伤害了中国的慈善事业。而我们的立法部门迟迟没有针对这样的问题进行法律法规上的弥补，这一次我们拿章子怡捐款门事件呼吁立法部门对慈善活动的监管立法。我们相信，章子怡这么爱国的明星也是愿意为中国慈善事业的立法进程作一点贡献的。

　　社会公众在关注明星、社会名人的同时，也在关注企业家们的慈善言行。或真或假间，乐善好施型的慈善行为已经成为中国企业家的新喜好。均瑶集团王均豪在慈善拍卖中以 7 万元竞得一张受助儿童的蜡笔画《心愿》。2011 年 5 月 5 日，由曹德旺发起的"河仁慈善基金会"在北京成立，基金会资产规模逾 30 亿元，为中国目前资产规模最大的公益慈善基金会，主要支持中国内地贫困地区教育、医疗、扶贫、救济等公益慈善事业。作为中国第一家以捐赠股票形式支持社会公益慈善事业的基金会，河仁基金会开创了中国基金会资金注入方式、运作模式和管理规则的多个第一。陈发树的新华都慈善基金会成立于 2009 年 9 月 30 日，当时注册资金为

1亿元。当年10月20日,陈发树即宣布要捐出价值83亿元人民币的有价证券,设立国内最大的个人慈善基金——新华都慈善基金,而这笔资金将占到陈发树全部财产的45%。因其大手笔的行善之举,2011年陈发树获得年度"十大慈善家"称号。2012年随着其套现行动的实施,承诺的慈善股票变脸了,慈善秀被揭露了,"空口慈善家"的帽子戴到了他的头上。

2012年6月21日,青岛啤酒(00168.HK)公告称股东陈发树减持3200万股,每股作价介乎47元至48.55元,持股量由12.38%降至7.49%。陈发树套现涉资15.04亿元至15.536亿元。陈发树的减持立即招致人们对他股票慈善的口诛笔伐。

2009年10月20日下午,新华都集团总裁唐骏和陈发树在北京召开新闻发布会,高调宣布成立福建新华都慈善基金会。发布会上,唐骏公开发布了陈发树将捐出其个人持有的市值83亿元股权资产的消息。唐骏在致辞中慷慨激昂,而陈发树却是简明扼要地把讲稿念了一遍。陈发树当时公布了捐款的主要来源:"青岛啤酒7.01%的股份、云南白药12.3%的股份,还有我占有新华都集团的股份。"按照捐赠时近20天的平均价格计算,陈发树捐出了个人所持有、市值高达83亿元的流通股股票,占其个人资产的45%。

2012年6月21日,由于陈发树对青岛啤酒捐赠股权的减持,他的公益行为再次受到超高的关注度。一时间,"假慈善""诺而不捐""逃避税款"等猜疑让捐款再次成了舆论的焦点。①

(3)企业慈善行为也被追踪。

在市场经济发展到新的阶段后,企业逐渐认识到,需要借力慈善概念提升企业形象,企业品牌才能有特色,有内涵,单纯依赖海量广告投放提高消费者忠诚度的做法已经难以适应新形势的发展。众多企业将感恩社会、奉献公益的目标与打造公益品牌、确保百年基业长青目标结合起来,开始涉足慈善事业。中国社会科学院社会政策研究中心发布的《中国慈善发展报告(2012)》指出,2011年,境内外企业的款物捐赠占我国捐赠总量的

---

① 赵静、白兰:《陈发树陷真假慈善风波:变脸的83亿元慈善股票》,《证券市场周刊》2012年7月9日。

57.48%。直接捐赠、成立基金会等成为企业塑造品牌的惯用之举。例如，中国平安官方微博发起了以"一次转发一瓶水"为主题的公益活动，参与者每转发微博一次，中国平安即向旱区的平安希望小学捐赠一瓶饮用水。农夫山泉策划的"聚沙成塔"宣传活动成为成功的营销案例。农夫山泉"一分钱"项目从2001年便开始启动。"喝农夫山泉为奥运捐一分钱"——每卖一瓶水即为2008年北京奥运会捐赠一分钱。首届"一分钱"行动支持了北京申办奥运会，极大地提升了企业品牌形象。

与此同时，由于担心把铜臭引向慈善事业，每当有企业站出来从事公益慈善事业，社会公众就会对他们心存疑虑，有的人会怀疑他们是不是想逃税，或是借慈善的名义为自己牟利。宝洁公司曾与教育部联合开展"校园健康教育计划"，但在杭州，宝洁公司向学生发布的调查表（作业）引起了家长反感。因不满在调查表中强制要求学生家庭使用宝洁公司旗下产品"佳洁士"牙膏和"舒肤佳"肥皂，一位网名为"艾草"的学生家长在网上率先发表了自己的看法。"艾草"在她的博客上发表《宝洁公司对我们的孩子所做的》，记叙了此事的来龙去脉，随即引来杭州网友的热议并有媒体的介入。有人质疑教育部是因为宝洁公司向中国教育基金会捐赠了750万元并且承诺总共捐赠1亿元而和宝洁公司开展这项合作的。公众对公益行为与营销行为的硬性捆绑提出批评并担忧其背后的"潜规则"。

无锡尚德太阳能电力有限公司通过中华慈善总会，向"尚德电力杯"第五届中国青少年创意大赛承诺，向参赛学校捐助价值1500万元的太阳能电池板。但在大赛之后，捐赠书指定的受赠方中国版权协会教育委员会秘书长罗凡华却爆料捐赠物还放在无锡仓库，称是"诈捐"。同时尚德公司绕过了中华慈善总会和版权协会，直接把捐赠品捐给了创新中意公司，而创新中意公司的法定代表人，正是尚德公司的副总裁解晓南，经过操作获得中华慈善总会开具的可以免税的发票。此事经中央电视台报道后引起轩然大波。①

名人、明星、企业家做公益，本是好事，可以在公众心目中树立良好的形象，也能帮助有需要的人，一举两得。同时，还可起到示范作用。名人、明星都是公众人物，公众对于这些个体的社会责任会有要求，而"诺而不捐"等慈善丑闻令公众抱着怀疑的态度来看待名人慈善。企业做慈善，也是好事。企业作为社会中最重要的主体之一，公众对其的要求会更高。从社

---

① 浦敏琦：《无锡尚德公开回应"捐款门"》，《扬子晚报》2011年8月17日。

会获得利益多的企业,自然成为公众关注的对象。

可以看出,与美国扒粪运动时被扒者多是实业界不同,目前我国公众进行的慈善调查对象涵盖了慈善组织、企业、企业家或名人的慈善行为,涉及企业的公益营销、慈善捐款、慈善行为,名人的慈善诚信问题等,这也不同于公众对企业、政府的调查。表1罗列了当前中国公众进行慈善调查的对象及主要内容。

表1 公众慈善调查对象及主要调查内容

调查对象		主要调查内容
慈善组织	官办	善款被挪用、滥用 拿善款去放高利贷、投资,为自己谋利 借用公益/慈善的名义,为自己谋利(骗取善款……) 非"货真价实"的慈善,号称的慈善与实际的慈善不符 滥用特权(如开具免税发票),与企业狼狈为奸,为双方谋利等
	草根	不规范问题等
明星		沽名钓誉等
名人		诈捐等
企业家		诺而不捐等
企业		企业借慈善组织之壳,以慈善之名,沽名钓誉,谋取自身利益 企业借慈善之名,为自身谋利 滥用公益营销 诈捐 伪慈善行为等

2. 公众慈善调查的动机与能力

19世纪末20世纪初的美国经济迅速发展,社会空前富裕,急剧的工业化和城市化使社会结构短期内发生了重大变化,产生了种种社会问题。一边是社会财富迅速增加,另一边却是血汗工厂、贪污受贿、尔虞我诈、假冒伪劣……经济秩序极度混乱,社会生活开始动荡。其中最核心、最严重的是腐败现象如某种"综合征"突然暴发,其广度与深度都令人瞠目结舌,似乎全社会都深卷其中。严重、普遍的腐败造成社会道德整体败坏。扒粪运动正是在这样的背景下出现的,扒粪者们动机明确,就是希望通过挖出社会丑闻,曝光其恶劣手段,取得净化社会风气的效果,使社会重回秩序、文明的轨道。

当前，我们的国家也走到了类似的发展阶段，一边是经济快速增长，一边是社会道德丑闻频现，特别是一向被视为净土的慈善领域也丑闻迭出。负有责任感的社会公众抱着将慈善调查进行到底的精神，大有不把慈善丑闻都扒出来不罢休之势。

此外，伴随着社会主义市场经济的发展和行政体制改革的深化，社会领域出现了一些政府和市场之外的公共服务空间，非营利组织迅速成长。它们不仅在教育、卫生、环保、扶贫等方面发挥着重要作用，而且在促进社会公平正义、推进改革等方面潜力巨大。与此同时，我国的非营利组织面临着内部能力不足与外部监管缺失的双重挑战。近年来一系列 NPO 丑闻接连曝光，严重损毁了其原有的"天使"形象，也使得公众的信任度有所降低。① 在慈善事业蓬勃发展，同时又缺乏监管的社会背景下，慈善丑闻难免频发。那么，是什么原因使当下的公众慈善调查形成如此声势？又是什么原因让这种冲动转化为慈善调查的执著，让公众扮演着福尔摩斯的角色呢？

（1）责任感。

扒粪运动时期的美国，在不断创造财富的上升过程中，同时面临着失去灵魂、丧失民族精神的危险。在我国，这种危险也已经出现。社会道德滑坡的现状激发了公民个体的社会责任感，网民对整个社会诚信的质疑情绪蔓延，有些慈善组织不断挑战公众道德底线。慈善丑闻越多，公众和媒体慈善调查的冲动越大。对任何触碰道德底线，或滥用慈善名义的行为，不管背景与资历，也不管官办抑或草根、企业或个人，公众都会去问责，并且不问个水落石出绝不罢休。

"这个社会，还有什么是可以相信的？"这是"郭美美事件"后，一个"80 后"在自己的博客上写下的话。在社会信任普遍缺失的大环境下，"郭美美事件"事实上让红十字会成为社会情绪宣泄的对象，年少多金的炫富女郭美美，一时间引发网友热议。"我捐的钱就被拿去这样花掉了？"带着这种愤怒，网友展开了人肉搜索，探究此事的真相。有网友调侃道，"郭美美事件"搞不清楚，没有心情上班，没有心情睡觉。广大网民出人出力出时间，还有出钱调查的（网友"徐宥箴"在其微博悬赏两万元求郭美美公司全称），郭美美的炫富行为迅速升级成一桩公共事件，使中国红十字会陷入极大的信任危机。长期以来，慈善组织未能对其遵循公益宗旨的行为作出

---

① 康晓光：《依附式发展的第三部门》，社会科学文献出版社，2011，第 283 页。

富有诚信的交待，一系列的慈善丑闻让公众对慈善组织彻底失去了信心，通过挖掘这些丑闻，公众试图揭开事情的真相，看看自己曾经信任的组织到底是何种模样。

网络扒粪并非始自慈善领域，周老虎、厦门PX、天价烟局长、陕西表哥等网络事件磨炼了中国网民的扒粪技巧，提高了中国网民对真相的追寻、对腐败权力的打击揭露意识。而它之所以在公益慈善领域迸发出惊人的能量，究其原因就是善心不可违。网友在质疑章子怡诈捐时曾问道：你也许在问，为什么我们会如此穷追不舍？现在，我们明确地回答你：中国民众对汶川地震的国殇之痛难以抚平，而你的行为中显露出来的种种疑点和漏洞，如果无法解释清楚，则是在挑战人类的道德极限。网友针对壹基金的管理费比例过高，发帖希望壹基金能够给出解释。发帖扒粪的人们称自己的目的"只是为了激励国内规范的公益机构能够更好地在规范内茁壮成长。作为公益机构，接受审计和信息公开是最最基础的事情，毕竟，你是拿着人家的捐赠在干活，所以要十思而后行"。

《广州日报》曾针对慈善丑闻发表评论称，网友在意的是"真善"和"伪善"的问题。捐钱应该出自善心，而不是出于赚取名利或者是迫于舆论压力。如果是发自内心的真善，捐一分钱也不嫌少；如果是为了追逐名利，捐1个亿也不为多。

查尔斯·麦克林曾经说过：公众对非营利组织的期待远高于对企业的期待。当非营利组织被认为表现得不够专业、不负责任或在道德上有问题的时候，公众的反应会非常迅速：产生背叛感，破坏信任。长期以来打造而成的慈善光鲜外衣在网络时代不复存在，公众有一种被蒙骗的感觉，曾经圣洁的事物一下子变得龌龊不堪，心理上难以接受，一定要有个说法，尤其是当仇富心态遇上慈善丑闻，更使事态难以控制。网民们说，"看看曾经节衣缩食的捐款，我是不是傻"，"不给我们一个让人信服的交代，没完"，"不查到底难以平民愤，我作为一个善良的捐款者，我一定要知道我们是怎么被骗的"，"郭美美事件让十三亿中国人寒心，更让慈善者凉心，慈善者是怀着一颗回馈社会的感恩之心捐助自己节俭下来的钱物，却被他们这样的蛀虫给享用了、挥霍了，不惩不足以平民愤，不惩不足以安抚捐助者的良心"。

慈善调查以年轻人为主，这些"80后""90后"们，曾经的梦想被现实一个个击碎，生活的压力让他们喘不过气来，特别是大学毕业，生活在大城市的蚁族们，不得不艰难地接受现实，蜗居在梦想中的城市。这种情况下，与慈善丑闻相伴的炫富主角们轻易得来的、带有慈善标签的财富让他们怒不可遏。郭美美炫富是在挑战一般百姓的心理底线，与房价居高不下、就业机会下降、物价飞涨、生活成本升高、工作压力增大等形成鲜明的对比，造成人们的失落感。慈善信息不透明状态下的丑闻事件直接引爆了公益慈善领域日益积压的社会矛盾，引发了后续汹涌的全民慈善调查。身在重庆巫山县的周亚武一开始就投入其中。他瞄准的就是郭美美的那个红十字总经理认证。他说："一个20岁的女孩怎么会有如此成就？那么多大学生，连工作都找不到。"

也有一些调查主体是基于其他原因而行动的，石家庄妈妈团就是一例。2012年4月，石家庄最美妈妈团向河北省扫黄办举报，河北红十字石家庄中西医结合医院以"红十字医院"名义，在校园发放低俗杂志，倡导人流，有违红会精神。妈妈团由一群年近中年，工作不同、文化教育程度不同，但关心女儿健康的妈妈们自发组织起来。妈妈团的行动，尽管不是直接针对红十字会，但也使红十字会对冠名医院监管不力、对不道德行为听之任之等问题，特别是只收赞助费不监管的问题浮出了水面。

上海大学社会学教授顾骏说："从根源上，网民是希望能在相关事件发生时，得到有强势资源的部门一个坦诚的、透明的回复。反过来说，如果一个成熟阳光的社会，一切舆论都是透明的，就不存在这种网络狂欢的机会了。"他认为："除了这个方式，公众现在很难得到真相。因为该提供信息的人，无论是当事人还是监督者，都没有提供。那么公众就只能以所谓揭露隐私的方式来提供信息了。"

同时，面对已经形成声势的调查需求，政府在此方面却监管乏力、调查苍白，公众的信息诉求难以得到满足，常规调查渠道受阻，催生网络信息调查。当前的问责体系不完善，原本有权利应该去问责的组织和个人没有去问责，于是，一场全民参与的网络慈善调查运动就这样开始了。

（2）行动能力。

2008年后公众进行的慈善调查的数量迅速增加，调查深度、广度及社会影响都远远超过了传统媒体，这种变化也反映了当前的慈善环境已经不同于以往，关起门来做慈善的日子已经一去不复返了。发生这种变化，微博功不可没。微博的4A元素（Anytime，Anywhere，Anyone，Anything）让人们随时随地实现信息共享，也逐渐改变了新闻事件的传播方式。2011年，新浪、腾讯微博注册用户数均已超过3亿，活跃用户过亿，形成巨大的微博人群。

网络时代博客、微博等新媒体技术使信息获取、传播大大便利，公众参与性大大提升，改变了公众的公益参与方式和诉求。此外，政府公共管理开放性的提升使媒体与公众慈善调查的范围得以扩大，公众参与能力提高。大众传媒尤其是互联网的发展在很大程度上增强了公众慈善调查的行动能力感。网络作为"第四媒介"和"观点的自由市场"具有开放性、匿名性、互动性等特点，在这里公众可以不受时间和空间的限制，在NPO违规信息被披露的第一时间就迅速知晓，通过发帖等方式表达自己的观点或者将此信息再传递给他人。开放的网络信息平台充分保证了表达权利的平等，使公众可以各抒己见而不必担心承担责任，因而成为公众尤其是弱势群体和边缘群体对NPO发起慈善调查的重要工具。由于网络具有交互性的特点，不同个体对NPO行为的谴责很容易引起他人的共鸣，从而迅速形成强大的社会舆论对NPO施加慈善调查压力，因此即使是势单力薄的个体也会认为自己通过网络对NPO提出质疑的行为可以对事件产生影响，从而更加积极主动地采取慈善调查行动。①

面对各式各样的公众信息发掘，慈善组织的反应也从无到有，从消极应付到掌握主动，这种变化也从另一方面激励了公众进行慈善调查，能听到被调查组织的回声本身就有一种成就感，这种回声及其带来的激励也让这个调查—慈善调查—回应环节不停地反复进行。

基于上述原因，公众慈善调查就演变成一场集体行动，零散的投诉和质疑正在成为一场声势浩大的民意表达，网民对整个事件进程的影响力将会越来越有力和直接。从20世纪90年代的青基会事件、21世纪初的胡曼莉事件，到2008年汶川地震、2010年玉树地震，慈善调查经历了从无到有的变化。2008年后，特别是2011年"郭美美事件"后，公众慈善调查呈现出参与者从少到多、媒体与公众调查并行、民意浩荡的格局。集体行动的形成原因有三，一是早期青基会、胡曼莉事件未能触发公众的慈善调查意识，而汶川慈善丑闻、"郭美美事件"则彻底唤醒了公众，将他们拉进了慈善调查的队伍中；二是之前缺乏信息传递的通道，使公众调查信息不足，如今网络极大地便利了信息获取及传播，提高了公众调查的动员能力；三是，近年来社会建设加速，公众将视线从政治、经济建设转向社会建设，慈善意识觉醒，更多地关注慈善事件。

---

① 陈南方：《NPO问责机制的理论与实证研究》，中国人民大学硕士学位论文，2009，第26页。

3. 公众慈善调查方式

一般来说，公众慈善扒粪或者说慈善调查过程是这样的：，先是有网友发微博或帖子等披露某个事实（或某个网友微博引起质疑），然后众网友跟进评论和转发，相关网络衍生品（如漫画、恶搞）也开始出现，接着在网络或传统媒体上出现深度评论和调查，并同时伴随着网络上不间断的爆料，一场慈善调查事件就此达到舆论监督的高潮。

（1）三个环节。

①信息获取环节。

信息获取环节方面，或是当事人爆料，或是网民从现有信息中主动挖掘出有价值的线索。公众慈善扒粪因受资源、技术影响，调查方式会有较大差异，有的逻辑性强，有的便于操作。

"郭美美事件"由郭美美网上炫富引发，在其名为"郭美美 Baby"的微博中发布了一系列的"炫富"内容。"今天小白限行把小 MINI 开出遛遛~开着有点不习惯。"这是 6 月 21 日凌晨，"郭美美 Baby"发布的一条微博。早在此之前，其微博中就已发布了一系列的"炫富"内容。脸庞稚嫩，打扮时髦，再加上名包、名车、别墅，"郭美美 Baby"迅速成了网民关注的焦点，再加上自称是"中国红十字会商业总经理"，事情随即开始升级，不断牵扯出红十字商会、商业系统红十字会，以及天略集团、中红博爱等几家机构和公司，引发网友热议甚至炒作。

上海红十字会事件中，网友肖雪慧微博中公布的抬头为上海市卢湾区红十字会的餐饮发票的照片，据传是收该饭店内部人员拍摄并上传的，此人之后删除了这条微博，但肖雪慧进行了转发。

另外，曝出慈善总会一手交钱一手交票的潜规则的当事人罗凡华，正是捐赠执行方的员工。正是他的爆料，牵出了丑闻，引发了后续的调查：

> 记者：慈善总会在没有收到捐赠品的情况下，为什么可以给你开出减免税收据？
>
> 罗凡华：这个开发票也不是免费的午餐，也是有一个潜规则的。慈善总会也暗示，你能不能够直接捐一点现金，来作为项目的一个运行费用，意思就是给点钱。那么我们就给他开了 5 万块钱的现金捐赠，给了

5万块钱现金（支票），然后给我们开了1700万（发票）。①

汶川地震时期，红会"天价帐篷"事件中，最早透露消息的是天涯经济论坛"热点资讯"栏目下一篇名为"默哀三分钟后发帖：哪种规格型号的帐篷单价为一万三千元？"的帖子，其中说道：

> 刚才CCTV-4采访中国红十字会的官员，说是明天会带救灾物资去灾区，下一步将会送去价值1300万元的一千多顶帐篷。天涯有人知道行情么？区区空心钢管和棚布搭起来的帐篷要一万块钱一顶？太离谱了吧？是谁在发国难财！！经济论坛里有不少经济方面的精英，请各精英说说以上事项。本人为灾害遇难者默哀的三分钟里，想到了很多，中国红十字会在对待群众的捐款方面，无论入账与出账，一直都很不透明。虽然红十字会在国际上是个民间组织，但基于我国国情，实际上我国的红十字会一直是个官方组织，至少是半官方组织。因此，我们认为，捐款的出账明细非常重要。②

这些事件表明信息的获取已经不是简单、被动的信息摘录，而是主动地、大撒网地、全面地、有逻辑地、分析式地进行信息捕捉。

当然，也有主动"找上门"来的信息，2012年7月，有不少网友称在新浪微博的评论和私信中，收到疑似"机器粉"所发的募捐信息。而这些给网友造成困扰的垃圾信息的发送者，都指向浙江金华的网络慈善平台——施乐会。施乐会在求助者和捐助人之间搭建平台，承诺"每笔善款，100%到达受助人的手中"。不过，当施乐会"每个社工可以从每笔捐款中最高提成15%作为报酬"的消息一出，立即引起网民对其"骗捐"的指责。大多数网民认为，在一线社工中运用这种激励措施，有违慈善的本意。

②调查环节。

调查环节是探求事件真相的过程，在获取初步信息后，网民们以此为突破口进行深度信息挖掘，从不同角度对每一条证据进行攻错、辨别、求证。

---

① 《中华慈善总会被爆收5万捐款开1700万发票》，http://news.qq.com/a/20110817/001119.htm。

② http://cache.tianya.cn/publicforum/content/develop/1/1153577.shtml。

人肉搜索是其中最常见的一种网络调查方式。"郭美美事件"之所以由最初的一个无知少女炫富的独角戏，逐渐成为牵涉众多人物的鸿篇巨制，人肉搜索在事件的披露—辟谣—再披露—再辟谣的过程中发挥了重要作用。针对慈善事件或慈善热点人物，先是一人提问，然后八方回应，通过网络社区集合广大网民的力量，追查某些事情或人物的真相与隐私，并把这些细节曝光，达到一石激起千层浪、一声呼唤惊醒万颗真心的效果。人肉搜索中或许没有标准答案，但人肉搜索追求的最高目标是：不求最好，但求最肉、最全。由于人肉搜索引擎聚集了各地的不同阶层、不同知识背景的人，人肉搜索引擎时刻显示着网民互动战争的浩瀚与壮阔。网友"真相挖掘机"一条条地看郭美美的微博，看完后再看她关注的人，再看评论；也有网友的分析更加深入，更具人肉搜索的技术优势。"我的方法就是搜索、搜集信息 + 鉴别信息 + 对重点信息和线索进行跟进 + 合理的逻辑推理分析。"①

熟练截图、百度快照、谷歌快照等也是网络公众慈善调查常采用的手段，"将一些真实发布过却删除了的信息即时保存'cache 网页'"，"较好的鉴别力和逻辑推理能力则是保证在挖取目标信息过程中，排除各种虚假信息或无关紧要的旁枝末节干扰、把握关键方向的重要能力"。②

"搜索技能是信息来源的重要保证，而较强的观察力是找准切口的关键。例如，观察力体现在对一个 URL 地址的观察。'扒皮'惯了的人很习惯看别人的博客或围脖地址的最后这个子域名，很多时候它都隐藏着博主习惯采用的 ID。"以对郭美美母亲郭登峰的搜索为例，"比如郭登峰的博客地址中有'cocoguo720'，观察力强点的一看就知道应是郭登峰在网上惯用的一个 ID 名，720 是她的生日，coco 大概是她的英文名。然后以此为关键字去搜索，搜索结果排除可能重名的外，在前两页的搜索结果中就会发现该博主以前网络留言、发帖的痕迹。"③

网友关注细节的能力也令人惊叹，"郭美美事件"中，郭美美名下有两辆车，一辆是玛莎 GT 跑车（京 NMM271），白色的，2011 年 5 月 9 日在北京上户。还有一辆红色迷你（京 NRG222），2009 年 8 月 4 日在北京上户。她家的黄色兰博基尼是在深圳上户的，是在一个名叫王军的深圳人名下。王

---

① 邱瑞贤：《谁在默默挖掘郭美美》，《广州日报》2011 年 7 月 14 日第 A10 版。
② 邱瑞贤：《谁在默默挖掘郭美美》，《广州日报》2011 年 7 月 14 日第 A10 版。
③ 邱瑞贤：《谁在默默挖掘郭美美》，《广州日报》2011 年 7 月 14 日第 A10 版。

军是深圳福田区人,1969年出生。还有包括郭美美与郭长江坐过同一架飞机,郭长江所戴的手表与飞机上此人戴的同款手表细节。另外郭长江微博关注4人中,其中一人为郭美美。2010年12月8日,中国商业系统红十字会举行成立十周年庆祝活动,郭长江出席,郭美美也参加。这些信息都被无所不能的网民扒了出来放在网上晒。"天价帐篷"事件中,细心的网友从淘宝上找出不同型号、不同价格的产品进行对比,将事件相关人信息翻了个底朝天。

章子怡"诈捐"事件中,一网名为"善款去向"的网友称章子怡在汶川大地震发生后称要自掏腰包捐款100万元,实际捐赠的金额只有84万元,在戛纳电影节期间,章子怡声泪俱下为地震受灾者募集的50万美元也未捐献给有关部门。网友跨越国界,查询到在美国政府网站上有两个相同名字的户头,并将两个户头的管辖地、成立时间、注销时间公布,质疑户头的来历和性质。此外,也有网友关注章子怡借红十字会名义海外募捐的真实性。

有网友找出了当时的视频为证。她当时含泪说:"我只是希望大家能捐一点钱,然后我带回中国……交给红十字会。我告诉他们,这是中国红十字会的援助方式。"而其在2008年5月21日的博客上也提到,自己在募捐时说:"这是中国红十字基金会的赈灾捐款信息。"

之后,网友们找到2008年5月媒体的一则报道,报道称:"中国红十字会总会网站发布声明:中国红十字会总会从未委托个人开展为四川汶川地震的募捐活动。"网友因此认为章子怡是私自假借中国红十字基金会的名义募捐。

可见,公众开展慈善调查,其热衷程度以及专业能力无与伦比。
③信息传播环节。

公众慈善调查所依托的网络信息平台,具有交互快、传播广的特点,对慈善丑闻的质疑、指责,通过"发帖""回帖""转载"等形式形成巨大的雪球并越滚越大。在每个慈善热点事件中,天涯、凯迪、猫扑等论坛以及无数个散落各地的博客,都成为网民参与讨论、张贴自己所知内幕的阵地。章子怡"诈捐事件"中,天涯社区上题为《章子怡,地震善款你用在了哪里》的帖子一时间点击率暴涨,在事件披露不足一个月的时间里点击原帖的人数达到400多万,留言超过10万条。百度搜索"郭美美事件"有2260000个结果,搜索郭美美找到相关结果约18700000个。

(2) 与媒体调查互动形成社会舆论。

普通公民的关注、黑幕揭露者自身的责任感以及大众杂志所提供的宽松平台，催生了1903～1912年这十年间美国轰轰烈烈的扒粪运动。任何一方的缺失，都会影响这场运动的效果。当前的公众慈善调查运动也是在与媒体调查的互动中形成社会舆论并影响慈善事业的。

舆论是指在一定社会范围内，消除个人意见差异，反映社会知觉和集合意识的、多数人的共同意见。舆论的形成，有两个相辅相成的因素：一是群众的自发行动，二是有目的的引导。社会舆论反映人心的向背，影响着人们的行动和局势的发展，在造成或转移社会风气方面具有不可估量的作用。当社会出现新的慈善丑闻时，社会群体中的个人、网民，基于自己的价值判断，自发地、分散地表示出对这一问题的立场和观点。持有类似态度的人逐渐增多，与持有相反态度的人互相辩论，互相碰撞，多重信息相互传播，相互影响，形成较为一致的观点或主张，凝聚成引人注目的社会舆论。

"郭美美事件"中网民和媒体形成了一次默契的合谋——网民的"人肉术"和媒体的刨根问底构成巨大的舆论场，让深陷其中的任何"怪力乱神"无处遁形。[①] "目前最常见的，也是最有效的是，以媒体为载体进行互动，形成强大的社会舆论，同时也不断地培育社会舆论。"[②] 2011年"郭美美事件"经天涯大范围传播后，各大媒体开始跟进，CCTV、《人民日报》等各大媒体开始关注并持续报道"郭美美事件"。上海红十字会餐饮发票事件经微博曝光后，各大媒体也相继进行深度报道，使事件持续发酵。据报道河南宋基会的《南方周末》记者透露，河南宋基会事件和以前《南方周末》报道青基会不同，不仅没有深喉爆料，也不能进行正面调查或侧面接触，在选定调查范围后，只能通过浏览网友在大河网等本地论坛的发帖爆料获取信息，进而将河南宋基会青少年儿童活动中心缩水变豪宅的地产作为线索，将调查引向深入。该事件经《南方周末》报道后，网友通过微博、论坛转发转载，进一步扩大了事件的影响，形成媒体与公众慈善调查资源共享、互动的格局。

这种格局的形成一是因为媒体原始慈善调查有一定限制，当前的媒体管

---

① 刘素楠：《"拷问"公益慈善》，《南方都市报》2012年7月9日第AⅢ04版。
② 康晓光、冯利：《中国第三部门观察报告（2011）》，社会科学文献出版社，2011，第166页。

理模式下，对触动深层利益的、有分量的慈善丑闻进行揭露会存在一定困难，网络公众则没有这类顾忌，往往成为触发慈善调查行为的排头兵；二是记者资源的有限致使媒体对事件关注的广度不及网络公众，公众可以充当兼职报料员，为媒体提供线索，进而启动慈善调查。另外，公众没有深入调查的资质，缺乏系统的信息筛选及深度调查能力，且"网民的热情和参与有一定的偶然性，而促成一个抽丝剥茧、方向稳定的完整调查，需要足够的时间和机会，这些不是无组织保障的网民所能承担的"①。因此，在慈善调查中，公众与媒体资源互补、相互联动尤为必要。

4. 公众慈善调查的效果

美国轰轰烈烈的黑幕揭露运动虽然无疾而终，但产生了深远的影响。它不仅促成了美国公民意识的觉醒，更让舆论监督的观念深入人心。目前正在逐渐发力的公众慈善调查也已经显示了积极的社会影响，为慈善事业的净化起到了重要作用。

（1）对调查对象产生的效果。

网友抽丝剥茧式的人肉搜索与持续不断的热议交相辉映，不仅一步步披露着慈善丑闻后续的种种谜团和"证据"，更让相关各方感受到压力频频。②在这个过程中，公众慈善调查对慈善组织、企业、社会名人产生了不同的效果。

①慈善组织层面：提高了自律程度。

"郭美美事件"后，在网友们的步步追问下，由监察部、中国社科院社会学所、北京刘安元律师事务所、中国商业联合会和中国红十字总会相关人员组成的联合调查组，对郭美美与商业系统红十字会（以下简称商红会）的关系、商红会的治理结构和内部管理进行了认真调查。其后，在全国红十字会系统召开的廉政工作会议上，中国红十字会党组书记、常务副会长通报了"郭美美事件"的有关情况，要求各地加强规范化管理，维护红十字会的声誉和形象，并表示，红十字会总会将酝酿成立社会监督委员会，"将自律和他律结合起来"。

在红十字会天价帐篷事件中，一开始是红十字会某官员在接受 CCTV - 4 采访时说，将向灾区送去价值1300万元的1000多顶帐篷。每顶帐篷高达

---

① 邱瑞贤：《谁在默默挖掘郭美美》，《广州日报》2011年7月14日第A10版。
② 晓德：《从社交工具到舆论监督利器 微博改变社会生态》，《今晚报》2011年7月22日。

1.3万元？网友纷纷跟帖质疑，表示网上最贵的也才1000多元，其中差价哪去了？中国红十字会后回应了这些质疑，说向灾区运送的帐篷平均每顶1174元，而不是1.3万元。中国红十字会宣传处处长夏洪艳表示，红十字总会进行了调查，但并没有找到接受CCTV-4采访的这位"官员"，"红十字会没有人说过这些话"。"1174元，这几乎是全国价格最低的帐篷。"事实上否认了天价帐篷的问题。此后中国红十字总会发出通知，强调"公众为此次地震灾害所捐赠的款物必须专款专用，严禁以转入备灾基金等名义扣留、挪用、截留或用作其他事项"，"各级红十字会要及时向社会公布募捐情况及资金物资使用情况，提高透明度，同时要自觉接受和配合审计部门的审计工作"。

太阳村、森森孤学院等草根慈善组织运作当中存在的问题给大量的草根慈善组织的规范化管理敲响了警钟。加强公信力建设，通过主动公布财务等方面的相关信息，树立自身的良好形象，获取公众的认可和支持，已经成为草根慈善组织的生命线。在公众慈善调查过程中，面对各式各样的调查方式，慈善组织意识到，沉默并不是最佳的应对方式，积极的回应意味着对调查者的尊重，置之不理将引来更多的责难。在这种你来我往的过程中，质疑回应机制就这样逐步地建立起来，并在一轮又一轮的公众慈善事件中得以完善，慈善监督机制也逐渐成熟起来。

"高额餐费"被曝光后，中国红十字会总会对此非常重视，要求上海市红十字会进行调查核实。中国红十字会秘书长王汝鹏指出，上海卢湾区红十字会的"高额餐费"行为违反了中央关于严格控制"三公"支出的有关文件精神，对相关责任人要进行严肃批评教育，并依照有关规定进行处理。他还透露，为进一步加强红十字会的透明度，中国红十字会总会目前正和相关机构合作开发中国红十字会信息管理系统，建设一个公开透明的全方位信息披露平台。[1]

汹涌的公众调查使慈善组织不得不加强透明制度建设，促使慈善组织强化响应性的系统，完善流程，提高效率，改善慈善组织的总体治理。例如：

---

[1] 刘铁琳：《上海红十字巨额餐饮发票系饭店员工上传》，http：//news.qq.com/a/20110422/00025.htm。

"郭美美事件"后,中国红十字会一方面对理事会层面人事进行了重大调整,一方面发布捐赠信息平台,向公开透明迈出第一步,标志着慈善组织与公众良性互动模型开始形成。

②个人层面:前车之鉴。

个人方面,如章子怡自"诈捐"风波后形象大跌,事件的重点发展成明星的诚信危机,章子怡失去部分国际品牌的代言人资格。有网友向铂金、美宝莲、欧米茄等品牌发邮件和打电话投诉,要求他们撤换代言人,表示如果不撤换,他们将拒绝再购买该品牌的产品。花重金请代言人无非就是为了能够吸引更多的人购买,如今消费者拒买,那谁还会在乎你是不是"国际章"呢?甚至正待开拍的片约也被取消,章子怡"破财近亿"。有网友甚至发帖求签名,要求章子怡退出娱乐圈。

事情闹到这个地步,对一个演艺明星可谓致命的打击,这是章子怡及其团队绝没有想到的。因有了前车之鉴,明星名人们对慈善活动会更小心,哪怕不捐,也不敢诈捐了。因此,就有了我们看到的名人明星们纷纷晒捐赠发票的现象,如李冰冰、范冰冰、陈坤、赵薇都在网上晒了自己的捐款凭证。之前被质疑的李冰冰在接受媒体采访时表示:"帮助有需要的人,是每个普通人的责任。可能明星做慈善会被过分高调地宣扬,但其实我们做的和普通人一样。慈善不是一个人的事业,需要更多人的支持,我会先从自己做起,也希望影响更多的人加入。我们做的不一定是最好的,但希望是最努力的。"而华谊也正式作出回应:李冰冰为灾区捐款的30万元,不是汇款到中国红十字基金会账号上,而是中国扶贫基金会,所以网友在红十字会网站上查询不到李冰冰的捐款数字,但是可以到中国扶贫基金会的网站上查询到相关的数字。正在养胎的赵薇也透过经纪人陈蓉就捐赠事宜回应:"欢迎监督,欢迎核查!"

③企业层面:威慑作用。

2012年3月,中央电视台曝光了虚构的中华学生爱眼工程套着慈善面纱,在全国各地上演着一出出圈钱闹剧的行为。事实上,早在2010年,据说是两名被中华学生爱眼工程开除的职员,"利用自己在职期间掌握的一些客户信息及宣传资料,到处恶意诽谤爱眼工程,并通过一些论坛发布各种负面消息"。

关于捐赠:中华学生爱眼工程委员会,实际上是某商业机构行为,他们号称为三亿近视弱视青少年提供视力解决方案，实则兜售自己的产品：首先招加盟店（费用5万元到30万元不等），利用各种手段打通县级政府的关系，声称有一批公益物资要捐赠给当地中小学生。然后举行捐赠仪式，接着发放给学生的一张镜片兑换卡，让学生拿着兑换卡去加盟的眼镜店换取镜片（他们叫工作站），实际上兑换了镜片还是要有镜架的，所以这时候就是他们的利润所在了，捐赠一副镜片，他们就可以卖一副镜架，也就是买一赠一。至于金额，则是看加盟店加盟费用的多少了，加盟费10万元，他们就发给加盟店10万元的货，零售价可能就是300万元或者200万元，这就是他们的捐赠的数量了。①

让人发笑的是，爱眼工程还发布声明，说"为了保障爱眼工程及合作伙伴的利益，我们需要拿起法律的武器来维护我们合法的权益"。有网友说道，你们不猖狂地在网上发这种帖子，兴许CCTV不会盯上你们的！拿你们所谓的法律武器去告CCTV呀！等着你们的好消息！事发后，三亿康总部所在地的工商执法人员对三亿康总部进行了查处，并封存了三亿康公司所销售的一些涉嫌三无产品的镜片和眼保仪等产品。拆除了店内的中华学生爱眼工程标志和大楼外的三亿康标志。至此，赤裸裸利用慈善的名义大搞商业经营的三亿康骗局才算落下了帷幕。

对那些希望通过打上慈善标签来为自己提高身份的企业来说，慈善丑闻的揭露威慑作用是非常大的，现在它们纷纷关起门来清理门户，防患于未然。很多大企业与公益组织的合作也都在清查，做各种应急预案。与此同时，经历一轮又一轮慈善拷问的慈善组织，选择与企业合作公益慈善项目也都很谨慎，生怕"好事不出门，坏事传千里"。正如联合调查组在对郭美美与商业系统红十字会治理结构和内部管理进行的调查建议中提到的，严格规范红十字系统与企业的合作关系。要在积极鼓励企业参与红十字事业发展的同时，建立相应的道德准则，确保合作企业的政策和行为与红十字事业的使命不相矛盾。加强红十字品牌管理，防范利用红十字品牌资源谋取利益，不允许红十字会工作人员通过合作项目谋取经济利益。

社会公众和媒体共同发起的慈善调查浪潮初步收到了效果，让包括企业、慈善机构、名人明星在内的慈善行为主体紧张并谨慎起来。短期来看，

---

① 《中华学生爱眼工程遭遇黑手》，http://bbs.news.163.com/bbs/society/192858895.html。

这种扒粪可能是有害的，容易以偏赅全，容易挫伤公众的慈善热情。但长期来看，肯定是好的。

（2）对慈善行业产生的效果。

一桩桩慈善丑闻关乎公众对公益慈善机构的信任和公益慈善机构的责任，也关乎整个中国公益慈善事业的发展。"郭美美事件"后，中华慈善总会、中国红十字基金会、中国青少年发展基金会、中民慈善捐助信息中心等112家公益慈善组织共同发起"透明慈善联合行动"，响应《透明慈善联合行动倡议书》，呼吁行业自律，提升整个慈善行业的透明度和公信力。该倡议书具体内容包括：积极响应民政部颁布的《公益慈善捐助信息公开指引》，并以此为标准，开展公益慈善信息公开工作；共同搭建公益慈善信息化能力建设平台，通过培训、交流、工具共享等方式，为公益慈善组织的信息管理制度建设、信息传播人才培养等提供专业化的服务；共同搭建公益慈善信息披露平台，依据《公益慈善捐助信息公开指引》的要求，整合信息技术资源，为公益慈善组织提供系统的信息技术支持，建立权威的网络信息披露平台。

此外，2011年12月17日，南都公益基金会、腾讯公益慈善基金会等24家基金会率先声明愿意接受共同制订的《公益与商业合作九大行为准则》（九大行为准则为：基本原则、恪守公益使命规则、尽职调查规则、公益品牌谨慎使用规则、公益促销规则、商业投资规则、确保公益支出规则、风险控制规则、避免利益冲突规则)，承诺在与商业组织合作和从事商业活动时遵循上述准则，在借助商业活动为公益事业持续提供资源的同时，确保公益组织之品性，维护公益事业之尊严，共同推动透明慈善评估标准的建立和实施，共同营造良好的慈善文化环境。

慈善调查除了催生了一些行业内制度化机制之外，也催生了一些新的问责途径、治理模式。爱盟，这家希望通过信息技术使公益更透明更具公信力的机构，通过搭建全景式的监管平台，将捐赠收支、项目管理、参与渠道等管理内容整合在一起，并着重打通慈善流程最后一公里的信息反馈问题，实现了捐赠款物的实时查询。

（3）对政府行为的影响。

慈善丑闻并非中国独有。发达国家的慈善机构也都发生过各种慈善丑闻，慈善界的丑闻往往成为政府强化对慈善制度监管的新契机，推动各国在慈善机构的"透明+监督"上狠下工夫，积累了丰富经验，较好地塑造了慈善机构的公信力形象。①

1992年，美国联合慈善基金会（联合之路，United Way）被曝出丑闻，基金会主席阿尔莫尼挪用60万美元善款用于个人度假、购房以及包养情人，还安排儿子和朋友占据要职、享受高薪。和"郭美美事件"一样，这起慈善丑闻大大挫伤美国民众的慈善热情。此后，美国政府加强了对慈善机构的监管，规定慈善机构每年填报报表，使每个公民都有权查阅报表，确保捐款用途。

2005年7月，新加坡慈善机构肾脏基金会（NKF）主席杜莱被曝光连卫生间的水龙头都镀金，最终被迫辞职。对这起丑闻，新加坡政府除了坚决追查、公布NKF详细捐款账目之外，还健全了对慈善机构的监管，于2007年11月推出对慈善机构的监管守则。

不断发生的慈善丑闻给政府薄弱的监管敲响了警钟，政府意识到，完善公益慈善组织法规体系、健全公益慈善组织内部治理制度刻不容缓。完善年度检查制度、推进社会评估、加强执法监察、打造统一的信息公开平台已经提上议事日程，制定和完善公益慈善组织的行为规范、建立政府监管、公众监督、内部治理和行业自律"四位一体"的监管体系尤为重要。

单纯的慈善调查没有意义，启动与之相关联的问责才是关键。比慈善调查更重要的是要完善后续的问责机制并使之制度化，才能激发更多的慈善调查，揭开更多的事实真相。正如清华大学邓国胜所说，中国公益事业的法制建设需要一个丑闻的刺激，由公众慈善调查揭开的丑闻促进了制度化进程。

2011年7月15日，在第六届中华慈善奖表彰大会上，民政部部长李立国发布了《中国慈善事业发展指导纲要（2011～2015年）》（下简称《纲要》）。根据《纲要》，平等自愿、公开透明乃公益慈善的首要原则。据此，强捐、索捐、变相摊派等行为将被禁止，慈善捐赠程序、善款善物的管理和使用方式、捐助效果评估等信息需通过有效形式公开，接受政府监管和社会监督。民政部称，将在五年间建立慈善事业全过程监管制度：其一，推进慈善信息公开制度建设，完善捐赠款物使用的查

---

① 毛玉西：《慈善丑闻成监管拐点　法宝就是透明＋监管》，《广州日报》2011年7月6日第A12版。

询、追踪、反馈和公示制度，逐步形成对慈善资金从募集、运作到使用效果的全过程监管机制；其二，建立健全慈善信息统计制度，完善慈善信息统计和公开平台，及时发布慈善数据，定期发布慈善事业发展报告；其三，加强对公益慈善组织的年检和评估，重点加强对信息披露、财务报表和重大活动的监管，推动形成法律监督、行政监管、财务和审计监督、舆论监督、公众监督、行业自律相结合的公益慈善组织监督管理机制。此外，对慈善活动中的违法违规行为，要依法严肃查处。

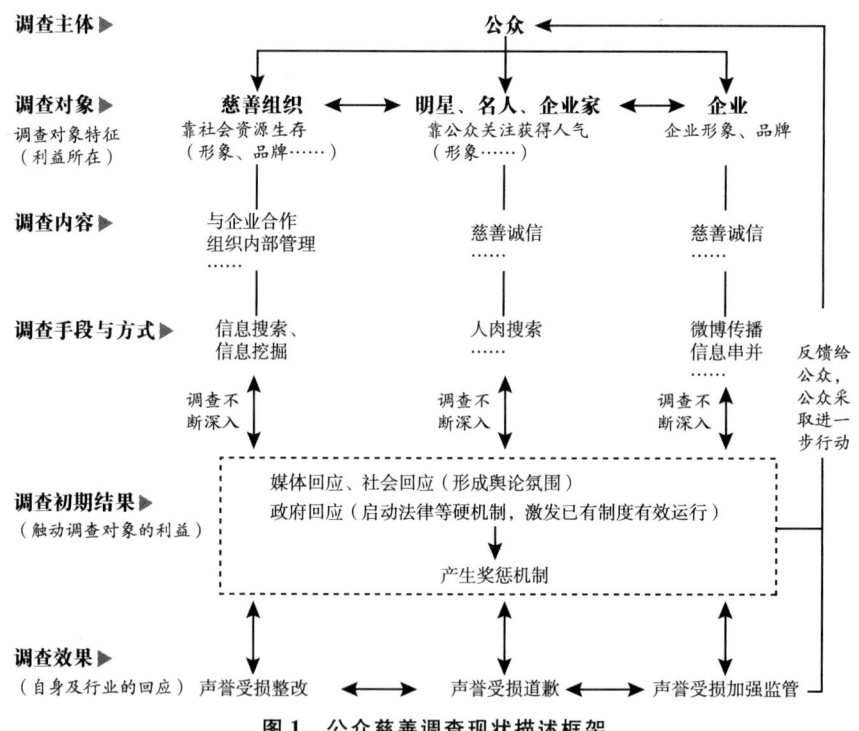

图1 公众慈善调查现状描述框架

三 公众慈善调查存在的问题

公众慈善调查是对慈善丑闻的一种"破"，同时也是一种"立"，"立"的是一种基于全民参与的慈善文化，经过阵痛建立的慈善文化将不同于政府主导的传统文化模式，而是社会公众发自内心的、全民参与的慈善模式，这对发展慈善事业、弘扬先进文化、缓解社会矛盾具有重要意义。当前，公众慈善调查还存在以下问题。

1. 协调不够

尽管广大网民在网上可以将分散的信息进行汇总整理，但公众慈善调查多属单兵作战，调查资源很难实现整合，调查深度往往不尽如人意。如同世界银行报告在谈及社会慈善调查创新时所述："公民社会团体必须加强联合，确定长远、持续的目标并使其活动制度化，如果大多数社会团体在参与过程中都能重视相互协调，其各自的努力将会取得更明显的成效。"①

2. 法制化程度不高

法制化程度不高体现在两个方面，一方面是现有的社会问责倡议仍然很难与法律结构建立联系，难以真正使慈善当事人成为责任承担者。相应的慈善调查成果很难成为建立制度的内容，长效机制未能建立。另一方面，慈善调查是民众寻求的一种诉求正义的方法，但其呈现出热情有余、理性不足的特点，容易引发盲目的或者说某种集体无意识的从众行为，成为一些人利用公共平台来散布私人信息以报复、中伤他人的手段。公众慈善调查的调查方式、证据取得、个人信息保护等都需要进一步规范。

在"郭美美事件"中，她的行程信息被提前在网上曝光后，才有记者、网友去机场蹲守郭美美。那么，曝光她这份行程单的人是谁？应该是内部知情人，至少可能是航空系统的人，尽管他的信息丰富了调查内容，但他的行为可能违反了航空机构旅客保密的相关规定。

此外，引发慈善调查的证据也存在不够确凿的问题。2011 年 12 月 14 日下午，有网友发布微博称："我在苹果店，拿错了发票，结果一看，又是红十字会，等候换发票的俩红十字会的人手里还拿着几台苹果电脑！"微博图片的发票抬头是"中国红十字基金会"，所购产品是 Macbook Air 13 寸笔记本电脑和 Apple 无线鼠标，价格总计 10546 元，开票日期为 2011 年 12 月 14 日。该图片随即引发了大量关注，在网友纷纷表达愤怒并呼吁加强监督的同时，有人质疑此照片的真假，猜测是否有人故意开具此抬头的发票。随

---

① 世界银行专家组：《公共部门的社会问责：理念探讨及模式分析》，宋涛译校，中国人民大学出版社，2007，第 32 页。

后中国红基会也发表声明予以了否认。确实,仅凭一张发票,掀起一股倒红会浪潮,有点缺乏说服力。

3. 专业性不强

正如"郭美美事件"中调查者所说:"粉丝暴增后,就开始有一些网友给我私信,其中有一些是自己搜索到的,或者围脖上别人新发现的信息等等,但这类信息我通常要鉴别后觉得有说服力、非虚假信息、逻辑很靠谱的,我才会跟进或发到围脖上。网友给我私信的爆料有几十上百条,但真正我跟进了的有价值的爆料总共不超过五条。"[1] 大多的回复或跟帖都是情绪的发泄,容易以偏赅全,意气用事,很多人跟帖骂了半天也不知道在骂谁,为什么而骂,只是一看某一组织、某个公众人物外加慈善的关键词就开始发声,而不是关注慈善事件的本质内容。许多官方背景的慈善组织垄断性强,信息获取较为困难,使得专业的慈善调查变得非常复杂且困难重重。

专业性不够的另一方面表现在公众进行慈善调查的持续性不强。与媒体主导的慈善调查不同,普通网民往往在朝九晚五的生活之余,柴米油盐生活的间隙关注慈善丑闻,很难持续性地专心、专注于慈善丑闻,而媒体调查则不同,记者们的职业就是对丑闻深入挖掘以追求吸引人眼球的效果。

四 公众慈善调查将往何处去?

美国扒粪运动经过了轰轰烈烈的几十年后日趋衰落。究其原因,主要有以下几方面:公众日益厌烦无休止的曝光行为。特别是有些不负责任的报道,使得公众对消极的扒粪越来越不感兴趣。记者们厌倦了对抗性的生活,纷纷转行。经过扒粪运动的洗礼,企业界日益规范,社会上的丑恶现象有所减少,减少了扒粪的需求。曝光对象们向杂志社施加压力,使扒粪者妥协,失去了开始时的锐气,使扒粪行为日益减少。总之,美国的扒粪运动经历了由盛到衰的过程。那么,当代中国正在经历的公众慈善调查,又会沿着什么样的路径发展呢?它取决于以下因素的影响,并将在新的社会变革过程中产生微妙的变化。

---

[1] 邱瑞贤:《谁在默默挖掘郭美美》,《广州日报》2011 年 7 月 14 日第 A10 版。

1. 被调查对象公关能力加强

只要涉及钱的问题,难免不产生丑闻,对待丑闻的态度至关重要,是继续遮遮掩掩,还是勇敢地面对问题,不断改进?网络时代,在数次问责风暴洗礼下,慈善组织日益成熟,它们与媒体、公众打交道的手段也日益老到,对组织信息的保护意识日益增强,堵、遮、拦的本事见长。同时慈善组织开始重视与捐赠者、捐赠对象保持畅通的沟通渠道,第一时间回应捐赠方的意见、要求和质疑,学会引导公众和舆论,回应热点问题。回应渠道主要包括当面沟通、社区活动、媒体开放活动等。特别是积极利用微博等新媒体平台,开门回应公众质疑,聚拢人气。

邓飞发起的"免费午餐"自问世以来,在赞誉如潮的同时也有质疑的声音。面对各种传言,邓飞采取的基本都是"直面质疑"的姿态。他认为,面对质疑,首先自己要没"硬伤",公开透明;其次要诚恳交流,解除因信息不对称产生的误解;最后要以开放的态度接受诚恳的建议,而面对恶意攻击则应勇于自卫。①

美国红十字会的运作并非一帆风顺,每每遭受指责或出现丑闻,为避免影响红十字会声誉,美国红十字会掌门人总会站出来主动承担责任。美国红十字会创建人克拉拉·巴顿就因有人指控红会账目管理不当而辞职。在1996年美国总统竞选期间,当时的美国红会会长是伊丽莎白·多尔,她因其丈夫鲍勃·多尔参选而被曝出丑闻,后主动辞职。2005年,美国红十字会被指责在卡特里娜飓风震灾中救援不力,会长玛莎·埃文斯辞职。事实上,这种策略将慈善组织个人的责任和慈善组织本身的责任进行了有效区分,将丑闻对慈善组织的伤害降到了最低限度。而我国的慈善丑闻,不管是个人还是组织引起的,都统统记在组织账上,对慈善事业伤害极大。这些危机应对技巧,不仅政府部门要学习,慈善组织也要重视并加以培养。

2. 政府加强监管

美国的扒粪运动兴起后,各种立法如潮水般涌现,涉及社会生活的方方面面。如纯净食品和药物管理法、肉食检查法、反托拉斯法,等等。在妇女

---

① 赵新里、雷雨:《邓飞谈公益组织建设发展 领导者要学会"超脱"》,《公益时报》2012年3月29日。

选举权、创制权、复决权、罢免权、选民直接投票的预选、减少任官人数、比例代表制、住房、教育、劳工、社会保险和社会福利等方面，美国都作了重大改革。①

频发的慈善丑闻引发社会对慈善事业的信任危机。政府开始着手通过提高慈善组织的透明度来完善慈善组织治理。2011年12月16日民政部制定的《公益慈善捐助信息公开指引》（以下简称《指引》）正式向社会发布，该《指引》为民政部发布的最新有关公益慈善捐助信息条例。但这份《指引》不具备强制性，属于自觉公布范畴。根据估计，目前登记注册的2000多家基金会中建立公开网站的不足25%，在网上公开信息的则更少，能够每周更新网站信息的只占基金会总数的5%，起不到任何信息公开透明的作用。

2012年6月，民政部副部长窦玉沛表示，民政部2012年计划出台《慈善捐助信息公开管理办法》，管理办法将在慈善捐助信息的公开主体、内容、时间、方式和途径上进行刚性规范。与此同时，国务院法制办也已开始对民政部报送的慈善事业法草案进行审查修改，重点围绕培育慈善组织、规范社会募捐、完善监督制度、明确税收优惠政策等问题进行研究。

随着政府慈善事业监管机制的逐渐完善，运作规范、体制健全的慈善组织势必成为主流，公益慈善与企业的合作、个人从事慈善事业也必将纳入规范化的轨道。中国的公众慈善调查也将和美国的扒粪运动一样，扒到最后可以扒的东西越来越少，向规范化的慈善组织挑毛病将变得越来越吃力。

3. 慈善组织透明化

慈善组织在经过不断的扒粪洗礼后，或主动或被动地、情愿不情愿地将财务、项目运作、捐赠物品信息公开，主动接受公众监督，提高慈善事业的透明化程度。如中国扶贫基金会目前已经在资金财务状况、公益项目运作、年报披露上提高信息公布频率，由线下通过纸媒公布的传统模式改为线上、线下互联网与纸媒立体化传播方式，大大提高了信息公布的及时性、准确性。中国扶贫基金会副秘书长刘文奎表示："但我们披露公益慈善信息离公

---

① 〔美〕林肯·斯蒂芬斯（Lincoln Steffens）：《美国黑幕揭发报道经典作品集》，展江、万胜主译，海南出版社，2000，第6页。

众的要求还是有差别的，还不够，今后将完善更多发布、沟通渠道，使公众信息知晓权得到充分尊重。"美国卡耐基基金会前主席卢塞尔曾说过：慈善事业要有玻璃做的口袋。公众是否给慈善机构捐钱，捐多少，很大程度上取决于"玻璃口袋"的透明度，这块"玻璃"的高度透明，让美国人捐款捐得很放心，即使遭遇丑闻，民众也不用过于担心捐款被黑。

  与此同时，微公益也在悄悄地成长。公众和媒体进行的慈善调查，有如狂风一般将官办慈善机构刮得七零八落，公众选择自己行动来体现公益之心，民间公益组织特别是依托网络的微公益渐成声势。2011年年初，于建嵘、薛蛮子和邓飞等人发起"随手拍照解救乞讨儿童"行动。紧随其后，"免费午餐""大爱清尘""爱心衣橱""老兵回家"等一系列民间公益行动如火如荼地展开，民间公益呈燎原之势。上文提及的爱盟网，也从技术手段上保证了公益流程的公开、透明。这些微公益组织、模式或行动，诞生于对官办慈善机构的不满和批判，生来就注重组织运行的规范化和透明化。

  除了单个的公益组织致力于公开透明之外，若干公益机构以联盟形式出现，采取集体自律行动。包括中国红十字基金会、中国青少年发展基金会在内的国内24家公益基金会，声明加入《公益与商业合作九大行为准则》，承诺今后在公益与商业合作时，要对合作伙伴进行必要的尽职调查，并向社会公开商业合作内容。这是我国首个由基金会行业内部自发推出的公益与商业合作的自律准则。

  综上所述，在被调查对象公关能力提升、政府监管加强、慈善组织自身透明化建设加强的共同作用下，公众慈善调查会发生变化。长远来看，像目前这样声势浩大的公众慈善调查可能不会再出现，个案性的、局部的慈善丑闻爆料可能会成为常态，一次慈善扒粪能颠覆一个慈善组织的情况可能会退出历史舞台。

  当年的扒粪运动净化了美国社会风气，促使社会猛醒，激发人们开始与各种丑恶现象作斗争，它所引发的各种政府监管措施，有力遏制了腐败的滋生，迅速缓解了已成剑拔弩张之势的社会矛盾。当前我国的公众慈善调查给了慈善丑闻致命一击，极大地震慑了慈善事业的参与各方，净化了慈善环境，对提高社会道德水平起到了积极作用。它作为一种积极的外部力量，推动了慈善组织的内部治理，促进了慈善行业自律，培育了外部治理，使之成为一种持续关注慈善事业、以一种正确的方式追求正确目标的重要力量。同时，它将现代慈善事业五个要素，即国家、政府、慈善组织，捐赠者（个人、企业），受益者，大众传播有机地整合在一起，促进各方的良性互动。

随着众多慈善调查的深入，慈善丑闻让人应接不暇，使公众逐渐对主流的慈善机构失去了信心，有的人不断地发出声音，有的人则直接选择了退出，2011年"郭美美事件"后慈善捐款大幅减少、无偿献血无人问津就是明证。慈善调查揭开的慈善丑闻往往会导致用脚投票，但目前我国的慈善格局是，公益领域有公募权力的组织很少，就那么几家大型官办组织，公众没得选，也就是说公众可选的公益组织很少，即使公众不满意某个慈善组织，公众退出的潜力和范围也很有限。

当前，网络已经成为网民表达民意、鞭挞腐败、揭露社会丑恶现象的迅捷而有效的工具。[①] 依托于网络的慈善调查代表着一种质疑的力量，而不单纯是公众慈善意念的宣泄，它代表了公民参与社会活动的尝试，在调查及其后续问责过程中，公民的知情权、参与权、表达权和监督权得到了提高，参事、议事能力得到了锻炼。这为今后更大范围、更为深入的政治、经济、社会参与的开展提供了难得的学习平台，打下了基础。

在慈善爱心不曾泯灭的情况下，必然要寻找其他的慈善方式，这就激发了慈善形式创新的动力。近年来兴起的微公益为人们找到了慈善出口，如运用新媒体技术凝聚普通人的爱心，发起"免费午餐计划"、救助白血病女孩碧心的"剪爱行动"、"救助红斑狼疮女孩朱丹"等项目，以透明度赢得了公信力。这种自公益的形式极大地降低了民众参与慈善活动的门槛，提高了民众参与慈善的热情，降低了民众对慈善组织的依赖度。《福布斯》杂志认为，C2C的创新慈善形式，不仅展示了民间慈善的活力、创新能力，也展示了其巨大的发展潜力。慈善事业不只是富人的事业，更是全体公民的事业，只有全民的参与，才能真正推动慈善事业的进步。

我国的慈善事业处于飞速发展阶段，理性的慈善调查不是多了，而是少了。当所有的慈善组织、慈善行为经得起网民调查时，也正是慈善组织良性发展的开始。慈善调查正是这样一种伴随着慈善事业发展的阵痛，所以，至少在当前，就让公众慈善调查来得更猛烈些吧。

---

① 熊光清：《中国网络空间中掀起"扒粪运动"》，《联合早报》2012年6月6日。

一边捐款一边害人：中国企业怪象

2008年5月12日，四川汶川、北川地区发生里氏8.0级强震，这是新中国成立以来破坏性最强、波及范围最大的一次地震。三鹿集团股份有限公司作为当时全国最大的婴幼儿奶粉生产企业，于5月13日紧急筹集四川市场及附近地区价值100万元的乳制品，通过民政局和当地红十字会，及其他慈善机构迅速捐给了灾区人民。汶川地震发生后，三鹿集团数千家代理商、几十家加工厂，以及3万多名员工和市场人员通过所在地的慈善机构向灾区捐赠了500多万元人民币。地震发生6天后，三鹿集团获悉灾区婴幼儿奶粉紧缺，再次向灾区捐赠价值880万元的婴幼儿配方奶粉，为急需营养的孩子们送上"妈妈"般的关爱。截至2008年5月18日，三鹿乳业股份有限公司在汶川大地震中捐款超过1600万元人民币，堪称乳业捐款之最，当时新闻媒体对其进行多方报道，称赞"三鹿集团是有良知和社会责任感的企业"。

但就在汶川地震发生后不久，三鹿集团的"三聚氰胺事件"被曝光，震惊全国。2008年6月28日，位于兰州市的解放军第一医院收治了首例患肾结石病症的婴幼儿，据家长们反映，孩子从出生起就一直食用河北石家庄三鹿集团所产的三鹿婴幼儿奶粉。9月11日，甘肃上报59例，死亡1例。除甘肃省外，陕西、宁夏、湖南、湖北、山东、安徽、江西、江苏等地都有类似案例发生。9月13日，卫生部党组书记高强在"三鹿牌婴幼儿配方奶粉"重大安全事故情况发布会上指出，"三鹿牌婴幼儿配方奶粉"事故是一起重大的食品安全事故。三鹿集团部分批次的奶粉中含有不法分子为增加原料奶或奶粉的蛋白含量而人为加入的三聚氰胺等致癌物质，这直接导致了多名儿童食用后死亡。事实上，保守估计三鹿受污染奶粉全国的潜在受害者可能超过3万人。三鹿婴幼儿奶粉的主要销往地是中小城市、农村和一些经济欠发达的地区，这些地区的受害者不仅不容易发现病症，即便发现也匮乏自我保护的意识和申诉的渠道。原三鹿集团董事长田文华，曾在汶川抗震救灾中被广泛赞扬为具有慈善精神的"慈善企业家"，因"三聚氰胺事件"，涉嫌生产、销售含有三聚氰胺的婴幼儿配方奶粉、液态奶制品，于 2008 年 9 月被免职、刑事拘留，后被判处无期徒刑。①

三鹿集团的"三聚氰胺事件"引发了全国热烈的讨论和深刻的反思，有网友尖刻地评论："为什么三鹿集团要一边捐款一边害人！"② 其中道出了公众的困惑，公众不明白为什么三鹿集团会主动跑出去做好事，又为什么不负责任地生产出"毒奶粉"，做害人的事情，而侵害对象又是婴幼儿。其实，出现"一边捐款一边害人"的事情绝非偶然，也绝非三鹿一家。从毒胶囊的上榜企业，到各类污染企业，这种情况似乎已经成了现在中国企业的一个"怪象"。本文通过对三鹿集团"一边捐款一边害人"的现象的分析，展示三鹿集团在履行社会责任方面的缺失及背后的原因，为人们了解并改变中国企业的这种怪现象抛砖引玉。

一 企业追逐利润的本性

企业是依法设立的在生产、流通、服务等领域中，从事某种固定的商品经济活动，以提供满足社会所需要的商品或劳务来实现盈利，进行自主经营，实行独立经济核算的经济组织。③ 由此定义可以看出，企业是以提供产品或服务从而获得尽可能多的利润为目的的，是否以营利为目的是判断某个组织是否为企业的重要依据之一。企业提供产品或者服务的目的就是实现盈利（利润），利润是企业经济效益的集中反映，而且获得利润是企业维持下去的前提，否则企业就没有存在的意义。因此，以营利为目的既是企业存在于社会的根本条件，也是社会对企业的根本要求，企业自身也有足够的危机感去追求利润。三鹿集团股份有限公司作为一个大型乳业企业，其本质必然是以营利为目的的，2003 年三鹿集团制定了"十一五"发展规划，提出了建立"311553"工程，其中提出："确保配方奶粉，力争功能性食品和酸牛奶产销量全国第一，液态奶及乳饮料保持前三位，全面提升企业生产规模、

---

① 《"三鹿奶粉事件"始末》，《决策探索》2008 年第 11 期，第 17 页。
② http://zhidao.baidu.com/question/68643856.html。
③ 孟荣霖：《现代企业制度概论》，中国人民大学出版社，1995，第 1 页。

经济效益和综合实力，做大做强三鹿，走出国门，与国际市场接轨。""311553"工程制定内容展示了三鹿集团对追求利润有明确的目标，同时反映了企业追逐利润的本性。

从企业的所有权和治理结构来说，企业的所有者为股东，决策机构为董事会，董事会优先考虑的是股东的利益，对于社会中的非股东利益相关者并不关心。同时，由于信息的不对称，普通消费者和公众并不能深入了解企业的所作所为。在一定程度上，股东可以肆意决定企业做什么或不做什么，因此，在没有外部因素制约的情况下，股东必然会追求自身利益最大化，要求企业追求利润，甚至出现疯狂追逐利润的现象。三鹿集团的股东们也就在此种情况下做出了疯狂追求利润，而不考虑社会责任的决策。自从2006年三鹿集团与新西兰一家企业合资后，改变了原来的股份结构，成为由外商投资的股份制公司，公司员工也开始持股，大家达成了一种共识：只有公司快速发展才能获得更多的利益。在这种氛围下，公司表面上完成了现代企业制度的建设，但是企业文化、企业道德、企业管理都没有跟上企业快速发展的步伐。三鹿集团爆发"三聚氰胺事件"并不能简单地说成是黑心供奶商的个人行为，追求最后的利润分配才是三鹿集团用害人的方式谋取利润的根本原因。企业的盈利关系到最后分配，企业税后的分红对象是股权所有者，主要为大股东和员工。这些股东为了自身利益最大化，尽可能多地获得分红，故意忽视问题，对"毒奶粉"睁一只眼闭一只眼，纵容添加致癌物质三聚氰胺的奶粉流入市场，最终伤害消费者的利益。企业以营利为目的，本无可厚非，这是由企业本身的、内在的性质所决定的，然而企业疯狂谋取利润而抛弃法律责任和道德感伤害消费者，则是法律和道德都不能容忍的。

从企业管理方面讲，企业独立核算、自负盈亏，对股东大会负责，必须以尽可能少的人力、物力、财力以及时间来获得最大的盈利。企业盈利则将可以有条件获得进一步的发展，但如果亏损，则完全要由企业自身负责（股东承担有限责任）。因此，在成本控制方面，三鹿集团通过添加三聚氰胺等致癌物质，恶意降低生产过程中所需要的成本，在销售价格不变的情况下，使成本降低，最终形成成本收益差额扩大、利润增多的情况。在监管方面，三鹿作为一个股份制公司，很多员工都持有其股份，内部达成了高、快、省获利的共识，所以在奶源采集方面没有进行认真的监管，甚至为了获取高额利润，对问题产品大开绿灯，企业原本的质量安全保障体系形同虚设。三鹿集团在2007年12月就已经收到消费者的投诉，可直至2008年5

月 20 日才成立技术攻关小组,排查奶粉中是否含有三聚氰胺。7 月 24 日将 16 批次婴幼儿奶粉送检,有 15 批次检出有三聚氰胺。三鹿集团在明知其婴幼儿系列奶粉中含有三聚氰胺的情况下,并没有停止生产、销售,企业会议依然决定三聚氰胺含量 10mg/kg 以下的库存产品可以出售,并用 20mg/kg 含量的产品换回含量更高的产品,仅 2008 年 8 月 2 日至 9 月 12 日,就生产含有三聚氰胺的婴幼儿奶粉 900 多吨,销售 800 多吨,此时该厂还将因不合格拒收的原奶转送其他加工厂,有些生产为液态奶。

企业本质是营利性机构,而不是非营利性机构和慈善机构,但这不意味着企业是害人机构。在市场经济条件下,企业除了依法纳税之外,并无行善义务,最起码法律没有要求企业拿出利润或者资金来做慈善事业。当然,在计划经济时代,随处可见的是企业投身于大量的社会公益或者慈善事业。最大的原因在于,那个时候占绝对统治的国营企业事实上并没有真正地"自负盈亏",那个年代的国营企业就算是亏损还能够正常运营下去,国家会注入资金对其进行扶持。而在市场经济条件下,从企业自身的道德感与营利需求的对比来看,企业有明确的趋利性,如果企业为了完成社会责任而使预期利益受到损害,企业对承担社会责任的偏好必然会减弱,这是由企业以营利为目的的本质决定的。企业捐款也都会考虑能否最大化地获得经济利益。所以,企业的期望是通过做慈善,从而达到经济利益的最优状态,即获得经济利益减去所需承担的社会责任成本的所得最大化。因此西方企业社会责任理论在阐释企业社会责任时,更多是把它视为一种工具理性(类似的概念表述还有"道德资本""信誉投资"等),服务于企业追求利润最大化的长期目标。三鹿集团对汶川大地震的慈善捐款超过 1600 万元,得到了包括央视在内的多家媒体的宣传报道,成功地吸引了公众的眼球,宣传和树立了企业的正面形象,达到了品牌宣传和建设的效果,也与之后销售"毒奶粉"的害人行为形成了鲜明的对照。这也说明三鹿集团承担慈善事业,也是基于疯狂追求自身利益的考量。

二 政府庇护原因何在?

"三聚氰胺事件"的发生,与政府监督方面的失职密不可分。究其背后的原因,一部分是由于政府发展压力大造成的。官员们纵容问题企业,并为那些受到社会谴责和质量控诉的问题企业提供保护伞。

改革开放以来，我国坚持以经济建设为中心，政府以 GDP 为指标考量社会的发展水平，政府官员的政绩考核也与经济发展状况直接挂钩，所以公共政策的价值取向是效率至上，强调市场的效率和活力，也因此放松了对企业的管制。同时，官员自身权力缺乏有效监督，让市场的投机者和资本所有者寻租有机可乘，双方共同侵蚀公共利益。在政绩面前，经济增长是官员根本利益之所在，成为企业与地方官僚合作的第一驱动。虽然政府出台了许多监督市场的政策，但政策没有得到有效的执行，有些甚至没有执行，有些公共政策的内容本身就是象征性的，其产生的效果十分微弱，其初始动力也不过是让目标群众认为他们的问题正在解决或者已经解决，从而减轻政府的压力。[①] 早在三鹿事件爆发之前，即有人举报奶粉问题，但是国家质检总局食品生产监管司给的答复只有一句话，"请你向卫生部门反映此类问题"，一推了之。三鹿奶粉的问题在媒体上曝光后，国家质检总局在网站上删掉了这一投诉，声称 9 月 9 日才从媒体知道三鹿奶粉的问题。

从中央和地方利益分配角度看，中央和地方利益分配失衡，财权和事权不对称增强了地方保护主义。分税制改革保证了中央财力，但是地方的财力相对不足，有些地方不能够有效承担公共服务职能，转而寻求经济增长和财税增加，强化了地方政府对经济增长和财税增加的追求。自新中国成立到 20 世纪 80 年代，我国主要实行高度集中的统收统支的财政体制，这种体制下的地方政府没有独立的财权，财政收入要上缴中央，财政支出由中央下放，也没有吸引更多资源进行发展的动力。因此，在统一的财政中央集权制度下基本上不存在税收竞争的问题。但是改革开放以来，随着放权让利改革和财政分灶吃饭体制的推行，地方政府在地区性事务中的自主能力得到强化。1994 年的分税制改革，进一步明确了中央和地方政府的收入分配关系，硬化了政府间资金上解、下拨的预算约束关系，地方政府相对于中央政府的独立利益和要求更加明显，对地方社会经济发展的决定权越来越大。在利益与发展的目标驱动下，地方政府就必然力图取得尽可能多的财政收入，作为政府财政收入主要形式的税收，自然成为政府间经济利益竞争的中心。地方对自己企业的保护心态来自于对骨干企业的财政依赖。发生"三鹿毒奶粉事件"的石家庄市虽然是省会城市，财力相对较宽裕，但是出于对骨干企业的保护和对地方经济的关切，当地政府不愿使这个品牌倒下。地方政府有

---

① 陈庆云：《公共政策分析》，北京大学出版社，2006，第 201 页。

时不惜牺牲相关政策，把利益集中在本地，而把负的外部性转嫁出去。

在社会追求"经济建设为中心"、地方政府追求地方财政收入最大化、当地官员追求以GDP为核心的政绩的过程中，政府重视经济的发展而忽视了对市场的监管，必然会出现突发情况和问题。三鹿集团本是石家庄市的骨干企业和龙头企业，地方的纳税大户，同时又是全国知名品牌，2005年8月，"三鹿"品牌被世界品牌实验室评为中国500个最有价值的品牌之一，2007年被商务部评为最具市场竞争力的品牌。地方政府为了保护当地经济平稳有效高速地发展，对三鹿集团的不利信息进行掩盖，对三鹿集团有利的事情则大张旗鼓地去做，保护和助长了企业的不法行为。问题奶粉的出现，不仅仅是企业无德，也是政府的质监部门失职。

首先，奶粉由于属食品类，其产品质量的监管，至少要由四个部门负责：食品药品监督管理局、质量技术监督局、工商局、卫生局。然而，从三鹿"三聚氰胺事件"曝光的那一刻起，当地地方政府的卫生部门对此事要么遮遮掩掩，要么称质监部门正在调查之中，要么以不排除与奶粉有直接关系等一些模糊回答来做托词，一些相关部门的姿态给人的感觉像是在保护品牌、规避责任、避而不见。

其次，政府设立"国家免检产品"，看似简便了程序，却成为企业滋生"害人产品"的温床。由于三鹿奶粉产销量连续十五年实现全国第一，被冠以"国家免检产品"，国家免检制度本身存在漏洞，使得免检制度成为奶粉事件生成、蔓延的重要土壤。免检产品带来了产品生产的监管真空，成为一些唯利是图的奸商在弄虚作假的手段，成为不少黑心企业谋取不法之利的保护伞。由于官商利益的一致，免检就成了一张挡箭牌，企业自然有了假国家公器之名推卸责任的借口。于是，就有了三鹿身着"名优黄马甲"，手持"免检"尚方宝剑，生产"毒奶粉"的情况。

最后，政府"以经济建设为中心"，一切为了这个目标而让步，因此监管部门在公正、独立、严格地执行食品、药品监管政策的力度上就要打折扣，监管起来力不从心。另外，监管体制的不健全也是造成出现问题的重要原因。食品作为公众生活中的必需品，是要通过严格的监管来保障其质量的。如前所述，奶粉属食品类，其产品质量的监管至少要由四个部门负责。从表面上看，这么多部门实施综合管理，显示了政府对食品管理的高度重视，可事实上多头管理造成了严重的后果，形成遇到好处大家抢、遇到难题又互相推诿的现象，从而大大降低了管理效率。食品管理出现如此乱象，其背后的根本原因还是政府迫于发展压力对经济利益的过度追求,而出现问题则无人负责。石家庄市政府在2008年8月2日已经得到三鹿集团有关"问题奶粉"的报告,但在长达一个多月的时间里,没有将有关情况上报。而按照国家重大食品安全事故的应急预案,石家庄市政府是应该在两小时内向河北省政府报告的。石家庄市药监部门和质检部门也未按照国家规定,在两小时内向河北省药监局和质检局报告。而相关农业部门未对奶站进行有效监管,也同样负有责任。按规定,食品质量检测的主要责任属于企业内部的质检部门,企业自行管理的奶源基地如能够保证原料奶质量安全,可不对原料奶批批检验。这样国家质检局的责任就很重大。国家质检部门的监督检验与企业自行组织的原材料进厂、产成品出厂检验不能相互替代。

政府在企业利益和社会公众利益面前,往往会做出维护企业利益的抉择。一方面,政府对社会公众的社会保障和生活质量的保障有着不可推卸的责任,然而,在中国公众对政府监督机制不健全的情况下,社会公众的诉求只能通过意愿申请来解决,而不是通过监督施加压力,所以,对于政府来说,对公众意愿的实现并非当务之急。另一方面,我国税收的主要来源是企业。企业是经济发展的重要推动力量,企业不仅能为当地政府贡献税收,对拉动当地GDP的提高也可谓功不可没,政府虽有管制企业履行社会责任的义务,但在巨大的经济利益面前,政府很多情况下则是选择了"睁一只眼,闭一只眼",忽视了对企业的监管。企业倚仗着自身具有创造经济价值的实力,有恃无恐,在政府对企业监管不力的情况下,对公众的施压视而不见,忽视对企业社会责任的监管。政府对公众诉求的回应与否,并不在于其本身所谓的代表公众利益的存在价值,而是在公众与企业的博弈中,反复权衡利弊,做出对政府自身最有利的决策。①

三 企业的责任在哪里?

1. 企业有三重责任

对于中国来说,企业社会责任(Corporate Social Responsibility, CSR)

---

① 于富生、梁帆:《"三鹿奶粉"事件引起思考——以成本和利润问题分析为例》,《天津大学学报》(社会科学版),2010年3月第12卷第2期。

虽然是一个舶来品,但已不再是陌生的名词。它是20世纪初开始凸显于西方国家诸多学科领域的一个重要概念,也是构建企业与社会和谐关系的一种基本思想,是企业全球化进程中无法回避的使命。现阶段,企业社会责任作为一种国际普遍认同的理念,要求企业在创造利润、为股东利益负责的同时,还要承担对消费者、员工、社区、环境等利益相关者相关的责任。[①]

对于企业来说,赢利是其目的,也是社会与公众所期望的其承担的社会建设过程中的经济责任,与此同时,企业被认为还有三种社会责任:法律责任、道德责任和慈善责任(见图1)。

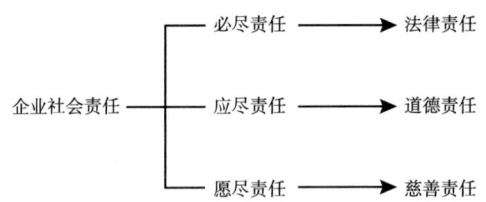

图1 企业社会责任包含的内容

所谓法律责任,是指任何企业的经营活动都必须在法律允许的范围内进行,不得从事不正当的经营活动,要遵纪守法,依法经营。企业是法人组织,在享受从市场获取利润的权利的同时,也有履行社会责任的义务,两者都具有同等的法律效力。法律责任为企业必尽责任,是企业在经营过程中必须要完成的社会责任。三鹿集团非法添加致癌物质,是法律所不能容忍的。三鹿集团作为一个企业,有责任有义务生产出符合质量标准的产品以满足公众的需要,当其产品的质量不符合法律标准时,也即其没有履行企业社会责任中的法律责任。

所谓道德责任,是指企业的行为不仅要遵守现行法律,还要使自身的行为符合社会的伦理道德标准和社会的价值观。这就要求企业承担更高层次的责任,即道德责任,道德责任超越了法律的规定范围,企业受社会伦理道德要求的约束,对自己的行为性质和可能造成的后果有清醒的认识,并对行为和后果加以控制。当企业的行为达不到社会道德标准的要求,引起了不利的后果,会损害社会的福利,将受到公众在道德层面的谴责,但这一层面的责任没有法律的强制规定,属于企业应尽的社会责任。道德责任的范围比法律

---

① 卢代富:《国外社会企业责任界说评述》,《现代法学》2011年第23卷第3期。

责任的要宽泛，且其包含了法律责任。三鹿集团在违法的同时，也受到了公众的强烈谴责，这是因为三鹿集团不负责任地生产和销售毒奶粉，致多名儿童死亡或病重，严重地危害了消费者的生命安全，也触犯了社会的道德底线，难以经得住伦理价值观的考验，最终成为被公众唾弃的"过街老鼠"。

不同于前两项责任，慈善责任并没有法律层面或道德层面的约束，完全是企业的自愿行为，即企业主动承担的愿尽责任。企业的慈善责任属于较高层次的责任，是有利于整个社会发展的责任。企业承担慈善责任，不仅可以促进社会慈善事业的发展，同时还可以为企业赢得声誉并提高其社会形象。[①] 三鹿集团的慈善捐款活动，其实就是企业在履行其慈善责任，但是，值得注意的是，并非慈善责任履行得好，就可以说企业社会责任履行得好，慈善责任只是社会责任的一个方面。

企业社会责任的法律责任、道德责任和慈善责任是层层递进的关系，法律责任是最基本的责任，是企业必须要履行的责任，也是企业社会责任的底线。法律责任的履行是道德责任和慈善责任的基础，如果一个企业连法律所要求履行的社会责任都不能完成，那么道德责任更不可能完成，因为法律责任属于立法规定的道德责任。一个企业如果没有履行法律所要求的社会责任，那么这个企业既是触犯法律的，又是缺乏道德感的。对于慈善责任来说，与法律责任的关系不像道德责任那样紧密，有些企业常常不愿意履行法律责任、道德责任，却热衷于搞慈善。中国诸多企业往往把"社会慈善捐助"等价于"企业社会责任"，将企业社会责任本末倒置。"三聚氰胺事件"涉及的企业，如三鹿、伊利、蒙牛每年都进行社会捐赠活动或公益捐助，投入社会公益的资金超千万元，捐资助教、关心儿童成长、扶贫济困、捐助弱势群体。这些所谓的"名优企业"，一方面苦心经营公益事业，言必称社会责任；另一方面连最基本的产品质量安全都无法保障，它们将企业社会责任本末倒置，有意或无意地把"企业社会责任"片面等同于"公益捐赠"，用劣质产品获取最大利润，然后用利润的一小部分以高尚的名义去"回报"社会，博取一些不明真相的公众的掌声。对于社会公众、消费者来讲，企业社会责任主要有产品安全责任、环境保护责任、公众安全责任、依法纳税责任、公益事业责任等多个方面，其中生产出质量可靠、安全有保障的产品是

---

① 王碧森：《企业社会责任研究框架的构建与解析》，《青岛农业大学学报》（社会科学版）2010年第22期，第63页。

企业社会责任最基本的要求。如果企业先赚昧心钱，再拿出一小部分昧心钱搞慈善，向红十字会捐款，建几所小学，这是舍本逐末的行为，这样的企业发展规模越大，发展越快，疯狂逐利的本性也会愈加显现，对社会的祸害也越大。[①]

三鹿企业在没有履行好法律责任的同时，却履行了慈善责任，这是个值得认真思考的问题。是什么推动了企业三重社会责任的发展，三重社会责任都分别由谁来推动，是分析本质原因之所在。

2. 谁在推动企业的三重责任

探寻企业三重责任不同程度的履行状况，最根本的是要探究这三重责任分别是由谁来主导推动的。总的来说，企业对于社会责任的履行情况，是由企业的内部因素和外部因素共同决定的。

（1）内部因素决定企业追求慈善责任的履行。

企业自身并非完全不愿意承担社会责任，在利润和道德感的驱使下，企业有时也会乐于承担社会责任。

企业以为股东谋求利润为根本目的，理性的企业主不会不关注股东的利益，因为如果股东的利益受到损害，企业将存在着利润下滑甚至被其他企业兼并的风险。但是企业的利益相关方很多，企业并非只存在于与股东相关的单一模式之中，在很多情况下，股东利益与公众利益是并不矛盾的。大多数研究表明，企业对社会责任的承担与经营业绩之间有着正的相关关系，而最有意义的结论是没有确凿的证据表明公司的社会责任行动会损害企业的长期经营业绩。[②] 承担社会责任通常要付出一定的代价，或许会使企业的短期利益受到损害，但换来的却是比损害的短期利益多得多的长期利益。这种投资由于改善了企业的社会形象和生存环境，吸引了大量优秀人才并减少了政府的管制，从而使企业的收益增加，并且所增加的收益足以抵补企业当初所额外支付的成本，从这个意义上讲，企业在利他的同时也在利己，从而企业的社会责任行为与其利润取向相容。同时，随着社会的发展，企业社会责任的观念深入人心，一些有良知的企业经营者回报社会的意愿变得很强烈，这也

---

① 王先知、张凌宁、田刚：《"三鹿奶粉事件"引发企业社会责任大地震》，《WTO经济导刊》2008年第10期。

② 参见沈占波、杜晓静《企业社会责任的背景和边界分析》，《生产力研究》2009年第6期，第152页。

是推动企业承担社会责任的一个重要因素。

企业对利润的追求与自身道德感的约束,是企业愿意承担社会责任的原因,也即内部原因。

很多企业主会将慈善捐款等同为履行企业的社会责任,这是他们在认识方面的偏差和不足,基于企业道德感,许多企业会通过履行慈善责任向社会进行回馈。同时,如前所述,企业有明确趋利性,企业期望做慈善也能达到经济利益的最优状态。而其中最见成效的做法就是履行慈善责任,因为通过捐款有助于提升企业的外部形象。三鹿集团对汶川大地震的慈善捐款就是一个典型的例证,其当时得到了包括央视在内的多家媒体的宣传报道,成功地吸引了公众的眼球,宣传和树立了企业的正面形象,达到了品牌宣传和建设的效果。

所以,由于企业对社会责任认知的偏差和自身对利益的追求,企业在履行社会责任时会更偏好于承担慈善责任。

(2) 外部监管力量推动企业履行法律责任和道德责任。

利润最大化虽并非企业行为的唯一动机,但是对自身利益的追求是企业的天性,企业首先考虑的不会是社会责任的履行,而是成本效益,不会是公众的现实或未来福利和社会收益,而是有关企业社会责任方面的投入带来的产出。所以,需要一些外部力量推动企业社会责任的发展,这种外部驱动包括政府的强制,以及来自社会各方面的压力。

①政府管制。

政府管制是指政府通过法律法规等形式积极引导、规范企业社会责任的发展方向和层次,确保其沿着正确的轨道前进。这种管制或约束是企业行为的底线,违背了相关的法律法规,企业将失去生存的合法性。政府管制的方式包括税收政策方面的鼓励、强制性规范和引导性规范等。企业社会责任的推进并不是单纯的企业行为,企业是在一定的社会环境中运作的组织,需要各方面的支持才能得以顺利发展。在社会主义市场经济条件下,在我国企业社会责任缺少公众监督和社会运动推动的状况下,政府对企业社会责任的推动显得尤为重要。然而,我国传统上是一个崇拜行政权力的国家,更因为我国企业是从计划经济中解放出来的,许多国企还没有完全将自身的定位扭转。政府作为社会管理者,为了规范企业行为,使之符合社会目的性要求,需要介入企业社会责任活动,对企业社会责任的推进将起到规范和激励企业的作用。

从我国长期历史实践来看,在政府与企业关系的历史演进中,政府在企业成长的过程中一直扮演着重要的角色。在政府、企业以及公众之间的关系模型中,政府处于模型的最高位置,企业次之,社会公众处于最低位置,也就是说,政府和企业中的精英凌驾于社会公众之上,处于社会的主导地位。在企业出现违背社会道德甚至触犯国家法律的行为时,社会公众以购买行为来影响企业,这种力量并非强制性的,因此就需要政府强有力地监管企业的非法行为,督促企业勘正道德标准,保护社会公众的权益。企业要对政府承担各种责任,接受政府和法律的监管,如纳税等。然而,企业对国家或政府的责任与企业对社会的责任是两个完全不同的概念。前者是以国家或政府本位为出发点,重在实现国家或者是政府的利益。后者以社会本位为重点,旨在维护和提升社会利益。尽管国家是社会利益的总代表,国家或政府利益与社会利益在绝大多数情况下是一致的,但在市场经济体制下,国家利益和社会公共利益并非总是一致的。企业社会责任主要关注的是社会利益而非国家利益,企业对国家或政府的责任从根本上讲并非企业社会责任,故国家或政府也就不是企业社会责任的相对方。所以,政府对企业的硬性要求即法律责任方面的要求,而对于道德责任和慈善责任,政府都只是进行软性的约束,而没有运用强制性的手段。①

②非股东利益相关者的压力。

公众压力包括来自非股东利益相关者群体的压力。所谓利益相关者,是指那些能够影响企业目标实现,或者能够被企业实现目标的过程影响的任何个人和群体。所以企业追求的是包括雇员、消费者、供应商、政府、非政府组织、社区、自然环境等利益相关者的整体利益,而不仅仅是某个主体的利益。一个企业不仅必须满足股东、债权人等利益相关者的利益,也需要照顾到各种非股东利益相关者的利益。社会压力作为企业的外在驱动机制之所以会存在,是因为企业与员工、社会、环境的共生关系越来越明显,从某种意义上说,企业是各种利益相关者利益的集合,这些利益相关者都对企业的生存和发展注入了一定的专用性投资,他们或是分担了一定的企业经营风险,或是为企业的经营活动付出了代价,理应要求企业对他们承担责任。而企业的生存和发展取决于它能否有效地处理与各种利益相关者的关系。当企业的

---

① 王双喜:《刍论从国家战略层面推进我国企业社会责任建设——以全球企业社会责任运动为视角》,《理论导刊》2010年5月刊。

生产经营活动忽视了某一方面利益相关者的利益要求时，这些利益相关者可以联合起来抵制企业的行为，也可以选择离开，无论是抵制还是离开，都可能影响企业的发展。这些来自社会的非股东利益相关者包括：消费者、非政府组织和竞争者等。公众希望企业通过承担社会责任，使得企业留给社会的都是正的外部效应。以三鹿为例，公众就希望企业在履行法律责任，保证产品质量的基础上，尽可能多地履行道德责任和慈善责任，尽可能多地进行慈善捐款，所以从这个方面来讲，公众的压力，不管是来自于公民个人还是社会团体，抑或是新闻媒体，对企业所提要求都是最高的。

（3）内外部因素相互作用。

①多方力量本应平衡。

企业三种不同的社会责任所面对的主体和对象是不同的。首先是企业的法律责任。在这里企业是作为一个"守法"的法人主体出现的，是对政府的责任。其次是企业的道德责任。企业以"公民"的身份出现，是对社会的责任。最后是企业的慈善责任。企业以救助者的身份面对弱势群体，实际上也是一部分公众的代表。

企业社会责任的对象一直处于不断扩展之中，随着整个社会的发展和社会对企业的期望而在发生变化。从最初的员工、消费者、社区、供应商等，到现在的自然环境和人类社会，都成了社会责任的对象。也就是说，公众的利益和期望是企业社会责任的对象。无论哪种力量代表哪种利益，合理的情况应该是内外部各因素相互作用、彼此制约，多方力量实现平衡。

②企业与政府力量压倒公众及消费者。

对于企业对三重社会责任的履行，政府、公众、企业有着不同的目标和要求。企业的社会责任并非直接让利于政府，所以政府的管制目标是要求企业至少达到法律和政府所要求的企业社会责任的最低标准，同时，如果可以，尽可能多地履行其他方面的社会责任。而对于公众来说，他们的利益与企业的利益目标在很多情况下是相对立的，所以公众希望企业最大限度地承担社会责任。对于企业自身来说，除达到自身要求的责任标准外，还将根据外部因素的情况来履行企业社会责任并找到承担企业社会责任与利润目标的最佳结合点。但是，虽然公众的要求高，在"三聚氰胺事件"发生之前，我国政府对公众发声渠道的控制相对比较严格，公众的诉求不能得到充分的表达，从而导致公众监督的不力。当企业在履行社会责任过程中出现重大问题后，公众表达诉求的愿望和行动越来越强烈，最终形成强大的凝聚力，使得企业付出了不履行社会责任的代价，也推动了企业社会责任的发展。

对于企业来说，通过内部驱动力推动的社会责任的承担主要是慈善责任。外部驱动力更多是推动企业对法律责任和道德责任的履行。如果仅仅依靠内部驱动，而没有强有力的外部驱动力，有些企业在实际生产经营过程中会出现这种情况：法律、道德责任并没有完全履行，但在慈善责任方面却显得甚为积极。这就可以解释"为什么三鹿集团要一边捐款一边害人！"如果社会责任沦为伪装的利润最大化行为，那么它就被歪曲成了道德空泛、毫无意义，进而完全无法识别的概念。真正的社会责任要求企业的良知、道德的示范、无私的付出、长期的投入和一致性的行动，而不是纯粹的利益交换。企业自认为的"道德回馈"，有时候并非道德的，以非法行为获得的利润来做慈善，是法律和民众都不能容忍的。企业既希望通过履行慈善责任来塑造自身的形象，又希望通过逃避社会责任来达到利润最大化，所以就会在管制监督不严格的情况下，选择逃避那些政府和公众没有监管到的社会责任，而那些备受注目的社会责任，企业则为了自身的形象而选择主动承担。

四 面对其他力量的崛起，企业和政府将被迫做出选择

在企业的内部驱动力不足的情况下，企业履行社会责任需要公众和政府等外部因素进行督促推动。在很长一段时间里，企业履行社会责任主要靠外部因素——政府管制来推动，政府管制力度的强弱在一定程度上决定了企业履行社会责任的好坏。但是，随着包括公众、NGO、媒体在内的其他利益相关者的力量崛起，企业履行社会责任的内外部因素也就发生了变化，迫使企业做出抉择，通过履行完整的企业社会责任，来回应社会各界对其的要求。

1. 公众力量

企业与社会公众作为社会中的两个重要群体，从自身利益出发，对企业履行社会责任有着不同的要求。

企业社会责任的承担，是由外因主导的，绝大多数企业不会主动承担社会责任；社会公众等非股东利益相关者如消费者、社区员工、非政府组织，为了保护自身的利益和促进企业社会责任的履行，会通过向企业施压的方

式，要求企业更好地承担社会责任，或向政府表达意愿，促使政府对企业进行管制，从而间接地促进企业履行社会责任。现阶段，公众的影响力越来越大，这不仅仅是公众的需求，更是时代的要求。

有关"结石宝宝"的新闻早在"三聚氰胺事件"爆发之前就已经引起了公众的注意，也早有消费者向有关部门投诉，可以说，此时相关的舆论已经存在，并且通过各种方式传播。虽然在媒体明确报道之前，所有的舆论都只是通过人际传播或者网络传播等手段在小范围内进行，参与的人数并不多，但恰恰是这些舆论为三鹿乳业"三聚氰胺事件"的爆发埋下了伏笔，并为事件的后续发展提供了线索。

在如今这个信息年代，多元化的传播渠道让小范围传播的舆论也有变成公众舆论的可能性，尤其是当舆论的内容关系到公众利益。现阶段，大众媒介提供的舆论平台日益增多，公众有了更多面向社会发表意见的平台，原来分散的舆论意见此时汇集到了一起，由于大众传播媒介的广泛参与，更多的受众知晓，并参与到舆论队伍中来，于是公众的舆论力量变得越来越大，形成了集中的公众舆论，监督企业、政府的行为。

三鹿集团"三聚氰胺事件"爆发时，它因捐款而树立的公众形象并没有挽救它于危机之中，三鹿集团股份有限公司最终破产，这充分说明了在公众心中企业最重要的是法律责任，任何违背了这一条的企业必然无法在市场上长久生存。

2. 民间组织的力量

民间组织的使命就是致力于改善社会，所以是天然的社会责任的承担者和推动者。为全社会的社会责任的建设做出努力，本来就是这一类组织的题中应有之义。然而，在中国，民间组织在推动企业履行社会责任方面并没有突出贡献，这是由客观原因造成的：一是民间组织自身相对弱小，力量有限；二是对话不足，与社会各个方面，与政府、企业相互之间的对话不足，很难通过顺畅的对话推动企业履行社会责任、推动政府对企业进行管制；三是政府对于民间组织的管制相对严格，民间组织很难有所作为。

但是，民间组织、企业、政府三者之间的力量对比正在发生变化，民间组织的力量不断壮大。截至 2010 年年底，全国共有民间组织 44.6 万个[①]，

---

① 黄晓勇主编《中国民间组织报告（2011~2012）》，社会科学文献出版社，2012。

民间组织的数量正在不断增加。自2010年以来，全国各地深入探索民间组织登记管理体制等多方面的改革，纷纷试水民间组织直接登记，降低登记门槛，放宽注册条件，为民间组织发展创造良好的政策环境，中国民间组织在破除体制束缚之后，数量、质量和社会影响力将快速步入全面发展和大幅提升时代。①

集中到食品安全议题上，在"三聚氰胺事件"之前，关注食品安全议题的NGO一直都不是很多，主要是两个问题阻碍了NGO的介入。首先，食品安全信息不够透明，民间组织很难介入进行监督。其次，中国的食品安全问题需要跨部门处理，一般的民间组织很难介入获得信息并发挥作用。而在"三聚氰胺事件"事件中，我们看到了民间组织力量的壮大，也看到了民间组织力量的作用。

例如，北京益仁平中心在"三聚氰胺事件"中，号召来自全国各地的志愿律师们为受害消费者提供法律上的支持和帮助。仅仅在2008年9月12日~15日这三天内，据不完全统计至少处理了四百余次法律咨询电话，比较真实地了解到此次事件受害消费者的情况，并基于以上信息，提出了建议。建议一：希望尽快部署实施"免费治疗"方案。1)"免费治疗"的实施方案应该迅速传达，迅速实施。人放假，孩子的病情不放假。2)该实施方案应该简便易行，建议避免以"家长先向医院交钱治疗然后再报销"的方式来实施，以免一些家庭因为交不起治疗费而延误治疗。3)同时建议相关部门尽快设立并公布免费的政策咨询热线电话。建议二：政府部门通过相应渠道通知曾食用三鹿奶粉的孩子尽快检查并给予免费B超检查。一些农村地区因为资讯获取不畅，可能还不知道"三聚氰胺事件"。地方各级政府应该通过相应的渠道进行告知，并建议送曾食用三鹿奶粉的孩子尽快体检，同时予以免费检测和治疗。2008年9月19日，国务院办公厅即发出通知，确定免费治疗所需费用由同级财政预拨垫支，事件责任查明后，再按有关法律法规由责任企业赔付。该通知释放了一个明确的信息，即无论医疗费用还是一系列的赔偿项目，最终将由责任企业承担。虽然北京益仁平中心不是唯一推动该通知出台的民间力量，但是，这最起码代表一种声音，而声音的发出就是一种力量。

---

① http://gongyi.ifeng.com/news/detail_2012_05/22/14715836_0.shtml.

3. 媒体力量

从社会道德和社会责任的角度看，媒介在舆论监督中扮演的是人民的"传声筒"的角色。在我国，绝大多数大众传播媒介都属于国有资产，主要媒体由党和政府直接控制，众多的其他媒体也都分属主要媒体、各个党政机构、党领导的团体。① 在这样的背景下，媒体又成了党和政府的喉舌。当然，在市场经济体制下自负盈亏的媒体同时还面临经济利益的压力，于是媒体不得不顾虑背后的大财团大广告商。所以，媒体在舆论监督中扮演着尴尬的角色。究竟代表谁的利益，究竟监督谁，成了媒体能否有效履行舆论监督的关键所在。2007年9月2日《每周质量报告》特别节目《中国制造》首集播出的专题片《1100道检测关的背后》在网上引发热议。该节目声称调查了婴幼儿奶粉生产的整个流程："1100多道检测关……感受到了企业对产品负责任的态度和对消费者的尊重……"主流媒体的报道，举证充足，言之凿凿，令人信服。然而仅仅一年后，就发生了问题奶粉事件。

随着Web 2.0时代的到来，以微博、论坛为主的自主交流模式全面展开，这些媒体使公众之间的联系更为紧密，舆论的触角伸向了社会的各个角落，能够对社会各种矛盾和问题进行预先式、全程式的监督。媒体的影响力是无形而又强大的，当它代表了公众的舆论方向之后，较之从前，其监督的力量也就变得更加强大。

2008年9月11日，《东方早报》记者简光洲的一篇题为《甘肃14名婴儿疑喝"三鹿"奶粉致肾病》的报道，成为引爆"三聚氰胺事件"的导火索。在此后一段时间，毒奶粉事件占据了各大媒体的重要位置。例如，《南方周末》2008年9月25日的时局版发表《永绝三鹿恶毒之花有待人心改造》，10月16日的经济版发表《奶业巨头"刮骨疗毒"》，10月30日的时局版发表《如此奶企何以取信于人》。接连三篇文章分别从奶企的潜规则问题、奶企之间的竞争问题和生产线中的检测问题进行了深度剖析，对引导舆论起到了很大作用。

4. 政府和企业被迫做出选择

面对汹涌的公众舆论和媒体报道以及NGO的介入，政府说了算的年代

---

① 朱文丰：《媒体监督的良性互动——"孙志刚事件"舆论监督分析》，《新闻知识》，2003，第8~9页。

已经一去不复返，政府除了考虑自身的利益之外，还要充分考虑到各个非股东利益相关方的利益，从而调和其中的矛盾，维护社会的稳定。在"三聚氰胺事件"刚刚发生的时候，政府并不是一开始就决定对三鹿集团进行检查和严处，而是在事件的相关舆论凝聚成强大的公众舆论后，政府才意识到此事的严重性。短短几天内，国务院新闻办以及几个相关省政府纷纷举行新闻发布会，表示要严肃处理此事，存在了8年的产品质量国家免检制度也就此被叫停。该事件还在国内食品生产企业掀起了一阵风波，食品安全问题引起了从公众到政府的高度重视。2009年1月22日，石家庄市中院一审判决：原三鹿集团董事长田文华判处无期徒刑；原三鹿集团高管王玉良、杭志奇、吴聚生分别被判处有期徒刑15年、8年、5年。并向三鹿集团罚款4900多万元。张玉军被判处死刑；张彦章被判处无期徒刑；高俊杰被判处死刑，缓期2年；薛建忠被判处无期徒刑；张彦军被判处有期徒刑15年；肖玉被判有期徒刑5年；耿金平被判处死刑；耿金珠被判处有期徒刑8年。据统计，自2008年"三聚氰胺事件"发生以后，陆续有30多名官员被问责，除了国家质检总局局长李长江引咎辞职，还有8名部委官员、7名省级官员、9名市级官员受到处分。①

从政府的变化可以看出政府对我国企业社会责任监管力度的加大，也从侧面反映出公众力量的强大，迫使政府做出抉择，对企业履行社会责任进行更加强有力的管制。在一系列食品安全问题风暴产生后，国家从各方面进行应对。在立法方面，2009年2月28日，十一届全国人大常委会第七次会议通过了《中华人民共和国食品安全法》；在执法方面，政府强化了对于食品安全的管理，废除了食品领域的免检制度，强化对食品安全的审查和监督。

在我国经济快速发展的今天，企业也开始意识到完整履行企业社会责任的重要性，随着其他非股东利益相关者的力量增长，企业履行社会责任不再是单纯的说教，而是有实实在在的法制约束，已经不是可有可无的生产、营销行为，而是企业进入国际、国内市场的通行证，国家颁布的法律、法令等强制性手段是对企业履行社会责任的规范，企业不得不做出妥协。三鹿"三聚氰胺事件"曝光以后，企业虽然公开道歉、赔款，最终还是因此而破产。这也说明了企业社会责任缺失将给企业带来严重后果。在非股东利益相

---

① http://31.toocle.com/detail--6843130.html.

关者的力量不断崛起壮大的今天，企业的抉择决定了企业能否长期稳定地存在。

　　三鹿集团股份有限公司从一个行业领军人物到破产，可谓顷刻之间。我们在扼腕叹息的同时，也不能不深深思考。一个缺失社会责任的企业是不可能长久地走下去的。其实，"三聚氰胺事件"并非个例，而是现阶段中国企业普遍缺失社会责任的一个典型现象。和平化工从明星企业到关闭运营、天马精化从实力企业到深陷环保危机等，这些企业都付出了惨痛的代价。

　　"一边捐款一边害人"的中国企业怪象背后，是企业内部对于利润的疯狂追逐，企业外部的政府与社会的监督不力，以及企业、政府力量与其他力量的失衡，致使问题企业说了算，甚至行为畸形、欺诈、侵害消费者和公众利益。随着政府从重点关注经济建设转移到关注民生，公众、民间组织、媒体的力量逐渐壮大，促进企业履行三重责任的各方力量实现相对平衡，彼此制约，企业积极履行完整的社会责任将成为社会各界的共同希望和必然要求。我们期待企业和企业家重视履行社会责任，从而获得长远的发展。

非营利组织的管治与管理

导言

中国第三部门是在一个政府高度集中管治的社会中慢慢发育起来的，历时刚 20 年。国内大部分关于第三部门、非营利组织（NPO）、社会团体的文献是关于 NPO 的合法性问题①、政策空间和社会环境问题②。第三部门的组织发育的数量和参与的人数受到关注，备受关注的还包括社会服务、社会创新、支持市场发展、反抗市场暴政和制约政府权力，等等。由于民间社团的空间是逐步拓展开的，自由知识分子、学者、媒体以及第三部门自己做了大量的讨论，论证第三部门合法性，包括社会文化的合法性、法律的合法性、政治合法性、行政合法性。③ 这些合法性的论证多运用西方韦伯、哈贝马斯等著名学者的理论。

公开的和学术的讨论十分关注中国政治的管治架构，力图走出政府全能主义的管制，期望民间社会能够发育长大，脱离国家掌控私人和社会领域的局面。④ 对于中国是否在 2008 年迈进公民元年的争论⑤，有的认为中国的公民社会有事实形态存在，汶川大地震中国人的表现已彰显了这一品质。⑥ 但有的学者认为中国还没有形成公民社会，最基本的标志便是公民的结社权还没

---

① 高丙中：《社会团体的合法性问题》，载高丙中《民间文化与公民社会：中国现代历程的文化研究》，北京大学出版社，2008，第 245~258 页。
② 康晓光、冯利主编《中国第三部门观察报告（2011）》，社会科学文献出版社，2011。
③ 高丙中：《民间文化与公民社会：中国现代历程的文化研究》，第 250~251 页。
④ 邵建：《中国是否迈进了"公民社会"?》，《中评网》，http://www.china-review.com。
⑤ 《专家认为 2008 年已成中国公民社会元年》，《中国青年报》2009 年 2 月 22 日，转载自 www.china-review.com。
⑥ 高丙中、袁瑞军编著《中国公民社会发展蓝皮书》，北京大学出版社，2011。

有保障。学者们意识到，中国的公民社会还远未到成熟的阶段，公民精神尚待进一步培育。

慈善公益组织被认为是独立于政府和经济部门，能够服务社会的、制衡专制权力的民间团体。① 但对于第三部门的组织建设，包括民间自发组织如何发育公民精神、推动符合公民精神的社会活动、如何建设它的管治构架和组织管理，仍然缺乏研究和讨论。这可能是由于大家的注意力集中在如何在高度集中管理的社会中拓展市民社会的空间，而忽略了对自我发展的反思。

根据多方的观察，中国的第三部门里聚集了有理想有热情的志愿者，还有不太计较报酬的人士。他们长期在社会基层工作，资金和社会环境的压力、个人成长转折、团队管理、项目前景等，都使他们不断陷入迷惑和危机。② 许多组织多次裂变，团队人员来来去去，发展项目执行不连贯，达不到持续的效能。这些显然影响了第三部门组织的社会效能，甚至使第三部门组织产生了信誉危机，制约了第三部门组织拓展社会空间的进度。

有一位观察者认为，中国 NPO 发展的主要障碍是领袖人物的管理方式，他们具有人格魅力和毅力，但采取"微观"的管理，决策过于集中。他们缺乏管理经验和组织发展需要的技能和眼光，在环境和资源的掣肘下，更无法建立保证机构持续发展的制度和程序，难以将 NPO 发展为组织而非个人施展的平台。③ 另一研究发现，第三部门的草根团队、行政人员以及捐赠者，对如何使用和评估公益款，有不同的看法，影响了基金使用的方向。④

有研究报告指出，在话语层面，西方的公益文化成为 NPO 从业者表达和交流的主流词汇，制定项目也以维护弱势群体权利为包装；但在行动中却表现出更多的中国传统公益文化，有救世施恩的慈善意识。⑤ 还有观察者指出，NPO 从事的应该是工作，而非靠简单的奉献和好心做事，NGO 需要专业训练。⑥

有关第三部门的大量的案例说明，管治和管理上的问题严重地阻碍

---

① 康晓光、冯利主编《中国第三部门观察报告（2011）》，第 28~34 页。
② 此结论经由访问数十名 NGO 从业者得出。
③ 高飏：《中国公民社会图景》，载《社会组织发展报告》，经济日报出版社，2008，第 39~40 页。
④ 萧今：《生态保育的民主试验》（即将出版）。
⑤ 参见康晓光、冯利主编《中国第三部门观察报告（2011）》，第 13~20、23~24、73~78 页。
⑥ 王忠平：《"NPO"到底缺什么？》，载《社会组织发展报告》，第 51~52 页。

NPO 的社会空间拓展，名誉和信任度都受到公众质疑。慈善公益组织的基本建设被忽略了。第三部门除了要争取拓展外部的社会和政策环境之外，内部的能力建设和清晰的组织目标是推动公民社会发展的根本。近年来，NPO 的管治和管理引入了问责制概念。从早期"希望工程"诉讼案、"丽江妈妈"案，到2011年轰动一时的"郭美美事件"而引发的中国红十字会信誉危机，公众开始关注善款的用途和监管等，形成了舆论上的公开审视。但这些关注更多的是针对 NPO 发育的社会环境和政策、法权依据以及对公共道德的讨论，流于宏观性的概念。NPO 的建设尚需从日常的组织管理入手，让它的发育慢慢进入符合公共目标的社会管治轨道，形成有自律和有效能的公民社会组织，以完成 NPO 的终极目标规定的任务。本文认为有四个方面是 NPO 管治和管理努力的方向：（1）定义社会道德基础与终极目标；（2）提高执行能力和加强人力资源培育；（3）在发展行动中形成社会性的目标任务和筹款计划；（4）对发展项目做成本和绩效评估。这四个方向构成组织成长的一个脉络。

一 终极目标及管治

首先，第三部门的使命是针对私营机构和政府机构（第一、第二次分配）难以照顾到的社会群体和公众利益，为其提供服务。明确的目标是：通过外部慈善和公益活动介入，改善目标群体社会状况，为公众利益直接提供服务，长久的目标是引导公众自我发展，推进社会发展方式和进程。[①] 对于服务性的社会组织来说，这是一个外部性的目标，因为它的终极目标是让社会的公众和目标群体的状况得到改善，而非像经济组织的自我价值扩大、政府组织对权力和资源的牢固控制。

终极目标为公众和民间社会的发展项目，需要有更多的管理和管治。外部性的发展项目，并非有一套硬性的方法、技能和任务，对研究发展管理颇有研究的学者指出，以发展为目标的、有意识地改善社会的行动，是由多种项目和活动组成的。[②] 这类服务和活动在中国的社会里已经体现出来，表现

[①] Alan Thomas, "What is development management?" *Journal of International Development*, 99 (1996): 95. David Lewis, *The Management of Non-government Organization: An Introduction* (London: Routledge, 2001), pp. 16 – 20.

[②] Alan Thomas, "What is development management?" *Journal of International Development*, 99 (1996): 101.

为日常的自我公共管理、组织志愿者学习服务性工作、提供福利保障、组织自救互助、组织小型生产程序、法律咨询。这些都需要在实际的场景做管理，而且是非常专业的工作。

例如，在沙漠里试验膜下滴灌，需要协调几方。开初，项目是推动农民试验有市场的节水棉花。后来，农民和政府意识到地下水短缺的危机，筹集了更多资金时，项目转为改土沟为输水管，再后来又引进技术较高成效更好的膜下滴灌。这些都需要执行团队在项目过程中，不断地与当地目标群体、政府扶贫办、科技人员、公司有关业务人员，做跨群体性的沟通和协商，对农民的投入和种植品种、政府的资助、滴灌技术培训、商业部门供货时间和农业节令、产品市场，做出可行的计划。整个项目实施就是一个发展项目的流程管理。所以，发展项目的实质是：在过程中按照相应具体的工作需要，适时地运用各种管理的技能，这甚至是几个连环工程项目的管理能量，管理任务包括筹资、谈判、培训、执行监督、财务管理、农作物种植技术学习等等。

有的研究者，如汤姆斯（Alan Thomas）提出了NGO管理的四个方面：清晰的外部社会目标定义、推动目标群体的资助行动、行动的道德考虑和以行动定义组织自身的特点。[①] 我们可以举例来讨论。第一，首要的因素是，协调本组织外部的社会活动并且以社会改进为终极目标，而非以自身机构利益最大化为目标。这个任务清晰后，正规机构里那些协调资源和管理的方法及技能，都能用来实现外部社会发展的目标。例如，对资金实现目标性管理、健全制度和监督、提高行动绩效、降低成本，都可以采用。第二，要考虑的是，运用具有影响力的人及其介入的方法，形成有利的行动条件，推动项目群体自己行动，而非以资源诱惑和强加的方法直接行动或者干预。核心是推动目标群体自己行动。第三，在发展的名义下，采取什么样的策略或者措施是一个关键。道德和哲学层面的问题是：谁给予了介入机构（例如一个NGO）权力去行动或者代表某一方的利益？制定社会发展目标一定会涉及几方不同的利益。国际机构在中国资助的发展项目采取了参与式方法，但中国第三部门里的执行团队已经有反思和争论[②]，认为外来的"参与式"行动，并非真正由目标群体自主参与，而是动员目标群体来执行外来专家带来

---

① Alan Thomas, "What is development management?" *Journal of International Development*, 99 (1996): 95. David Lewis, *The Management of Non-government Organization: An Introduction* (London: Routledge, 2001), pp. 16–20.

② 访问一环保NGO项目执行团队成员。

的方案,有专家越俎代庖的影子,缺乏民众自主改善的本质。

因此,需要采取促进的方式和内生式行动①。核心问题包括:做什么项目、谁来选择项目、用什么方法选择项目、谁来执行项目,这些问题都要让当地的目标群体来自主认识和讨论,也应包括政府和专家的参与,一起来讨论发展项目,然后达成共识。运用这个方式,曾在内蒙古阿拉善盟把农牧民与政府的冲突转化为农牧民主导的发展。由农牧民自主的公共管理委员会来开发项目,2011年该地的多个项目有成效,被国务院扶贫办定为观察点。②第四,一个NPO选择的项目方式其实影响自身的发展;在执行过程中,机构的方向和策略改变也会影响项目进程。如果NPO没有明确的规章制度,领军人物随意性过大,或者从业人员更替过于频繁,发展项目周折会比较多,难以培养其持续性。

有的国际案例梳理了全球视野下的NGO管理主义的框架③,包括四个方面(问责制、组织定义、效能建设、社会网络沟通),放在软性的组织文化、组织结构和项目管理维度下分析,并说明管理的技能和知识是可以融进NGO日常的管理中。但也指出,不适当管理会引起价值观上的对峙并扭曲项目。南亚的另一个研究从三个角度分析NGO的管理和管治④:效能影响、问责制、成本效益;另外再加上外部环境和组织执行的4个方式:(1)目标与实施策略;(2)物质目标与社会目标的平衡;(3)规模的效应;(4)文化、组织、领导力和决策方式。这些都是比较复杂的管理评估模式。

国际上也有学者指出,发达国家急于把它们的NGO管理模式介绍给不发达国家,包括组织构架、过于强调技术性和行政性的管理、策略和计划等,以"从上至下"的模式把北半球的管理标准,强加给了南半球的发展中国家,更充满了官僚特色。⑤ 发达国家的评估要求是本土NGO一时半会儿难以达到的,而资助机构指定的分析构架往往把评估上的目标—结果与实际的行动目标混淆,结果在NGO里衍生出一套应付性的"评估文化"。当

---

① 参见本文第四节。
② 萧今:《生态保育的民主试验》(即将出版)。
③ Susan M. Roberts, John Paul Jones III, Oliver Frohling, "NGOs and the Globalization of Managerialism: A Research Framework," *World Development* 33 (2005), pp. 1845 – 1864.
④ Michael Edwards, "NGO performance—What breads success? New evidence from South Asia," *World Development* 27 (1999), pp. 361 – 374.
⑤ Susan M. Roberts, John Paul Jones III, Oliver Frohling, "NGOs and the Globalization of Managerialism: A Research Framework," *World Development* 33 (2005), pp. 1845 – 1864.

"问责要求"来自于资助机构，评估报告就变成了"对外""对上"的，不再包括对内和"对下"的公共目标群体。也使得从业者对繁文缛节的评估感到负担沉重，扰乱了行动目标。

由于第三部门以提升社会公平为道德目标，并以慈善和公益的名义筹集资金做活动，那么以道德名义进行的行动，需要明确地将终极目标融入机构管治和日常的项目管理中。当然，由于执行项目的社会环境不同，也就没有全面有效的统一方法。在一定的社会场景里，一种管理方式行之有效，其他的就不太行得通。加之NPO项目需要更多的灵活空间，管理和评估就变得难以把握。

但无论如何，中国NPO自身发展、机构间的发展，需要有自律性的管理和公众监督。一个值得推崇的方法是形成一个公共咨询、公开聘请成员的管理委员会，定期对组织的方向和活动做审视，这样可以促进对执行机制的督促和评审制度。一个公众可以审视的管治的机构，是推进民间社会自主发展的必要条件，也利于多群体自主参与，利用民间各种资源、影响力和智慧。提升项目效能则需要尽量使用好的管理策略，改善项目执行能力，着手于内部的能力建设和人力资源培养。

二 执行能力和人力资源

NPO的能力建设更具挑战性：要让目标群体的状况得到改善，并且使其发展成为持续的，即，让目标群体学习自渔和保持自立自渔。要达到这两个目标，除了上面所讨论的公共管治和管理，团队本身的执行能力是一个关键。

在实际中，目标群体是多样性的，他们的社会环境也是复杂的。发展性的项目需要针对不同群体和公共问题，例如受灾人口、农民工及其子女、残障人士、贫困人口、生态移民、受歧视群体、空心村中的妇女儿童老人等。提供的项目包括赈灾、医疗救助、福利保障、法律咨询、文化教育、农业技术引入、生态保育、社会企业经营。这些项目要求的专业技能和专业知识是非常高的，仅仅凭着道德、激情和毅力难以推进项目。这一点是中国NPO业内从业者认识不足的。例如，同一个项目的特点和需求会随着项目进展而发生变化。当生态保护项目引进了节水小米新品种，引发的是当地的加工技术和设备、市场销售、第二年品种能否稳定等问题。在沙漠地区同一片地里，连续种植小米和小麦这类作物，第二、第三年就会发生减产和绝收。农民必须购买机械加工小米、必须有销售市场等。这些问题不解决，该项目第二年就无法执行了。

笔者在几年的考察中看到，中国第三部门的从业者充满了对慈善和公益事业的激情、道德动力和毅力，但缺乏专业技术训练和管理能力。他们难以对项目的执行状况做出客观、有效的判断，也看不清楚自身需要改善哪些能力。常出现的情况是，项目做不下去就争执，就撤离走人，项目就停滞。富有激情的从业人员过于把道德作为争论的基础，团队成员和领袖不断更替。机构内缺少可继承和可持续的人力资本和项目资本，缺乏人力资源的长期计划，缺少专业培训。主要问题是 NPO 对项目方向没有清晰的判断，导致许多项目到一定程度就做不下去。而每一任领袖和成员，只顾做自己擅长的项目，偏废其他已经有型的项目，缺乏长远发展的眼光。

有研究对印度和孟加拉国的四个 NGO 项目作了比较，列出不同的任务目标。例如，仅改善贫困人口的生活质量这一个目标，具体任务就可以从不同的角度入手，有改善饮用水、改善私营医疗质量、发展可持续农业保障收入、提供医疗和教育机会等若干项目。而且有的项目先是增加教育和医疗服务，提高贫困人口的社会参与能力和生存状况，后来变成生存福利保障。[1] 由于实地场景差异很大，研究者指出：要根据现场的情况和手中的具体的任务，来决定管理方式、风格和技术。[2] 处理赈灾紧急人道援助，以紧急命令和控制为主；对贫困人口的脱贫，要以推动他们自主行动为主。所以，在实地场景里，执行团队的专业水准和资助的力度、当地发展程度等，都会直接或间接影响目标群体的状况，会导致不同的服务质量。在社会领域中，NPO 项目的成效实际上定义了一个机构的目标和执行能力，不是写在宣言书上的文字，而是做出来的成效。

这里以三个例子来说明发展项目对 NPO 执行能力的要求。汶川地震后，紧急救助工作包括安顿灾民，提供医疗、食品、住宿。[3] 之后跟随而来的是社区重建、建立家庭、生产自救等。这需要大量的服务。灾民失去亲人引发

---

[1] Michael Edwards, "NGO performance—What breads success? New evidence from South Asia," *World Development* 27 (1999), pp. 361 - 374.
[2] Alan Thomas, "What is development management?" *Journal of International Development* 99 (1996), pp. 95 - 110.
[3] 易懿敏、赵文耕：《从紧急应对到专业规划》，《自然之友通讯》2008 年第 4 期。

的悲痛更需要心理辅导，这些是细致和长期的社区工作。① 但大量的 NGO 缺乏这些专业能力，难以在救灾后期提供这类服务，也难以做出专业性的报告和开展社会性协调工作。完成紧急救援后，大部分机构没有事情做就离开了。很多 NGO 没有找到发展定位，大部分组织仍然是三五人的规模，缺乏维持活动的资助来源。②

还有一个不太成功的例子。一个国际组织前些年对中国高原地区大量投入，想改善农村和学校的用水卫生状况。但在缺水的地区很难贯彻"便后洗手、早晚刷牙"。尽管花了上千万元修建水窖、输水管、无蝇厕所，但项目撤退后的两年内，水窖漏水不能使用，水管被农民卸了去卖钱，学校的厕所里飞着疯狂的苍蝇。

所以，对目标群体的状况和社会环境的评估，需要有专业判断能力，和很强的组织和协调能力，要考虑那些可能阻碍可持续发展的因素。不能只凭热情而冲刺那些一时间风生水起的短期效应项目。有大量的例子可以说明，无论是著名的国际项目，还是国内 NPO 的项目，这类投资无效的项目最后只留下资助机构的牌子挂在那里，被批评为：树立自己的道德标志、自我满足公益的激情、发挥自己行动的意志。这类项目在短期内为一些组织赢得了名气，几年后再去观察，这类项目早已"人走茶凉"。

光靠 NGO 自身的能力是难以推动可持续发展的，社会发展项目需要建立社会性的支撑。我们再以阿拉善地区农牧民的奶牛社会企业为例。③ 贺兰山西麓是阿拉善的生存屏障，贺兰队牧民 191 户 661 人放弃了 35 万亩森林草场，使其自然恢复并涵养水源山体。他们变为生态移民。刚下山时因为不满政府政策就上访闹事。自 2006 年 NGO 进入后，这些农牧民自主的生态项目委员会多次讨论，决定建立股份制集体奶牛场，并主动放弃开垦农地 900 亩，其经济损失 5 年是 225 万元（500 元×900 亩×5 年），但节水量是 360 万立方米（800 方×900 亩×5 年）。这个项目受到政府好评和支持，它推动生态移民自立并创造生计来源。这个奶牛场设计能力是 300 头挤奶牛，饲养规模在 600 头以上。现在奶牛场管理问题仍然很大，投资还没有获利。但农牧民没有上访，而是继续探索如何能够赢利。农牧民的经

---

① 刘猛：《5·12 灾后心理援助的经验与反思》，香港中文大学中国研究服务中心公开讲座，2009 年 12 月 7 日。
② 2011 年 4 月访问"5·12"抗震救灾民间救助服务中心郭红教授。
③ 参阅萧今《生态保育的民主试验》第八章"牛场曲折"（即将出版）。

营能力低与缺乏培训和社会服务体系有关。政府农牧局的技术支撑系统还没有形成,附近省份的农业学院也没有畜牧外展服务,农牧兽医教授缺少行动研究,执行项目的 NGO 缺乏技术,也没有达成发展共识和制定培训大纲。

以上三个例子说明,当目标群体的状况在复杂的社会环境中和发展过程中不断改变时,NGO 需要有专业能力做出判断,并提供相应的服务。在目标群体处于困境中时,项目停顿或者缺乏后续服务,项目就会面临废弃、停顿的命运。

另一重要的观察是,NPO 缺乏对从业者的培养,缺乏人力资源概念和培养计划。从业者大多是一种临时的心态。大部分的项目都是从业者自己讨论出来的,缺乏专业性论证和指导,缺乏目标主体的认可。相比之下,大学研究者指导下的 NPO 行动更具有专业性,持续性好一些。可能是他们的实践有理论和技术的支撑,加强了可行性。他们具有长久的事业心和耐心。例如,云南师范大学教育科学与管理学院王凌教授在贫困县多年实施马铃薯种植培训、学校教育的综合计划,得到农民和乡镇政府的接受,并发展起优质马铃薯种植产业。北京大学吕植教授的青海藏羚羊的保护和研究,为探索高原动物生存和牧民草场共生,提出有效的提案,如拆除草场围栏等。云南大学向荣教授的城中村的社区服务学习,既为新移民提供服务,推动他们自立和自助,又培养研究人员和新一代的大学生,深入基层亲身参与解决社区问题。这些项目直接惠及社区民众,而非仅仅停留在倡导阶段。但这些项目,包括阿拉善的内生式社区发展,要达到持续发展,仍然需要持续的努力,包括提高执行能力和专业水平以及提高整合社区资源的管理能力。

冯永峰和其他记者评论:有互联网的今天,在中国靠网络搞环保不难,坐而论道更易,造成中国的民间组织长于意识形态宣传,弱于实质性行动。① 根据笔者几年田野观察,可以把 NPO 的执行能力定义为四个高度。以环保 NGO 为例,大部分的环保 NGO 是在做环保宣传和倡导行动,这是第一高度②。据资深的环境保护专家估计,扎在社区里采取行动的环保 NGO 且有效果的,最多不超过 20 个,其使命是行动并推动社区的群体行动,这是第二高度。有的环保专家说,不能牺牲当地人的生计利益,在保护环境的同

---

① 冯永峰:《边做环保便撒谎》,世界知识出版社,2009,第 1 页。
② 参阅萧今《生态保育的民主试验》(即将出版)。

时还要做到民众有收益,做到保护和生计并行持续①,这是第三高度。在阿拉善的项目做到了这个程度,但碰到了瓶颈,引起内部争执,导致一些项目撤离。还有参与者提出:有效的生态保护是由点推广到面,覆盖到更多社区、更大的区域,发生社会效应。那是第四高度,目前这还只是基于第三高度的设想。②

几年来田野调查的另一个启示是,从业人员需要具备学习能力。能力建设其实包括 NPO 和目标群体两个团队的共同学习和成长。③ NPO 从业者和组织缺乏专业能力,就会限制自己的行动和指导的能力。社区项目需要持续的专业支持,而绝大部分 NPO 的执行团队只具有动员和倡导的能力。因此,NPO 目前最大的困境是缺乏专业能力。当然,如何组织 NPO 从业者的培训或自我训练,是有待探讨和在实践中解决的问题,也没有现成的模式。

中国的 NPO 还很年轻,其为自身制定的道德目标暂时超越了自己的专业能力。而中国教育界的社会服务体系、政府和企业的服务体系也还没有建立起来,NPO 的社会创新和超前发展会一直面临局限。所以,不断地总结各种发展项目的成功经验是非常重要的。采取同仁们共同学习的路径,以群体的集体认知,形成一个趋于完整、有社会实践验证的经验,才是比较可行的。社区发展、社区服务、社区学习,是 NPO 成员与目标群体共同学习和成长的过程,通过学习,自渔自立。

三 目标任务与资源募集

资源募集是 NPO 的另一个困境。一方面社会政策环境不成熟;另一方面 NPO 自身管理没有形成规范,难以获得公众信任。目前的资源募集活动主要是道德动员,或者某种社会关系的承诺。募捐计划缺少对目标群体需求的深入理解,缺乏行动计划的细致安排和可行性验证。多数方案随 NPO 主

---

① 访问阿拉善生态协会前副秘书长邓仪。
② 采访阿拉善生态协会企业家、阿拉善政府官员、部分阿拉善生态协会执行团队成员。
③ 萧今:《非政府组织的能力建设:项目管理及评估》,《中山大学社会建设论坛》论文(即将发表);Xiao, J. Cognitive Development: The Learning Path of Community Development Practitioners. In Victor Wang (ed.) *Handbook of Research on E-Learning Applications for Career and Technical Education: Technologies for Vocational Training* (Pennsylvania: IGI Global publication), 2009, pp. 710 – 723.

管随意性的思路而改变，导致项目难以监管。这是缺乏公信力的原因。

国际发展基金在中国的项目引入了"参与式"这个方法，一些有了经验的NGO从业者认为，"参与式"在执行上有缺陷，它动员当地人来"参与"执行外来专家设计好的项目。"你有钱，人家当然跟着你转，但这不是村民自己愿意做、能够做的。"① 这是项目失败的主要原因。

这里介绍一个NGO团队在阿拉善地区，对20个村落项目点的1841户6254人实行的内生式评估方法。② 这个本土的模式并不排斥"参与式"方法。这个模式的关键在于，村民自己成立管理委员会来选择、管理和实施项目，而非执行外来专家的计划，因此被称为内生。它受老百姓和政府喜爱，政府认为它是农牧民当家做主人的基层民主方式。

做项目的关键是观念的选择。NPO从业者是告诉老百姓"应该做什么"，还是让他们认识"自己想做什么、能做什么"？是专家要满足自己做公益的雄心和树立形象，还是让当地主体自己决定做什么？过去的教训是上级政府、外来专家学者制定目标，以优势群体的经验和手中的资源从上至下、从外到里地贯彻，很少考虑本地群体的价值观、行动特征和能力。内生式模式是当地居民自我发现、自己设计和认识他们想做什么。所谓需求评估，说白了就是去村子里，看人家自己想做什么东西，条件成不成熟。

第一步是与地方管理部门沟通，获得政治上的支持和通行证，与当地村党支部和村委会沟通，一起召开村民会议，说明："我们不是来做我们的项目，是和你们一起讨论你们的项目。"第二步，是与村民见面和沟通，了解村民们对自己村子的状况的看法。参与式的会议是可以采用的一个方法，大家坐下来，把村子的问题、资源、行动设想一轮一轮地讨论。但这个方法有所不足，有的村民在会议上不善于表达，有些问题各户情况不同，有的问题有长远性，专家的指标也难以衡量所有的问题。第三步是入户调查。第三部门的目标是推动民间老百姓自渔——自己做项目和自我发展，所以要聆听他们的想法，特别是一些藏在心里可能很多年想做但是还没能做成的事情。既然是老百姓自己做事，方法还要老百姓自己拿，根据他们的文化、资源和能力，

---

① 对NGO成员的调查访谈。
② 这个模式是由阿拉善SEE执行团队在2004~2009年创造的，成员包括阿拉善SEE生态协会的副秘书长邓仪、成李弘、王静、桂国栋、周朴、马空军、贾举杰、冯芙蓉、巴特尔、额尔敦、孟根、马彦伟等。参阅萧今《非政府组织的能力建设：项目管理及评估》,《中山大学社会建设论坛》论文（即将发表）。

选择可行的项目，由小到大，一步一步地学习和提高能力。入户调查也是有科学性的，用分层抽样的方式，选择经济条件、民族等不同的家庭。调查时项目官员与老百姓深入接触，双方的角色定位十分重要，从业者要做到：在心理上把自己外来的那种优越感完全去掉，明确来的目的是协助当地的目标群体，他们才是行动的主体，他们的意愿是行动的动力，资源是捐赠者的公益支持。调查的问题包括：迁徙由来、家庭的现状、生产情况、生活情况，并包括很多细节，像作物、市场、生态、用水、养殖和种植的资源和技术，等等。通过这些才能理解社会和环境的变化如何影响了居民的生活、生产和生态等问题。最重要的是让居民自己阐释发生了什么，例如草原的草现在为什么不够羊吃了。审视自己所处的状况，思考可以做什么。所以，PRA 和社会调查这两个大的步骤结合起来，才是一个比较完整的需求评估。[1]

在 NGO 的行动中，从业者往往满足于自己了解了情况，就回到电脑前做计划，也像学者一样开始做分析、写政策建议文章。被忽略的是：村民之间根本还没有达成行动的共识。这也是从上至下的政府政策、从外到里的专家计划累累失败的根本原因。社区的集体行动要有共识和协调，村民要相互理解。第四步是引导社区村民互动和交流，推动他们自己组织各种会议做讨论，分享各种想法，在公开的会议上分享解决问题的思路。当村民自己召开会议，调动起互动的氛围，把自己的想法说出来，先集中问题再梳理和对问题分类，这时就开始产生共识了，村民开始讨论社区面对的生态和生计的问题，建构解决问题的思路。更加长远的方法是，建立当地的公共管治机构，这是第五步。村民有了具体的行动想法，执行团队就协助村民成立自己的项目委员会，集体开发项目，自己管理和实施。这是一个民主过程，村民们先海选出热心公益、有经验和有能力的村民成员，做项目管理委员会成员，被选上的成员再确定他们"内阁"成员的责权。第六步是形成公共决策。项目管理委员会召开村民大会，基于共识提出解决问题的思路，NGO 从业者协助村民撰写建议书，以比较规范的格式，把他们的设想制定成计划。开始，村民的书面写作并不十分严谨，但这是一个学习的过程。之后，村项目管理委员会以公共自治机构的身份向 NGO 申请资助。这样，当地居民就形成了一个公共的管治结构，而外来 NGO 只做指导和咨询，不越俎代庖，项目有资助机构输入资源，有当地政府支持，有村民代表大会监督。这种模式

---

[1] 根据对数十名 NGO 从业者的现场访谈。

是阿拉善SEE生态协会邓仪副秘书长和他的团队前期在近20个村子里建立的,7年来村民们还在继续管理自己的项目。

一个村的项目管理委员会还是势单力薄。第七步是在村镇片区里设立项目申报的公共机制。每个村子的生态项目管理委员会推荐一名成员出任代表,当地的专家、政府、NGO各有自己的代表。所有村子的项目要在项目申报会上公开宣讲,由评审团和参会公众提问并评议,再由评审团匿名评分。最后,总分最高的一定数量的项目就获得资助。获得资助的项目还要根据公共评议改进。① 这个机构可以进一步完善,形成村落之间各个项目委员会、专家、NGO、政府和公众共同监督项目进程的公共管治机制,并评估项目成效。但由于资助项目的这个NGO专家过于欣赏自己对资源的控制权力,后来一个人修改了审批程序,其NGO代表具有了一票解释权和否决权,因而这个公共项目申报会的试验流产了。

公益发展项目应该放到社会公众的监督之下,公益捐赠的资源不能仅仅由NPO里热心、道德高尚的外来专家决策和执行,由他们自己作总结报告。有公共监督机制才能获取社会信用,因为NPO的终极目标是让民间社会发展,不是再形成一个"二政府",主宰民众的发展。

上面内生式的社区模式就是一个有民间自我发展过程的模式,对于NGO的从业者来说,这是一个外部性的社会目标。这个发展模式被阿拉善盟扶贫办在60多个嘎查(村)整村扶贫和保护行动计划中推广。2011年夏天,阿拉善15个嘎查的30多名基层骨干又接受了培训。它的复制不一定那么精细,但毕竟有了雏形。2011年笔者两次到几个村观察农牧民自己推进和管理的项目,包括股份制养羊、扶持贫困户养猪、股份制葵花仁生产等,看到这些项目为农牧民带来了经济收益。

而筹资计划书是充分了解社区情况之后,由居民们共同制定的行动计划,NPO成员只协助村民学习撰写筹资申请和计划。筹资计划书应该包括:(1)摘要;(2)背景;(3)主要问题分析;(4)项目方案和目标;(5)行动计划;(6)整个工作计划和预算;(7)短期的工作计划和预算,并包括对各个分目标及其活动的陈述、预算和说明、预期效果;(8)对活动特征和意义的说明。每个年度要有短期评估和审视,及时根据项目进程改善计划。这个计划提供可遵循的原则条例,供资助机构和公众评审。

---

① 参阅萧今《生态保育的民主试验》第十一章"公益款谁有权放水"(即将出版)。

四 成本和绩效评估

NPO 介入性发展项目，其功能实际上是利用公益款做社会发展性投资。这种投资是多种多样的，如教育、卫生、环保、赈灾、扶贫、法律咨询、福利保障、技术专业、小额信贷、文化活动等，受益的人群包括农民工及其子女、残障人士、贫困人口、生态移民、受歧视群体、空心村中的妇女儿童老人等。其终极目标是：改善目标群体的状况，提高社会公平程度，推动公民亲身参与并推动社会发展。

在有社会问责的机制里，社会公益款必须有公开的评估。其一，向捐赠方提交报告，审查资金是否用于指定项目，保证资金流通中没有发生变故。其二，由于是民众在推动自我发展，他们在项目执行过程中要学习自我管理，所以资金投入也是社会性的人力资本的投入，是一个社会性的成人民主的自我继续教育，即在实践中学习、提高生产、提高收入和生活质量。参与者应该明了资金使用的效率——发展的成效：花了这些钱，他们的问题到底有没有改善？其三，公益投入必须告知社会，特定的发展项目/手段是否有成效。这是人类公共知识和实践的积累。评估结果可以用于项目调整，配合目标群体的发展程度，进一步制订适时的计划。这三方面构成了评估的社会道德基础，因此，成本和成效分析非常必要。

纵观 NPO 的项目总结评估，通常是总结收支总额、实施的活动种类、受益群体的人数和他们的感受，缺少达到目标的成本和成效分析。了解 NPO 采取的措施/活动的成效非常必要，可行的一种方法是成本成效分析法，包括成本效果、成本效益、成本效用、成本可行性等分析[1]，它们有助于审视项目的成效。

投资者希望提高资金使用效率，提高社会改善的程度。举例说明，如果中国公益款一年投资 100 亿元，提高 3% 的使用效率，就有 3 亿元可以用于更多的项目。如果给一个村分配 6 万元扶贫款，就可以帮助 5000 个村；如果一个村的村民能出等额资金，可以调动起民间 3 亿元资金；如果政府投入

---

[1] 亨利·莱文：《成本效益分析》，曾满超、钟宇平、萧今编译《高科技、效益、筹资与改革》，人民日报出版社，1995，第 75～172 页；Henry M. Levin, Patrick J. McEwan, *Cost-effectiveness Analysis: Methods and Applications* (London: Sage Publications), pp. 6-26。

等额扶贫款，就能再调动 3 亿元资金，一个村就可以形成 18 万元的扶贫资金，并形成公益事业的社会成本分担。如果捐赠者知道目标群体和政府在分担社会发展的成本且有成效，还有公共机制管治和监督，项目就能获得信誉和社会影响力。有社会多方共同参与，特别是有目标群体的自我承担，就构成了确实的民主参与，这是社会发展的推动因素。下以实例为证。

先讲成本效果分析。成本效果分析是对项目方案、投入及达到的效果作评估，比较达到同一目标的不同方案的成本和效果。具体而言，解决社会问题必须选择具体方案和目标，如减少村里儿童疾病发生次数、增加新移民就业年期、减少羊群只数并以优质羊配种提高单位羊只的产毛率，等等。以沙漠和干旱地区为例，大量开垦土地加上大水漫灌的农耕方式，使地下水急剧下降，危及了生态可持续能力。地区政府的 5 年计划预期要把年抽取地下水 5049 万立方米减到 2310 万立方米。

阿拉善左旗吉兰泰镇的一个村，2008 年在 237.7 亩土地上试验膜下滴灌技术。这项技术将水、肥、农药等，按作物生育期的需要量加以混合，借助管道，以滴状均匀、定时和定量地直接浸润作物根系发育的周围土壤。同时用薄膜覆盖农作物周围，起到保温和防止水肥挥发的作用，是一种高效节水灌溉方式。使用膜下滴灌后，每亩用水从水泥管灌的 526 立方米降到 271 立方米，节水率为 48.5%，节省电费 51%（见表 1）。这个效果比用水泥管灌的效果更好①。

第二种是成本效益分析，用于评估各种不同方案的成本和收益。在分析中，成效是以利益来计算的。再以节水灌溉为例（见表 2），与土沟灌溉相比，管灌种植减少了抽取地下水，也降低了抽取地下水的电耗费，降低农业种植成本，因而收益增加了 7.2%。进一步采用膜下滴灌，收益比采用管灌增加 6.7%，比土沟灌溉增加了 14.2%。由于每亩地的膜下滴灌的第一年的公益投入只是管灌的 30%（1278 元/4320 元），因而膜下滴灌的投入是相对比较低的，由此看来是比较可行的方案。

实际情况很复杂。设备利用期以 20 年计算，膜下滴灌每亩地总成本为 4947.5 元，年均成本为 247 元。但第一年每亩的投入为 1272 元，包括 1072 元为田间管道设施和 200 元每亩地上的毛管成本，以后每年农民要为每亩支

---

① 参阅贾举杰、桂国栋《阿拉善地区膜下滴灌节水试验项目报告》，阿拉善盟巴彦浩特，2008 年 12 月。参阅萧今《生态保育的民主试验》第十章"节水灌溉实验"（即将出版）。

表1 节水灌溉成本效果分析

方案	试验前			节水灌溉试验				试验后效果			
	面积(亩)	用水量(方/亩)	电费(元/亩)	总投入(万元)	平均投入(元/亩)	平均年投入(元/亩)*	单位节水成本(元/立方)	电费(元/亩)	用水量(方/亩)	节水率(%)	节电率(%)
土沟灌溉(2005年基线)	89400	700	126								
土沟灌溉	16000	700	126	6912.5	4320						
土沟灌溉	9400	700	126	4060.8	4320	216	1.02	82.3	480	31.4	32
水泥管灌	237.7	526	90	30.4	1279	247	1.18	46	271	48.5	51

*设备以20年折旧期间算。

表2 节水灌溉成本效益分析

单位：元/亩

方案	试验前				节水灌溉试验	试验效果			收益率(%)	
	电费	总支出	毛收益	净收益	方案	电费	成本	净收益	试验前/后	试验/土沟
土沟灌溉(2005)	126	346	960	614	水泥管灌(2006)	82.3	216	658	7.2	7.2
水泥管灌(2007)	90	303	960	657	膜下滴灌(2008)	46	247	701	6.7	14.2

付144元上下的毛管成本。由于农民要在今后19年中担负总投入成本的70%，即便膜下滴灌的长远的节水效果比管灌好，农户现金收入还难以平衡毛管投入成本，因此不愿意做膜下滴灌。而NGO和政府也不愿意负担长期的投入。因而这个有节水前景的项目大规模推广的情况至今不理想。"如果政府制定政策，每年给农户补贴毛管成本，企业回收旧毛管减少新毛管成本，就比较理想了。"这是农户的设想而已。相比之下，管灌每亩地的总成本是4320元，年均每亩成本以20年计算为216元。由于铺设管道的总成本是政府一次性承担，即使节水效果和收益都不如膜下滴灌，由于农民没有后续的经济负担，该方案很容易执行。因此谁支付成本是一个很关键的因素。还有以如此抽取量，当地沙漠的地下水到底还能维持几年？

单一的节水项目很难执行。实际中有成效的项目是综合性的社会工程。在试验节水技术的同时，阿拉善地区的NGO和农户还试验种植高产节水的农作物，并成立了社区基金，用小额贷款来补足农民的成本分担（下面再讨论成本分担）。2012年阿拉善农区开始引进洋姜，每亩毛收入预计2500元，所提取的非蔗糖分可供糖尿病人用。但复杂的问题是，技术、设备、市场是否能使得这样的项目持续。

第三种是成本效用分析。有的发展方案其成效只能以主观的判断作为指标。例如希望工程的理念认为：提供教育机会、救助儿童会改善农村人权的状况，行动的目标群体是青少年，通过希望小学来保障儿童的权利。[①] 儿童权利是很难直接观察到的指标，评估就以受救助学生比例、建设希望小学的资金、数量等作为指标。其隐含的主观判断是：教育机会可以保障儿童的主要的权利。希望工程在贫困乡均受资助儿童，1990年为8.8人，比例是11%，1996年为74.7人，比例是57.5%。1990~1993年建成希望小学36所，以后年年建设，到1998年，一共建成1517所（见表3）。根据班主任反映，受助学生的成绩提高了。另一个例子："多背一公斤"项目设计了几种教育性盒子，有美术、手工、阅读和戏剧等。教育的效果往往要一段时间或者很多年后才能显现出来。所以，可以暂时以常识的主观判断：教育盒子能够提高学习的趣味性，使农村的孩子获得更优质的教育。很多年后这些孩子回顾成长，会感叹：啊，要是没有希望工程的资助、没有那只盒子的启发，我怎么也成不了画家！

---

① 中国科技促进发展研究中心：《捐款是怎样花的——希望工程效益评估报告》，浙江人民出版社，1999，第20、15~27页。

表3 1990~1998年希望工程小学298个县投资和效用

	1990~1993年	1994年	1995年	1996年	1997年	1998年	合计
希望小学（所）	36	105	225	289	421	441	1517
投入资金（万元）	755	2040	4568	5369	6063	6964	25757
校均投入（万元）	21.0	19.4	20.3	18.6	14.4	15.8	17.0

资料来源：中国科技促进发展研究中心：《捐款是怎样花的——希望工程效益评估报告》，浙江人民出版社，1999，第22页。

成本效果、成本效益、成本效用分析都有共性，可以比较和选择最佳方案。例如，就达到同样的目标而言，可以选择成本最低的方案；就同样的预算成本而言，可以选择成效最佳的方案。在实际中，发展性项目往往受资助额度的限制，一旦超过了资助方的预算额，就不能被考虑。例如，某个基金对一个村的资助限定在10万元，每个贫困户的资助是1000元，超过限额，即使方案再好，资助提案也会被排除在考虑之外。所以，成效和成本的计算是必要的。

本文简述了成本成效分析方法。另外，成本内涵的分析是成本成效分析的基础，包括确定分析构架、成本的概念和度量、成本价值等问题，不在此赘述。值得提出的是，成本成效分析除了经济和财政考虑之外，它的价值是通过公共过程来完成的，例如以信息透明来防止资金被权威人士、NGO内部个人意志操控，并促进项目质量提高。更重要的是，分析的过程可以是一个多群体共同选择发展手段的过程。

最后，介绍一个效益很好、项目成本（社会）分担的实例。[①] 仅仅依靠目标单一的基金会资助，难以达到社会性的救助目标和取得持续的效果。一个社区的发展、一个贫困户救助、一片区域的环境保护是多个因素协调的结果。例如，解决儿童的就学问题还是解决不了贫困根源的问题。表4展示了内蒙古阿拉善地区7个村寨社区建立社区（股份）基金的情况。为了支撑持久的生态保护和生计项目，农牧民在NGO的指导下，由项目管理委员会决策，建立社区基金，成为村民生产和生活小额信贷来源。表4展示了股份基金的总投入和分布。政府以扶贫款向生态移民村倾斜，而农牧民投资超过NGO的投资。表4还列出了基金增长情况。

---

① 本节资料来自于对阿拉善地区149个项目的追踪调查。

表4 阿拉善盟7个村寨社区（股份）基金投入及运行效率（2006~2011.4）

嘎查（村）	建立年份	户数	资本投入及分布				基金增长			使用效率			村民贷款收益率（%）[2]
			总投入资本（元）	SEE*资金（%）	村民（%）	政府（%）	基金总额（元）(2011.04.30)	基金年增长率（%）	户均资本（元）(2011.04.30)	贷款周期（月）	贷款次数	每次贷款额（1/3农户户均元）	
贺兰队（2005.9~）	2006	77	317612	17.2	19.8	63.0	334392	1.3	4343	6	10	12701	—
黄土沟（2005.9~）	2006	31	62000	43.2	56.8	0.0	70200	3.3	2265	6	10	6397	—
岗格（2008.3~）	2008	78	156000	40.0	50.0	10.0	178412	7.2	2287	12	3	6431	—
珠很高勒（2006.7~）	2006	30	30000	50.0	50.0	0.0	31035	0.9	1035	12	5	3052	—
牧草场（2005.7~）	2007	78	140400	44.4	55.6	0.0	167173	6.4	2143	12	3	5915	—
希尼呼都格（2006.6~）	2009	27	162000	25.3	50.0	24.7	17664	6.0	6358	12	2	18537	—
赛汉塔拉（2006.6~）	2006	98	2458000	0.0	41.1	58.9	2770000[1]	3.2	28265	—	—	—	23.54[3]
总计		321	3326012	7.9	40.9	51.2	3722876		6671				

说明：1 包括股份制企业和基金两项。
2 收益率的计算包括：贷款节约的利息率；每次贷款的收益。
3 按照2009年农牧民分红计算。
* SEE 指阿拉善 SEE 生态协会。

村寨基金建立流程①如下：第一步，经验扩展，到已经有基金的村寨学习。第二步，回来后与全体村民分享经验。第三步，通过村民大会做村民需求评估，了解建立基金的意愿。第四步，通过民主选举，组建社区基金项目管理委员会。第五步，村民大会讨论出资与借贷规则，规定社区发展基金出资、借贷、管理方案等细则。第六步，按照细则集资：由管委会人员收取每户入股资金、开设银行账户，会计和出纳一个人拿着存折，一个人保管存折密码。政府和NGO按照商议好的比例配给资金。多群体承担的基金就这样建立了。

政府和NGO的配股比例是1∶1或者2∶3不等。基金形成后有扩股、升股等配比额变化。例如，扶贫办2011年初向贺兰队注资15万元，成为基金大股东。基金管理也出现过撤股的情况。2007年扶贫办向牧草场村基金注资16500元，占10%，村民占50%，NGO占40%，基金总额165000元。由于管理周折，镇政府2010年1月撤回全部资助。

基金管理是把入股户分为3组，3户联保。每一轮只贷款给一组人并收取3%~7%的利息。贷款到期，贷借款户连本带利一起还回。基金委员会的管理费用一年只有100元的电话费。扣除管理费后，就按股份额计算，看每股增长多少，并马上贷给下轮户。时至今日，各社区基金回收率均是100%。

基金帮助农牧民维持农忙时节的资金需求，例如，支付抽水的电费、买种子化肥、给孩子交学费等，或者补偿收入不足。例如，一个农户看到旅游对羊肉的需求，几十元一只小羊羔，共买几十只，育肥几个月后，以150元到200元卖掉，就把农作物出售收入亏损或者节水膜下滴灌的成本费赚回来了。

总结起来，社区生态保护基金利息低、管理成本低、比较安全，直接为农牧民服务，补贴生活和生产上的需求，防止了在他们缺钱时再度砍伐梭梭柴、搂发菜、挖甘草去破坏草原植被。② 这个基金的突出特点是：（1）发展性项目实现社会性的成本分担，调动起政府、农牧民和NGO，把公益事业做成共同承担的社会责任。（2）在经济学上的贡献是，把消耗性公益投入

---

① 村寨基金模式的创造者是邓仪，阿拉善SEE生态协会前副秘书长以及他的团队和项目点的农牧民。
② 参阅萧今《生态保护的民众试验》（即将出版）。

变成了持续滚动的资本,这是一个重要的社会创新,为社会节省了资金,是可持续性的资助方式。(3)在管治结构上,形成了村的公共组织管理。(4)成效上形成了本地基金多功能性,农牧民按照自己的需要用款,避免了NGO单一资助的限制。其效益和持续性是应该受到重视的。

五 结语

本文以几年的田野调查为基础,参照各种案例,总结公益事业中成效好、可持续的案例。第三部门以公益理念为行动方向,第一,要明确其机构的终极目标必须具备外部性特征,即推动目标群体自立和自渔地发展,以此改善社会民众的参与性,包括政治、经济、社会和文化各种活动的参与。第二,这样的组织和行动是需要管理的,需要公众可以监督和审视的机制。第三部门的行动涉及很专业的服务,从赈灾、医疗救助、福利保障、法律咨询、教育、农业技术引入、生态保育到社会企业经营等,对它的管制需要以可行性、成效、道德来评估。NPO需要提高专业能力,制订长远的人力资源计划,提高成员的专业水平,超越第一高度的陷阱——仅仅停留在对目标群体倡导和鼓动,或者仅仅满足于自我行动的满足感。第三,NPO自身需要能力建设。第四,以社会公益道德动员起来的捐赠款是社会性投入成本。为了提高服务的质量,并且适应目标群体的发展需要,成本分析是一个很好的评估方法,对发展项目的成效——效果、效益、效用和可行性做实证的分析和评估。从调查中可以看到,那些以目标群体为行动主体的项目,资金使用质量会比较高一些。因为基层的民众更清楚自己需要什么样的服务,他们自主决策、执行和管理,能提高资金使用效率和透明度。当然,他们的行动一样需要有社会的公共监督,一样需要提供专业服务。

中国的公益事业刚刚开始。需要从第一高度——鼓动和倡导,尽快进入第二高度,进入社区推动公民自主、自立地行动,自己把握发展的过程。在第三高度里,目标群体要达到持续地自渔。第三部门大多数有胆识和毅力的从业者,具有第一高度的推动力。当下,NPO总体方向应该推进第二高度的实践,但大部分成员没有接受过专业和管理的训练,这是NPO发展的当务之急。要在第三高度上达到有经济效益、可持续发展,整个社会还缺乏经验和认知,因此比较成功的社区经验非常宝贵。要攻克这个高度,需要政府、大学等专业机构、企业等,提供社会性的服务网络来共同支撑,要有社会多群体的认同和资源整合。社区基金之所以能持续，是它有了村民、NPO和政府共同支撑和监管。但在社会层面，中国还没有达成社会共识和形成社会服务网络，连大学这个应该最具"公器"性质的机构也缺乏社会性、缺乏外展的专业培训机构。另外，第三部门需要考虑社会性的终极目标，并以此制订人力资源长远计划，增加专业能力训练，增强组织发展能力、政治协商技能和社会资源整合能力等。在转型中的社会，难以找到一个完美的模式。NPO的能力建设应该是多群体共同参与的发展过程，需要虚心观察并借鉴各家之长处。

中国公益组织试水社会营销

1971年，科特勒（Kolter）和扎尔特曼（Zaltman）提出了"运用商业营销手段达到社会公益目的"的社会营销理论。这一理论一经提出，立即得到世界各国的广泛重视，美国、加拿大、澳大利亚和一些发展中国家率先将市场营销理论运用于环境保护、计划生育、改善营养、使用安全带等具有重大推广意义的社会目标方面。美国的国际开发署、世界卫生组织和世界银行等开始承认这一理论，认为社会营销是推广具有重大意义的社会目标的最佳途径。① 在这些社会营销的应用实例中，社会营销使目标对象行为自愿发生变革，使这些人群受益，从而实现社会价值。社会营销的目标人群市场可分为两类，一类是捐赠人市场（包括志愿者），他们行为的自愿变革能够进一步使其他人受益，最终促进社会价值的实现；一类是受益人市场，他们行为的自愿变革使其自身受益，最终促进社会价值的实现。对受益人市场产生影响是社会营销所聚焦的层面，当然，社会营销也广泛地影响着捐赠人市场。

目前在中国，大多数公益组织的社会营销更多聚焦于捐赠人市场，聚焦于受益人市场的并不普遍。同时，即便应用了社会营销，也存在一定的不足，例如缺乏对社会营销理论系统性的应用，很少深入了解目标对象的需求，不能从满足其需求入手推动目标对象自愿发生行为变革。另外，大部分公益组织将社会营销理解为简单的公益公告，例如，大部分进行艾滋病防治和儿童权利保护的机构往往停留在机构的形象宣传和口号宣传层面，只有少数机构进行一些有目的的策划与推广。事实上，社会营销对于公益组织的意

---

① http://wiki.mbalib.com/wiki/%E7%A4%BE%E4%BC%9A%E8%90%A5%E9%94%80.

义不同于简单的广告和宣传策划，社会营销作为一种有助于提升公益项目或公益活动效率的有效途径并没有得到公益组织的重视。

一 国际上轰轰烈烈的社会营销

美国平均每四个成年人中就有一个患有高血压，每年70万例死亡与高血压有关，改变生活方式对预防和治疗高血压可以产生作用。1972年，美国高血压教育计划开始运用社会营销理论，由医疗机构的专业人员和志愿者、国家卫生部门及许多公益组织共同实施，取得了国家心脏病、肺脏、血压协会和国家卫生学会血压学会的支持，诊断和控制高血压，降低由高血压导致的死亡和残疾。社会营销计划深入了解目标对象的需求，从目标对象的需求出发，设计了社会营销4P组合策略，从而保证了计划的有效进行。

计划成功地运用了社会营销理论：（1）计划识别出高血压高发病人群的核心需求为"低成本控制血压"。（2）计划采用的价格策略是抵消进入成本与退出成本的障碍，满足目标对象的"低成本"需求，让目标对象不必去医生那里测血压（去医院检测高血压很麻烦，进入成本高），在自己家中测血压，并保存记录（改变饮食习惯有难度，退出成本高）。（3）计划采用的社会营销渠道策略是尽可能使目标对象容易接近活动地点（在社区卫生中心或自己家里），降低目标对象参与活动的成本。（4）计划采用的社会营销的促销策略是对该公益活动进行广泛的宣传，重点放在目标对象能获得何种收益的宣传上，如让他们了解血压的重要性和改变生活方式的好处。

计划刚实施时，只有不足1/4的美国人知道高血压、吸烟与心脏病的关系，项目实施后，有超过3/4的美国人认识到了三者之间的关系。不仅如此，这项运动还成功地说服全体美国人至少测量了一次血压，3/4的美国人每半年测量一次血压。1960~1991年四次全国性调查的结果显示，在此期间，心脏收缩压的平均值下降了10毫升汞柱。这表明美国大众不仅了解了国家高血压教育计划，还在按该计划提出的要求做。这种方式将成功减少心脏病死亡率。①

---

① 〔美〕菲利普·科特勒、内德·罗伯托、南希·李：《社会营销：提高生活质量的方法》，俞利君译，中央编译出版社，2006，第30页。

这并不是社会营销的个案，社会营销的应用在国际上已扩展到许多领域，并取得了良好的效果。从20世纪70年代计划生育运动首次运用社会营销以来，由计划生育运动扩展到艾滋病的预防，并进一步扩展到其他领域。目前，西方国家的众多公益组织已经在它们的工作中越来越多地应用社会营销来推动工作，在提高健康水平、预防伤害、环境保护和为社会作贡献等众多领域取得了明显的效果。世界银行认识到社会营销在国际活动中的威力，着手开展了一系列有关社会营销的战略和远程学习计划。在认识到社会营销日益重要的作用后，社会上还出现了许多以社会营销为内容的工作，咨询公司也开始进入社会营销领域。

二 社会营销理论的发展

在理论上，社会营销借助于已有的市场营销学理论和框架，迅速搭建起了自己的理论框架体系，逐步成为一个独立的学术领域，并逐步发展起来。社会营销理论的发展可以分为两个阶段。

第一个阶段是创立阶段（1969～1989年）。科特勒和莱维（Levy）在《营销观念扩大化》的论文中，提出了扩大市场营销的含义、把市场营销的原理和技巧应用到公益组织和其他部门的观点。在此基础上，1971年科特勒和扎尔特曼发表了《社会营销：有计划的社会变革》，首次提出"社会营销"（social marketing）一词，并提出社会营销是"对用于影响某种社会观念的接受程度的流程进行设计、实施和控制，它包括产品规划、定价、沟通、分销和市场研究等要素"，主张社会营销的营销对象是社会观念。该定义中的要素基本是从市场营销的概念中移植过来的，只具备雏形，而没有形成一个明晰的定义。后来，科特勒等人探讨了"谁需要社会营销"和"社会营销能完成什么"的问题，为社会营销的应用指明了道路。社会营销被提出后，引起了热烈的回响与探讨。许多著名学者都投身到对社会营销的研究中。科特勒、罗伯托及安德雷森又发表了许多社会营销学术文章。与此同时，也有学者对社会营销持否定的意见，如南伊利诺斯州立大学的拉克教授就认为，社会营销的概念不能准确地予以界定，它的提出给营销学界带来了混乱。但社会营销理论仍旧向前发展，社会营销在这一阶段走入大学讲堂。世界银行、世界卫生组织以及疾病控制与预防中心开始使用这一用语。1989年，科特勒和罗伯托出版了第一本社会营销的教科书《社会营销：变革公共行为的方略》，提出完整的社会营销框架，对社会营销的理论研究和实践都起到很好的指导作用。他们在该教材中提出，"社会营销是一种用于变革行为的战略。"这个术语的意思逐渐演变为社会变革管理科学，具体指设计、实施和控制变革运动，实现在一个或者几个目标接受者群体中提高某种社会观念或实践的接受程度的目的。与最初的定义相比，社会营销的含义已经有了一定的扩展和提升，显得更为系统化。

第二个阶段是发展阶段（1990年至今）。20世纪90年代至今是社会营销发展的重要阶段。这个时期，社会营销得到了学术界和实务界的普遍承认，人们不再争论是否应该有社会营销，而是把重点放在"如何实施社会营销"的问题上。这个阶段开始出现关于社会营销的专业学术会议。1990年，在南佛罗里达大学公共卫生学院的倡议下，一个社会营销的全国性年度学术会议——"社会营销与公共卫生"研讨会隆重举行。1994年，首届"社会营销的创新研讨会"年度学术研讨会举行，标志着社会营销学者们不再满足于借用市场营销的理论和方法，而开始重视社会营销自身的创造性发展。同年，在南佛罗里达大学公共卫生学院和Best Start公司的共同努力下，《社会营销季刊》创刊。这是第一本专门研究社会营销的学术期刊，它的创办在整个社会营销的发展史上具有重大的意义。随着条件的成熟，1999年，在著名的社会营销学者、美国乔治敦大学教授安德森的倡导下，"社会营销协会"在美国华盛顿特区成立。安德森还暂时担任了协会的执行理事。协会的成立是社会营销发展的一个标志，从一定程度说，它意味着社会营销这门学科得到了社会的公认。

在此阶段社会营销的研究也取得了很大的进展，出现了一批重要的理论成果，大量有关社会营销的理论性或实务性书籍得到了出版。1994年，安德雷森对社会营销早期的定义进行了审慎的批判，他给社会营销下了如下的定义："社会营销是将商业营销的概念和工具运用于旨在影响目标群体自愿行为的计划中，其主要的目的是提高目标群体或其所处的社会整体福利。"1995年，他在其著作中进一步完善了这一定义，将"运用"具体化为"分析、计划、执行和评估"。他在三个方面深化了理论界对于社会营销的认识：首先强调了社会营销的目的在于目标群体行为的改变，而并非此前所普遍强调的社会观念和实践的接受程度。其次，指出社会营销带来的目标群体行为的改变是其自愿采取的行动。最后，明确了社会营销方案促使人们采取自愿行动的主要目的是为了目标群体自身利益或者社会的整体福利。另外，社会营销领域中出现新的研究课题"社会联盟"，特指营利组织和公益组织之间的伙伴关系。这个时段的后期，研究者也在努力探索社会营销进一步发展的途径。2002年，安德雷森针对社会营销发展的现状，提出了通过"品牌化"来推动社会营销的发展。赫夫勒和凯勒（Hoeffler & Keller）则具体探讨了社会营销对品牌形象和消费者品牌忠诚度的潜在利益。同时，部分学者开始在社会营销研究中运用定量的研究方法，通过统计抽样的方法收集数据，建立和验证假设。同样在2002年，科特勒与他人合作出版第二版社会营销教材《社会营销：提高生活质量的方法》，在吸收其他理论成果后，社会营销的概念被重新定义为"社会营销是指为了个人、群体或社会整体利益，采用市场营销的原理和技术，使目标群体自愿地接受、拒绝、改变或摒弃一种行为"①。此时，社会营销主要是从营销的内容和目的的角度来进行界定的，社会营销活动的主体则不是区分的关键点，公益组织、营利组织或政府部门均可以成为社会营销主体。就其本身而言，社会营销提出了一个桥梁性的机制或框架，使得心理学、社会学、行为学等理论知识能够最大限度地同对社会有益的应用结合起来。②

社会营销之所以在国际上盛行且收效高，其原因是：

（1）市场营销理论自身发展促使社会营销出现。市场营销理论（Marketing）于20世纪初期产生于美国。随着社会经济及市场经济的发展，市场营销学发生了根本性的变化，从传统市场营销学演变为现代市场营销学，其应用从营利组织扩展到公益组织，其营销对象从有形产品发展到无形服务，再到行为的变革。随着市场营销理论扩张，社会营销出现了。

（2）社会营销理论逐渐成熟，得到舆论的广泛关注和传播。自从20世纪70年代以来，从最初对社会营销是否存在的争议，到后期议题主要集中在如何更好进行社会营销，社会营销理论迅速发展，社会营销进入大学课堂，并通过研讨会等活动，吸引了舆论的关注。这些，均为国际社会实践社会营销奠定了扎实的理论基础。

---

① 〔美〕菲利普·科特勒、内德·罗伯托、南希·李：《社会营销：提高生活质量的方法》，俞利君译，中央编译出版社，2006，第5页。
② 周延风、黎智慧、董海国、祁勇：《社会营销：涵义、发展历程及对我国的借鉴意义》，《湖北经济学院学报（人文社会科学版）》2005年第2卷第2期。

(3) 越来越多社会问题通过公益组织得到解决。在国外，随着社会问题增多、全球环境急剧恶化、资源日益短缺、人口超常增长，经济的高速发展造成了严重的贫富分化，社会问题亟待解决。许多国家早就把公益事业的实施交到了社会的手上，很大程度上是由公益组织解决社会问题。在这种情况下，如何利用有限的资源解决越来越多的社会问题成为摆在公益组织面前的难题，而社会营销也许就是方法之一。

(4) 学者关注社会需求与社会整体利益的实现。同样自20世纪70年代起，经济的高速发展造成了严重的贫富分化，人们开始质疑以追求商业利益为主导的纯粹市场营销的做法。这时，部分市场营销学者们的目光也从千万百计追求商业利益最大化的市场营销中转移出来，开始关注社会的需求和社会的整体利益，开始重视应用市场营销的原理和技术来解决社会问题。例如，科特勒第二版《社会营销》教科书的副标题就是"提高生活质量的方法"，这样的名称包含了作者对社会福利的追求。

(5) 实践中社会营销得到广泛应用。实践中，那些采用与市场营销类似方法的公益项目更为成功，更能引起重视。世界上许多国家在计划生育、慢性病预防、环境保护等社会问题上广泛应用了市场营销的原理和技术，并取得了显著的成效。理论与实践总是相辅相成的，一些学者注意到实践中的现象，加以深入研究，促进了社会营销的发展。实践也证明社会营销是有效提高公益项目效率和效果的方法。很快，人们发现那些应用社会营销开展公益项目的公益组织变得更有效率，其公益项目更有成效。社会营销开始从计划生育领域，扩展到公共卫生领域，再扩展到几乎所有公益活动领域。

三 社会营销的核心

如前文所述，科特勒与他人合著《社会营销：提高生活质量的方法》在总结前人理论成果的基础上，提出关于社会营销较为权威的定义："社会营销是指为了个人、群体或社会整体利益，采用市场营销的原理和技术，使目标群体自愿地接受、拒绝、改变或摒弃一种行为。"[①]

---

① 〔美〕菲利普·科特勒、内德·罗伯托、南希·李：《社会营销：提高生活质量的方法》，俞利君译，中央编译出版社，2006，第5页。

1. 社会营销不同于市场营销和公益营销

由定义可以看出，一方面，社会营销是从市场营销发展而来，利用了市场营销的原理和技术，从某种程度上来说，社会营销是市场营销的高级阶段，是对市场营销传统领域的扩展。另一方面，社会营销与市场营销本质不同。简单来说，就是运用商业营销手段达到社会公益目的。从营销目的来说，从追求企业利润最大化扩展到追求社会公益目的；从受益对象来说，从企业利益扩展到社会整体利益；从营销主体来说，从营利组织（企业）扩展到公益组织和政府；从营销方式来说，尤其是产品的类型，市场营销主要围绕商品和服务的销售，社会营销是行为的变革。例如，社会营销"高血压预防计划"与市场营销"血压仪售卖"的差异非常明显。从营销目的来说，前者追求通过目标群体积极诊断和控制高血压，从而降低由高血压导致的死亡和残疾，后者追求通过售卖尽可能多的血压仪，获得更多利润；从受益对象来说，前者的受益对象是目标群体及社会整体，后者的受益对象是售卖血压仪的企业；从营销主体来说，前者的营销主体为国家卫生部门及许多公益组织、医疗机构的专业人员和志愿者，后者的营销主体是售卖血压仪企业；从营销方式来说，前者是高血压高危人群参与诊断和控制高血压的行为，后者是血压仪这一有形产品。

与社会营销及市场营销相近的概念还有公益营销。由于宏观环境的变化，越来越多的企业的生产和销售活动不得不受到来自法律、社会舆论和消费者等方面的制约。同时，营销人员也开始重视营销活动对社会可能造成的后果和影响，认识到自觉遵守法律和商业道德、积极投身社会公益事业不但是他们的义务，而且会带来更大的回报，有些企业甚至大张旗鼓地开始采取运用社会公益价值推广商业服务的解决方案，同时，企业、消费者和社会三方面都能获益，这些活动被称为公益营销。[①] 社会营销与公益营销的区别主要体现在：前者强调目标对象变革行为，从而提高社会福利，后者强调通过结合社会公益推广产品、品牌或树立企业形象，并不强调促进目标群体行为的变革。另外，前者实施主体主要是公益组织，当然不排除营利组织和政府，而后者实施主体主要为营利组织。

社会营销、市场营销和公益营销的具体区别见表1。

---

① 〔美〕菲利普·科特勒、内德·罗伯托、南希·李：《社会营销：提高生活质量的方法》，俞利君译，中央编译出版社，2006，译者序。

表1 社会营销、市场营销和公益营销的区别

类别		社会营销	市场营销	公益营销
目的		促使目标对象变革行为，提高社会福利	利润最大化	推广产品、品牌或树立企业形象；社会价值
受益对象		社会	企业	企业、消费者和社会
主体		营利组织、公益组织和政府	营利组织	营利组织
对象		目标对象（以心理、行为等划分）	目标对象（以财产、职业等划分）	目标对象（以财产、职业等划分）
方式 4P	产品 Product	行为的变革	产品和服务	带有公益元素的产品和服务
	价格 Price	目标群体为改变习惯和观念所必须付出的成本	买方所愿意支付的价格	买方所愿意支付的成本（带有公益元素）
	渠道 Place	最有利于获取有形服务的地方	销售地点	销售地点
	促销 Promotion	信息与媒体渠道	为吸引消费者而采取的活动，包括广告、公共关系、现场促销	信息与媒体渠道
效果衡量		行为改变，社会受益程度较难衡量	获取的利润较容易衡量	获取利润和社会受益程度较容易衡量

社会营销开展的立足点是为了目标对象利益和社会利益，而不是营销者利益（即使客观上可能使营销者受益）。在这一点上，社会营销与公益营销有相似之处，所以社会营销的主体和开展者主要是公益组织，即使是企业开展的社会营销，也应该把目标对象和社会利益放在第一位，否则就不是真正的社会营销。终极目标是实现社会价值，为了实现社会价值，必须帮助和促使目标对象自愿地变革行为。

2. 社会营销强调目标对象自愿变革行为

社会营销目标要求社会营销以目标对象的需求为核心，采用系统的营销技术，并基于该需求设计并执行社会营销策略（4P），帮助和促使目标对象自愿地变革行为。与市场营销类似，社会营销的工作是改变人的行为。社会营销主体通常希望目标群体去行使下列行为的一种，这种行为的变革既是目标也是营销策略的一种：a）接受一种行为；b）拒绝一种潜在行为；c）调整一种目前的行为；d）放弃一种旧行为。也可以建立一种改变人们看法和

价值观的标准，为行为的变革做准备。社会营销的实质是营销行为的变革，其中包含社会理念。按社会营销领域著名教授安德森的观点，社会营销的最低目标就是行为变革，这种行为变革不同于一般的行为变革，是社会行为，即科特勒等学者所说的公共行为，指具有一定规模的目标人群的行为，而不仅仅是个体行为。社会营销的行为变革目标不但要改变人群的行为，还要使受众人群保持其变革后的行为。众所周知，行为的变革，尤其是保持行为的变革是非常困难的，其背后可能有着各种各样的原因。通过行为持续变革以实现社会价值是社会营销追求的目标，因此必须依赖于目标对象的自愿接受，而不是依赖于经济或强制性手段。许多时候，这种行为变革的结果不是立竿见影的，而是需要一定时间。也许社会营销最具有挑战性的地方就在于它依赖于自愿的接受，这种战略是使目标对象对变革行为产生自我兴趣，满足目标对象某一方面的需求，并在此基础上帮助他们自愿变革行为并保持下去，让受众自愿而不是被迫地变革行为。

在市场经济条件下，人们购买产品或服务，通常需要支付一定的货币成本，这便是产品的价格。人们获得某种行为的变革，虽然很少需要支付货币成本，获得者仍需支出时间、体力以及心理上的成本，对于部分社会营销的目标对象来说，直接个人利益难以立即实现，即使他们能认识到有利于自己的长远利益，常常也会认为利益太遥远、不现实，而拒绝接受这样的服务理念，即出现负需求。因此满足目标对象"低成本实现行为变革"或"提高行为变革的受益"是社会营销目标对象需求中永恒不变的主题。当然，由于这些成本一般属于非货币形态，所以大多缺乏明确的方式或标准用以表达或衡量其成本的高低，需要社会营销策划者更加深入地理解成本和需求。

例如"地球熄灯一小时"较好地把握了社会营销的核心，取得了成功。"地球熄灯一小时"活动是WWF（世界自然基金会）应对全球气候变化所提出的一项全球性全民参与活动，希望个人、社区、企业和政府在每年3月最后一个星期六20:30~21:30熄灯一小时，来表明他们对应对气候变化行动的支持。这一活动契合世界环境保护热点问题，旨在增强人类的节能环保意识，意义重大。[1]

一般来说，公众都有自我实现、尊重的精神需求，"地球熄灯一小时"通过满足公众的自我实现、尊重等精神方面的需求降低了进入成本，如新浪

---

[1] 王晓兰：《2010年中国微博客研究综述》，《国际新闻界》2011年第1期，第24~27页。

微博"熄灯一小时"主题活动除了新浪科技的 WWF 礼品抽奖外,参与者没有其他直接物质奖励和明显的个人短时利益,但微博传播满足了受众的社会需求、尊重需求和自我实现需求。微博用户以做出环保承诺、发表环保感言等方式获得关注者对个人的肯定和尊重,获得心理满足。

公众的需求是可以被激发的,其中榜样起很大作用。名人活动代言、节能页面主题更换等推广项目促使公众大面积卷入。尤其是国内外熄灯场景图片、低碳生活行动小贴士、名人环保承诺视频、环保新闻报道等,这些名人号召、普通人的行动展示、抽奖等活动具有很强的行为指向性和鼓励性,有助于引发情境行为,继而采取环保行动。[1]

公众对于行为变革都有低成本的要求,即行为的变革要简单易行。社会营销中的渠道策略尽可能促使目标对象接触到公益活动的地点,最终就是为了降低行为的变革成本,尽可能使目标对象便捷地接触到活动,因此网络虚拟环境,尤其是微博成为此次活动的推广渠道。微博具有即时性、互动性、可移动性优势,微博用户通过电脑网页、WAP 页面、手机短信、彩信、API 第三方软件或插件方便快捷地参与到此项活动中来,线上活动打破了时空限制,避免因延时而造成行为意识消退,使目标对象更可能在第一时间改变观念,即时落实节能行动,例如随手关掉身边的灯、采用节能主题桌面,等等。从促销角度看,截至 2011 年 6 月 1 日,新浪微博"地球一小时"相关微博 809826 条,"环保承诺"相关微博 136196 条。

社会营销核心在于从目标对象的需求出发,促进目标对象自愿变革行为。在中国,"地球熄灯一小时"因其形式新颖、信息丰富、自主性强、即时方便等赢得大众喜爱,所以此次活动凭借内容和形式的双重优势提高了人们的参与性,增强了活动的效果。"地球熄灯一小时"是一个持续性的活动,目标对象行为变革的持续性更为明显。借用一位环保从业者的话来说,"光靠一次一小时的熄灯可能并没有明显效果,只有通过更加普遍的节约行为,才能改变气候异常。依次熄灭的灯光,更深层的意义在于增加普通公众的环保意识。只有更多的人开始意识到节能减排的重要性,并且坚持将环保意识常态化,才是'地球熄灯一小时'活动真正的意义所在"。[2]

---

[1] 董小雪:《论微博传播情境下社会营销面临的机遇与挑战》,《东南传播》2011 年第 8 期(总第 84 期)。

[2] http://news.163.com/10/0329/03/62TOQL1O0000146BB.html。

社会营销的目标对象大致可以分为捐赠人市场和受益人市场，在此基础上，需根据社会营销的目的，选择整个捐赠人市场或受益人市场，或进行细分。营销场所是各色人群的大汇合，每个目标对象群体都有各自不同的欲望和需要，对某个消费者来说非常有吸引力的产品可能对另外的消费者毫无价值。因此，需要将市场划分为许多相似群体（市场细分），并根据每个目标群体的具体需要量体裁衣，然后选择一个或几个细分市场（目标市场），再针对选择的目标群体市场，开发独特的4P组合。一般来讲，在传统的服务营销领域里，营销者通常可以在整个市场中区隔出自己最具竞争力的部分作为目标市场，来营销消费者需要的产品。这就是说，即使是普通的营销者，他们也有权选择自己最具竞争力的部分市场，但却没有义务去为整个市场提供其所需要的产品。然而社会营销则不同，社会营销机构在许多情况下恰恰要向公众灌输某种观念或采取某种行动，不能只是针对社会中的部分捐赠者成员。例如医院"传播健康传播爱"的理念就是针对影响整个社会群体而提出的。

当然，许多社会营销在选择大的目标市场的基础上，进而选择更为具体的目标市场。例如，针对溺水问题的社会营销，其目标对象为受益人市场，进而具体为幼儿的父母，提倡的行为方式为：a）接受新行为，在海边给自己孩子穿上救生衣；b）拒绝潜在行为，不要让孩子单独留在浴缸中；c）挑战目前的行为，为了给孩子示范，父母在划船时也要穿救生衣；d）用救生衣代替救生圈。行为的回报是幼儿更加安全，但这种长期回报不可能每个人都需要面对，因此必须将目标市场限定为幼儿的父母。由此，我们可以看出，对目标对象进行选择很重要，否则很难发现和满足真正的需求，从而实现社会价值。

3. 社会营销策略以目标对象需求为导向

为了实现社会营销目标，需要以目标对象需求为导向，了解目标对象需求，满足目标对象诉求。因此，社会营销需要借鉴市场营销的原理和经验，尤其是顾客导向理论。社会营销是市场营销理论发展到一定阶段的产物，它运用市场营销领域发展起来的原理和技术，包括交换理论、顾客导向、关注竞争者、市场研究和目标顾客行为分析、细分市场、目标市场选择（受众分割）、营销组合（4P）、营销规划、执行和评估等。这是社会营销用来进行公益活动最强有力的武器，也是社会营销比其他社会行为变革方法更有效的基础。尤其是顾客导向理论尤为重要，即了解目标对象的需求，并基于该需求设计并执行公益活动。顾客导向是相对于生产导向而言的，生产导向是"有什么就卖什么"，而顾客导向强调顾客的需求，是"需要什么卖什么"。对于社会营销来说，促使目标对象自愿变革行为必须依赖满足目标对象的需求，因此应用顾客导向理论是促进公益组织高效实施公益活动的关键，这也是基于公益组织实施社会营销的现实困难而提出的。一方面，公益组织往往难以精确和具体地描述其营销目的的特征，难以与目标对象进行有效的沟通，难以了解目标对象的需求，从而给公益活动的执行、推广带来很多难题。不仅如此，在传统的营销领域里，一个经营机构之所以营销某项产品，必然是预测该产品有潜在需求。然而对于典型的社会营销活动来说，不仅所营销的社会理念和行为本身大多缺少潜在需求，而且其目标群体往往还很可能会对该社会理念和行为表现出负需求。例如"多子多福"的观念就是相对于节育理念和节育行为的负需求。这一特征不仅使计划生育工作十分困难，有时还可能会遭到来自目标对象的强烈抵制。许多公益活动同样面临这种情况。

开展社会营销活动需要清晰的计划。社会营销的计划过程是一个循环的体系，其中深入了解目标对象和竞争者及设计社会营销策略是核心步骤。

第一，分析社会营销的环境。确定计划重点，识别运动目的，进行SWOT分析，充分回顾以往类似分析成果。

第二，选择目标市场和目标对象。用一个或多个变量，如人口、地理、心理和行为将市场细分为类似的群体，根据计划的目的，评估并选择一个或多个目标市场和目标对象。

第三，设定目的及目标。在这一步，社会营销工作者决定让目标对象做什么（运动目的）。为了让目标对象更快更方便地改变行为方式，社会营销工作者还需要让他们知道获得什么，相信什么。最后，这一步决定了定量的衡量标准（运动目标）。因此，需要用简洁、清晰的语言解释单一而且可行的目标行为。

第四，深入了解目标对象及竞争者。这一步是社会营销的核心，很重要，但是经常被忽略。这个步骤在第三步设定的目的和目标下，重新深入研究目标对象的当前知识、价值观以及行为方式，最终深入理解目标对象的需求。这一步还要识别竞争者、目标对象的感知收益以及行为的进入及退出障碍。

第五，设计社会营销策略（4P）。这一步是核心步骤，是社会营销能否成功的关键。在了解目标对象需求之后，策划如何满足目标对象需求。营销策略又称营销组合,本文采用市场营销中通用的4P营销组合策略。营销组合(4P)是一个整体,需要四个方面相互协调、配合才能产生最大效果。

(1)产品(核心产品、实际产品和延伸产品)。在社会营销中,它是一种预期的行为及与该行为相关的回报。该产品设计与目标对象的需求一致,如果该产品不能满足需求,那么就是一个失败的产品。具体而言,产品可以分为三层次,包括核心产品、现实产品和延伸产品。核心产品是指收益,说明消费者所实施行为获得的潜在收益,即满足目标对象的核心利益诉求;现实产品是指目标行为方式,社会营销所提供的有形产品,是获得核心产品的必要条件;延伸产品是指促进目标行为方式的有形产品和服务、商标和包装,为推广目标行为方式而提供的有形产品与服务。为了更好地满足目标对象的需求,产品对目标对象来说应有趣、容易和受欢迎。

(2)价格。社会营销中的价格策略主要是为目标对象"低成本实现行为变革"的需求服务的。价格策略中第一步是确定目标对象接受这种行为需要放弃什么,然后以此来决定提供什么,主要有两条路径:a)降低期望行动或预期价格,如"随手拍解救乞讨儿童"只需要花费少量精力拍照即可,对于目标对象来说简便易行;b)提高期望行为的实际或预期收益,如为支持垃圾分类的居民提供小礼物,对于目标对象来说获得了额外收益。这一点在产品、渠道和促销中也有反映。社会营销必须设计恰当的策略,提升目标行为的感知受益或实际受益,降低感知的或实际的障碍或成本。另外,需要降低竞争行为的感知受益,提升竞争行为感知的障碍或成本。

(3)渠道(让目标对象更容易获得产品,将产品传递给目标对象)。渠道是指目标市场实施目标行为方式、获得相关有形产品、接受相关服务的时间及场所。渠道策略同样是考虑到目标对象类型和需求而设计的,基于这样一个判断:目标对象会衡量目标行为的便利性。渠道的作用在于使目标对象接触更加便利,更加低成本。如在医院中宣传"防治流行病",能够精确地接触到目标对象,使得接触更加便利。如在医院宣传环保和节能,可能效果就不那么理想。

(4)促销(或称推广,制造信息与选择媒体渠道)。促销策略的核心是确保目标对象了解该社会运动提供的受益,相信并且想去尝试一下,从而更大范围、更好地满足目标对象的需求。主要包括制造信息和选择媒体渠道。前者需要考虑你说什么来营销你的目标对象,使其知道、相信并按照你期望的去做。后者需要考虑信息出现在哪里。在促销当中,需要设定响应机制,使目标行为更加方便、简洁。选择媒体渠道采用合适的媒体宣传，争取更多目标对象参与。

第六，设计评估及监督计划。一个好的社会营销项目需要不断监控并进行调整，第三步可以看做这个部分的基础工作。

第七、制定预算，寻找融资渠道。在设定产品收益与特征、价格、渠道、促销手段之后，社会营销工作者可以制定预算，并将列举的资金需求与可能的潜在融资渠道做对比。

第八，完成计划的实施及延续。社会营销计划的最后一步是开发实施计划，由此形成一个循环，以保证继续维持目标行为变革，从而更好地实现社会价值。

四 中国公益组织试水社会营销

社会营销顺应人们对各类公共问题的关注而产生、发展。目前，全球范围内的社会营销在改善各国各类人群的生存状况、增强环境保护等方面产生了巨大效用，社会营销已然成为世界各国政府、公益组织、研究机构的研究对象、关注重点。社会营销对社会利益有重要影响，但目前中国在社会营销方面还有很大空缺，相关理论与实践均不足，对社会营销的探索和运用还处于初级阶段，体系不完善，问题和障碍重重。[①] 在国际上理论研究比较成熟的前提下，在诸如环境、食品安全、卫生问题日益突出的今天，有必要调动一切可利用的工具推动公益组织社会营销的顺利进行，从而实现社会目标和社会价值。

我国社会营销实践中，大部分公益组织集中于对捐赠人市场采用社会营销，少数公益组织对受益人市场进行社会营销。同时，即使是对捐赠人或受益人市场进行社会营销，大多数公益组织未能有效利用社会营销策略，捕捉目标对象需求不足，也未能理解目标对象的负需求。许多公益组织将社会营销狭隘地理解为公益广告，从而很难真正运用社会营销来变革目标对象的行为，促进社会目标的实现。

1. 社会营销多集中于捐赠人市场

公益组织的社会营销活动主要面对两个市场，捐赠人市场和受益人市

[①] 何春奇：《中国非营利组织社会营销障碍分析及对策建议》，兰州大学管理学院硕士学位论文，2009。

场。据笔者观察，我国公益组织社会营销普遍集中于对捐赠人市场（包括志愿者）进行社会营销，强调捐赠人或志愿者的自愿行为变革，希望通过采用社会营销，促进捐赠者和支持者提供资金、物资、时间、智力等支持，这样的例子不胜枚举。

案例1："多背一公斤"——对捐赠人市场进行社会营销，影响旅游爱好者

"多背一公斤"活动由余志海（网名：安猪）在2004年发起，并于2008年完成了商标注册，目前"多背一公斤"品牌及网站（http：//1kg.org）由爱聚公益创新机构（即爱聚（北京）咨询有限公司，以下简称"爱聚"）管理和运营。"多背一公斤"是一个公益旅行活动，它鼓励旅游爱好者在乡村旅行途中探访乡村学校，传递物资和知识，并收集和分享学校信息和需求。[①]"多背一公斤"致力于解决中国乡村教育领域的问题，针对这个目标，"多背一公斤"需要选择匹配的目标对象，"多背一公斤"直接将目光投向了捐赠人市场中的细分市场——旅游爱好者。市场营销中目标市场是指"公司决定提供服务的一切拥有相同需要与特征的购买者"。目标市场的选择原则一般以需求最迫切、最易行动、最易接触、与组织最为匹配的细分市场作为目标市场。首先，旅游爱好者相比其他爱好者来说，这一细分市场与中国农村更为贴近，最易接触，并且有可能对来自中国农村教育状况的刺激有相似的反应，需要较为迫切。其次，"多背一公斤"选择了一个最易行动、与组织最为匹配的细分市场，旅游爱好者本身是热爱生活的人群，其行为变革的态度更为积极，对"多背一公斤"、传递物质和知识、探访需求等的接受必然比一般人群要容易。

在选择目标对象的同时，"多背一公斤"深入了解目标对象的需求，设计了符合目标对象需求的策略。

第一，从社会营销产品策略来说，产品目前为希望目标对象的行为，即"多背一公斤"行为。从预期为探访乡村学校，传递物资和知识，并收集和分享学校信息和需求这一系列行为，简单凝练到"多背一公斤"行为的变革，其产品策略符合旅游爱好者的心理，更容易被其接受。"旅行中探访学校、发起或参与公益活动、认识志同道合的朋友"，三个期望行为变革是

---

① http://www.1kg.org/.

"多背一公斤"行动的实质内容。

第二，从社会营销价格策略来说，"多背一公斤"将进入成本降到很低，只需要在旅途中顺便去做"探访学校"这件事，即满足了旅游爱好者希望帮助他人的心理满足感的需求。更进一步，对于那些有强烈的帮助他人的心理需求的旅游爱好者，"发起或参与公益活动"满足了他们更进一步的需求。另外，"认识志同道合的朋友"是旅游爱好者们热衷的，也是他们的强烈需求之一，而这正好提高了旅游爱好者的行为的预期收益。

第三，从社会营销渠道策略来说，"多背一公斤"采用互联网作为主要营销渠道，这与旅游爱好者接触互联网的机会非常多这一特征紧紧相连。通过网站渠道，能够尽可能多地接触到目标对象，也能使得目标对象更能便利地了解公益活动。

第四，从社会营销促销策略来说，"多背一公斤"这一形象化的标语，本身能够很好地传达该社会营销的信息，非常有利于传播。"多背一公斤"目前已经注册为商标，享受注册商标保护，未来传播力量不容小觑。

社会营销强调了解目标对象需求，并满足目标市场受众诉求，"多背一公斤"选择了合适的目标对象，并深入了解了目标对象需求，设计了符合目标对象的策略，从而符合了捐赠人市场目标对象的需求，使得公益活动得以顺利开展，2012年9月15日，"多背一公斤"网页显示共收录了1662所学校，同时18项公益活动正在进行。①

案例2："爱心包裹"——对捐赠人市场进行社会营销，影响公众

"爱心包裹"项目是由中国扶贫基金会发起的一项全民公益活动，致力于改善贫困地区农村小学生综合发展和生活条件。通过组织"爱心包裹"捐购、音体美教师培训、志愿者支教等形式，改善农村小学音体美教学现状和学习生活条件，给孩子们送去一对一的关爱，圆孩子们的童年梦想。中国扶贫基金会依托中国邮政网点和网络渠道开通了便捷的"爱心包裹"捐赠站，社会各界爱心人士只需通过邮政网点、在线渠道捐购"爱心包裹"（统一的包裹内容和捐赠标准），就可以一对一地将自己的关爱送给需要帮助的人。通过一对一的捐助模式，捐赠人在捐款后可获得受益人名单，知道自己的钱帮助了谁，标准的包裹内容让捐赠人知道自己的钱发挥了什么作用。受

---

① http://www.1kg.org/.

益人在收到"爱心包裹"后也会给捐赠人写回音卡表示感谢。①

"爱心包裹"项目的社会营销目标对象是整个捐赠人市场,相比"多背一公斤",它是一个"全民公益活动"。针对目标对象为公众的社会营销,关注的是"消费者的共同需求是什么,而不是消费者有哪些不同的需求"。一般而言,公众共同需求可能是"爱、受尊重、信任"等,而对于个体而言,"低成本满足需求、不具特殊性"本身也是很重要的。"爱心包裹"项目针对目标对象的这些需求进行了社会营销。

第一,从社会营销产品策略来说,"爱心包裹"的产品是指"购买爱心包裹、进行捐赠的行为"。"爱心包裹"的核心产品是目标对象实施包裹捐购、音体美教师培训、志愿者支教等目标行为后产生的做公益的幸福感、满足感。为了强化这种幸福感和满足感,项目采取一对一捐助形式,并设置了回音卡,强化核心产品诉求,表达了对目标对象的尊重。"爱心包裹"的现实产品是包裹捐购,仅需100元,与低成本的需求契合。"爱心包裹"项目的延伸产品是捐赠后信息查询,虽然有的时候延伸产品可有可无,但是"爱心包裹"的延伸产品是对目标对象必要的尊重激励,满足了目标对象"受尊重"的需求。

第二,从社会营销价格策略来说,为了降低进入成本障碍,"爱心包裹"项目设计采用100元或1000元的统一标准,充分考虑了公众的价格承受能力,降低了目标对象实施行为的进入成本,使得行为的变革容易实现。

第三,从社会营销渠道策略来说,"爱心包裹"是尽可能便利目标对象实施目标行为。项目选择与全国范围内3.6万个邮政营业网点合作,遍布我国大街小巷的邮政网点渠道满足了目标对象接触公益活动便利性;另外,"爱心包裹"项目还采用线上方式,与腾讯月捐计划、淘宝网等大型网站合作,进一步拓展了公众捐赠渠道,为公众提供了便利的渠道。

第四,从社会营销促销策略来说,"小包裹,大爱心"的主题将项目信息及诉求完整、生动地表达出来。另外传播渠道非常丰富,例如邮局现场传播、线上网站、微博、线下地铁站内广告,传统媒体电视广告等。

"爱心包裹"项目十分成功,自2012年1月1日至2012年6月17日已获得捐赠249067500元。已捐助学生型美术包132728个,学校型体育包

---

① http://baoguo.fupin.org.cn/.

1227个，学校型音乐包288个。① 尽管"爱心包裹"项目没有自称应用了社会营销，但是通过分析，其显然应用了社会营销的原理和技术，抓住了目标对象需求，促进目标对象自愿变革行为，取得了很好的效果。这种效果不仅体现在项目本身，还体现在带动了一批"包裹"类项目，例如母亲包裹等。

"爱心包裹"的目标对象是整个捐赠人市场，其社会营销策略与"多背一公斤"有些差异。社会营销工作者需要注意的是，"捐赠爱心包裹"的目标对象为整个捐赠人市场，而"多背一公斤"的目标对象为相对细分的市场——旅游爱好者的社会营销活动，后者需要根据目标对象的特有需求，设计社会营销策略。

2. 个别社会营销面向受益人

我国大多数公益组织重视对捐赠人市场的社会营销，在设计公益活动时，更多地考虑捐赠人的需求，而面向受益人市场的社会营销活动往往被忽视。当然，我们可以看到，重视受益人市场社会营销的公益组织、公益活动中仍然有非常优秀的案例。

案例3："希望工程圆梦行动"——对受益人市场进行社会营销，帮助贫困学生自立、自强

对于许多考上大学的家庭经济困难的大学生来说，高额的学费和生活费是一个沉重负担。据统计，在历年考入大学的新生中，特困生的比例达到8%，其中大部分来自农村贫困地区。从家门到校门所需的费用，是他们面临的第一个难题。教育部门统计，全国有贫困大学生约405万人，70%以上贫困大学生来自农村，西部省份贫困大学生比例较高，民族院校以及农林、地质、石油、冶金等专业高校的贫困生人数较多。贫困大学生无力缴纳学费及购置必要的学习用品，日常生活没有经济保障，生活费难以达到学校所在地最低伙食标准。② 为了让尽可能多的贫困学生上大学，帮助贫困地区能多出几个大学生，中国青少年发展基金会联合全国省级青基会，动员社会力量

---

① http://baoguo.fupin.org.cn/.
② 引自中国青少年发展基金会官方网站，http://www.cydf.org.cn/xwgc365_xmxq.asp?cc=6&dd=61。

向这些特困大学生提供资助,帮助他们实现上大学的梦想。"希望工程圆梦行动"包括两个内容,一是面对大学新生,旨在为农村经济困难、品学兼优的大学新生提供从家门到校门的交通、生活费用资助,使贫困学生顺利进入大学,帮助他们圆梦大学;二是为家庭经济困难大学生提供四年的学习生活费用资助,帮助他们顺利完成大学学业。在帮助贫困大学生克服生活困难的同时,重视贫困大学生行为的变革,希望他们变得更为自立、自强。

圆梦行动的目标对象是受益人市场中的细分市场——贫困学生,贫困学生的需求不仅仅是资金上的需求,还有自我实现、受尊重等心理上的需求,需要通过社会营销促进他们改变自身的行为,从而实现自强、自立。

一、从社会营销的产品策略来说,该行动的产品为"自强、自立的生活方式"。

二、社会营销的价格策略是指降低进入成本和退出成本。首先,是为贫困大学生提供从家门到校门的交通、生活费用资助或提供四年的学习生活费用资助,为他们"实现自强、自立"创造物质条件。其次,通过高度赞扬"自强、自立的大学生",并为那些"自强、自立的大学生"提供物质帮助,使贫困大学生们看到,一旦自身的行为发生改变,会获得巨大的物质、心理的预期收益,贫困大学生们会自愿行动起来。

三、从社会营销的渠道策略来看,该行动遵循"救助—发展"的渠道模式,在提供资金资助的同时,为受助生提供勤工助学、社会实践和服务的机会。因为接受资金资助是贫困大学生们非常乐意的,也会积极接触该渠道,因此,同时提供勤工助学、社会实践和服务的机会更利于贫困大学生接受和参与。

四、从社会营销的促销策略来看,宣传接受捐赠典型人物变得自立、自强,并积极帮助别人的正面形象,营造一种助人为乐、相互关爱的氛围,从而为贫困生的自强、自立创造舆论条件。2006年,青基会联合中央电视台等多家媒体,集中关注家庭经济困难的学生,依托贫困生的励志故事,通过节目与公众的高效互动,扩大影响力,促进贫困大学生对自立、自强观念的接受。

圆梦行动最终的目标是贫困大学生自愿行为变革,变得更加自强、自立,其努力获得了一定收获。2006年圆梦行动中,本身作为2005年中国青基会圆梦行动的受助者的北京科技大学大一学生王志刚,在接受圆梦行动对其影响后,不仅主动找到中国青基会要求做志愿者,而且还在策划着和同学们一起资助一名山区的孩子，实现了自强、自立甚至可以帮助他人的行为转变。①

案例4："26度空调节能行动"——对受益人市场进行社会营销，影响公众

1996年开始，地球村一直在倡导以适度消费为主体的节约型生活方式，倡导"节约资源、绿色选购、垃圾分类、保护自然"。2004年6月26日，由北京地球村、世界自然基金会、中国国际民间组织合作促进会、自然之友、环境与发展研究所、绿家园志愿者等组织共同倡议发起的"26度空调节能行动"在京启动。活动的发起者在为期3个月的活动中倡导宾馆、饭店、商场、办公室等公共场所空调温度设定不低于26度，以减少能源消耗，缓解夏季电力供应危机，并对环保作出贡献，同时也号召个人消费者采取相应行动，从每一个家庭做起。2005年6月26日，北京地球村和中国环境文化促进会、世界自然基金会、中国环保组织国际合作促进会、自然之友、绿家园、环境与发展研究所、保护国际、香港地球之友，共九家民间环保组织共同发起"26度空调节能行动——2005我们承诺"的活动，全国有50多家民间环保组织也作为共同发起单位加入了这个活动。行动计划使尽可能多的公共建筑如办公楼、宾馆酒店、商场超市、学校等承诺加入"26度空调节能行动"；通过"26度空调节能行动"，使公众了解到个人能源消费和全球气候变暖导致的环境恶化的关系，从而选择健康的节约型生活方式；配合政府有关节能的政策法规的实施，推动建立节约型的和谐社会。"26度空调节能行动"的目标对象为整个受益人市场，目的是推动公众实施环境保护行动，同时为自身创造良好的环境。该项目采用的社会营销策略包括：

一、从社会营销的产品策略来看，该行动的产品为"将空调温度设定为26度的行为"，产品设定简单、易懂，能够迅速地为公众熟知。

二、从社会营销的价格策略来看，该行动降低了行为的进入成本和退出成本，并明确告知公众。一方面，行动的退出成本很低，对于普遍关注自身健康的公众来说，该行动满足了公众的健康需求，强调"夏季最适于人体的温度是26度，如果室温太低会减弱身体对热反应的灵敏度，容易引起空调病"。另一方面，行动的进入成本很低且预期收益很高，社会营销主体为

---

① http://news.sohu.com/20060719/n244341152.shtml.

公众"算账",强调社会整体的成本与个人负担的成本会同时下降,从而满足公众对于减少支出的需求,以及对于环境安全的需求,指出"这些公共建筑在提供过度'凉爽'服务的同时,企业也背负着不必要的经济负担,同时浪费了地球上的大量能源。如果将北京公用建筑空调温度调高到26度,夏季至少可节约用电3亿度,降低10%左右电力负荷,节约1.5亿元左右的空调费用。这些节约下来的能源消耗,可以减少约1200吨二氧化硫排放,从而降低酸雨危害;可以减少约25万吨二氧化碳排放,将会改善能源紧缺状况,减缓由温室气体排放而引起的全球气候变暖的势头"。

三、从社会营销的渠道策略来看,基于公众一般在公共场所活动的特点,该行动渠道主要选择办公楼、饭店、商场等公共场所,能够最大限度地接触公众。

四、从社会营销的促销策略来看,该行动的促销渠道包括发布会、电视、媒体、街头宣传、名人效应等,如,请来联合国秘书长顾问莫里斯·斯特朗进行宣传,扩大活动影响力和号召力。

"26度空调节能行动"是非常成功的面向受益人市场的社会营销案例,"26度空调节能行动"不仅促进了公众的环保理念和环保行为的变革,甚至对公共政策都产生了影响,2007年6月,国务院办公厅出台通知,要求"所有公共建筑内的单位,夏季室内空调温度设置不得低于26℃"。这一政策颁布实施将自愿的行为变革加强为强制性的行为变革,将倡议行动上升到行政法规层面。

"26度空调节能行动"之所以能够取得巨大的成效,客观原因在于公众对于"26度空调节能行动"行为的强烈正需求,如身体健康、环境安全、减少支出等需求。主观原因在于社会营销主体发现并满足了公众的这种需求,并通过各种策略促进行为的变革。该案例给我们的启示是:公益组织应该积极发现、深入理解目标对象的需求,从满足需求的角度出发,设计执行公益活动,才能取得更好的效果。

3. 未有效使用社会营销策略

无论社会营销的目的是期望捐赠人的行为自愿发生变革,还是期望受益人的行为自愿发生变革,最根本的是进行社会营销的计划与实施应深度捕捉到捐助人和受益人本身的需求。目前来看,公益组织捕捉捐赠人和受益人的需求不足。

(1) 捕捉捐赠人和受益人需求不足。

当公益组织希望捐助人在某次事件或某类活动中进行捐赠，或者希望他们长期性地进行捐赠，那么就需要了解哪些因素可能影响捐赠人的捐赠行为，在此基础上掌握相应的手段和途径来影响这些因素。例如，捐赠人需要获得作为捐赠人的满足感、幸福感，这种情况下感谢信、捐赠证书、媒体报道等就能实现捐赠人的需求，进而捐赠人就会自愿进行捐赠。又如，腾讯QQ月捐计划，充分了解潜在捐赠人的需求——获得其他QQ用户对他们的高度评价和高度赞誉，QQ月捐计划即开发了能够标识QQ客户端参与月捐计划的"公益勋章"，满足了他们渴望得到他人赞誉的心理需求，QQ月捐计划参与者数量大增。

能够使受益人行为自愿发生变革的影响因素通常是受益人能够从自愿行为变革中获得"好处"，因此，在进行社会营销时需要广泛、深入地了解和捕捉到受益人的需求。例如，扶贫社会营销，应该为扶贫对象提供走出贫困的动力，告知并让他们看到参与扶贫项目后，他们的物质生活与扶贫前有显著差别，以物质变化刺激受益对象追求自身改变的意愿。因此，在进行社会营销时可以采取的一个策略就是"榜样"式的传播计划，以某某村或某某人过去的状况和扶贫后发生的变化进行对比，激励受益者像他们一样走出贫困。同时，需要让受益者理解自愿发生行为变革需要花费的成本是低的，可接受的。例如，某公益组织不是给扶贫对象发放现金，而是向其提供容易掌握的技术培训和生产资料，受益者只需花费少量的时间学习掌握技术即可发展生产，提高收入。这种情况下，受益人不会觉得发生行为变革有多难，他们就容易接受这种方式，公益组织也能够看到社会营销的效果——受益人行为自愿发生变革。但是，我们看到过去很多扶贫项目最终的结果表现为扶贫对象仍然是"等、靠、要"的心态，并没有自发地、积极地走出贫困。

又如，公益组织倡议烟民戒烟，并抗击烟草行业妨碍控烟。我国烟民有很多类，他们有各种各样的自我需求，有的烟民对健康较为关注，而有的烟民并不在意健康，而在意吸烟本身的快乐和感觉。因此公益组织在进行社会营销时，对前者应着重强调吸烟的有害性，而对后者采用前者的策略就不大适用，需要向其提供诸如"电子烟"类的产品，既保持其"吸烟"的快乐和感觉，又起到了戒烟的作用。那些妨碍控烟的烟草行业通常会向烟民们灌输吸烟是身份的象征，是男性化或力量或思考者的象征，他们捕捉的是烟民自我形象的满足感的需求。此时，烟民处于"两难境地"。在这种情况下，公益组织就要通过社会营销来打破吸烟是男性化或力量或思考者身份象征的假象，指明不吸烟才是男性化或力量或思考者身份的象征。同时，公益组织可以捕捉吸烟者其他方面更强烈的需求，如关注家人的健康的需求应该凌驾于他们对男性化或力量或思考者身份需求之上，以此来抑制烟民的上述需求。

（2）不够了解受益人的负需求。

社会营销主体经常会遇到的一种典型的情况是，期望目标对象自愿发生的变革，当前这样的需求并不存在，此时出现负需求情况。例如，在农村个别家庭中，计划生育通常不被认为是他们的需求，社会营销主体就会遭遇负需求情况。面对负需求情况，社会营销通常是无力的，只能采取其他措施，例如强制性措施。但是，社会营销也非完全"无计可施"，可以采取积极的社会营销手段刺激目标对象的需求，将其负需求转化为正需求，如可以高额奖励计划生育积极的家庭，刺激抵抗计划生育家庭的正需求出现。当然，将负需求转化为正需求需要花费的成本相对较高。

例如，垃圾分类一直是环保倡导行动的难题。从社会营销的角度进行分析，客观原因是公众对于垃圾分类行为的负需求较高，进入成本与退出成本均很高，实施起来很困难。解决负需求的途径之一是放弃社会营销，转而采用其他措施，如强制措施，这在很多国家的政策中都可以看到。而在中国，在未对垃圾分类实施强制措施的情况下，如何采用社会营销，积极刺激公众的需求，将负需求转为正需求是环保公益组织应该考虑的。

垃圾分类的对象毫无疑问是整个受益人市场，一些环保组织将具体细分市场定为成熟社区的居民也是合理的，选取细分市场的原因是对于常住居民来说，他们对垃圾分类行为需求更大，常住居民希望维持小区干净整洁的环境，垃圾分类能够避免蚊蝇乱飞的状况，从而满足常住居民的这一需求，因此常住居民可能会自愿进行垃圾分类。具体而言：

第一，从社会营销的产品策略来说，该活动的策略原本为完整的"垃圾分类的行为"，基于该行为负需求很大的情况，可以将行为进行拆分，从而减小负需求的抵抗。如"区分厨余垃圾，还小区新鲜空气"可以满足公众对于环境质量的需求，或"区分可回收垃圾，节省每一分钱"目标行为能够满足公众减少支出的需求。

第二，从社会营销的价格策略来说，负需求导致进入成本和退出成本都很高，如"我习惯把垃圾倒在一起"的习惯性需求，"垃圾分类对我没什么好处"的消极需求等。为了解决习惯的难题，社会营销主体必须提升预期行为的受益，刺激公众的正需求，从而改变习惯性行为，如主动为参与垃圾分类的居民提供不同颜色的垃圾袋，满足公众"减少支出，获得利益"的感觉，或者从"节省每一分钱"的结果出发，对垃圾分类行为给予金钱、礼物正向激励。另外，针对具有希望小区环境变好的那部分人群，可以强调"区分厨余垃圾，还小区新鲜空气"的结果，利用"还小区新鲜空气"的预期受益来抵消公众的负需求。

第三，从社会营销的渠道策略来说，尽可能为目标对象的行为提供促使其行为发生变化的便利的地点，如分类垃圾桶的摆放位置更靠近居民楼。

第四，从社会营销的促销策略来说，尽可能通过一切媒体渠道宣传该活动，促使更多的公众接受垃圾分类的理念，如宣传垃圾分类后对于社会、对于环境、对于个人的好处等。

从以上分析我们可以看出，在垃圾分类议题上，即使运用社会营销策略，仍旧存在很大困难，活动仍然难以获得良好效果，社会营销在这样的负需求面前是无力的，除非采用高额的奖励措施刺激正需求。尽管如此，高额的奖励措施所刺激出的需求并非目标对象自发的需求，因此当奖励措施停止后，行为变革很难持续。

当然，负需求是相对而言的，当公益组织面对负需求无能为力时，应当考虑目标对象是否合理，从理论上来说，任何行为的变革均有需求，关键是需求的主体是谁。就垃圾分类而言，垃圾分类对广大公众来说是负需求，而对政府而言，垃圾分类能够满足政府维护促进社会福利、提升国民生活水平、促进经济可持续发展等一系列需求，对企业而言，垃圾分类意味着可持续的资源、更高的生产利润等一系列需求。此时，公益组织就会发现，虽然垃圾分类的具体行为主体是公众，而社会营销的对象可以是政府、企业，通过政府、企业的行为变革，促进垃圾分类最终实现。

由于国内社会营销方面的研究较少，我们很难捕捉社会营销在我国公益组织的运用全貌。从以上选取的有代表性的案例可以看出，许多优秀的公益组织自觉不自觉地在应用社会营销，并且取得了一定成效。而基于社会营销在国际上普遍应用的经验，社会营销在我国公益组织中的应用将越来越普遍。

五 试水前景

我国公益组织应用社会营销是时代的必然，大势所趋。

第一，我国政府对于社会领域事务的控制越来越宽松，社会环境越来越开放，社会需求增加，公益组织的发展空间扩大。随着社会问题增多，社会发展，必然要求公益组织更有效率地进行公益活动。截至2011年年底，全国共有社会组织近46万个，一大批社会组织将公益慈善作为发展宗旨，组织实施了数以万计的项目。① 我国政府逐渐放宽对于公益组织创立和活动的限制，例如，逐步取消双重管理体制，经济发达的广东已先行一步，率先进行民间组织登记改革，并决定从2012年7月1日起，除了特别规定和特殊领域，广东省内成立公益组织，均可直接在民政部门登记，不用再找业务主管单位挂靠；② 北京市民政局也提出，将研究探索推动公益组织业务主管单位向业务指导单位转变，工商经济类、公益慈善类、社会福利类和社会服务类四类公益组织在北京登记注册，无须再找业务主管单位，可直接向民政部门申请成立。

第二，我国公益组织行业内部形成了一定程度的竞争环境，对公益组织的公益行为提出了更高的要求，要求更适应目标对象的需求。显然，社会营销的方式更容易接受。一方面，随着居民个人拥有财富迅速增加，社会文明进步和人们慈善意识增强，越来越多的个人和机构愿意通过设立公益慈善组织或以志愿服务的形式，参与慈善事业，奉献爱心与劳动。另一方面，社会对慈善事业的需求与日俱增，为发展慈善事业提供了广阔空间。③ 在这种环境下，公益组织如何从激烈的竞争中脱颖而出，更有效地开展公益活动，从而迎合社会需要、满足人们的期望成为关注的焦点。

第三，在当今市场经济时代，公益组织进行公益活动存在与企业行为进行竞争的可能性。公益组织只有采用社会营销手段与企业进行竞争，才能立于不败之地。企业对社会营销的目标对象的行为变革会进行竞争，为了抵制这种竞争，公益组织必须学会应用社会营销，拿起同等级别的武器，与不道德的商业企业对抗。例如，2012年无烟日的主题"警惕烟草业干扰控烟"反映了禁烟组织进行公益活动必须与企业进行竞争。

第四，从社会营销理论本身来说，国际上社会营销理论发展已经较为完善，国内学术界和舆论界也开始关注社会营销，这些为公益组织应用社会营

---

① http://news.xinhuanet.com/fortune/2012-03/05/c_111606303.htm.
② http://www.hzscmz.gov.cn/NewsDetail.php?S=11&I=935.
③ http://news.xinhuanet.com/fortune/2012-03/05/c_111606303.htm.

销开辟了新的思路。在目标上,社会营销追求社会价值最大化与公益组织促进社会整体利益的目标契合。在具体手段上,社会营销运用商业营销手段,了解目标对象需求,并满足目标对象需求,有助于项目更有效率地实施,从而有助于组织的理念得到更广泛的认识和推广,以及民众对机构的认同和支持,最终推动机构愿景和使命的实现,使得社会获得更大的福利。

第五,从内部环境来说,公益组织的使命和目标是追求社会价值,有效率地追求社会价值也是应有之义。社会营销正是帮助公益组织有效率追求社会价值的手段;部分公益组织具备进行社会营销的资金实力;部分公益组织人才资源丰富,拥有一些具备市场营销基本素质的人才。实际上,社会营销活动并不一定需要大量的资金支持和人力资源支持,更多的是一种思维方式,一种策略手段,因此即便没有雄厚资金实力、丰富的人才资源,公益组织一样能够应用社会营销。正如商业企业应用市场营销一样,大企业能够财大气粗在央视做广告,进行大型促销活动,小企业一样能够另辟蹊径,如通过"病毒营销"在互联网上实现核裂变式效应。

因此,我国公益组织应用社会营销的障碍并不大,可以说是内外部条件基本齐备,欠缺的是理论支持和舆论环境支持。绝大多数公益组织对社会营销并不了解,研究者们对社会营销关注度不够,关于社会营销的研究不够深入,很少进行本土化探讨。

相关研究机构、基金会应该大力发展社会营销理论的研究,为我国公益组织发展社会营销提供理论支持。另外,舆论对于公益组织的要求要不断提升,从目前的做没做公益,要提升到是否高效地做公益,要对公益组织提出更高的要求,以促进我国公益组织发展。

我国公益组织需尽快学习、了解社会营销的理论,为自身应用社会营销奠定理论基础。即使在目前我国社会营销理论并不发达的情况下,通过学习市场营销原理和技术,加上公益组织的使命和目的,一样能够实现应用社会营销的目的。要在重视面对捐赠人市场的社会营销的同时,重视受益人市场的社会营销。社会营销的核心是强调目标对象自身的"行为的自愿变革","行为的自愿变革"带来的好处正是公益组织所最终追求的,即受益人从公益活动中持续地受益,而非短期地受益。如我国大部分的扶贫项目的结果是扶贫对象永远处于"等、靠、要"的被动境地,对扶贫活动的依赖性非常大,公益组织采用社会营销策略,可以有效地支持受益人积极走出贫困,从而实现"授人以鱼,不如授人以渔"的理想状态,从而使得公益活动更加专业、高效、可持续。

杭州庭院改善工程见证公众参与社会管理

引言

我国历经三十多年改革开放，国家和社会均发生了巨大变化。集权主义转变为权威主义，计划经济被市场经济逐步取代；单位制的公众生活模式瓦解，国家与社会逐渐分离。伴随着市场化改革及社会转型，社会严重分化，各群体间利益冲突加剧。据统计我国每年发生群体事件十几万起，不仅增加了社会管理成本，损害政府公信力，更严重危害了社会稳定，不利于社会公平、安定发展。与此同时，人民参政议政的意愿与能力不断提高，社会组织日趋壮大，对政府管理方式也提出新的要求。实际上，三十多年来全国上下都在探索上述问题的解决之道。各地政府结合本地情况，不断探索区域发展和公共管理的新模式；中央提出"党委领导、政府负责、社会协同、公众参与"十六字方针的社会管理创新，作为对不断出现的、复杂的社会问题的积极回应。可见，在新的形势下，党中央虽然一以贯之地将社会管理纳入"党委领导、政府负责"的框架下，但同时亦注意到"社会协同"和"公众参与"的重要性。

众所周知，社会问题，尤其是与民生休戚相关的社会问题，必须得到解决，一旦滞留、堆积，很容易成为社会不安定的导火线。现在国家发展，政府强大，有能力也必须解决这些社会问题。但是市场只管能够攫取利润的事情，而政府过去传统的行政解决方式容易引起摩擦。现在，即便有十六字方针的指导，在解决与公众相关的社会问题时，有效实践的路径和方式是什么，仍是需要探索的问题。

杭州市弱势群体集中的老旧小区环境恶劣，厕所脏乱，下雨时道路湿滑,这些问题亟待解决。杭州市政府于 2007 年启动了庭院改善工程,让无数老旧庭院换新颜,切实改善了民生难题。

> 往年,"和乐苑"只要一遇到下雨,下水道的水流不通,情况更糟的是化粪池也会堵住,粪便溢得到处都是,要是想走入楼道,就必须跨过这些满地的粪便。"那时候大家已经习惯了这样的日子,走进走出有时候就垫几块砖头",一楼的住户一遇到下雨更有苦说不出。如今,新建的花坛,崭新的健身器材,粉刷修缮一新的居民楼……改善小区时重新铺设青砖使路面焕然一新。不仅如此,楼层中间还设置了 300 平方米的绿化带,赏心悦目的绿树青草,新建造的木质凉亭,充分传达了和谐、快乐、祥和的居住氛围,如今的环城西路 38、42、50 号三个庭院里……这些往日"老态龙钟"的小区已经焕然一新,居民们在家门口就能领略深深的"庭院风情"。小区居民自发取名为"和乐苑"……有一位老人这么说:"没想到,人到晚年还能享受到这么好的品质生活,西湖边的公园好像搬到了我们的家门口。"①

以上形成鲜明对比的两组画面是杭州市同一个庭院在改善前后的不同情景。从污水遍地、混乱不堪到青砖小路、绿树凉亭、崭新健身器材……造成如此巨大改变,让居民从脏、乱、差的生活环境中摆脱出来的正是杭州市庭院改善工程。而"和乐苑"只是杭州市庭院改善工程中 1030 个受益庭院之一。

据调查,杭州主城区有 700 多处老旧庭院,涉及 3300 多幢房屋 55 万人口,其中居民大多数是困难群众和低收入阶层。这些小区功能缺失,设施陈旧,院内路面坑洼、环境凌乱。截至 2011 年年底,庭院改善工程累计完成 1030 个庭院、4832 幢房屋的改善任务,受益户数 23.35 万户,受益群众 70.1 万人。据市绩效办 2010 年随机调查统计,庭院改善群众满意度达 94%。② 在当前社会矛盾凸显、各种利益冲突不断的背景下,此工程得到公众认同,未引发一起群体事件和冲突行为。取得如此成就的原因何在?笔者认为,除了其本身是一项有益于公众的民生工程,政府工作中贯彻信息公

---

① http://zjnews.zjol.com.cn/05zjnews/system/2009/05/14/015507706.shtml.
② 陈思敏:《2012 年庭院改善工程项目计划近期下达》,杭州市城市管理委员会网站,http://www.hzscgb.gov.cn/info.jsp?id=10249。

开、信息沟通制度等外,还主要得益于在庭院改善工作中实实在在地落实了"公众参与"原则。杭州市各区、各街道以实事求是为原则,因地制宜地结合自身特点,通过将官办社会组织——民间庭改办作为政府与公众沟通的桥梁,将公众纳入改善工程全过程,构建了有效的公众参与机制,进而调动公众积极性,公众逐渐变被动参与为主动参与,从而降低了改善成本,提高了改善效果。

鉴于中国社会管理成本问题及十六字方针公众参与需落地并产生实效,我们认为杭州市庭院改善工程有效地解决社会问题、维护弱势群体利益,且有效避免冲突,又未增加,甚至是降低了社会管理成本,提升政府公信力,增进社会公平,并通过引入民间组织建立了将公众参与实实在在落地的机制,这一事例具有借鉴意义。本报告旨在通过对杭州市庭院改善工程中引入社会组织实现公众参与庭院改善机制进行分析,为公众参与社会管理提供可借鉴的经验。鉴于中国权威主义政治背景,本报告中的公众参与是指社会管理中"党委领导、政府负责"意义下的"公众参与";参与领域局限在与公众切身利益相关的民生问题的微观层面上。但窥一斑而知全貌,此微观的公众参与在参与领域、参与层次、参与方式上更符合中国社会实际,同时也在中国体制、制度允许范围之内,因此,也更契合社会管理要求,具有现实的借鉴意义。

一 庭院改善工程中杭州市政府公众参与机制的选择

1. 政府选择公众参与的必然性

庭院改善工程取得成功与在工作机制中落实公众参与是密不可分的。杭州市政府之所以在庭院改善工程中选择公众参与的方式,除了改革开放三十多年来全国大的政治、经济、社会背景外,也与杭州市政府近年来的城市发展思路与规划密切相关。

近十几年来,面对突出的城市化急剧膨胀带来的城市空间形态、历史名城保护、城市交通、住房、农民工、城中村等问题,面对城市建设、发展资源压力、利益冲突压力增大的难题,杭州市政府以问题为导向,以实事求是为原则,结合杭州城市发展、经济结构及人文精神特点,逐步探索出一套以"我们的价值观"为理念,以"社会复合体"为组织架构,以"以民主促民生"为工作机制推进城市整体发展的模式。该模式覆盖城市发展、经济建设、文化建设、民生等各个方面,是广泛意义上的社会管理,涵盖中央提出的社会管理创新内容,与"党委领导、政府负责、社会协同、公众参与"的十六字方针并不背离。

随着城市发展,在杭州经济、基础设施建设取得一定成就基础上,杭州市政府将工作重点转到民生领域。原来被认为"理所当然"存在、不被关注的问题也逐渐进入公众视野,纳入社会问题层面,进而进入政府政策议程,由政府主导加以解决。杭州市政府开展了一系列"老百姓家门口的实事工程""民心工程",老旧庭院改善工程便是典型之一。

庭院改善工程也是杭州市社会管理不断创新的实践。杭州市在探索中不断完善党政、市民、媒体"三位一体"的以民主促民生工作机制,落实"四问四权"①,并于2009年将该工作机制确定为政策,正式出台了《中共杭州市委杭州市人民政府关于建立以民主促民生工作机制的实施意见》。2009年1月,王国平在调研庭院改善工程时表示,庭院改善工程涉及千家万户,要真正做到众人满意、众人高兴,唯一的办法就是建立和落实以民主促民生工作机制。②

2. 政府选择官办组织作为公众参与渠道的现实性

庭院改善工程等民生工程是杭州市建设、发展的必然产物,也是杭州市政府能力增强且回应社会需求、顺应民意的产物,更是社会管理路径与方式不断创新的产物。因此,庭院改善工程自2007年实施以来,其工作机制及公众参与途径在实践的历练和检验中不断调整,以更适合实际工作需要。

民主促民生是杭州发展的第二阶段。经过社会复合体第一阶段的发展,杭州西湖、钱塘江等著名景点、市区街道、中央广场等改造都已完成,而背街小巷、百姓庭院中涉及居民切实生活的难题亟待解决。此时需要解决的问题纯粹是关系到老百姓日常生活、与老百姓自身利益息息相关的民生难题,只涉及改造,不涉及征地、拆迁等,背后无商业利益;基于逐利的逻辑,企业、协会等无动力参与其中,因此,采用包括党政、行

---

① 四问是指:问情于民、问需于民、问计于民、问绩于民;四权是指:知情权、参与权、选择权、监督权。
② 《"民间庭改办"拓展公众治理新空间》,《领导决策信息》2009年第23期。

业、企业、媒体、专家等在内的"社会复合体"的组织架构来解决此类问题就不适用，需要建立能够融入民意或体现民意的模式。由于解决社会问题本身是政府的责任，因此政府必须介入，而民生工程直接涉及千家万户的切身利益，因此民众必须介入。那么，1030个庭院、4832幢房屋的改善，涉及不同城区、不同街道、不同小区、不同庭院、不同住户，其中又存在着不同程度的民众利益诉求。如何建立一种模式，且在该模式推行过程中既能实现政府既定目标又能满足民众各方需求，且避免发生矛盾和冲突呢？原先的"社会复合体模式"所蕴涵的政府参与及民众参与不完全适用于庭院改善工程；而这类改善工程的特殊性又需要政府部门与千家万户直接接触，才能知道群众需要的是什么，如何操作群众才能满意。

市场经济改革后，社会日益分化，利益也愈加多元化，因此，传统工作方式已远远不能适应日益变化的社会需求，且社会对政府的要求越来越高，不仅期望其真正做到"一切为了人民"，还期望其采用合理、有效的方式来为人民服务。若采用传统"一刀切"的行政方式，政府以"家长制"的作风，全权决定是否改善、如何改善，必然不适应杭州当下的现实。其导致的问题、矛盾与冲突是可想而知的。在此情况下，政府工作的着力点需直接落到每一个庭院的每家住户身上，因此，必须改变以往的工作方式，在民生工程之中不断探索并完善新的公众参与模式。

第一个民间庭改办成立的构想就是在这样的现实背景下，在政府工作人员不断探求解决民生问题有效的实践中，在谋求公众参与的有效方式中萌发的。同时，根据庭院改善实际工作及公众参与的需要规定了民间庭改办成员的组成标准及产生方式。2008年8月，在社区推选和居民自愿报名的基础上，社区的楼道长、小组长及社区中具有较高威望的人共五人在劳动路社区建立了全市第一个"民间庭改办"。时任市委书记王国平强调，必须着力抓好三项工作：一是所有参与这项工程的人员包括庭院改善工程工作人员和"民间庭改办"热心人员在内都要当好宣传员、服务员、调研员。二是坚持典型示范、以点带面，总结推广上城区成立"民间庭改办"、下城区成立居民自治管理小组等成功经验与做法。三是进一步完善党政、市民、媒体"三位一体"的以民主促民生工作机制，为2009年庭院改善工程各项任务的落实提供舆论保障。①

---

① 《"民间庭改办"拓展公众治理新空间》，《领导决策信息》2009年第23期。

清波街道城管科科长陈小明负责庭院改善工作两年多了，让他费解的是，尽管在工作中征求了居民的意见，为何到头来，老百姓还是不满意。"我们想，可能是庭院改善工程施工过程中，居民参与度不够。""去年8月份，我们决定在劳动路136号至156号3幢房屋庭院改善过程中，尝试创建民间庭改办的工作机制，由街道出面，邀请居民全程参与和监督庭改工程。""这个民间庭改办的人员当然是来自社区的居民，不过街道通过讨论，决定入选的人员应该具备四个条件。"陈小明介绍。首先要热心社区的公共事务，并有较多的时间参与，符合这点的居民往往是六十多岁的退休人员，其次是懂行，要具备一定的基建经验。在居民中有一定的威信和公信力也很重要，得到居民的认可。最后是沟通能力，善于和居民、施工方和社区等多方面沟通疏通。[①]

可以说，民间庭改办是党政、市民、媒体"三位一体"的以民主促民生工作机制的具体体现，也是政府与市民之间的桥梁。虽然从实质上讲，民间庭改办非严格意义上的"民间"组织，它具有明显的官办背景，为官办组织，但是，在庭院改善工程中却实实在在发挥了政府和群众沟通的桥梁作用，有助于实现公众参与。

二 庭院改善工程中的公众参与

无论是微观的民生工程，还是宏观的社会管理，其根本目的均是促进社会和谐、稳定，增进公共利益，而公众参与一直被学术界认为是实现公共利益的有效途径之一。因为，公众参与是政策取得合法化、实现公共利益的保障。古希腊城邦的直接民主是民主治理的理想形态，但是现代公共事务的复杂性决定了此种民主方式不可能实现。全面的、分散的、原子化的参与方式不具有现实可行性，政府的出现、制度的设计本身就是为了有效管理社会事务，而分散的、直接的个体参与往往会导致社会管理的混乱，因此有必要找到一个有效的中介力量，既能尽可能准确地表达公共诉求，提供参与公共政策的渠道，又能有效避免官僚制及精英集团控制产生的公共利益表达扭曲。而社会组织就是公众参与公共政策过程中较为合适

---

① http://news.163.com/09/0521/06/59QM96G3000120GR.html.

的中介力量及机构,它发端于社会,是社会需求的产物,具有相对独立性,更能相对集中地、全面地保障公众的权利。杭州庭院改善工程中采用民间庭改办的组织方式正是与中国本土行政特点及本工程需解决难点相结合的一种有效的公众参与模式。

庭院改善工程自实施以来,本着实事求是的原则,积极回应社会需求,其改善对象、改善内容、工作机制也随着公众要求及实践检验不断发展和创新。首先,庭院工程改善的范围逐渐扩大,截至2011年年底已累计完成1030个庭院、4832幢房屋的改善任务。其次,改善内容不断向纵深发展,从基础设施到公共空间美化、娱乐,再到整体小区的美化、便利,不断覆盖更多切实改善民生、便民、利民的项目,实现了基础设施完善、环境整洁舒适,进而提升居民生活品质。再次,工作机制从由市政府领导,区、街道等基层政府实施到引入民间庭改办、义务监督员等基层组织及群众参与,不断完善以民主促民生的工作机制,将"四权四问"灵活化、具体化。纳入改善范围的庭院改善资金按照市区1:1资金配套,如工程中有专项结合项目,扣除其专项结合项目资金数,按专项资金政策落实;市政公共基础设施经费由财政负担,其他按"谁家孩子谁家抱"的原则,由产权单位负担。

庭院改善工程涉及的利益主体有以下几方:(1)党委及政府,即党、政组织,市委市政府、区委区政府,以及街道居委会等。发挥党委领导、政府负责的作用。由党政机关领导及工作人员组建市、区、街道庭院改善工程领导小组及办公室(以下简称"改善办"),主要负责决策、领导及工程具体执行。(2)社会组织,即由居民等组成的具有政府背景的"民间改善办""草根质监站"等社会组织,及居委会、区妇联等自治组织及群众组织,相关专家团,区人大代表等,主要发挥社会协同作用,落实政策、搜集民意、化解矛盾,成为居民参与、上下双向沟通的纽带。(3)公众,受益者及参与者,本报告主要指纳入改善范围的老旧庭院的居民及尚未纳入改善范围的老旧庭院居民,他们通过多种渠道及方式参与决策、改善计划、工程监督、工程验收等。

1. 公众参与保障机制

(1)支持并培育庭改办。

庭院改善工程贯彻党委领导、政府负责、社会协调、公众参与原则,并成立组织、制定规章制度保障该原则，尤其是"公众参与"的贯彻和落实。首先，在组织保障方面，建立庭院改善工程领导小组及办公室。成立市、区、街道庭院改善办公室；采用"四级联动"工作机制，并把庭院改善工程的工作重心下移到街道，使街道成为庭院改善工程的主体。市庭院改善工程领导小组由市委领导任顾问，分管副市长任组长，市委、市政府副秘书长和市建委、市城管办主任任副组长，相关部门负责人为成员。领导小组下设办公室（设在市城管办），市城管办主任兼办公室主任，市建委、市城管办分管副主任任"改善办"副主任；办公室下设政策指导组（负责工程计划、招投标、资金、审计）、设计指导组（负责设计方案审查）、工程协调组（负责与相关部门协调对接以及工程技术、标准、质量管理、进度等）、宣传报道组（负责工程活动简报、经验交流、民情咨询处置、对外宣传等）、联络保障组（负责专家会审、市领导及外省市考察接待）。区改善办由区级领导及区城管办领导担任，办公室设在区城管办。

改善办对民间庭改办进行大力支持和引导，培育民间庭改办。劳动路第一个民间庭改办成立以来，在庭院改善工作中发挥了巨大作用，受到市委市政府领导的高度认同，各区改善办纷纷借鉴其经验，指导街道、社区层面成立民间改善办。进行工作指导，通过街道改善办及社区居委会对民间庭改办工作进行指导、人员进行培训。如西湖区对涉及庭院改善的36个民间庭改办工作人员进行工作职能、机制的培训，以弥补庭院改善工程监管力量的不足。同时设计绩效考核制度激励民间庭改办工作，各区纷纷对本辖区内的民间庭改办进行考核评比，推动全区庭院改善工作稳步开展。

（2）明确改善办和庭改办的工作职责。

首先，在制度保障方面，出台相关文件，明确工作职责。杭州市颁布《关于实施庭院环境改善工程的若干意见》，各区在该文件精神指导下，因地制宜地纷纷制订、颁布区级庭院改善工作指导意见，如西湖区颁布《关于印发西湖区进一步加强庭院改善工作若干意见的通知》，对领导主体、权责、工作机制等给予明确规定。

市改善办主要任务是决策协调，负责制订全市性工程实施政策和资金计划，工程设计原则指导，综合协调工程实施过程中的问题，组织全市改善工程督查、考核和评比工作；区改善办主要任务是组织实施，负责落实市级政策和计划，组织工程方案设计、会审，招投标，指导街道社区组织实施；街道改善办加强对辖区工程的日常管理和协调，认真负责工程摸底调查（包括居民"四问四权"调查，收集、归纳辖区居民意见、上报工程立项统计等），负责解决工程实施过程中的有关问题（包括接水、接电、居民协调等），负责庭院改善工程秩序保障等工作，负责辖区居民信访投诉接处工作。[①] 并建立例会、检查制度，市改善工程领导小组每半月召开一次工作会议，市改善办每周召开一次工作例会，听取各城区改善情况汇报，协调有关问题，部署下步计划；加强目标考核，把背街小巷改善、庭院改善任务列入市政府报告十大实事工程；市与区政府、有关部门签订目标责任书，纳入区政府和部门年度目标考核内容。

其次，建立民主促民生的工作机制。在不断的实践探索中，杭州市于2009年出台《中共杭州市委杭州市人民政府关于建立以民主促民生工作机制的实施意见》，认真贯彻、落实了以民主促民生机制，通过行政体制、原有群众自治组织、新的自治组织、信访、媒体等渠道给直接利益相关者——居民提供多元化的参与渠道，也为庭院改善工程提供了指导原则和政策保障。

最后，在统一原则指导下采用灵活的工作模式，明确改善办和庭改办的工作职责。杭州市政府采用统一原则指导与具体工作灵活相结合的方式，在市改善办下，各区、街道成立改善办，负责其辖区的改善工作；市政府颁发统一指导文件，对整体改善工作进行原则指导，各区在市级文件精神指导下，结合本区实际设计工作思路和机制，并最终落实到街道改善办层面来执行；而各街道改善办利用各个社区的民间庭改办来收集、反馈各社区居民意见，采用民主决策的方式设计最终的改善方案并验收。可见，不拘囿于传统的工作方式，创新工作机制。在市改善办统一领导下，各区、街道改善办依据实际，在具体执行层面采取灵活、弹性的工作方式也是其成功的经验之一。

2. 公众参与主体、内容、渠道及方式

以下从参与主体、参与领域及内容、参与渠道及方式三个维度对公众参与庭院改善工程进行描述。

---

① 《关于印发西湖区进一步加强庭院改善工作若干意见的通知》，http://www.hzxh.gov.cn/portal/html/20040214000003/20100407000024.html。

(1) 公众参与主体。

此处公众参与中的"公众"主要是指直接的受益主体和潜在的受益主体，即已经纳入和即将纳入或有可能纳入庭院改善范围的居民。此外还包括热心市民、专家个人等。

(2) 公众参与领域及内容。

公众参与的领域是关系切身利益的民生问题，具体指居住环境基础设置改造及居住空间优化问题。

公众具体参与的内容涉及前提调研、方案意见征询、实施、监督、评估反馈的各个阶段。如果把庭院改善工程视为与民生相关的一项公共政策，则公民参与贯穿于政策问题确定、政策制定、政策执行、政策监督、政策评估及反馈全过程。

政策问题确定：问情于民，改不改让百姓"定"。市里不硬性规定具体指标，都是采取自下而上的办法上报工程项目，街道社区不申报，市区不强求；每一个重大计划立项前，都通过媒体公告、热线电话、召开座谈会、入户问卷调查等形式，充分了解民情民意，让市民知道政府改善民生的举措，根据群众意见决定项目计划。如庭院改善立项前，都做到庭院内居民100%全覆盖入户调查，对有分歧的必须实行2/3以上住户同意改善的，方可列入计划。如江干区在前期调研期间发放调查表1500份。

在前期改善计划制订阶段，针对改善内容，有50%以上住户要求、多数人同意的可以改变原方案；解决居民意见分歧必须采用票决制。[①] 如南肖埠社区得知市区政府要实施老旧小区改善工程，即多次打电话要求纳入改善，社区自发组织了千余名居民，将改善的迫切意愿、要求改善的具体内容等以联名信的形式送到了区改善办。该小区原本可以暂缓改善，由于社区千余名居民迫切要求，经专家组和市、区、街道工作人员现场调查，最终确定实施改善工程。

政策制定：问需于民，改什么让百姓"选"。在项目确定后，庭院改善什么内容，用什么样的材料，采用什么设计方案，通过"三会一公示一会审"制度（调研会、听证会、设计座谈会，设计方案公示，会审），由社区居民讨论决定，意见相持不下时通过无记名投票确定。

---

① 封豪华等：《杭州市庭院改善工程调查报告》，《杭州研究》2010年第1期，第66页。

上城区在改造前，先做好方案公示，让居民真实享有知情权。公示不是说说的，不是"走过场"，而是把保笼式样搬到了庭院里面，搬进了楼道里，让大家看，大家评。而且，相关人员也捆绑着进庭院、进楼道，直接答疑解惑，让居民明晰改善内容。居民对材料、质量、价格等因素不了解、不确定，就会造成拆装保笼难实施。现场公示的时候，把经招标认定的数种样品，摆到居民面前，让居民自己决定，少数服从多数，用多数配合做通少数思想的方式，逐步消除居民对采用新保笼的诸多顾虑。①

西湖区改善办还创造性地实行庭院改善用材听取老百姓意见。在对市场主材行情进行分析的基础上，准备了不同型号、规格和材质的主材样品，邀请百姓参观，讲解选购意图，解答居民提问，征求居民对主材单价、品牌、等级、规格、数量、材质、型号、颜色、耐耗程度等方面的意见。以百姓的倾向性意见为导向，选择庭院改善用材。将选定的材料样品封存，作为今后验收标准，消除部分居民对公示"走过场"的顾虑。②

政策执行及监督：问计于民，怎么改让百姓"提"。在工程实施过程中主动接受群众监督，畅通意见反映渠道，建立市、区、街道三级信访处理网络，组织住户代表、有关专家、义务监督员、青年志愿者对项目实施进行点评，及时收集采纳各方面的意见、建议，不断改进施工。全市共聘请了2000多名义务监督员和1700多名青年志愿者参与改善工程。在工程所在街道或社区建立了全部由所在社区居民代表组成的"民间改善办""草根质监站"，全程参与、跟踪改善全过程，协调处理改善中居民意见和问题。

政策评估：问绩于民，改得好不好让百姓"评"。在工程实施前，在所在街道社区设置工程公告牌，公布建设工期、施工项目、设计方案、施工方案、进度、承诺事项、建设单位、施工单位、监理单位、设计单位、项目负责人及联系方式，自觉接受百姓监督。社区和沿线商家还推选出代表或楼道长参与工程监督。

---

① 唐敏、俞连明：《看看上城区是用什么办法解开这道心结》，《杭州日报》2008年6月14日。
② 封豪华等：《杭州市庭院改善工程调查报告》，《杭州研究》2010年第1期，第66页。

做到"公开各类信息,过程群众监督,工程效果回头看,居民满意才验收"。市委发出《关于深入开展"问绩于民活动"的通知》,要求城区在老百姓提出的意见建议没有处理好之前,不得轻易拆除立面整治脚手架;在工程即将结束,施工队未撤离、脚手架未卸下前,对改善项目涉及的住户发放《征求意见表》,组织现场咨询服务等工作;庭院改善的组织单位、施工单位和监理单位对"问绩于民"活动收集到的建议和意见进行分析梳理,做好查漏补缺和落实整改工作;工程验收时,还邀请市民代表参加竣工验收。没有开展"问绩于民"回头看活动、市民意见未整改和市民不满意的工程不得进入工程验收程序。

(3) 公众参与渠道及方式。

庭院改善工程中,公众通过多元化的渠道和方式,从改善前期调研、改善方案修改、改善实施监督、改善工程验收等各个环节进行参与。既包括传统群众工作渠道和方式,也包括新时期工作渠道和方式。但庭院改善的工作最终通过市、区、街道改善办落实到各个庭院、各个居民身上;而街道内小区众多,工作人员有限,且改善工程涉及千家万户生活的各个细节,在沟通协商、工作落实、共识达成上需要花费大量时间、精力、人力。从基层政府到公众参与之间通过什么渠道、何种方式将政策贯彻、执行到下面去呢?

可从时间和组织结构两个维度来对庭院改善中公众参与的渠道及方法进行描述,见表1。其中时间维度用传统群众工作渠道及方法和新时期群众工作渠道及方法,两者以改革开放为分界点。组织结构维度是指公众参与的组织方式,包括组织化和分散化两类。组织化是指公众参与固定的组织或通过固定的组织实现利益诉求,即"个体—组织—政府"的参与模式;分散化是指个体直接参与,即"个体—政府"的参与模式。

表1 庭院改善工程中公众参与渠道及方式

组织结构\时间	传统群众工作渠道及方式	新时期工作渠道及方式
组织化	社区自治组织、妇联等群众组织	民间庭改办、社会组织
分散化	动员大会、信访、听证会	义务监督员、网络、媒体、热线电话

可见,庭院改善过程中,综合运用了传统群众工作和新时期社会管理工作渠道和方式。当然在运用传统的动员大会、信访等方式时也因时、因地制宜地对原有的方式进行了改良。但在庭院改善中发挥主要作用的渠道和方式

是居民个体通过官办社会组织的方式参与,即通过民间庭改办来参与庭院改善。

3. 民间庭改办作为公众参与的关键渠道

民间庭改办自成立以来就成为联系居民和基层政府(街道改善办)的桥梁,其作为一个相对独立的社会组织参与到庭改的前期入户调查、方案设计修改、工程监督和验收反馈等各个环节;将小区内居民有关庭院改善的意见和建议汇总起来,成为居民利益的代言人和沟通者;代表、组织居民对庭改方案进行听证和修改,对施工情况进行监督,对结果进行考核等,成为居民参与其中的一种渠道;化解庭改过程中的居民矛盾;在基层政府和居民间起到沟通、桥梁作用,协助落实部分庭改工作。因庭院改善工程涉及千家万户利益,每家利益具有差异性,如果处理不当,不仅不能实现政府促进民居环境改善的初衷,更容易引发群体矛盾,而充分利用居民赖以生存的生活空间中较具民间权威、具有相互信任和依赖情感的人士组成的民间庭改办(该庭改办在党政领导下,兼具了行政权威性,连接着党政组织与社区居民),为居民个体参与、表达及实现提议诉求提供了有效的组织途径。民间庭改办缓解矛盾、缓和社区压力,将社区间问题化解在社区中,在庭院改善工程中起到了极为重要的作用。

"庭院改善工程就像是给老房子穿一件新衣服,新衣服由谁裁剪,选择什么面料,都应该由老百姓说了算。'民间庭改办'由居民全程参与,这样这件衣服也穿得特别合身。"杭州市有关部门认为,民间庭改办尊重民意,通过民主的方式解决了民生问题。[①]

民间庭改办全称是"民间庭院改善办公室",是与官方的"庭院改善办公室"相对应的称呼。

性质及目的。民间庭改办是由居民自发参与的组织,是由政府在改善工程中依据工作需要,探索出的工作方式;同时政府在全市内大力倡导和培育,并对其工作进行指导、考核等,属于具有官方背景的社会组织。其目的是让百姓自己管理民心工程,着力提高百姓参与热情,促进庭院改善效果。它主要是在庭院改善过程中,发挥桥梁作用,为居民和施工方搭起沟通的

---

① 陈惠、王婧:《解民生问题重民主方式:一个"民间庭改办"的行权》,http://news.163.com/09/0521/06/59QM96G3000120GR.html,2009年5月21日。

平台。

成立方式。2008年8月,在社区推选和居民自愿报名的基础上,社区的楼道长、小组长及社区中具有较高威望的人共五人在劳动路社区组织了全市第一个民间庭改办,随后这种工作方式得到市委书记王国平的赞同,在市、区、街道改善办引导下在全市推广开来。

成员标准。"入选应该具备四个条件:首先要热心社区的公共事务,并有较多的时间参与;其次是懂行,要具备一定的基建经验。再次,在居民中有一定的威信和公信力也很重要,得到居民的认可。最后是要善于和居民、施工方和社区等多方面沟通。"①

成员组成。民间庭改办的人员来自社区的居民,由社区的楼道长、小组长、居委会老干部、人大代表等具有较高威望的人员及热心居民组成。如劳动路社区的民间庭改办成员中有社区的楼道长、小组长、居委会老干部等;西湖区民间庭改办的成员大都是从社区居民中精挑细选出来的,既有普通的物业管理员、社区居民,也有担任过社区主任的干部和大学教授,有些还具备一定的建筑建材行业专业知识,而且大多已离退休。

工作职责。民间庭改办作为群众自治的组织,主要有以下职责:将小区内居民有关庭院改善的意见和建议汇总起来,成为居民利益的代言人和沟通者;代表、组织居民对庭改方案进行听证和修改,对施工情况进行监督,对结果进行考核等,成为居民参与其中的一种渠道;化解庭改过程中居民矛盾;在基层政府和居民间起到沟通、桥梁作用,协助落实部分庭改工作。

如西湖区民间庭改办主要工作职责是:负责工程摸底调查("四问四权"入户调查)、工程管理协调、工地秩序保障、拆违(违章建筑、保笼拆除等)和辖区居民信访投诉接待处置工作,进一步提高热点难点问题的沟通、协调和解决力度,努力做到"小事不出社区、大事不出街道、难事不出城区"。清波街道城管科科长说道:"以前的庭院改善,由街道来指导居民工作。现在反过来,街道归民间庭改办指挥。他们将居民的意见收集起来,我负责跑腿,协调各个部门的工作。"②

工作内容及机制。民间庭改办根据各个小区情况设置不同的规章制度,

---

① 陈惠、王婧、严国庆:《一个"民间庭改办"的"行权"》,http://www.cityhz.com/a/2009/10/27/content_ 41404.html,2009年10月27日。
② 陈惠、王婧、严国庆:《一个"民间庭改办"的"行权"》,http://www.cityhz.com/a/2009/10/27/content_ 41404.html,2009年10月27日。

从工程实施前的方案听证、论证,到施工中的每个具体实施阶段环节,再到工程结束前的验收,民间庭改办人员都全程参与。具体包括:

例会制度。民间庭改办既是居民的"民意代表",也是调节居民矛盾的"娘舅",集中居民反映的情况,并每周定期召开例会,由民间庭改办、街道庭院改善办、施工单位和监理单位的人员一起对居民反应强烈的重点、难点问题进行梳理,分析上一周存在的问题,提出解决方案。

轮班监督制及民意调查制。民间庭改办接受街道庭院改善办的委托,全程负责监督庭院改善工程实施情况,全体人员每天在施工现场轮流值班,不定时勘察工程情况,听取民意、了解民情。并始终保证一名人员对工程进行现场监督,发现问题现场提出,记录在案。每周不定期发放"居民意见联系单"和"施工队反馈单",征求居民对工程的细节要求。同时,采用面对面动员的方式,开展挨家挨户动员工作。

> 沈梓文既是董家新村社区的支部书记,也是自管组长。在董家新村和睦路75号、121号庭院改善工程中,沈梓文作为一名老共产党员,起到了先锋模范作用。他除认真做好日常工作外,还担任庭院改善工程的宣传员、联络员、监督员和信息员。他亲自上门向居民发放宣传资料,把报警器发放到居民家中并仔细讲解报警器的安装、使用方法,把居民关于庭院改善施工的意见及建议收集整理汇总后反馈给党委分管人员。在庭院改善过程中,社区1单元203住户刚开始不同意拆保笼,他亲自上门做工作,详细了解情况。当了解到该住户的父亲是一名共产党员时,沈梓文就认真地给他父亲讲解危旧房改善是政府的重点工程,居民尤其是党员要顾全大局,关键时刻要发挥模范带头作用。经过他耐心细致的劝说后,父亲同意拆掉保笼并愿意做儿子的思想工作,最终使庭院改善工作顺利进行。①

全区参与验收制。工程结束后,由民间庭改办牵头,召开全体居民代表大会,居民对施工情况进行投票,施工单位负责人对"居民意见联系单"汇总反馈情况做具体说明,并回答居民提出的相关问题,介绍居民综合监理单位打分情况和施工单位答辩情况,做最后工程验收评分。验收工作需全体

---

① 浙江文明网,http://www.zjwmw.com/07zjwm/system/2009/07/23/015693121.shtml。

居民完全满意之后才能验收。协助街道庭改办向住户发放《征求意见表》，通过组织现场咨询服务等方式，再次征求百姓对施工质量、效果等方面的意见，在改善庭院内定点设置咨询服务台，接受百姓对改善工程的咨询、建议、投诉，对问题再作一次整改，尽量少留遗憾、不留遗憾。

在庭院改善过程中，就"怎么改""改哪些"广泛征集民意。社区民间庭改办的义务监督员和专职联络员广泛开展意见征求活动，对群众关心的施工组织、建筑材料选择、社会治安等问题进行收集，并通过居民听证会和每周监理例会发表群众的意见；开展监管活动，先后组织了文明施工检查、建材使用抽查、环境卫生督察、工地治安巡查，督促施工单位加强工地管理，至今尚未发生一起居民家庭失窃案件。

可见，民间庭改办成为基层政府政策贯彻与执行的中介组织，连接着党政组织与社区居民，为居民个体参与、表达及实现提议、诉求提供了有效的组织途径，并缓解矛盾、缓和社区压力，将社区问题化解在社区中。民间庭改办充分发挥退休干部、老党员、专家及有威望的退休人员的余热，他们既有工作的热情和精力，在社区中又具有权威，容易得到大家的认同，在政策传达、工作引导、民意收集、矛盾解决方面比较有效。民间庭改办借助传统社区邻里的情感关系及民间的权威作用，辅助官方庭改办进行工作，成为沟通居民和基层政府的桥梁，很好地起到了节约成本、提高效率、实现民利的作用。

4. 庭院改善工程中公众参与的局限性

任何一项政策的执行都有其特定的社会环境，同时也具有一定的局限性。庭院改善工程中通过民间庭改办实现公众参与的方式虽然是有效的、符合中国当下实际的，但也有其实现的特定环境因素及一定的局限性。

（1）庭院改善工程中公众参与的环境。

政治环境。公众参与本身就属于政治活动的一部分，抛开全国的政治背景不谈，庭院改善中的公众参与受杭州市独特的政治环境的影响。近十几年来，杭州市结合本地实际情况，创新出一系列社会管理方式来促进城市发展，如社会复合体、以民主促民生工作机制、"我们"的价值观等，在制度、机制、价值观层面对城市发展起到了有效的支撑作用。尤其在2009年确立民主促民生发展战略及出台《中共杭州市委杭州市人民政府关于建立以民主促民生工作机制的实施意见》以来，先后建立了一系列有效工作机制,贯彻落实信息公开、建立健全沟通机制。如借助政府网站、媒体等发布各种政务信息,收集有关民生的民意,开展系列民意调查;开办"我们"圆桌会、杭网议事厅等民意专栏,打造党政、专家、公众沟通交流平台,为公众参与提供了多元化、有效的渠道和方式,这也是公众参与最基本的保障。

此种做法为公众参与开通了渠道,向公众传达了一种积极参与的信息,在全市营造了鼓励公众参与的良好氛围,在我国整体公众参与程度不高的情况下,此种引导具有积极的意义。

经济环境。马克思说经济基础决定上层建筑,经济具有巨大的影响力。经济环境包括经济体制和经济发展状况。市场经济体制下,利益逐渐分化,政治和经济资源与过去单一的计划经济相比更为分散,社会具有更大的自主性和能力。政府无法单凭一己之力来保证社会的发展。杭州市委市政府在城市发展中正是意识到了这点,创新出党政、行业、专家、媒体"四界联动"的复合体模式,主动关联多方力量。

杭州市民营经济较其他地区更为强大,行业协会的作用也更为突出;杭州市民人均生产总值突破8万元;城镇居民人均可支配收入达34065元,接近富裕国家水平,经济水平提升及公众经济收入的提升对公众参与的能力及热情具有潜移默化的影响。

社会文化环境。这里的社会文化环境是一个宽泛的概念。在政治环境和经济环境作用下,塑造了杭州的大气、开放的情怀。为了实现"打造品质之城"的发展战略,杭州市委市政府以"我们"的价值观,采用关联机制的城市品牌网群,开展了一系列市民体验日、生活品质点评、行业点评活动,邀请广大市民参与。其中"我们"包括一个个市民,每个个体都是"我们"中的一员。"我们"的群体概念让个体有了归属感和责任感,主动参与到公共生活中。

广泛利用媒体和网络进行宣传。网络这把"双刃剑"如果运用得当就能起到较好的引导作用。同时随着人们受教育水平的提升,自我意识逐渐觉醒,参政议政能力不断提升,多元化的参与渠道与参与方式也为公众参与公共事务提供了便捷,尤其在涉及居民具体利益的民生领域,政府主动关联公众,让公众参与,效果得到了及时的体现。在一系列综合因素的作用下,营造了良好的社会氛围,培育了市民参政议政能力及热情。

(2) 庭院改善工程中公众参与的局限性。

公众参与有一个培育和发展的过程，庭院改善中公众参与保证了改善工作的顺利完成。但政策对环境的依赖性导致了每种政策或方式都有其局限性，尤其是在我国权威主义政体下，党政主导的先决条件及传统行政体制理念与公众参与的个体意识及利益的觉醒存在冲突，因此当前中国的公众参与必定有其局限性。以下通过对庭院改善工程进行分析，以窥一斑。

党政主导下的公众参与。在改善工程中，突出了党政领导的重要性，政府成立市、区、街道三级改善办，并通过一系列文件、指导意见等方式进行层层指导和控制。同时通过培育、引导、培训、考核等方式对民间庭改办进行管理。公众无论是通过分散化的信访、热线、网络等方式参与，还是通过组织化的民间庭改办方式参与，都是在党政主导下参与的。

民间庭改办自主性相对较弱。与之相应的，在党政主导强的地方，社会的自治程度就相对较弱。民间庭改办在庭院改善中只是接受了党政的指导和引导，在这种意义上说具有相对的自主性。民间庭改办是在区、街道改善办的引导下成立的，其成员多为退休干部、老党员、现任社区工作人员；其目的之一是协助街道改善办具体落实工作，接受区、街道改善办的指导和培训等。

结合我国实际，中国的公众参与必定是政府主导下的有主次、有序、有选择领域的参与，随着社会自主程度的提高，社会组织的独立性增强，公众参与的广度和深度也会不断增加。

公众参与更多集中在民生领域及具体工作层面。从全国范围看，公众参与也是多涉及民生领域的有限参与，这是政治、经济、社会、文化等综合作用的结果，也是当前利益分化、社会压力增加下社会稳定的必需方式。另外，公众参与公共事务的能力也有一个不断培育的过程。庭院改善工程中的公众参与仅涉及民生领域，且参与层面集中在具体的操作及直接涉及居民利益的层面。与其他地方"城中村"改造不同，不涉及土地征收及房屋拆迁等触及居民根本利益的问题，是一个单向"予"的过程，只是在讨论如何更有效地给予，本身的潜在矛盾就很少，在此意义上讲，庭院改善中公众参与的借鉴意义存在局限性。

(3) 民间庭改办的生命力。

民间庭改办的诞生、运行、绩效考核等，均是在党委领导、政府负责的前提下进行的，其工作受到政府的层层指导，其成员大多来是楼道长、小组长、居委会老干部、人大代表等,具有很强的"准官方"背景。因此,民间庭改办不是作为一个社会自组织的形式出现,其出现含有浓烈的"官方目的",是作为执行某个社会目标的工具出现的,属于官办社会组织。但是为何称之为民间庭改办,强调"民间"二字呢?一方面是因为其确实具有民间性,有来自民间的成员;另一方面虽然民间庭改办是由政府主导成立,并非自下而上成立的,但为了得到社会的认同和支持,借用"民间"二字。

可见,民间庭改办不是社会的一种自我组织形式,是政府利用社会资源,组织社会,实现其公共政策的一种形式。在这里,公众参与是作为一种工具,为了解决一定的社会问题而运用的,不是作为一种价值、一种目标而出现的。

虽然庭院改善中公众参与存在以上诸方面的局限性,但是从另一个层面来说,党政主导下的公众通过社会组织参与社会管理更具有可行性、更具有效率(政府更放心、公众认同度高、获得资源丰富);民间庭改办毕竟是以社会组织的形式实现公众参与自身相关的公共事务,为公众参与提供了一条实实在在的渠道;公众参与的领域也在由有限的局部放宽,朝着更广阔的方向发展。也正因为如此才更符合中国社会管理的现实,公众参与的渠道和方式才更具有可行性和生命力。民间庭改办为社会管理中公众参与的落地提供了一个有益的方式。

三 社会组织作为公众参与渠道的普遍意义

1. 当下中国社会呼唤公众参与

"公众"与"公民"具有不同的含义。后者多用于西方国家话语体系,是马歇尔意义下具有相同权利和义务的、具有平等身份和地位的人;Sherry Ernestine 认为,"公民参与是一种公民权利的运用,是一种权力的再分配,使目前在政治、经济等活动中无法掌握权力的公众,其意见在未来能有机会被列入考量"[①]。新公共行政的主要代表人物弗雷德里克森强调公共行政中的公民参与,认为只有通过公民的参与才能保障公共行政过程中的公平。我国学者多把公民参与等同于公众参与,如俞可平认为,公民参与,通常又称为公

---

① 党秀云:《论公共管理中的公民参与》,《中国行政管理》2006 年第 10 期,第 32~35 页。

共参与、公众参与,就是公民试图影响公共政策和公共生活的一切活动。

公民参与和公众参与两者都是主体参与公共事务,保障个人权利、社会公平的实现。但从严格意义上讲,公民参与和公众参与的参与基础、参与主体、参与渠道及方式等存在不同。而两者不同的原因归根结底在于"中国与西方建立国家的基础不同,西方资产阶级国家是建立在公民概念的基础上,而中国革命是建立在群众公民的基础上"(美国芝加哥大学政治学教授邹谠)。[①]

公众参与的程度及深度受到政治、经济、文化、参与者个体参与能力及意愿等诸要素的影响。我国三十年来政治、经济、文化等诸因素发生巨大变化,为公众参与提供了更加开阔的环境,且社会力量逐渐成长,公众个体参与能力及意愿不断提升。社会管理需面对各种复杂交错的社会问题,因此,公众参与正是当下中国社会现实的呼唤。

(1)政治制度从集权主义向权威主义转变。

新中国成立初期的集权主义在经历改革开放后逐渐向权威主义转变。改革开放之前,我国处于集权体制下,政府采用单位制的方式,全面控制社会经济和政治生活,渗透到个人生活的方方面面,这时的公众参与主要以单位内行政体制层级方式进行,参与途径极为有限。改革开放后,随着市场经济体制不断完善、西方管理思潮进入及政府面对社会压力对管理方式进行调整,此时的权威主义只在政治领域具有集权性,在经济和社会生活,文化生活领域内,逐渐放松管制,社会成员具有相对的自主权利。以上政治制度转变使公众参与的政治及制度环境变得宽松,公众参与广度、深度及参与渠道方式等不断增加。

(2)经济体制从计划经济体制向市场经济体制转变。

经济基础决定上层建筑,对个人生活、思想具有深远的影响。我国从传统单一的计划经济体制向市场经济体制转变,解除了个体对政府或政府控制下的"单位"的经济依附,独立的经济人格造就了相对独立的政治人格,公民对政策的评判不再完全看上级行政主管的意图,而能够从政府决策对自身利益影响的角度做出独立的判断和选择。

市场经济引发的公民意识的觉醒促使公民不再满足传统的公共权力的二元分立结构与自上而下运作,而试图通过积极的政治参与行动维护自身的利

---

① 姜涌:《中国的公民意识问题思考》,《山东大学学报》2001年第4期,第83页。

益，并为了共同的政治目的和相同的利益结成持久性的集团组织。原子化的社会被结构化为扁平式网络化的公共生活系统，使整个公民参与的方式发生了变化。①

（3）利益聚合方式从单位化为主向多元化转变。

利益聚合方式的转变是政治体制与经济制度变化的结果。利益聚合方式影响个体的利益来源及分配方式，而利益是个体参与公共事务的基础，进而对公众参与产生影响。我国逐渐从单位化的利益聚合方式转变为多元化的利益聚合方式。

"单位"是1949年后形成的管理公有制体制人员的组织形式，是对全民、集体性质组织——工厂、商店、学校、医院、党政机关等的统称。② 单位有两个基本特征：一是工作方式的行政性特征；二是内部管理的福利性特征。个人的生老病死等所需资源在单位内都能够解决，单位是个体利益的来源及聚合方式。从自治权利、公众参与角度看，单位制在社区的强化使得"城市居民生活被纳入各种单位组织，接受单位所代表的国家权力的直接管理，社会自治管理的条件基本丧失"③。

经济体制改革后，各种非公有制经济组织发展起来，社会力量也逐渐发展壮大。随着单位制的解体、住房制度改革的深入，单位福利分房也不复存在，私人购房逐步增多，单位社区不再占据社区主导地位，私家房的增多导致新兴的住宅小区成为今后社区的主导类型，传统街坊社区随着城市的更新改造逐步消失。在社区从单一的单位社区向多种类型的社区发展的过程中，因各个社区所拥有的资源、所受行政权力影响的程度各不相同，各个社区也就难以再采用统一的群众参与模式。④ 因此，脱离严密体制下的个体，在社区中的民生领域获得更多参与途径和方式。

（4）参与者主体参与能力及意愿提升。

"公众"并非是一个抽象的概念，而是由众多个体组成的。个体可以是分散地参与，也可以是组织化或制度化地参与。但无论哪种参与形态，最终

---

① 唐治国：《公共决策中公民参与方式的变迁及原因分析》，《党政干部学刊》2009年第2期。
② 刘玉东：《城市人民公社时期社区治理模式的体制分析》，《当代世界社会主义问题》2012年第1期。
③ 陈惠、王婧、严国庆：《一个"民间庭改办"的"行权"》，http://www.cityhz.com/a/2009/10/27/content_41404.html，2009年10月27日。
④ 虞崇胜、张星：《从"群众参与"到"公民参与"——转型期我国城市社区参与模式的"革命性"转变》，《创新》2010年第1期。

都要受到个体受教育程度、参政议政能力、经济社会地位的影响。尤其要强调的是,个体以往参与公共事务的经验对其再次参与的积极性、主动性有很大影响。可见,如果缺乏相应的反馈机制,就容易使参与流于形式,也会挫伤公众参与的积极性,甚至因此产生对决策的抗拒心理。① 过去三十年改革开放大环境下,社会发展、公众受教育程度、政治素养提升。个体作为合法主体参与经济、社会生活的生活经验及生活方式的转变,都要求政府在社会管理中采用更多公众参与的方式。

(5)参与途径更加便捷、多样。

有利于公众参与的政治体制、社会文化氛围能够促进公众参与程度提升,但这些最后都要落实到参与的途径与方式上。公众参与是公众在对个体权利意识觉醒的基础上的行动,且个体在参与公共事务中必然会进行成本—收益分析。因此随着网络、媒体、微博等高效、便捷的信息技术普及,公众参与途径与方式更加多元化、更加便捷,公众有更大的参与积极性,且要求更多的参与管理公共事务的权利。

2. 我国公众参与方式的转变

以上诸影响因素随着一国政治、经济、社会发展而演变,尤其是中国三十年的社会结构转型、经济体制转轨,国家体制、经济体制、个体经济地位、公民精神等均发生巨大变化,由此引发公共生活空间的变化,城市生活主要由单位化向社区化转变。在这种情况下,"容易产生政治参与扩大的要求和国家政治制度化程度低、无法提供参与途径的矛盾,从而带来社会的不稳定"②。

因此,为了缓和社会压力、维护国家稳定,政府必须对社会管理方式进行创新,从传统的主要以单位化组织的方式逐渐转变为现在的、适合社会发展需求的公众参与形式。社会管理中公众参与方式也应该相应地由单位化的模式转变为社区化的参与模式。社区由不同单位、不同职业的居民组成,存在差异性,但是在收入水平、经济地位方面具有相似性,比较容易达成共识,为社区集体行动及公众参与公共事务提供了可能性。表2中比较了单位化与社区化公众参与的不同要素。

---

① 程琥:《公众参与社会管理机制研究》,《行政法学研究》2012年第1期。
② 亨廷顿:《变革社会的政治秩序》,华夏出版社,1988,第55页。

表2 单位化与社区化公众参与方式比较

	单位化参与方式	社区化参与方式
政治体制	集权主义	权威主义
经济体制	计划经济	市场经济
参与意识	弱	不断增强
利益聚合方式	单一化：单位	多元化：社区、单位、社会组织
参与的领域	经济、政治、民生	民生
参与渠道	单位内行政途径、信访	社区、社会组织；信访；网络、媒体
信息流动方向	自上而下	自上而下为主，自下而上为辅
参与主动性	被动为主	被动和主动并存

3. 官办组织作为公众参与渠道的优势

就民生领域而言，公众参与以社区为主要场所。在社区中，公众在参与与自身生活息息相关的民生问题时，存在几种方式，包括纯商业方式、传统行政方式、官办组织方式、纯民间组织方式；表3从对民生等社会问题的关注程度、代表民意程度、解决问题中获得的资源等几个指标对各种参与方式进行衡量和比较，衡量标准采用"高""中""低"三级标准。

表3 社区化公众参与几种方式比较

衡量指标	参与方式			
	纯商业	传统行政	官办组织	纯民间组织
关注社会问题程度	低或无	高	高	高
代表民意程度	中或低	中或低	高	高
行政合法性程度	低	高	高或中	低
解决社会问题获得资源的程度	中	高	高	低
公众参与的程度	中	低	高或中	高
公众利益得到保护的程度	低	中	高	高
解决问题的效率	高	低	高	中
受益者群体	付费群体	全体	弱势群体	弱势群体

从表3可见，在今天的中国，解决民生问题，公众参与采用官办组织的方式比纯商业方式、传统行政方式、纯民间组织方式更有效果，尤其在解决社会管理中涉及大多数人利益的社会问题时。因为，官办社会组织相比其他而言，兼具了传统行政的行政合法性，易获得政府的资源和支持，提高解决

问题的效率；同时亦具有一定的纯民间组织所具有的代表性，更体现民意，利于社会问题解决及社会公平正义的实现。以下以庭院改善工程中官办组织——民间庭改办为例进行分析。

（1）比纯商业方式更具社会效益。

纯商业方式完全遵循市场和资本逻辑，以获得经济利益为目的，不会关注或者很少关注无利可图的社会问题。即便关注了社会问题并参与到解决过程中，也是由于有利益可图，其本身的趋利性和资本的逻辑贯穿其行为始终，如西溪湿地治理等城市建设项目，企业可以出资，参与工程，并经营景点，获取利润。而面对无利可图的背街小巷改造、庭院改善等民生工程，市场是不会主动介入的，即便介入参与解决，其本身简单的经济逻辑也注定了其面对错综复杂的社会问题时无法实现社会效益。

庭院改善是一项涉及民生的工程，其根本目的不在于产出经济效益，而在于解决社会问题，实现社会效益。且庭院改善多涉及老旧小区，属于弱势群体居住范围，他们无法承担纯商业方式的费用。因此，从工程性质上来说，企业、市场等纯商业组织是不会主动介入的，因为无经济利益可图，即便是以政府外包或居民出钱购买服务的形式交付市场来运作，也注定其代表民意和行政合法性程度较低，公众参与程度不会高；且企业在运行中考虑的是成本—收益分析，能减则减，能免则免，根本不会考虑需求各异的住户的利益，实现"带一把"，因此保护公众利益程度也很低。可见，纯商业方式与庭院改善中错综复杂的利益关系、多元化的居民需求及公共利益的实现存在严重的利益冲突。

（2）比传统行政方式更灵活。

虽然权威体制下传统的行政方式关注社会问题程度比较高，行政合法性程度比较高，解决社会问题获得的资源比较多，也能在一定程度上保证公共利益的实现，但是传统的行政方式是层级严明、单一方向的命令下达，缺少群众意见的上行反馈渠道。在社会问题日益复杂化需多方参与解决、社会组织及公众参与能力及意识提升的今天，这一套传统的行政命令的方式必然行不通，且这种工作方式业已不能得到社会的认同，因此需要适应社会需求的解决社会问题的方式。

民间庭改办因其官方背景，既兼具了政府提供的行政合法性，能够获得政府提供的各种资源支持，又因其民间性能引入更多公众参与，更能代表民意，从而保障公众利益的实现。民间庭改办这种双向、高效的沟通渠道，既准确地贯彻了政府政策,又迅速传递了群众意见,形成了政府与民间良好的互动。在工程改善工作中,更具有灵活性。政府赋予官办社会组织一定的权力,根据其汇总起来的群众意见决定是否施工、如何施工、材料如何选择、是否验收合格等。在涉及群众利益的庭院改善工程中,这种官办社会组织具有强大的生命力及灵活性。

(3) 比纯民间组织更具资源优势和号召力。

提到民间组织,多数人会想到公民社会,认为其最终的目的是促进公民社会的建立。改革开放三十多年,西方管理思潮涌入,"民主""公民社会"成了"自由"的代名词,许多学者也纷纷将这些名词引入中国的社会管理中,认为民间组织就应该具有独立、纯粹的性质,不应依附于政府,甚至认为的对立于政府,而不管是否适应中国的现实土壤。虽然纯民间组织关注社会问题的程度高、代表民意程度高、公众参与程度及公众利益受保护程度高,但是在中国权威体制下,在中国历史路径依赖和文化及价值传承下,唯有适应中国权威体制及实际国情的"民间组织"才能得以生存和发展,真正发挥作用,促进社会发展。

首先,集体行动的收益和成本不能准确划分到个人,存在"搭便车"的困境。尤其是大型的集体行动存在组织的难题。在庭院改善工程中,需要组织成千上万的居民参与改善,很少有民间组织具备这样的组织能力和号召力。即便具备了这种能力,要将居民组织起来也绕不过中国现实状态下集体行动的困境。而政府或者具有官方背景的社会组织具有发达的网络和资源,具有很强的组织能力。

其次,政府对社会组织进行双重管理,很多领域,尤其是涉及社会问题、需要集体行动的领域,政府对纯民间组织进行多方限制,甚至禁止介入,防止出现社会不稳定现象。因此,即便纯民间组织有能力把公众组织起来参与庭院改善工程,但如何取得政府信任并获得进入许可,如何与政府进行良好合作,也是纯民间组织面临的难题。

再次,资源是保障工程顺利进行的基础,而资源(尤其是解决社会问题所需的各种资源)更多的是集中在政府手中。而解决社会问题本身就是政府的职责所在,民间只有和政府结合起来才能真正发挥作用,民间庭改办属于官办社会组织,在这方面具有得天独厚的条件。

最后,民间庭改办在居民中比纯民间组织更具权威性,便于工作顺利进行。因为传统的行政权威在多年社会化过程中早已深入人心,且共产党多年的社会化过程也已造就了公众对政府的依赖心理。因此,通过成立政府和民间均信得过的组织，综合多方的优势，更有利于政府政策执行，降低行政成本，获得更高群众满意度。

可见，党委领导、政府负责下的民间庭改办是具有中国特色、更具生命力的官办社会组织，比纯民间组织具有更多的资源优势及号召力，更能有效地解决社会问题，增进公共利益。因为得到政府的支持与扶植，政府对其更放心，会投入更多的资源，并进行政策倾斜，更利于其开展工作。

4. 延伸：公众通过社会组织参与社会管理的意义

胡锦涛指出："社会管理，说到底是对人的管理和服务"。当前社会及公民的自主性提升，对"人的管理"不能是传统高压、强制、单向的管理，而应是一个双向互动的过程，要让"人"作为一个主体参与到管理中来。为了增强公共项目实施的效果以及在制定政策和解决问题的过程中体现公民和组织的多样化价值，治理应力求积极地促成公众、私营组织和非政府组织间的共同合作关系。[①] 但是单个的个体参与存在成本和可行性的难题，庭院改善中引入民间庭改办的方式为公众参与公共事务提供了一条可借鉴之路。社会组织，尤其是公众自发成立的民间社会组织日益成为公众参与社会管理的一个主要方式，不同的社会组织可以把不同的群体聚合起来，成为政府和公众之间的一座桥梁。社会组织作为公众参与的渠道具有以下意义。

（1）增强政府合法性。

正如戴维·赫尔德所说："合法性意味着，人们之所以遵守和服从统治和法律，是因为他们的确认为统治和法律是正确的并值得尊敬。合法的政治秩序就是被国民规范性认可的秩序。"[②] 政府的合法性来源于公民个体的认同，这种认同是通过公民参与公共事务获得和实现的；而公民参与公共事务的方式更加的组织化和制度化。社会管理的背后逻辑也是政府改革的选择，政府改革的目的是回应社会管理中诸多问题，最终实现公共利益。

社会组织对政府合法性的认同，也是政府合法性的来源。社会组织为公众和政府搭起沟通互动桥梁，公民参与能够实现政府与公民的持续交流和对话，增进彼此的了解，增加公民的信任感，同时能够最大限度地争取利益受

---

① 〔美〕全钟燮：《公共行政的社会构建：解释与批判》，孙柏瑛等译，北京大学出版社，1993，第176页。
② 〔英〕戴维·赫尔德：《民主的模式》，燕继荣译，中央编译出版社，1998，第316页。

损者的理解和支持，获得持续的合法性基础。①

（2）切实保障公共利益的实现。

公共利益是公共治理的目的，也是政府具有合法性的基础。政府的起源、公共事务管理在不同历史时期的结构形态均以实现公共利益为目的。而公共利益并非抽象的概念，而是实在的、可以上升到政策层面、具体化到政策制定与执行中的实实在在的利益。但是从众多原子化的个体中如何准确总结出公共的利益？代议制政府、西方的民主选举制度、我国的人民代表大会制度均是为此而设立的制度安排。

无论是政府的合法性，还是公共政策和政府行为的合法性，都是基于公共利益的目的而被民众赋予的。② 因此实现公共利益是政府证明其存在价值、取得合法性的基础，而公民参与通过组织化的方式参与公共政策是最直接有效的体现公共利益的方式。

（3）提高政府对社会的回应性，节约政策执行成本。

社会对政府的诉求、政府对社会诉求的回应以及政府对其回应结果负责是现代政治的显著特点。现代政治不是自上而下的统治，而是民选的政府对民众诉求进行回应的过程，社会有权利对它进行问责。政府对社会回应的有效性关系到社会稳定和发展。

在庭院改善工程中，政府对民间的回应性很强，这得益于民间庭改办这一政府联系群众的基层组织。在党委领导下，通过层层指导、负责的方式，庭院改善受益者中先进分子既代表了群众利益，又是政府庭院改善工作的政策宣传者和执行者，在政策与民意之间迅速、有效地反应和沟通，增强了政府对社会诉求的回应性。

政府对社会诉求的回应性高，满足政策对象的诉求，必然提升政策对象对政策的接受程度，进而节约政策执行中的成本，提高政策执行的效果。另外，利用民间庭改办的做法本身就是借助民间的力量执行公共政策，节约了政策执行的行政成本。

（4）培育社会资本及公共精神。

社会发展最终是靠个体主动承担责任和义务来实现的，个体通过参与公共政策来管理社会，进而完善人在经济、社会、政治等各方面的发展。

---

① 张杰：《公共服务创新中公民参与的价值分析》，《理论导刊》2011 年第 10 期。
② 张成福、李丹婷：《公共利益与公共治理》，《中国人民大学学报》2012 年第 2 期。

一个公共政策的活力和质量，不仅取决于政府的能力，取决于公共政策的制度和程序细节，更取决于公众参与的意愿、积极性以及投入的多少。①

　　社会资本和公民精神都是公民社会的基础要素，也是公众参与公共政策，进而参与公共治理的基础要素。普特南在《使民主运转起来》一书中，通过对南北意大利近一个世纪的经济发展、政府治理绩效的实证比较，得出社会资本是经济发展、政府取得治理绩效的条件。公民精神是实现社会公平正义的基础，是公共行政的基本精神。但是社会资本和公民精神并非自然而然产生的东西，是需要培育的，而社会组织将分化的个体、群体通过组织的方式，以共同的利益为基础结合在一起，以一定的制度化安排来参与公共政策，实现了对社会网络的构筑和维持。这个社会网络包括政府公务人员、各方精英阶层及普通大众，提升了整个社会的社会资本及公民精神。

　　（5）解决集体行动的困境。

　　奥尔森认为有理性、寻求自我利益的个人不会采取行动实现他们集体的或共同的利益，因为存在收益共享、成本非均摊和"搭便车"的问题；但是小团体比大团体更具有增进公共利益的积极性，原因在于小团体人数更少，更能够衡量成本和收益。

　　庭院改善将公共利益转化为具体的、各户的利益，明确了利益受体，每户的行为关系到自己的利益，因此调动了公众参与的积极性。同时通过民间庭改办成员主动与居民面对面交流，主动收集信息，代表居民与改善办及施工队协商，主动解决居民矛盾，在降低居民个人参与成本的同时又能保障个人权益。

　　但是这样仍存在能否达成共识以及达成共识的成本问题。借助民间庭改办的力量，降低政策执行成本，提高执行效果，并采用单独咨询、共同决策、统一施工的方式解决这一难题。如在前期调研、咨询、专家论证基础上提供设计方案，供居民选择；在具体的用料、具体细节改造上通过收集居民的意见进行微调，并以小区为单位进行统一改善，实现普遍与特色相结合，进行小区域内统一规划与改造，节约执行成本。

四　结语

　　杭州庭院改善工程中的公众参与虽然具有一定的局限性，如其实质是在

---

① 毛寿龙：《公众参与政策制定的有效路径》，《人民论坛》2011年1月中期。

党委领导、政府负责下的公众参与，民间庭改办也只是作为解决社会问题的一个工具，并不是代表一种价值和目标而出现的，但在此过程中也体现了政府对民间有较强的回应性，利益相关方都比较满意，有效解决了社会问题，且并未增加社会管理成本。因此，这种社会参与方式也是较为符合中国国情的，至少在短、中期内比较具有生命力。尽管这种方式与西方流行的"公民社会""多中心治理"等理论不同，但却是我们从实际出发，因地制宜地运用资源的结果。由此我们也看出，十六字方针在中国当下社会是非常具有生命力的。

社会总是处于不断发展中，相应的，社会管理方式也总是不断完善。当前国家的权威主义是一种既定的政治模式，是中国历史发展选择的结果，一切的国家社会生活都要在此框架下，由此寻求中国特色的社会管理模式，而从此政治、经济、文化土壤中滋生的社会组织及管理方式才是最有效的。我们无须崇洋媚外、数典忘祖。用"公民社会"等西方的标签来标注，或一味丢弃"老祖宗"的宝贵遗产，以西方公共管理模式作为中国行政管理改革的方向，否则中国的公共管理定将成为无源之水、无本之木！

我们所要做的是扎根中国文化及政治传统，寻找公共管理的思路和理念，对现有的行政模式及管理方式中不合理、不恰当的行为进行修正，真正探寻出一种有效的社会管理模式。

第三部分
典型案例

▶ **典型机构**
典型项目
典型人物

基金会中心网

——中国基金会问责推动者

截止到 2012 年 6 月，全国基金会总数已达到 2700 个，平均年增长率达 20%。全国基金会的总资产达 604 亿元，年度捐赠总收入 337 亿元，年度公益总支出 256 亿元。[①] 我国基金会数量持续稳定增长，整体规模逐步壮大。伴随着基金会壮大的脚步，随着互联网兴起，公众问责意识增强，基金会逐步成为公众关注的焦点。2011 年，借助互联网爆发出以"郭美美"、河南宋基会、中华慈善总会捐款换票据等事件为代表的中国公益机构公众问责风暴，整个公益领域陷入一场极其严重的信任危机，公开透明与问责成为我国基金会当下所面临的重大议题。

政府就基金会的公开透明和问责有相关规定，但问责尚不得力，对基金会的约束比较笼统，操作性较差；一些规范性文件只发挥了指导性、鼓励性的作用，监督明显不够。在政府监管不力的情况下，来自公众、捐赠方的问责与质疑扮演了越来越重要的角色，公众监督逐渐会聚成势不可挡的时代洪流，基金会需要公开透明成为基金会不得不做出的选择。

我国基金会在公开透明和问责的道路上走了 20 年，公众越来越强烈的质疑声却似乎证明了基金会的努力还远远不够。据中民慈善捐助信息中心的调查，目前我国公募基金会中，章程披露的占 90%，理事会名单披露的占 76.8%，年度报告披露的占 30.4%，财务报告披露的仅占 28%。[②] 推动我国基金会公开透明是一项长期而艰巨的工程，许多基金会为此做了很多努力，例如中国扶贫基金会对"爱心包裹"项目点对点披露信息的尝试，曹德旺 2 亿元透明慈善的壮举等，但个别项目的透明无法掩盖行业整体透明度的不

[①] http://www.fti.org.cn/interpretation.html.
[②] http://gongyi.163.com/10/0726/13/6CH94ADQ00933KBO.html.

足。少量优秀基金会的公开透明建设引领行业变革,但很难代表整个行业。公开透明虽然是基金会的天然属性,但是原动力却来自各类利益相关者。伴随着互联网的发展,Web2.0时代的到来,慈善捐赠不透明饱受质疑,公众认为大部分基金会只是表面透明,现有信息无法为汹涌的民意提供突破口,公众问责的洪流必然到来,对问责建设者们的呼声愈加强烈。

2010年7月8日,由中国青少年发展基金会、中国扶贫基金会等15家公募基金会和南都公益基金会、吴作人国际美术基金会等20家非公募基金会机构发起筹建的基金会中心网启动,以建立基金会行业信息披露平台,提供行业发展所需的能力建设服务,促进行业自律机制形成和公信力提升,培育良性、透明的公益文化为使命。基金会中心网成立之初即推出"透明口袋"的概念,成为中国基金会问责的推动者,也标志着基金会透明问责迈出重要的一步。

一 公开透明是基金会问责的必由之路

迈克尔·波特和马克·克雷默在《竞争论》中指出,利用现有资源为社会创造最大价值是基金会的责任。基金会财产基础的存在意味着它们能够在较长时期内解决社会问题,并积累自己的专业技能。因此相对于个人资助者和政府,基金会的钱能够取得更好的社会效益,这也是为什么要督促基金会创造价值的原因。但是基金会到底是否很好地履行了自己创造价值的责任,就是一个值得关注的问题了。首先应当讨论的话题是我们需要什么样的社会机制来保证和促进基金会成为一个合格、专业、高效的基金会,能够更好地履行责任,并为社会创造价值。这种机制就是问责,促进利益相关方问责的有效途径之一是公开透明。

1. 属性决定基金会需要问责

基金会的公益产权属性决定基金会需要通过透明实现问责。基金会是社会信任银行,人们不断地把自己的信任投到基金会里面,基金会靠公开透明的机制把人们的信任保值增值。基金会一词译自英文Foundation,它起源于中世纪欧洲的基督教传统。《国际基金会指南》一书给基金会下了这样的定义:"基金会是一种非政府的、非营利性的组织。它有自己的资金,由基金的受托人或董事会管理。它的成立是为了维持或援助社会的、教育的、慈善的、宗教的或其他的活动,为公共福利服务。"中国《基金会管理条例》对基金会做出了规定:本条例所称基金会,是指利用自然人、法人或者其他组织捐赠的财产,以从事公益事业为目的,按照本条例的规定成立的非营利性法人。无论哪种定义,基金会都相当于公益信托中的受托人,它负责将委托人(捐赠人)捐赠的款物用于第三人(受益人),使第三人受益。委托人将款物捐给基金会既不是为了自己的利益,也不是为了基金会的利益,而是为了不确定的第三人的利益;基金会接受捐赠同样也不是为了自己的利益,是为了不确定的第三人的利益。在这种情况下,委托人与受益人并不直接联系,而是将捐赠交付受托人,由受托人与受益人联系。这时问题便产生了:受托人是否按照委托人的要求帮助了受益人,是否使委托人的意愿最大化地得以实现,受托人必须对委托人有所交代,或者说委托人要对受托人进行问责。如果委托人只有一个,受益人也只有一个,那么受托人可以随时当面向委托人汇报,但一个基金会的捐赠可能来自众多的捐资者,基金会的资金来源既不像企业来自市场运作,也不像政府来自税收,而是以多元化机制募集社会公众的"善款"。作为受托人的基金会不可能一一及时当面向众多的委托人汇报,必须采取恰当的公开透明的方式,使委托人了解基金会确实按照要求帮助了受益人,这是基金会应尽的义务,即通过透明促进利益相关方问责实现。问责的内容不仅包括基金会是否合格,还应该包括基金会是否专业、高效。基金会公开透明是问责的必要条件,也是问责的重要内容之一。

2. 社会选择要求基金会透明问责

基金会公开透明,体现自身的专业、高效,增强公信力,是为了让社会中的捐赠者和潜在捐赠者来选择它们。基金会只有接受来自社会选择的制约,传递自身可信任的程度,面对优胜劣汰的竞争,才能生存下去。

信息不对称现象存在于基金会行业中,基金会的管理者所掌握的信息要远远多于其他利益相关者(捐赠者、受捐者、志愿者等)所掌握的信息。利益相关者很难发现管理者是否存在欺骗行为,这就使其处于劣势地位,并妨碍社会选择机制有效地发挥作用。

在市场中,这一难题的解决方案是建立信息披露机制,公开透明,同样的办法也适用于基金会行业。通过各类信息披露平台向社会公众公开透明各基金的财务、项目、人员等信息,使得社会公众能够在充分掌握信息的基础上进行选择，社会需要透明了解基金会。①

然而，我国部分公募基金会的人员和办公费用由国家提供，人员编制、人员行政等级采用行政机构或事业单位的做法，它们拥有垄断的公募权利，依赖自身的政府资源获得许多大捐赠者（企业）的捐赠。为了自己的生存发展，大部分基金会的行动取向是努力构建自己的官方背景，做好政府认可的事，与政府建立紧密的联系，而忽略取得社会公众的信任。因此，只有当基金会需要依赖从社会获取的资源而生存时，社会选择机制才能发挥作用。

3. 需要多方力量推动基金会问责

（1）政府的推动。

政府通过立法、审核、实地审查基金会是否合格。①制定、修改法律，规范基金会的行为，达到使基金会的发展同整个国家不同时期的经济、文化、社会福利以及政治目标相适应的目的。②各基金会每年要填写各类表格以接受政府的审核。如美国基金会要填写上报国税局统一制定的Form990—PF申报表②，详细报告本年度经费来源及支出情况、各项活动经费的来龙去脉，以判断基金会活动是否符合免税规定，不符的部分要照章纳税。这些表由国税局统一管理，制成缩微胶片，存放在公共图书馆内，供任何人查询。③政府有关部门对一些基金会实地审查，主要审查其工作是否符合有关法律和基金会设立时的宗旨。如美国各州政府把监督基金会的权限赋予检察长，由其监督基金运用，并防止管理不当。任何诉讼涉及慈善团体时，检察长是必要的诉讼当事人。检察长可依职权或利害关系向法院申请起诉，例如请求基金的受托人清算，将受托人免职，解散基金会，命令移转基金会财产，请求法院命令受托人回复因违反义务所导致的损失，退还因管理信托所得的利益，请求制止受托人的不法行为等。

（2）社会力量的推动。

社会各种力量有权考核基金会是否专业、高效。由于政府赋予基金会等

---

① 陶传进、刘忠祥主编《基金会导论》，中国社会出版社，2011，第172页。
② 基金会属于美国税法中的501（c）3类免税机构，可以享有的免税优惠主要有：第一，基金会可以接受个人、企业的捐助款，只要不超过规定的限额，可以抵所得税；第二，基金会可以接受遗赠，免收财产税；第三，基金会从事由国税局批准范围内的活动的收入，给以税收上的优惠。

非营利机构免税待遇，纳税人自然关心善款用得是否合理，有没有借免税之名而行逃税之实的情况。在美国，实际上正是由于存在着一些人在设立基金会时未必真正对社会慈善事业热心，大基金会大多操纵在主要由上层人物、富人组成的董事会手中，一些基金会领导存在官僚作风和腐败现象等问题，使得社会对基金会工作特别关注。美国出现了一些专门对基金会、其他慈善事业工作及政府对基金会监管工作进行监督、批评的民办机构。他们是自愿组织起来充当基金会及社会慈善机构的评判者和批评者的。他们认为，只靠政府对基金会的管理不够，因为政府每年只能对1/10左右的基金会加以检查，而且过于宏观。比如一家成立于60年代的社区改造中心（Center for Community Change, CCC）组织，曾发现在几万家基金会中只有600家基金会发表年度报告，财务不公开，资助透明度不够等，他们就发表报告，施加压力，迫使政府要求基金会必须提供年度报告，公开财务。因而目前美国只有少数没有专职人员的基金会不发表年度报告。这些民众自发组织起来的非营利机构，从不同角度、不同侧面、不同立场，对基金会等慈善事业加以批评、监督，对美国基金会的发展和管理制度的健全起到了非常大的作用，也是对政府监督、管理基金会职能的重要的补充。目前，政府对民众的这种积极参与基金会问责是支持的。

美国基金会中心网于1956年设立，是美国提供可靠、正确的公益捐助信息咨询机构。其最初产生主要来自于政府的压力，来自于当时一些极右派的压力，当时的麦肯锡主义认为基金会中有共产党，出于政治的原因，促使基金会被要求披露信息和透明。它收集、整理全美各类基金会及提供公益捐献的企业的完整资料，同时还陈列由美国国税局（The Internal Revenue Service）转送过来的各基金会的申报表和年度报告书，包括成立宗旨、负责人、董事会成员、详细的资产负债表、收支决算表，供社会大众查阅。因此，它不仅是协助需求者找到要申请补助金的地方，同时也是各基金会向社会显示公正、接受社会大众监督的地方。

（3）基金会自身的努力。

在美国，基金会自觉接受问责，并主动建立其他利益相关方能够进行问责的渠道。第一，各基金会都要严格按政府有关法律和规定从事各项活动，以保证能通过每年的年检和审查；第二，认真出版年度报告，公开财务账目；第三，各基金会都有约束工作人员行为的规定。美国基金会理事会负责制定基金会自律的条款。

二 中国缺乏有效的问责推动者

《2010年度中国慈善透明报告》显示，组织信息透明指数（满分100）达到50分以上（即信息大部分披露和完全披露）的比例仅为25%，50分以下（即完全不披露和仅少量披露信息）的高达75%。[①]《2011年度中国慈善透明报告》显示，与2010年相比，组织信息透明指数达到50分以上的达到30%，仍旧不高。当前慈善组织基本信息公开透明度最高，财务信息透明度最低，2010年财务信息透明度仅为12.4分（满分100），2011年虽有大幅增长，也仅为39.3分。全国性慈善组织信息披露状况好于地方慈善组织。这样的状况令人担忧。

基金会透明度处于公众质疑的风口浪尖，丑闻接连不断。2011年6月，"郭美美事件"引出了红十字会与中红博爱公司合作的公益项目；7月，媒体报道中国红基会与北京城建集团合作开发的高端养老公寓项目，并质疑项目的公益性；8月，媒体爆料尚德电力公司捐赠的物资没有落实，质疑捐赠企业借捐赠逃税、相关机构变卖捐赠物资，中华慈善总会被指涉嫌违规开具捐赠发票；9月，河南省宋庆龄基金会被媒体质疑通过公益医保吸储，变味募捐，同时将大量资金用于放贷和从事商业地产开发。如此密集的基金会丑闻形成的舆论漩涡让基金会问责到了不得不行动的地步。

然而，基金会透明问责需要政府、社会力量、基金会自身的共同参与，我国基金会推动公开透明和问责的力量均显欠缺。

1. 政府问责不足

政府的严格监督是最低限度的问责，主要针对基金会是否合格进行问责，然而我国政府对基金会的监管虽然有所进步，但尚不完善。

首先，从法律法规上来说，政府针对基金会的公开透明和问责做出了相关规定，取得了一定成效，但是仍有许多不足。其一，《基金会管理条例》《基金会信息公布办法》《关于规范基金会行为的若干规定（试行）》《基金会年度检查办法》等以及《基金会信息公布办法》《关于规范基金会行为的若干规定（试行）》《基金会年度检查办法》等部门规章，具备

---

① 中民慈善捐赠信息中心：《2010年度中国慈善透明报告》，2010年12月。

法律效力，但是对基金会的公开透明规定过于笼统，操作性较差。其二，《公益慈善捐助信息公开指引》对捐赠信息公开的内容、原则、方式、时限等都做了详细的规定，操作性较强，是可喜的进步。然而，由于其指导性规范的性质，仅仅是一种指导性、鼓励性、激励性的规范，其在监督保障手段上明显不够。《公益慈善捐助信息公开指引》关于公开透明的规定包括：

第十条　信息公开的内容，包括：信息公开主体基本信息、募捐活动信息、接受捐赠信息、捐赠款物使用信息、接受捐赠机构财务信息及必要的日常动态信息等。具体公开信息的内容，可根据信息公开的原则和具体目标确定。

第十一条　信息公开主体基本信息，包括：机构基本情况（机构名称、成立时间、机构宗旨和业务范围、办公地址、工作电话等）、年检情况、评估结果、处理投诉的联系人及联系方式等。

第十二条　募捐活动信息，包括：活动名称、活动地域、活动起止时间、捐赠人权利义务、募集款物计划及活动目标、募集款物的用途、募集款物的使用计划、募捐活动的合作伙伴、募捐活动的方式（义演、义卖或是其他）、募捐款物数额、募捐工作成本及开支情况等。

第十三条　接受捐赠信息，包括：接受捐赠款物时间、捐赠来源、接受捐赠款物性质（定向捐赠或非定向捐赠）、接受捐赠款物内容（捐赠类型、捐赠数额），以及是否开具捐赠收据等。

第十四条　捐赠款物使用信息，包括：受益对象、受益地区、捐赠款物拨付和使用的时间和数额、捐赠活动和项目成本、捐助效果（图片、数字、文字说明）等。在捐赠款物使用过程中计划有调整的，要及时公布调整后的计划。

第十五条　接受捐赠机构财务信息，包括：年度财务会计报告（会计报表、资产负债表、业务活动表、现金流量表、会计报表附注、财务情况说明书）、审计报告等。第十六条　日常动态信息，包括参与公益投资情况、内部招投标和物资采购情况、主要工作人员变动情况、项目动态情况等。

尽管《指引》对捐赠信息公开的内容、原则、方式、时限等都做了细致的规定,但或由于其指导性规范的性质,通篇未见保障性措施的规定。有人士指出,社会公众及捐助人可以用什么方式来监督三类组织的信息公开,甚至包括民政部、主管机关怎么监督,如何保障信息公开的真实性、及时性、有效性,如果发生争议,能否到法院提起诉讼等这一系列基本的法律必备要素,在《指引》中都没有看到,"缺乏对三类组织的约束机制"。[①]

其次,政府对基金会问责集中于对年度工作报告的审核,实地审查不足。而年度工作报告的内容太过笼统,监管部门很难从中发现问题,公众要想从简单的年报中获得真正希望获得的信息更是难上加难。

2. 社会力量问责不够

2011年公益领域面临信任危机,透明成为每个基金会面临的重大议题,公信力的建设成为基金会需要思索的严肃命题。在政府推动基金会问责不给力的情况下,社会公众的质疑、媒体的揭露成为倒逼基金会公开透明的主要动力,但效果有待提高。我国的社会问责系统并未建立,缺乏问责渠道,社会力量问责的步骤、方法以及形式不确定,只是一些零散的高关注度事件,社会力量问责不够稳定、专业、可持续。而且,社会力量问责约束力较弱,社会力量问责的效果较多体现在个别基金会严重违规操作的案例经媒体曝光后,由于政府介入,对其进行责任追究,最终采取相应处罚并进行曝光。而对那些虽然经过媒体曝光,公众监督,但是政府没有介入的,或者政府虽然介入但处罚结果不尽如人意的事件,其约束力仍旧较弱。我国公民意识相对薄弱,许多公众对基金会问责的自发性、积极性并不高。另外,社会问责仍然着眼于基金会是否合格,对基金会是否专业、高效的关注度不高。

3. 基金会自我问责不强

我国基金会自我问责不强,实现公开透明存在难度。尽管理论指出,基金会的公开透明是其天然属性,除了受托人的地位决定外,基金会为了公信力的建立也应该公开透明,信任是建立在了解的基础上的,基金会通过公开透明不断提升自身的公信力,将会吸引捐赠人更多的信任和支持,从而更好地实现使命宗旨。基金会享受免税优惠,头顶神圣光环,必须通过公开透明接受政府和社会的监督,同时公开透明也是其内部治理完善的需要。

---

① http://www.lawbox.cn/2011/1217/120834.html.

然而，基金会自愿公开透明仍存在难度。对公募基金会来说，我国大部分公募基金会为官办基金会，采用政府体制，内部治理不完善，筹款压力不大，因此并无提升公信力的迫切要求，对公开透明没有兴趣，反而可能会为了某些团体利益、个人利益而损害社会利益，影响基金会的公信力。中国红十字会的天价帐篷事件、上海市卢湾区红十字会的天价午餐事件就是例证，如果没有意外地被公众发现，其内部没有约束。对非公募基金会来说，其大部分由企业或者个人成立，并不面向公众进行募捐，因此有的非公募基金会会下意识地认为基金会的钱就应该是自己说了算。但实际上非公募基金会不仅享受了免税的待遇，还承担着基金会所共有的接受问责并创造价值服务社会的责任。

三 基金会中心网致力于推动基金会问责

基金会中心网虽刚满两周岁，但它却不是一家新生的机构。它的"前世今生"证明，基金会中心网是伴随着基金会问责进程而生的，与中国基金会的发展息息相关，正在承担推动中国基金会问责的历史使命。

1. 总设计师徐永光

1981年7月28日，我国第一家公益基金会——中国儿童少年基金会成立，1982年宋庆龄基金会成立，同年设立了中国残疾人福利基金会，1989年中国青少年发展基金会成立。这些基金会的成立，标志着中国现代基金会的开始。1988年9月27日国务院发布《基金会管理办法》，标志着中国的基金会正式纳入政府管理的范围。进入20世纪90年代后，中国社会结构发生重大变化。1989年，"春蕾计划""希望工程"两大品牌项目在中国儿童少年基金会和当时成立不久的中国青少年发展基金会的具体运作下正式开展，基金会逐渐出现在广大公众的视线中。在后来的十多年时间里，虽然各种形式的公益项目发展很快，但基金会的数量一直没有显著增加。1993年中共十四届三中全会提出，要建立多层次的社会保障体系，包括社会保险、社会救济、社会福利、优抚安置和社会互助，把原来由企业和政府承担的社会责任转移到社会，越来越多的基金会应运而生。

基金会之间的互动和行业自律随之产生，虽然并未提出透明度建设，但是中国基金会问责意识萌芽出现。1990年，第一次中国民间基金会会议在河北承德召开，14家基金会参加。1993年，第二次中国民间基金会会议在北京召开,30多家基金会和学术机构参加。1994年,10多家全国性基金会联合倡议成立"中华基金会联合会筹备委员会"。

1998年,民政部设立民间组织管理局,中国的基金会的监管开始走向完善。到2004年年初,全国共批准基金会约1200家,其中全国性基金会80余家。[①] 社会上存在的基金会大都是官办的公募基金会,实际上是在履行政府的职责,其获得资源的渠道是有行政背景的。因此当时公众和基金会的关系是相对割裂的,基本上是在响应政府的号召。在这样的社会背景下,一直没有产生基金会应当公开透明、应当接受公众的监督来为社会创造价值的理念,公众也没有很强的问责意识。

但是,基金会特殊的"公益产权"属性决定了基金会必须接受公众问责,基金会在不公开透明的情况下,一旦出现问题将面临尖锐的指责,这从"青基金希望工程名誉风波事件"可见一斑。2002年,记者方进玉调查指证,中国青少年基金会挪用希望工程善款超过1亿元违规投资并巨额亏损,但报道始终未能发出。审计署随后对青基会进行审计,审计报告也未公开。然而,这一事件却引发了公众强烈的质疑,青基会和其灵魂人物徐永光的信誉受到公众普遍质疑,时至今日,仍然有人把希望工程和"黑幕"二字联系在一起。社会上众说纷纭,但归结到一点,是要求希望工程公开透明。当然,我们需要看到当时的基金会面临法律环境和社会环境的双重挑战,不仅是青基会的问题,也是当时所有基金会共同面临的问题。当时《基金会管理办法》条款设置不合理,导致基金会必然"违法"才能获得生存。在严苛的法律规定下,如果基金会完全"依法办事",那么根本无法实现资产的保值增值。徐永光显然也意识到这一点,即用隐瞒事实的办法来换取公众的信任,无论是出于任何考虑都是不妥当的。坦诚是最有效的策略,既然是公众支持的事业,就应该充分尊重公众的理性和判断力,这是基金会的义务,也是赢得公众理解尊重的不二法门。基金会的公开透明是公众信任的基石,是回应公众问责的关键。"青基会希望工程名誉风波事件"是中国基金会问责进程中的重要事件,从此青基会打开了公开透明的大门,让自身成为一个"透明钱袋"接受公众的监督。同时,众多基金会从那时起有了危机意识,看到了公众问责意识的觉醒,基金会逐渐认识到公开透明和建设公信力的重要性,基金会行业有意识地开始进行透明度和公信力建设。

---

① 王名、徐宇珊:《基金会论纲》,《中国非营利评论》2008年第1期。

徐永光坚定了需要通过公开透明进行基金会问责的信念，初步形成了要成为基金会问责建设者的构想。在此期间，徐永光凭借着自身的影响力，进行了行业联盟、行业自律、行业透明等一系列的尝试，并取得了很大成效。徐永光也对基金会问责的建设进行了积极尝试。基金会中心网的前身经历了两次更名后，基金会中心网名称首次出现，并注册网络域名，但由于条件不成熟，并未开建。①

1998年，"中国基金会与NPO信息网"（基金会中心网前身）亮相，这是中华慈善总会和17家基金会联合在互联网上注册的"虚拟"组织，致力于推动基金会等非营利组织的信息交流和公信力建设，基金会中心网的网络域名（www.foundationcenter.org.cn）同时注册（当时未运行），基金会中心网名称及网络域名沿用至今。2001年，"中国基金会与NPO信息网"更名北京恩玖信息咨询中心（以下简称恩玖中心），在北京市工商局登记成立，取得法人资格，商玉生任理事长。2002年，恩玖中心在北京召开《中国NPO诚信国际研讨会》。2003年，在时任中华慈善总会会长阎明复推动和美国麦克里兰基金会资助下，"NPO诚信培训工作会议"召开。2003年，由恩玖中心与美国麦克利兰基金会主持，国内外专家合作，开发了《公信力系列培训》系列教材，先后为1000多名非营利组织负责人提供了高质量的培训。在"跨国公司和公益组织国际高级论坛"上，由恩玖中心负责起草的《中国非营利组织（NPO）公信力标准》公布，数十名NPO负责人在上面签名。

2. 奠基

2004年3月，国务院发布《基金会管理条例》，将基金会定位为不同于社会团体的"非营利性法人"，首次提出公募基金会和非公募基金会的基本分类，对基金会的设立条件、组织机构、财产使用诸方面进行了详细规定，为规范基金会的发展和运作奠定了法律基础。2005年1月，财政部发布《民间非营利组织会计制度》，对包括基金会在内的非营利组织会计核算制度做了详细的规定，从制度上为确保基金会的规范发展提供了保障。近年来民政部又先后出台关于基金会信息公开和基金会评估等方面的相关规定，并于2007年年底首次开展了全国性基金会的评估工作。与此同时，2008年1

---

① 对南都公益基金会秘书长刘洲鸿的访谈。

月1日实施的《企业所得税法》在公益捐赠税前扣除和非营利组织收入税收减免上都做了前所未有的巨大调整。这些相关措施和制度陆续构成了一个有利于基金会发展的法律政策环境，从而激发了企业家和社会各界通过兴办基金会参与社会公益事业的积极性[1]，中国迎来基金会迅速发展的春天。

  在此期间，基金会在社会生活中扮演了越来越重要的角色，引发公众关注和问责，基金会公开透明度越来越重要。一方面，基金会迅猛发展，其数量规模、分布地域、项目范围和资产规模不断扩大，基金会开始与越来越多普通人的生活发生联系。基金会吸纳了大量社会资源，其项目涉及扶贫、科技、教育、卫生等与社会公众利益息息相关的领域，影响的广度和深度也不断加强。这些社会资源是否被用到正确的地方，其使用效率如何，是否最大限度地为社会创造了价值，这些都是社会公众关注的话题。另一方面，由于基金会享有税收优惠，在捐款人捐款给基金会时，同时也意味着国家税收的减少。可以说基金会的资产中包含着部分本来就应当用于服务社会大众的资金，其用途自然应当接受社会公众的监督。在这种情况下，社会公众开始对基金会问责，公众舆论流露出不满和怀疑，媒体采取行动揭露问题，政府问责的立法和执法也在改进。[2] 同时，互联网的兴起成为公众问责的强大助力，基金会内外部环境发生巨大变化，公开透明和公信力建设不再是少数几家优秀基金会追求卓越的表现，而是社会对于基金会切切实实的要求。2010年7月，《中国青年报》社会调查中心的调查显示，透明度高是公众对公益机构的第一要求。近50%的人选择了此项，而"捐款资助项目符合个人意愿"和"有可靠的政府背景"分别排在第二位和第三位。[3]

  时代的脚步声在基金会耳边响起，进行基金会问责，打造基金会信息披露平台，提高基金会透明度势在必行。2005年11月，中华慈善大会上，中国青基会、中国扶贫基金会、爱德基金会和恩玖中心联合主办"NPO自律论坛"并发起"中国NPO自律行动"，旨在遵循"自愿""自律""自救"的原则，通过建立自律准则，加强NPO行业的行为规范，提高社会公信力，促进我国公益性NPO的健康发展。中国扶贫基金会副会长何道峰担任自律行动指导委员会第一任轮值主席，恩玖中心为执行机构。2007年，由NPO

---

[1] 王名、徐宇珊：《基金会论纲》，《中国非营利评论》2008年第1期。
[2] 转引自陈南方《5·12抗震救灾中的NGO问责——道德与制度》，中国人民大学硕士毕业论文，2010。
[3] http://gongyi.163.com/10/0726/13/6CH94ADQ00933KBO.html。

自律行动指导委员会指导、恩玖中心起草的《中国公益性NPO自律准则》初步定稿。2008年4月，在中国人民大学"NGO问责国际研讨会"上，《中国公益性NPO自律准则》正式发布。2009年1月，北京恩玖非营利组织发展研究中心在北京市民政局注册登记，是基金会中心网依托的社会团体组织实体，何道峰任理事长。2009年7月，中国非公募基金会发展论坛召开，并发布了《中国非公募基金会自律宣言》。2009年10月，中国非公募基金会高层参访团访美，参访团达成共识：基金会行业自律从信息公开开始，成立中国基金会中心势在必行。2009年11月，NPO行业自律行动指导委员会在南京召开会议，同意与中国非公募基金会发展论坛一起联合发起基金会中心网，并将其作为下一步行业自律行动的重要目标来推动。2009年12月，由30多家基金会共同发起，基金会中心网筹建工作正式启动。

3. 建设

截至2012年6月，全国基金会总数已达2700个，平均每年增长20%，全国基金会的总资产达604亿元，年度捐赠总收入337亿元，年度公益总支出256亿元。一些大型企业，包括大型国企和民营企业，纷纷拿出巨额资金慷慨捐赠基金会，或创办非公募基金会积极参与社会公益事业。经济发展为基金会的发展提供了需求和资源，市场化改革的深入需要社会组织提供公共服务。政府改革及关注焦点的变化为基金会的发展提供了空间和保障。一切都预示着基金会面临更大的发展，而发展的背后即对基金会问责的挑战。河南宋庆龄基金会丑闻曝光，巨大的资产规模和募捐能力引起社会的广泛关注和尖锐质疑。河南宋基会十年里建立起30亿元的资产规模，靠的是"三驾马车"——河南宋基会基金发展部、公益医保中心和宋基投资。这三块牌子，根据不同的需要灵活运用：需要进行社会宣传以及运作一些政府资源时，以河南宋基会基金发展部出面；需要吸纳社会存款时，用公益医保中心来操作；需要进行投资等经济业务时，则由宋基投资及相关公司出马。除此之外，在郑州以及河南各地，宋基投资及其下属企业，以及以宋基会骨干员工为股东的各种投资公司、项目公司还有数十个。而宋基投资的房地产和放贷业务，正是通过这些公司来操盘。不仅如此，作为一个省级慈善机构的河南宋基会，获得的捐赠收入同样高得惊人。2010年捐赠收入逾10亿元，全国第一，是中国红十字基金会、中国扶贫基金会的将近两倍。基金会不透明带来的后果十分严重，基金会公信力直线下降，社会捐赠迅速减少。2011

年6月下旬"郭美美事件"发生后,7月份全国社会捐款额度锐减一半,仅为5亿元。①

在这种情况下,政府问责开始发力,慈善法律制度正在逐步完善之中,政府对民间慈善发展的支持度有较大的提升,慈善体制改革的顶层设计也蓄势待发,社会力量问责势头更加凶猛。由现代信息技术发展引发的管理现代化、由市场竞争带来的机构专业化压力日益增强,慈善行业公开透明、平等竞争、优胜劣汰的趋势越来越明显,公众作为慈善资源和志愿服务的提供者,作为慈善组织监督者的作用、权利、价值很难继续被漠视,对于慈善组织来说,公众是真正的"上帝"。②

基金会中心网看到了时代的趋势,承担起基金会公开透明推动者的历史使命。2010年2月,基金会中心项目筹备小组赴美,与美国基金会中心、哈佛大学豪泽非营利组织研究中心等机构进行了深入的交流和研讨,获得了宝贵的知识和技术支持,为基金会中心网的筹建奠定了坚实的基础。曾经在不同场合,基金会中心网理事长徐永光讲过这样一个故事:"有次,我要给外国记者做报告,所以想了解美国基金会对中国的捐赠情况。找到美国基金会中心,他们给我一个查找特权,一点开,美国基金会给中国的所有捐款,从2003年开始,每一笔捐款全部都有,包括什么时候、捐了多少、捐给谁。"建立这样一个便于查询、信息全面的基金会资讯平台正是徐永光的目标。③ 作为基金会问责的关键建造者、总设计师,徐永光坚定了建设基金会中心网、推动问责的决心。2010年5月31日,受恩玖中心理事会委托,南都公益基金会向民政部递交《关于南都公益基金会支持基金会中心网建设的请示报告》,民政部表示积极支持。2010年7月8日,经过近半年紧张而有序的筹备,恩玖中心举办"基金会中心网启动暨行业透明大会",宣布中国基金会中心网正式启动,"基金会中心网"正式上线。基金会中心网由35家发起机构共同发起,它们分别是(排名不分先后):中国青少年发展基金会、中国扶贫基金会、中国红十字基金会、中国妇女发展基金会、中国儿童少年基金会、中国人口福利基金会、南都公益基金会、友成企业家扶贫基金会、心平公益基金会、中华少年儿童慈善救助基金会、北京市企业家环保基

---

① 陈荞:《7月份社会捐赠额环比减半》,《京华时报》2011年9月14日。
② http://news.foundationcenter.org.cn/html/2012-09/53619.html。
③ http://www.foundationcenter.org.cn/guanli/html/2011-01/17492_1.html。

金会、凯风公益基金会、广东省千禾社区公益基金会、广西青少年发展基金会、上海公益事业发展基金会、浙江省爱心事业基金会、成都市残疾人福利基金会、云南省青少年发展基金会、吴作人国际美术基金会、北京万通公益基金会、北京市西部阳光农村发展基金会、华民慈善基金会、北京市仁爱慈善基金会、爱德基金会、中国光华科技基金会、北京修远经济与社会研究基金会、黑龙江省青少年发展基金会、上海真爱梦想公益基金会、上海增爱基金会、北京光华慈善基金会、浙江正泰公益基金会、腾讯公益慈善基金会、深圳壹基金公益基金会、天津市鹤童老年公益基金会、清华大学教育基金会。这些发起机构对基金会中心网的建成起到了关键性作用：从业内认同度来说，35家基金会共同发起，促使基金会中心网在基金会行业内得到认同，增强了社会合法性；从资金来源方面来说，其中部分发起机构，如南都公益基金会、中国红十字基金会、北京万通公益基金会等，给予了资金支持；从治理结构来说，基金会中心网的理事大部分来自发起机构，他们很好地发挥了理事会问责机制的作用，在决策、战略定位、管制等方面均有实质性贡献。这个以"建立基金会行业信息披露平台，为行业提供能力建设服务"为使命的网站，高扬基金会问责的大旗，引来各方关注。一直积极倡导慈善信息公开的王振耀以北京师范大学壹基金公益研究院院长的身份见证了这一公益行业自律的历史时刻，并给予了高度评价："基金会中心网的开通运行，旨在建立一个全国性的基金会财务收支及资助项目和捐款信息平台，成为社会公众和捐赠者监督基金会工作、监督捐款使用的透明窗口，也成为政府和社会强化对基金会监督管理的有效渠道。"①

四 基金会中心网众望所归

美国基金会稳定蓬勃发展，中国基金会却处于漩涡中接受着公众问责风暴的袭击。不断被曝光的基金会丑闻挑战着公众对基金会的信心。山雨欲来风满楼，基金会问责势在必行，基金会中心网作为基金会问责的推动者众望所归。围绕推动基金会问责，基金会中心网从三个方面着手：一是加强建设信息披露平台；二是促进信息丰富，进行专业研究分析；三是为行业发展提供能力建设，促进行业自律机制形成。

---

① http://gongyi.163.com/10/0726/13/6CH94ADQ00933KBO.html.

1. 建设信息披露平台

基金会中心网推动公开透明的核心业务是信息披露平台,包括建立数据中心和发布中基透明指数。基金会中心网期望这个信息披露平台有助于各利益相关方了解基金会是否合格、专业、高效,基金会自身也可以借助信息披露平台,展示自我,提升公信力。

2009年10月,中国非公募基金会考察团赴美访问,在访问美国基金会中心时徐永光感到非常震撼,这个震撼来自于美国公益事业的透明程度。美国有9万多家基金会,在基金会中心,这9万多家基金会的信息全部都有,并且非常清晰分明。比如在美国基金会中心的网站上一点击"美国对中国的捐款",从2003年至2009年,所有美国基金会给中国的捐款信息全部都有,谁捐的、捐给谁、捐多少钱,清清楚楚全部都有。[①] 看到美国基金会行业这样高度透明,在访美考察团汇报会上,徐永光提出成立中国基金会中心势在必行。基金会中心网信息披露拥有强大的"外援"支持,美国基金会中心网总裁表示:"美国基金会中心将为中国基金会中心网提供全力支持,我们愿意把50年来的学习经验,包括信息技术、出版物以及主要的一些数据库等,全都公开地分享给他们,这里面包括至少美国50000多家基金会和世界各地的一些基金会的信息供中国的基金会查询"。[②]

南都公益基金会秘书长刘洲鸿高度评价了徐永光在建设基金会中心网信息披露平台中的作用:"建设基金会中心网是徐永光几十年来的愿望,他是基金会中心网的创立者,也只有依靠他的个人影响力才能做到。因为他,基金会才会支持(成为基金会中心网的发起者)"。彼时,网站上信息很少,"强行启动"只因"基金会信息披露刻不容缓"。[③]

基金会中心网是国内最具权威性的基金会信息披露平台[④],基金会中心网的数据中心是目前国内最完备的中国基金会信息数据库,但仍处于积累阶段。基金会中心网数据中心的信息包括以下内容:基本信息(注册信息、联系方式、宗旨、业务范围)、财务信息(财务基本状况、接受捐款情况、

---

① 参见金岩《徐永光:希望中国的公众有"震撼的透明平台"》,http://www.gongyishibao.com/News/201011/125678.aspx,2010年11月1日。
② http://blog.sina.com.cn/s/blog_6b6baa0d0100mar0.html.
③ http://gongyi.ifeng.com/news/detail_2010_12/14/3494845_0.shtml.
④ http://news.foundationcenter.org.cn/html/2012-09/53619.html.

公益支出、资产负债表、业务活动表）、项目信息（评估方式、是否招标、项目年度收入、项目年度支出总额）、项目地图（标注项目执行地点的地图）、项目执行机构、基金会动态（有关基金会个体的新闻）、自行披露（基金会主动提交的内容）等。基本信息是人们了解机构概况的基础；财务信息是基金会中心网信息披露的核心，主要数据来源于基金会的年报；项目信息是指基金会资助或执行的项目的相关情况，主要关注项目财务信息及是否评估；项目地图是基金会中心网信息披露的特色产品，能够使公众直观看到基金会项目执行地点，为公众查找身边的公益项目提供便利；项目执行机构是指基金会资助的机构情况，目前大部分基金会的该栏目内无内容；基金会动态是信息披露平台主动搜集的关于基金会个体的新闻，为公众一站式了解基金会提供帮助；自行披露是基金会主动向信息披露平台提交信息，是基金会主动进行透明度建设的窗口。

基金会中心网对信息披露的要求精益求精。在经历了2011年各种慈善风波后，基金会中心网深感公益项目的信息披露应该再进一步，从"结果披露"逐渐过渡到"过程披露"。所以在2012年，他们把项目的过程信息披露作为重要的战略工作来抓。2012年年初，基金会中心网借助主流媒体如央视一套、二套的公益节目，将涉及的基金会及其公益慈善项目，作为过程披露的示范，目的就是提升公益项目的透明度、公信力和影响力。[①] 基金会中心网在促进项目披露方面发力，在展示基金会专业、高效方面有一定程度的改善（见表1）。

表1 基金会中心网项目披露指标及说明

项目披露指标	具体内容	披露周期
①工作制度	项目工作流程、专项基金管理办法	一个月内
②收入信息	每一笔捐赠的捐方名称、捐赠数额、到账情况	实时
③支出信息	支出金额（包括业务活动成本和管理费用等，包括下属科目）	每月
④重要事件	根据项目特点而定	双方约定
⑤季度报告	对已发生的收支做总结，便于捐方、公众了解项目概况	每季度

说明：披露形式上，考虑到信息的可读性，要求以新闻稿件的形式进行披露。如专项基金管理制度、项目评估办法、工作流程等。工作对接上，基金会与基金会中心网均需指定专人负责信息提供与发布。为保证信息披露及时、畅通，要求双方专员最少每两周电话或邮件沟通一次。

---

① 引自基金会中心网网站，http://www.foundationcenter.org.cn/xinxipilu/。

2012年8月29日，基金会中心网发布了基金会透明指数（FTI），这是基金会中心网信息披露平台的重要组成部分。该指数是一个动态更新排行榜，能够对基金会公开透明产生一定压力，促进基金会问责的实现。FTI是推动行业透明的一个重要方法，主要希望基金会行业能够按照相关法规在自己的官网公开相关信息。FTI包括综合指标、权重、信息披露渠道、完整度等参数，是以排行榜单为呈现形式的基金会透明标准评价系统。该排行榜透明分数每周更新一次，排名越靠前，代表基金会透明度越高。基金会中心网认为，FTI将引领中国基金会行业进入信息时代，一方面树立行业可量化的透明度标准，另一方面分享实践经验和互联网工具，全面实现基金会透明度的提升和基金会管理能力的跨越式发展。"FTI每天呈现分数，能够持续不断地影响媒体、公众，更具有影响力"[1]。徐永光认为，中基透明指数是基金会行业遵循国家有关慈善行业信息公开的法律法规和管理规则，自律、自省、自我提升的重要手段，标志着行业透明度整体管理机制的提高。[2]

该指数体系设计原则为：（1）公开性。所有作为评价基金会透明度的指标和计算方法均向公众公开。一方面便于基金会了解如何提高透明度，另一方面便于公众了解透明指数的含义。（2）科学性。透明指标构成充分考虑到当前基金会的发展水平，计算方法系统地考虑指标、权重、披露渠道、完整性四个方面，更加准确地反映基金会的透明度状况。（3）倡导性。透明指数中对基金会官方网站的栏目设计制定了相应的指标，计算方法中给以基金会官网作为信息披露渠道的指标更高分数，所以指数倡导在信息时代基金会应该建立官网，并且官网应该包含若干信息披露栏目。（4）民间性。FTI由基金会中心提出，经清华大学廉政与治理研究中心、中国NPO自律行动委员会、中国非公募论坛、基金会中心的发起机构以及一些具有一定影响力的基金会等众多组织共同参与完善，最终达到行业自身基本认同。（5）发展性。每年度召集专家研究指标体系的科学性和现实性，不断细化和推进基金会的透明标准，指标和权重是发展变化的。（6）国际性。透明指数网站提供中英文双语查询功能，方便国内外相关机构使用和查询。

该指数体系以相关法律法规为参考依据。指标共计60个，满分129.4分，包括基本信息58.2分、财务信息28.8分、项目信息38分、捐赠信息

---

[1] 对南都公益基金会秘书长刘洲鸿的访谈。
[2] 引自徐永光2012年8月29日在中基透明指数发布会上的讲话。

4.4分，并根据德尔菲法对不同指标附不同权重，主要内容如下。

基本信息包括：基础信息（12个指标）、联系信息（5个指标）、理事会信息（5个指标）、信息化信息（3个指标）、章程及制度（5个指标）、年度工作报告（1个指标）；财务信息包括：财务报告（3个指标）、主要财务信息（14个指标）；项目信息包括：主要项目信息（7个指标），信息化信息（3个指标）；捐赠信息包括：信息化信息（1个指标）、主要捐赠人信息（1个指标）。

基金会中心网之所以能够完成如此艰巨的任务，与基金会中心网拥有一支相对稳定、优势互补的工作团队分不开。在管理团队中，程刚任恩玖中心主任兼基金会中心网总裁，耿和苏任恩玖中心常务副主任兼基金会中心网常务副总裁，陶泽任恩玖中心副主任兼基金会中心网副总裁，他们都为基金会中心网的发展立下了汗马功劳。

徐永光为中基透明指数的发布付出了长期而艰巨的努力。康晓光说："早在十几年前，永光和商玉生先生就开始倡导这件事情了，经过将近20年的努力，才有了今天的结果。从他们当初倡导基金会自律，到自律同盟的建立，一直到基金会中心网的建立，可以说在这方面商先生和永光付出了艰辛的努力。当我们今天看到这样一个成果的时候，是我们的前辈前赴后继努力的成果，很不容易，很艰难。我看着这个过程走过来，所以深知其中的艰辛。"①

2. 促进信息流动

基金会中心网加强信息搜集，为此付出了很大努力。截至2011年2月末，与7月初网站刚上线时对比，数据库中有名录的基金会数量由1857家增加到2093家，其中地址、电话、成立时间、电子邮件、网址等基本信息的完整度综合提升30%；财务信息也就是年度工作报告完整度提升70%，其中2009年度的年报信息最多，共采集到1329家，2005年最少，仅为291家；提供标准项目的基金会数量由24家上升到52家，项目数量上升至1162个。② 截止到2011年年底，数据的收集和采集工作有了一定的突破，基金会的基本信息实现了实时采集，即各级民管部门发布的基金会设立等相关信息，基金会中心网都会在第一时间内观测到并采集到自己的系统中，并可做到即时更新和发布，基本实现同步。基金会的财务信息的采集率超过了

---

① 康晓光2012年8月29日在中基透明指数发布会上的讲话。
② http://shwomen.eastday.com/csjjh/node4/node22/node26/userobject1ai23005.html。

90%，项目信息的采集率达到50%。①

　　基于我国基金会透明度低的现状，基金会中心网成立之初即预料到信息收集工作不会一帆风顺，徐永光曾告诉工作人员，不用着急做传播的事情，先踏踏实实把信息收集好，"如果信息太少了，怕别人感觉上当，那就麻烦了"。随后，基金会中心网的工作人员开始了超负荷的收集工作。6名全职人员加上大量的志愿者，每人每天不下于80个电话的密集联络，发邮件、传真……从地址、注册时间等基本信息到年报信息，再到项目信息、捐款信息，和全国2000多家基金会都要尝试取得正面联系。还有一组数字能够证明他们的努力："与基金会或民管局4000次以上电话沟通、5000次以上邮件发放、4000封以上信件沟通的机械劳动。而对于出资方来讲，则是15名全职员工、2名长期志愿者、300万人民币的投入。"② "这是一个庞杂的沟通系统，要反反复复地核实，先了解对方状态，再打电话或去函告知还有哪些需要补充，最后录入。"基金会中心网的工作人员赵媛认为，工作量这么大是因为现有的信息披露状况实在太糟了。③

　　在基础信息披露的基础上，基金会中心网对数据进行了一定分析。2011年7月8日，由国内9家大型基金会主办、26家知名基金会协办、基金会中心网承办的"透明公益给力和谐社会中国基金会30周年暨基金会中心网一周年大会"上，发布了基金会行业30年来第一本专业数据研究成果《中国基金会发展独立研究报告2011》。报告显示，基金会数量呈逐年增加趋势，特别是非公募基金会的增长速度更为明显。但是，基金会行业的专业发展水平、治理能力、资金使用效率、透明度等与政府规范管理的要求和社会公众的期望都存在很大的差距。值得一提的是，当研究人员把千辛万苦搜集来的数据分门别类整理分析后，愕然发现在总资产以及捐赠收入榜上排名第一位的居然不是那些耳熟能详的身处发达地区的大基金会，而是河南省宋庆龄基金会。这样一个看起来不大符合常理的现象，也很快引起了那些敏锐的记者们的关注。随后的事情人人皆知，河南省宋庆龄基金会的黑幕被一层层揭开。

　　基金会中心网信息披露工作初见成效。信息披露平台披露的信息已广泛被政府、企业、媒体、公益组织、学术机构和公众采用，作为制订政策，寻

---

① 引自《基金会中心网2011年度报告》。
② http://gongyi.qq.com/a/20110329/000028.htm.
③ http://gongyi.ifeng.com/news/detail_ 2010_ 12/14/3494845_ 0.shtml.

找公益合作伙伴、新闻线索、研究数据和捐款对象的重要参考资源。例如，云南省民管局、北京市民政局将基金会中心网作为基金会信息披露指定平台。社会对基金会透明度的关注有所提升，北京大学、清华大学、中山大学、牛津大学、哈佛大学等众多研究机构采用了基金会中心网的信息披露数据，越来越多的平面媒体报道及引用信息披露平台的数据。截至2011年12月31日，基金会中心网被网媒/平媒专访报道195次，电视媒体专访报道22次。①

3. 配套设施建设

（1）基金会能力建设。

基金会问责需要能力建设作为"配套设施"，这是由我国基金会能力整体较弱、信息披露水平较低的现实决定的。一方面，我国绝大多数基金会成立时间较短，没有成熟的管理运作经验，也没有形成有特色的机构文化，严重影响了机构的运作效率和信息披露能力，从而影响基金会问责。另一方面，基金会人力资源匮乏，导致机构能力欠缺。根据《2011年中国非公募基金会报告》的统计数据，全国基金会的专职工作人员数量为7527人，每个基金会平均3.5人，而全国非公募基金会的全职员工总人数仅为2684人，每个基金会平均2.5人。从这些数据中可以看出，非公募基金会的专职从业人员相对较少，除去基本的财务人员外，真正运作公益项目的工作人员并不多，这对非公募基金会开展日常工作、项目和活动，乃至信息披露都会产生一定的限制。除此之外，基金会机构能力欠缺还有以下多方面原因：我国一部分公募基金会行政色彩较浓，基金会自主性差，工作人员缺乏创新意识，难以建立一套完善的与基金会自身发展规律相适应的项目管理机制；市场竞争环境的缺失使基金会工作人员的压力和动力不足，基金会内部缺乏危机意识；我国基金会现行的人事制度难以吸引高素质、年轻化的专业项目管理人才。

基于上述情况，为了更好地推动基金会问责建设，基金会中心网除了着眼于数据建设，还期待能将基金会中心网建成为一个为各类基金会提供服务和能力建设的平台。徐永光说："中国的基金会虽然越来越多，但多半还都是财富'搬运工'的角色，'授人以鱼'而非'授之以渔'。"他希望基金会中心网能够不断将全世界最先进和有效的模式和理念引入到中国并促其生根发芽，让中国社会的财富流通变得更加合理高效。

---

① 引自《基金会中心网2011年度报告》。

基金会中心网提供的能力建设服务由基金会中心网的学习中心承担,除了媒体沙龙,还包括网络课堂、NPO文献、政策法规、公益刊物等板块。网络课堂板块包含受基金会和非营利组织欢迎的课件内容;NPO文献涵盖国内外主要专家学者、公益行业内具有丰富经验的人士的著作和论文;政策法规板块中是国家和政府部门制定的有关政策和规章;公益刊物板块主要介绍业内的主要出版物和刊物等。同时,基金会中心网组织相关的培训沙龙等活动,如,同其他企业和机构合作开办基金会资金管理沙龙、组织基金会领导人赴美访问学习等。

另外,基金会中心网能力建设的一个重要方面是提高基金会行业新媒体运用及合作能力。提高基金会的信息传播能力及信息透明度的基金会中心网媒体培训系列沙龙是基金会中心网能力建设的重要组成部分。基金会透明度建设不仅取决于外部的制度环境和基金会的意愿,还取决于技术上的可行性。在线信息披露平台可以跨越地域限制,在不特定的陌生人之间建立信任,而低成本互联网技术的运用使信息披露成为可能。相比其他技术,互联网技术更能为能力较弱的基金会赋权。因此,基金会如期望获得更多公众信任,就需要与媒体,尤其是网络媒体合作,提高自身IT技术的应用能力。基金会中心网抓住了这个关键点,通过培训沙龙,协助基金会使用互联网信息技术提升工作效率,增加机构运作的透明度,从而促进基金会问责。

(2)基金会行业自律。

基金会中心网致力于促进行业自律。基金会中心网成立之初即希望借助社会压力来推动行业自律,促进行业的透明,实现问责。徐永光说:"中国基金会中心网的出现,正是这个行业中一批有使命感的领导人、一批优秀基金会,希望这个行业更加健康地发展,希望一个行业的透明和健康发展不只是推动基金会自身,还会带动整个公益行业的透明,带动社会的透明。通过基金会行业透明推动诚信中国、透明中国的出现。"行业的先行者之所以希望进行行业自律,是因为目前基金会行业确实是鱼龙混杂,良莠不齐,导致"一人生病大家吃药"。在这样的状况下,行业领导者寄希望于行业自律,以促进行业更加健康地发展。

基金会中心网成立本身即是行业自律的体现,其行业自律主要体现为鼓励基金会披露信息,许多人认为基金会公开透明是行业自律,更是行业自救。"民间公益行业自律从基金会开始,基金会行业自律从信息披露开始"[1]。

---

[1] http://www.qianhuaweb.com/content/2010-07/08/content_439508.htm.

除了信息披露形式的行业自律，基金会中心网还积极发起其他行业自律行动，如《公益与商业合作九大行为准则》自律行动。2011年12月17日《公益与商业合作九大行为准则》自律会议在北京隆重召开，首批24家基金会第一时间响应加入自律行动。会议结束后，基金会中心网不断接到各个基金会询问、报名的电话，截至2012年1月31日，共计39家基金会报名加入自律行动。九大行为准则包括：基本原则（诚实信用、平等互利、合作共赢、交易公平、不损害公共利益）、恪守公益使命规则、尽职调查规则、公益品牌谨慎使用规则、公益促销规则、商业投资规则、确保公益支出规则、风险控制规则、避免利益冲突规则。

该自律行动回应了社会关注的公益组织开展商业活动、公益组织与商业机构合作的问题，具有很强的现实意义。随着微博等新媒体的发展，公众更容易关注、参与和监督公益事业，公益与商业合作所产生的影响也越来越大。这些问题如果不厘清，将损害公益事业的公信力，打击企业参与公益的积极性，阻碍公益组织采取商业手段获得发展，进而也会影响中国公益事业的发展。当然，公益组织也有很多与商业机构成功合作的案例，如中国扶贫基金会与中国邮政开展的"爱心包裹"项目；还有一些社会企业，采取商业化的模式解决社会问题，也取得很大的成绩，如残友集团。在这种情况下，该自律行动为公益组织与商业合作提供了指引。

五　基金会中心网面临挑战

从目前的运行情况来看，基金会中心网已经开展了大量的工作，并正朝着自己设定的目标前行。但是基金会中心网也面临着一些难题。

1. 需要呈现出更为关键的问责指标

基金会问责需要完善的信息披露评价制度及成熟的评价体系。信息披露机制存在的必要性在于信息不对等的客观现实。社会中的捐赠者和潜在捐赠者在做出捐赠决策时有权利了解各基金会的基本情况。这就要求信息披露平台所做的不仅仅是简单的"信息搬运"，而是通过分析研究开发出相应的指标、评价体系，让公众能够从相应的报告中清晰地了解到一家基金会到底做得好不好，和其他基金会相比有什么优劣。一般来说，完善的信息披露和成熟的评价工作的程序、标准、方法应当建立在科学的、制度化的、规范运作的基础上。工作程序应是合理的、统一的，不因评估事项的难易而变化；评估标准应是先进、谨慎和相对稳定的，不随意提高或降低标准；采用的分析方法应是科学的恰当的，不应采用简单粗糙的方法评估。①

信息披露平台需要更多关键性的指标，目前部分指标展示了基金会是否合格，难以展示基金会是否专业、高效。利益相关者仍然很难通过现有显示的数据评判所查询的基金会好还是不好（即是否真正合格、专业和高效），是否能够放心进行捐赠。

从基金会中心网数据中心信息披露关键指标、中基透明指数（FTI）与美国基金会中心透明指数的对比来看，基金会中心网信息披露平台的指标缺乏一些关键性指标（见表2）。

表2 中美基金会中心栏目指标比较

美国基金会中心透明指标（简称美指标）	基金会中心网数据中心指标（简称数据中心）	基金会中心网中基透明指数（FTI）	说明
1. 基本信息 ①联系方式 ②宗旨或使命陈述 2. 治理政策及信息 ①章程 ②委员会章程 ③行为准则 ④利益冲突政策 ⑤理事会成员名单	1. 基本信息 ① 基本信息（包括联系方式、宗旨、业务范围等） ②章程 ③理事 ④监事	1. 基础信息 （1）基本信息 ①宗旨；②业务范围；③成立时间；④原始资金；⑤等级证号；⑥组织机构代码；⑦理事长姓名；⑧秘书长姓名；⑨秘书长简介；⑩全职员工数量；⑪原始基金出资方；⑫基金会发起方 （2）联系信息 ①联系人姓名；②联系人职务；③联系人电话；④联系人邮箱；⑤基金会办公地址 （3）理事会信息 ①理事会纪要；②理事姓名；③理事会职务；④理事工作单位；⑤理事薪酬 （4）信息化信息 ①机构官网；②机构微博；③信息披露栏目 （5）章程及制度 ①机构管理制度；②人力资源管理制度；③财务管理制度；④项目管理制度；⑤章程；⑥年度工作报告	（该指标可体现基金会是否合格） 基本信息方面，中美差距不大，均能够展示基金会是否合法注册等方面的信息；基本信息是展示基金会透明的基础，而非核心 在治理信息方面，美指标明确指出为治理政策及信息指标，数据中心和FTI仅为理事会的简单介绍，不重视实质治理指标

---

① 萧维：《企业资信评级》，中国财政经济出版社，2005，第52页。

续表

美国基金会中心透明指标（简称美指标）	基金会中心网数据中心指标（简称数据中心）	基金会中心网中基透明指数（FTI）	说明
3. 人力资源政策及信息 ①检举程序 ②管理层人员薪资确定程序 ③多样化实践 ④核心工作人员名单 ⑤核心工作人员简历		无	（该指标可体现基金会是否专业） 美指标详细，而数据中心没有相关内容，FTI 也几乎未涉及相关内容，仅在基础指标中涉及了一些内容，如秘书长简介等，并没有单独列出人力资源项，更没有检举程序、核心工作人员简历等展示基金会专业、高效的指标。人力资源是基金会高效执行项目的关键，核心工作人员更是基金会的核心。人力资源的公开透明，尤其是核心工作人员的公开透明便于公众评判基金会是否专业、高效。另一方面，基金会公开优秀团队成员，也有利于公信力的建设
4. 财务信息 ①审计报告 ②税表（Form 990 or 990-PF） ③投资政策 ④经济影响	2. 财务信息 ①财务基本状况 ②接受捐款情况 ③公益支出 ④资产负债表 ⑤业务活动表	2. 财务信息 （1）财务报告 ①审计报告；②资产负债表；③业务活动表 （2）主要财务信息 ①捐赠收入；②公益事业支出；③总资产；④净资产；⑤总收入；⑥投资收益；⑦政府补贴收入；⑧服务收入；⑨总支出；⑩工资福利支出；⑪行政办公支出；⑫业务过冬成本；⑬管理费用；⑭筹资费用 3. 捐赠信息 （1）信息化信息 捐赠方查询栏目 （2）主要捐赠人 主要捐赠人名称	（该指标可体现基金会是否合格和高效） 美指标与数据中心指标基本一致，FTI 表面上细项多于美指标，然而数据中心和 FTI 的实际内容并不丰富，财务信息主要来源于年报和审计报告。美税表内容丰富，信息量很大，能够帮助公众看懂基金会的财务状况，而中国的基金会年报信息很难全方位展示基金会是否合格 另外，美指标还包括投资政策、经济影响分析，能够更好地展示基金会的高效、专业

续表

美国基金会中心透明指标（简称美指标）	基金会中心网数据中心指标（简称数据中心）	基金会中心网中基透明指数（FTI）	说明
5. 资助信息 ①资助程序 ②资助战略 ③资助项目数据库 ④经济影响	3. 项目信息 ①评估方式 ②是否招标 ③项目年度收入 ④项目年度支出总额 4. 项目地图 5. 项目执行机构	4. 项目信息 （1）主要项目信息 ①项目支出；②项目收入；③资金用途；④项目概述；⑤执行地点；⑥活动领域；⑦项目名称 （2）信息化信息 ①立项公示栏目；②受助方式栏目；③项目查询栏目	（该指标可体现基金会是否合格、专业和高效） 美指标有翔实内容，数据中心和FTI指标仅为一般的项目介绍，中美差距明显。公众希望从项目信息或资助信息来了解基金会做了什么，怎么做的，效果怎样等，从而对基金会做出判断。美指标包括应该怎么做（资助程序、资助战略），做了什么（资助项目数据库），效果怎么样（经济影响）。值得一提的是，资助项目数据库不仅仅是中指标涵盖的项目的名称、收入支出、执行地、执行机构，而是项目执行期间的所有资料，而这些信息有助于向公众"讲真实的故事"，从而拉近与公众的距离
6. 绩效评估 ①机构总体绩效评估 ②知识中心 ③受助人反馈机制 ④受助人调查	无	无	（该指标可体现基金会是否高效） 美指标有绩效评估指标，数据中心没有相关内容，其项目信息中的评估方式、是否招标属于绩效评估范畴，但是差距很大，因为仅仅知道是否进行评估，与看到评估结果是截然不同的两个概念 而FTI并未涵盖绩效评估指标。绩效评估能够帮助公众从专业角度分析基金会是否优秀，是否值得信任。受助人的反馈能够证明项目直接效果。这些都是问责的核心
7. 交流渠道 ①网站 ②年度报告 ③工作简报 ④博客 ⑤社会媒体 ⑥订阅源	6. 基金会动态 7. 自行披露	以上信息化信息中涵盖相关内容，未单列	美指标指向为列出基金会公开透明渠道，数据中心指向为沟通内容，FTI根据中国情况，主要设立官网和微博两大渠道，此部分指标指向不同，但差异不大，在此不做比较

在体现基金会是否合格方面,中美基金会透明指标体系均能体现,主要表现在财务信息指标;在体现基金会是否专业方面,美国基金会中心指标体系能够有所说明,主要表现在人力资源信息指标,如核心工作人员简历、最高薪酬等,而中国基金会中心网数据中心和中基透明指数并没有相关指标;在体现基金会是否高效方面,美国基金会中心能够说明,主要表现在资助信息和绩效评估指标,而中国基金会中心网数据中心指标和中基透明指数缺乏详细的资助信息指标及绩效评估指标。

相对来说,基金会中心网重磅推出的中基透明指数(FTI)在展示基金会合格、专业和高效方面较数据中心指标有所提高,如增加捐赠人信息,但仍然缺乏展示基金会高效、专业的关键性指标,与政府问责指标没有显著差异。基金会只要公布年度报告就能在FTI平台上名列前茅,"在自己官网上披露了2010年报之后,再把自己的章程、秘书长的简历、四项管理制度放到官网上,就可以得到100分以上"①。从美国基金会中心透明指标与中基透明指数的比较可以看出,中基透明指数构建的问责相对狭窄,最多只能向利益相关方陈述半合格半透明的基金会,而非向公众展示合格、专业、高效、透明的基金会。

从上述中美透明指数的对比来看,中美透明指数之间差距较大,很大程度上是由中美两国国情的差异决定的。基于我国国情,将FTI与国内其他权威机构发布的透明指数,如中民慈善透明指数进行比较更具现实意义。中民慈善透明指数由中民慈善捐助信息中心开发,每年发布一期,但不是专门针对基金会,是针对公益慈善组织的,其中包括基金会。

中民慈善透明指数包括完整性、及时性、准确性、易得性四大部分,从完整性(59个指标,满分70分)、及时性(5个指标,满分10分)、准确性(3个指标,满分10分)、易得性(4个指标,满分10分)四个维度,分析公益慈善组织信息公开状况。该指数体系共包含71个指标,总分为100分。完整性主要评估公益慈善组织公开的信息是否完整、全面,能否完整体现公益慈善组织的治理水平、专业化能力以及工作开展情况,包括基本信息、治理信息、业务信息、财务信息。及时性主要评估公益慈善组织信息公开是否快捷、及时,即能否在合理时间内尽可能迅速地公开信息。可具体测评下列五个方面的信息公开是否及时:理事会重大决策、日常捐赠接受信

---

① 引自基金会中心网副总裁陶泽2012年8月29日在中基透明指数发布会上的讲话。

息、项目资金使用情况、项目报告以及组织年度财务报告。准确性主要考察公益慈善组织披露的信息是否真实、准确,是否用不含糊的语言,客观、真实地表达其含义,在内容与表达方式上不得使人误解。易得性主要考察公益慈善组织公开的信息是否能被公众方便获取,是否采取多种方式公开信息,尽力保障社会公众能够方便、完整地查阅和获取公开的信息。

从指标覆盖维度来看,中民慈善透明指数涵盖四个维度,FTI 只有一个维度,相当于完整性维度。FTI 是动态更新,而中民慈善透明指数是每年发布一次,因此及时性上可以弥补;FTI 倾向给予官网公布更高分数,在易得性方面有所弥补;FTI 没有体现准确性。综合来看,FTI 在指标维度上仍然有待完善,从评判基金会是否合格来说,二者都可以显示。

仅从可对比的完整性指标来看,FTI 指标数量多于中民慈善透明指数,但是,相对而言关键性指标不足。中民慈善透明指数中的治理信息(尤其是主要负责人薪酬、利益相关方、理事会决议等指标)、业务信息(尤其是项目受益对象、项目周期、项目措施、合作伙伴、项目预算、项目资金使用情况、项目动态、项目效果)等体现基金会高效、专业的关键性指标是 FTI 所欠缺的。而这些指标,正是那些能够"被公众指出问题的地方"。作为捐赠者同样希望看到项目的效果。正如一位捐赠者所说:"针对项目合作过程中,FIT 培训了捐赠者,以学会该如何与基金会合作,学会应该跟基金会要什么反馈,什么不该要,什么不必要,从这一点来说,目前的 60 多项的指数还是相对静态的,我希望将来能更动态,因为作为捐赠者,我们更为关注项目在进行过程中的效应。"[①]

未来的 FTI 肯定不应该忽视现有问题,需要在政府对基金会问责的基础上进行数据再加工,且要看到基金会问责核心所在,捕捉有助于展示基金会专业、高效的指标,成为基金会不透明问题的解决者。正如康晓光所说,怎样把握住门道,抓住确切信息,以最少的指标,一针见血地、单刀直入地把问题揭示出来,这是最重要的。从目前来看,民政部门有审计,我们的年审理论上还是比较严格的。但是,一些丑闻几乎没有一个是被年审审出来的,基本上都是不小心或者被内部"狗咬狗"咬出来的。这样的指标怎

---

① 引自九阳股份有限公司企业社会责任部总监陈培娟 2012 年 8 月 29 日在中基透明指数发布会上的讲话。

能真正做到有效和揭示问题，这是我们需要反思的。[①]

中国基金会中心网的透明度指标仍需改善，特别是指标体系的科学性，指标本身要体现完备性、最小化、相容性，操作上要体现可得性、易得性、经济性，核心是体现针对性。指标本身要考虑三个方面：第一，好的指数首先要具备完备性，即明白指标需要解决的问题，需要涵盖哪些内容。第二，最小化，即没有重复。第三，相容性，即没有内在矛盾。[②] 指标的核心是体现针对性，需要"一针见血""刀刀致命"，不需要一味追求全面、大而全，要同时考虑可得性、易得性、经济性。

2. 专业分析有待提升

（1）信息披露平台应更充实。

基金会中心网尚未拥有资源雄厚的信息库，信息尚未完备。除了公开市场上的信息、政府部门提供的信息以外，基金会中心网需要自建基金会数据库，这是因为对基金会状况准确分析评价依赖于充足且准确的基础信息。在分析一家基金会时，基金会中心网需要收集与受评主体有关的所有数据信息，包括外部环境信息和自身的内部信息，信息的不充分将直接影响判断的准确性。截止到2011年年底，基金会的基本信息实现了实时采集，即各级民管部门发布的基金会设立等相关信息，基金会中心网都会在第一时间内观测到并采集到自己的系统中，并可做到即时更新和发布，基金会的财务信息的采集率超过了90%、项目信息的采集率达到50%。[③] 上述成绩是可喜的，但是除了基本信息和财务信息外，大部分基金会的信息仍是空白，仍有很大发展空间。

理想的状态是徐永光所说的"如果捐款人想捐款，可以先到基金会中心网了解相关信息，看哪个基金会对于捐款管理的透明度高和有效率，再决定把钱捐给谁"[④]。当然，基金会中心网信息披露平台的现状与上文提及的我国基金会现实背景是相关的。我国并未建立如美国那样的完善的监督体系及税收制度，政府监督力量薄弱，对基金会公开透明的强制力较弱。公众对于基金会的关注停留在丑闻揭发层面，对基金会的工作效率等更高层面的要

---

① 引自康晓光教授2012年8月29日在中基透明指数发布会上的讲话。
② http://news.foundationcenter.org.cn/html/2012-09/53595.html.
③ 引自《基金会中心网2011年度报告》。
④ http://tech.ifeng.com/it/detail_2011_01/19/4341485_0.shtml.

求并不强烈。基金会自身公开透明的动力不大,自身能力弱。

（2）专业分析有待改善。

实现基金会问责需要在基础信息披露的基础上进行专业分析,才能够让利益相关方看得更明白。基金会中心网为此做了一些事情,从现实需求来看,"基金会的统计分析停留在描述性的层面,比较肤浅,期待能够提升专业性。对捐方来说,能够了解到希望了解的信息;另一方面,对 NGO 来说,能够进行筹资,获取资助;对公众来说,能够知道基金会是干什么的,治理如何,钱怎么花的"①。从国际经验来看,专业分析也是必要的。在国外,信息披露只是第一个层面,除此之外需要有一些专业的分析,因为基本信息的披露有时候公众也很难看得懂,公众很难甄别哪些是真实的,哪些是虚假的。需要专业的机构对信息进行专业的分析,在专业分析的基础之上,通过专业的分析报告来进行专业的引导。②专业的分析能够提高公众问责的专业性,从而促进问责实现。

当然,基金会中心网的信息披露尚处于积累阶段,其首要任务仍然是收集信息,它必须确保信息的完整才能进行下一步计划。"这也与其自身定位有关,要考虑清楚为谁服务,另外与研究能力有关"③。另外,问责的建设,公开透明机制的有效建立,也需要相关的金融、审计、税收、审查等配套制度的完善,需要动员捐赠者及社会评估机构等社会力量共同进行监督。需要各类慈善组织提高机构运行的透明度和信息公开度,及时向公众告知资金情况。④基金会中心网只具有规范性、倡导性而无惩罚性,自律的内容主要是在道德层面,并没有法律和绩效层面,自律的方式也主要是规范性和指导性,缺乏强制性和惩罚性,因此,更需要政府、社会力量以及基金会的支持。

六 持久推动基金会问责

基金会中心网作为基金会问责的关键推动者,承载着重大的历史使命,如何更有效地促进基金会问责的实现是其需要深入思考的问题。

---

① 对南都公益基金会秘书长刘洲鸿的访谈。
② http://shwomen.eastday.com/csjjh/node4/node22/node26/userobject1ai23005.html.
③ 对南都公益基金会秘书长刘洲鸿的访谈。
④ http://blog.sina.com.cn/s/blog_6b6baa0d0100sq8x.html.

1. 构建权威性

基金会中心网期望承担起有效推动中国基金会问责的重任，从而服务于整个基金会行业和社会公众。要做到这一点，基金会中心网应成为一个基金会和公众都愿意信赖的权威信息披露机构，然而一些业内人士认为，目前基金会中心网的权威性主要体现在理事长徐永光的个人权威性上，机构权威性体现尚不充分。

权威需要以认同为前提，公众认同是公共权威存在的必要条件，失去公众认同，权威就会成为无源之水、无本之木。影响权威认同的因素很多，如利益、理性、信仰、情感、道德、人际关系等。从理论上讲，权威认同需要建立在权威客体对于权威主体意志的理解和评判的基础上，当权威客体在具体地了解和认识了主体意志并加以评判之后，赞同权威主体对于事物的认识，这样就会信服它，心甘情愿地服从它，而不会具有强制性的特色。[①] 一家机构要具有权威性，须同时具备合法性、合时性、合理性及合情性，从而获得认同。

在合法性方面，基金会中心网目前依托于恩玖中心，严格来说仅为一个项目，而非一家机构。作为基金会的支持性组织，寻求成为独立合法的机构，获得法律层面的认同及政府的支持是建立权威的基础。

在合时性方面，通过本文上述对于基金会行业透明度状况的描述可以看出，基金会中心网在社会的压力、先进基金会的期待和行动中，积极扛起了促进基金会公开透明的大旗，具有极强的合时性。

一定程度上来说，合理性比合法性更加重要，基金会中心网须注重合理性的构建。不可否认，现实中社会出现了认同危机，公众目前对一切抱有怀疑的态度，这从人们对基金会的质疑态度可见一斑。人们在震荡、变化中感觉到一种"上帝死了"的悲哀与痛苦，导致因信仰危机、意识形态危机而造成的认同危机。[②] 我国目前的社会环境类似于这种情况，因此基金会中心网为了实现基金会问责，促进基金会公信力的提升，须解决人们的认同危机问题，尽量使自己的权威建立在合理的基础上。

---

① 于洪生：《论公共权威认同的机理：一种透视权威现象的新视角》，《理论探讨》2006年第2期。
② 于洪生：《论公共权威认同的机理：一种透视权威现象的新视角》，《理论探讨》2006年第2期。

在合情性方面，基金会中心网的权威性主要体现为徐永光个人的权威性和影响力，来自于社会公众和行业对于徐永光个人情感上的认同。徐永光是中国公益慈善的领军人物，现任南都公益基金会理事长、中国青少年发展基金会副理事长、基金会中心网理事长。徐永光1988年辞去团中央组织部部长职务，创建中国青少年发展基金会，创立希望工程。2007年受邀创办南都公益基金会，该基金会以支持民间公益为使命，致力于推动公益行业的发展与社会创新。徐永光20年行业经验的积累、强大的行业影响力、人望、号召力，对行业发展特有的敏感性、前瞻性和创新力，关注行业高于机构和自身的胸怀，使得他成为一面旗帜、一个符号，这面旗帜驻扎在基金会中心网，为基金会中心网带来了众多追求者，可以说，没有徐永光，基金会中心网不可能有今天这样的影响力。然而，对于基金会中心网来说，将徐永光个人的权威性和影响力转换成机构自身的权威性和影响力将是基金会中心网权威性长期的保证。

2. 加强自身能力建设

基金会中心网作为基金会问责的关键推动者，需要具备良好的职业操守，拥有较强的专家团队。职业操守是必具的基础素质，包括独立性、客观性、公开性三个方面的素质。基金会中心网在实际工作中需要排除来自各方面的干扰，顶住压力，独立自主、实事求是地进行评价。基金会中心网所发布的一切信息和评价都必须是客观公正的，不能偏向任何利益主体，不能夹杂任何主观偏见。用事实说话，每项结论都有可信的数据及已证实的事件支持，而非凭空捏造。在日常的信息披露和评价工作中，基金会中心网应当如实地公开评价意见、操作规程及评价方法，并且应当随时接受社会各界的质询。这种情况下，成功地完成对基金会信息的披露和评定，形成客观准确、简洁且具有可比性的评价结果，对基金会中心网的团队提出很高的要求，除了基础信息搜集、数据录入、分析，还需对第三部门及基金会行业有深入的了解，具备优秀的研究分析能力。一些媒体的监控，就是外行人的监控，只能看热闹，看不出门道，关键的方面实际上外界是不懂的，所以，如何提高问责的专业化水平，提高透明的有效性才是关键。[①]

---

① http://news.foundationcenter.org.cn/html/2012-03/39680.html.

3. 迎接挑战

推动基金会问责，需要理解透明本身蕴涵的深意。

首先，要求基金会透明的本意是对基金会是否守法、规范、高效、专业的拷问，是整个社会对基金会，乃至对所有慈善组织的要求。透明不仅仅是基金会行业所追求的，也是现代社会文明的重要标志，越透明的社会，文明程度越高。现代慈善是现代社会文明的重要组成部分，基金会是现代慈善的主要组织形式之一，不论对现代慈善还是对基金会来说，透明度都是自身发展的题中应有之义。

其次，透明的功能之一是增强利益相关方与基金会之间的相互信任，提高基金会的公信力。透明是全社会共同的事业，涉及政府、企业、慈善从业者、捐助人、受益人、研究机构、新闻媒体等方方面面。制度经济学告诉我们：信息不对称容易产生道德风险，导致劣币驱逐良币的不良后果。强调和提高透明度，克服信息不对称，既是提高慈善公信力的要求，也是增强社会成员之间在慈善事业发展方面相互信赖与合作的重要前提。①

最后，透明有程度之分，可以分为三个层面。第一个层面是公开筹款情况。基金会告诉公众，谁捐了款，基金会接受了谁的捐款。从现在来看绝大部分机构还是能够做到这一点的，而且能够披露得非常详细。这个层面越来越多的机构可以做到。第二个层面是公开善款使用情况，告诉公众所捐的款都用到了什么地方。从这个角度来看，绝大部分基金会做不到，也没有交代。更高的层面是善款的使用效率、效果，不但要告诉公众捐款用到哪里去了，而且还要告诉公众用的效果怎么样，社会影响怎么样，这个交代就更少了。能做到这个层面的很少很少。②

即便是第一层面和第二层面的透明，我国基金会也没有做好，通过对比中美政府问责的年审这一项，就可以看出基金会实现真正透明还有很长的路要走。依赖于完善的税收制度，美国基金会中心网的信息披露工作简单，且质量很高，甚至只需要一张 990 税表，公众就能透彻地了解基金会。然而，当拿出我国的基金会年报和审计报告，公众可能根本不能判断是否应信任

---

① 引自华民慈善基金会理事长卢德之 2012 年 8 月 29 日在中基透明指数发布会上的讲话，http://news.foundationcenter.org.cn/html/2012-09/53593.html。
② http://shwomen.eastday.com/csjjh/node4/node22/node26/userobject1ai23005.html。

该基金会。这主要受两方面影响：一是数据本身的实质内涵，二是是否进行专业解读和分析。中国基金会年报信息涉及的关键内容与美国990税表涉及的相同类别的关键内容存在较大差异（见表3），而这些指标正是关系到问责能否实现的关键。

表3 税表比较

中国基金会年报（简称中年报）	990税表（仅列出与中年报类似，且关键的部分）	说　　明
1. 基本信息	1. 身份和税务状态	中美基本信息差别不大 990表的税务状态显示基金会是否享有免税资格，中年报无此内容
2. 人员、机构变动情况和会务情况 ①变更登记情况 ②机构增减情况 ③章程修改情况 ④会务情况	2. 人员及薪金情况 ①董事、受托人和基础管理人员的名单 ②基础的最高薪雇员补偿的信息 ③董事会成员及董事获得的补助、平均薪酬、最高薪的工作人员的薪金 3. 重大变化	990表包括了许多关键性的信息，包括做出拨款关键决策的人员信息、运行的基础人员信息及最高薪雇员信息，这些信息往往有益捐助者进行比较，而中年报并没有体现这些实质性的内容。恰恰这些内容是公众最希望了解的
3. 公益活动情况 ①接受捐赠、提供资助情况 ②募捐情况（公募基金会） ③公益支出情况 ④公益活动情况报告	4. 接受捐赠信息 完整的捐助者名单 5. 公益支出情况 6. 直接的慈善活动信息	990表要求公开完整的捐助者名单，中年报仅要求总体情况介绍。由总体到细节是提升透明度的过程，总体数字很可能掩盖真相
4. 财务会计报告 ①资产负债表 ②业务活动表 ③现金流量表	7. 收入和收入来源 8. 支出和支出内容 9. 净资产 10. 每个项目花费 11. 是否有关联交易，是否有舞弊行为 12. 提供独立承包商的服务和补偿类型的信息 13. 是否从事倡导，若有，花费多少	中年报的财务报告、会计报告信息仅包括三张基础的财务信息，而990表除了囊括基础内容外，还包括许多实质性内容。例如，990表收入来源需要区分捐赠、服务收入、无关经营收入、政府合同收入；支出需要统计总支出计划开支的总和、管理费用和筹款费用，中年报并不单列筹款费用；将是否有关联交易、是否有舞弊行为、外部承包商的服务和补偿类型信息单独提出，能够为公众提供准确的问询指引

当然，即便是全面如990税表也不能使公众了解有关基金会的全部情况。例如，上表中项目"10. 每个项目花费"，从中可以看出项目的支出，

却看不出项目是否有令人满意的结果,需要绩效评估和受助人反馈来证明,因此仍需要其他指标来满足问责要求。

成立两年来,基金会中心网承载着基金会行业和社会公众的期望,受到了社会各界的广泛关注。基金会中心网承载了推动基金会问责的历史使命。基金会中心网刚刚起步,距离实现目标的那一天还有很长的路要走,但是也不应对其过分苛责,毕竟相比于美国等发达国家,我国基金会发展历史很短(1981年成立第一家慈善基金会,非公募基金会更是2004年之后才逐渐出现),政策法规尚不健全,社会公众对基金会行业并不了解且缺乏问责意识,行业内部也没有成熟的经验可以借鉴。基金会中心网就像是一个初出茅庐的少年侠客,有名师指导提携(徐永光等第三部门的权威),有武林大会的支持(联合发起的三十几家基金会),有武林前辈的倾心相授(美国基金会中心),它已经享有了得天独厚的优势和资源,能否成为众望所归的一代宗师造福于整个武林就要看它自身的意愿和个人努力了,但是我们仍然对基金会中心网承担起推动中国基金会问责的重任,服务于整个基金会行业,帮助其更好地创造价值、服务社会抱有殷切的期望。

友成企业家扶贫基金会：致力于成为社会创新的支持者和倡导者

社会创新是一场推动社会变革的接力赛，有远见的政治家、政府官员、企业家、基金会领导人、大型社会组织领导人是社会创新的关键支持者，亦是社会创新的实践者。[①]

社会创新是公民及公民社会组织发挥能动性和首创精神的过程。目前，国内致力于倡导和推动社会创新的非营利组织中，既有学术类研究机构，如中央编译局比较政治与经济研究中心、清华大学创新与社会责任研究中心，也有外国驻华办事机构，如英国文化协会（British Council，BC），以及众多奔走在一线的草根组织等。其中，中央编译局比较政治与经济研究中心专门成立政府创新研究室以及社会创新研究室，进行相应课题的学术研究、决策咨询，组织国内外学术交流与访问，举办相应议题的全国性或国际性学术会议，以及编辑出版相关的学术刊物和学术著作，并启动"中国社会创新奖"。清华大学创新与社会责任研究中心专门开展创新与社会责任领域内的多视角、多形式高端研究，凝聚并传播中国创新与社会责任基本价值与最新理念，促进学术界、产业界、政府、社会组织及公众间的对话、参与和合作。清华与友成企业家扶贫基金会（以下简称友成基金会）成立的"清华—友成社会创新中心"，针对国内外社会创新领域理论、实践和政策进行研究。英国是研究和发展社会创新较早的国家，BC将英国及其他国家有关社会创新的理念、做法和优秀案例带到了中国。2009年起，BC发起了"社会企业家技能项目"的全球项目，中国参与其中。国内的草根组织，如"多背一公斤""北京—加一文化交流中心"

---

① 《社会创新的十大理论问题》，http://wenku.baidu.com/view/4951b330eefdc8d376ee327f.html。

"乐龄合作社",以及各类社会创业/公益创业大赛中涌现出来的优秀草根社会创新者,如 2009 年"联想公益创业计划"中的"中国青年应对气候变化行动网络(CYCAN)""翼农乡村信息普及计划(IstarT)"、关注特殊儿童群体的"晨雨滴"①等,它们成为国内社会创新的实践者。除了上述各类非营利组织外,企业作为另外一种力量也积极地参与到了社会创新、公益创新中来。如联想集团于 2007 年创办了"公益创投"模式,率先将创投概念带入公益领域;英特尔集团于 2010 年起开始举办"芯世界"公益创新奖。面对日益严重的现实问题,在社会创新受热捧且被证实是有效的解决方式背景下,政府逐渐意识到社会创新的意义,认可和鼓励公民和公民社会组织在社会管理和社会服务中的参与和协同作用,并开始重视鼓励社会创新。

创办于 2007 年的友成基金会是中国社会中较早关注社会创新,并进行探索的一家公益组织。创办至今,基金会用有限的资金自主研发试点创新项目和项目平台 11 个,资助各类社会组织及公益项目 65 个,受益人群遍布全国 16 个省和直辖市。其中,许多由友成基金会率先资助的创新型组织和创新性项目对被资助组织的生存与发展起到了类似天使投资或风险投资一样的决定性作用,如致力于阅读障碍儿童教育的"乐朗乐读"②。五年来,友成基金会不仅以自己独特的方式寻找着相对有效的行动策略和路径,同时也在此过程中融合了上述提到的各类资源,并建立了自己的核心竞争力。"社会创新"已成为友成基金会的重要标识。

一 这代人的梦想

经过三十多年的改革开放,我国的政治、经济、文化等都得到了飞速发展,尤其是经济领域取得了举世瞩目的成就。但与此同时,诸如收入差距和城乡差别继续扩大、生态环境日益恶化、政府公信力危机、教育不公、社会保障不公等社会问题、社会矛盾也越来越严重,社会稳定的代价日益增高,社会的公平正义面临严重挑战。据《中国统计年鉴 2012》统计,2011 年中

---

① 《公益创业,让爱心插上创新和企业家精神的翅膀》,http://blog.qq.com/qzone/181662977/1261316545.htm。
② 资料由友成基金会提供。

国的基尼系数达到了 0.5①，远远超过了 0.4 的国际警戒线。我国的基尼系数一直居高不下，并且呈上升态势，收入鸿沟达到了历史最高期。另外，据中科院《2012 中国可持续发展战略报告》数据，按 2011 年提高后的贫困标准（农村居民家庭人均纯收入 2300 元/年），中国仍有 1.28 亿的贫困人口②，这与 GDP 保持年均 8% 左右的高速增长形成鲜明对比：一边是快速增长的经济繁荣景象，一边是上亿民众仍未脱贫。

面对伴随发展而来的问题，政府、企业和非营利组织以各自的方式回应着，但效率和效果并不显著。老的社会问题依然存在，已到了非解决不可的程度，但旧有的解决方式面临挑战，必须开拓新的解决方案加以应对。社会创新正是在这样一种背景下提出、发展并进行实践的。"社会创新"概念最早由管理学大师彼得·德鲁克于 1986 年提出，此后，特别是 20 世纪 90 年代以来，社会创新日益受到各国政府、学术界、民间组织和国际社会的关注和重视，逐渐演变为一种全球现象。

面对一直存在，甚至日益凸显的社会问题，面对传统的"授人以鱼"式的公益模式，有着跨领域、跨国界工作经验，尤其是拥有投资等商业领域工作经验的王平女士，开始持续思考是否存在一些新的、不同于以往的解决方案和路径来回应现有的社会问题。她说："2006 年之后，我开始思考中国的慈善事业，过去的那些投资背景以及商业领域的工作经验给了我很多启发和启迪。大家都知道，商业领域在帮助人们开发自己方面是非常有效和高效的。而我希望能在中国快速兴起的慈善领域中也探索出这样一种高效来。"③随着 2004 年《基金会管理条例》的出台，王平女士意识到实现她这一愿望的时机已经到来。成立一个非公募基金会，以组织的形式，而非个人形式，来探索中国公益领域的创新将是最好的路径之一。与此同时，其女儿在美国求学期间，将《斯坦福社会创新期刊》及其他刊物上的文章传给她，包括戴维·伯恩斯坦（David Bornstein）非常有影响力的《如何改变世界：社会企业家和新想法的力量》一书。这些新的思想和理论进一步激发了她，使其更加坚信应该成立一个组织来支持和推动中国的社会创新和社会企业，而

---

① 卢伟：《研究报告称中国基尼系数为 0.5，收入呈金字塔形》，http://www.njdaily.cn/2012/1028/251271.shtml。
② 《中科院报告：中国还有 1.28 亿贫困人口》，中国新闻网，http://www.chinanews.com/gn/2012/03—12/3737442.shtml
③ YouChange：China Social Entreprenurship Foundation，National University of Singapore。

不仅仅是资助几个项目。正当王平女士开始思考和筹备之时，她遇到了志同道合者——一群正在思考类似问题，希望能将企业领域的理念和方式带入公益领域，提高公益效率，解决社会问题的企业家们。友成基金会副理事长、复星高科技（集团）有限公司董事长郭广昌先生对于公益创新这样解释道："我想新公益的'新'有一点含义，也是做企业和做公益的一个共同点，就是要非常注重效率。做企业的，比如我们这些人，能够有今天，每分钱赚来都是不容易的；所以我们把这些钱花到公益事业上的时候，也是非常注重效率和创新精神，我们希望它是可持续的、有创意的、能够让未来更多人受益的公益事业。"①

基于对传统救济式扶贫中存在的一些问题的关注和思考，最初王平女士和这些企业家们主要关注扶贫领域的创新。她曾这样说过："几年前，我开始以个人捐助者的身份接触贫困人群。在体验了助人为乐之余，我也深深地感受到方兴未艾的中国民间公益的种种问题。企业家和许多个人在参与扶贫救助工作时，信息渠道不通畅、专业化操作手段欠缺、个人时间和精力有限等原因致使其所从事的善举受到很大局限，有时甚至事与愿违：慷慨的施予却伤害了受助者的自尊心，无私的援助却培植起受助者对捐助者的依赖心，甚或播下不满和埋怨的种子；更不用说由于监督不力、管理不严造成援助过程中资金使用不当和流失等不良后果。"② 因此，友成基金会成立之初，便提出以促进社会主义和谐社会建设为目标，推动企业家群体在参与慈善事业中履行社会责任，努力探索一条民间力量与政府相结合的互利互惠的开发式扶贫道路。强调扶贫事业的创新，包括扶贫理念的创新，提出了物质扶贫与精神扶贫相结合的理念；项目方向的创新，强调开发式扶贫为主，救济式扶贫为辅；扶贫主体的创新，以企业家为主体；运作模式的创新，提出了社会企业扶贫项目孵化器的机制，以及资金管理方面的创新。并取名为"友成企业家扶贫基金会"，其英文名为：YouChange Social Entrepreneurs Foundation，直译为"友成社会企业家基金会"，充分体现了创始人们对企业家创业精神、社会企业模式、创新等理念的追求和关注。

怀着关注和思考中国扶贫事业、希望探索中国社会领域创新的追求，以

---

① 《友成基金会 2010 年年报》，2011。
② 王平理事长于 2008 年 2 月发表的致辞。http://www.youcheng.org/files/image/2011/04/20/2011/04/20/20110420084602296.pdf

及在一群志同道合、怀有相同追求和使命感的企业家、学者的支持下，友成企业家扶贫基金会于2007年5月12日获国务院批准，在民政部登记注册正式成立。王平女士任理事长。她说："世界和中国自身的发展经验表明，在扶贫事业中政府的作用是重要的，但是远远不够。在基金会近一年的筹备过程中，我结识了许多满怀济世之心的企业家、忧心民生的政府官员、不辞劳苦的志愿者和富有卓识的专业人士。相同的使命感和责任感让我们想到了一起，走到了一起。友成企业家基金会终于诞生了。在众多的NGO、NPO中我们友成的特点是什么？我想说我们的最大特点是创新。其中包括扶贫理念的创新、项目方向的创新、扶贫主体的创新、运作模式的创新以及资金管理方面的创新等。"①

在此后的探索、反思和进一步凝练之后，友成基金会于2010年提出了机构的核心使命和理念——"新公益"。可以说，"新公益"是友成基金会一路走来的灵魂所在，是友成基金会的思考结果。友成基金会所倡导的"新公益"包括倡导新理念、开拓新领域、发现新动力、整合新资源、尝试新方法、采纳新技术、成就新人才。在此基础上，友成进一步聚焦、明确了一方面致力于发现并支持以社会创新的方法解决社会问题的"新公益"领袖，即培养和支持创新型人才，另一方面建设跨界合作的"新公益"服务网络和平台，即搭建平台。

二 友成的探索

1. 到处取经

从全球范围来看，社会创新仍属于一个新生事物，从首次提出这一概念至今不过二十多年。社会创新在国外也仍处于探索阶段。中国在社会创新领域的发展更是相对滞后于发达国家。友成基金会从创办至今，积极主动地向各方取经，探索、思考自己作为一家非公募基金会该以怎样的策略和路径来支持和倡导中国的社会创新。

社会创新强调和关注公民社会的主动性和首倡精神，与此同时鼓励和呼

---

① 王平：《友成的战略构想》，友成基金会成立大会，2007，http://www.youcheng.org/pages.aspx?val=1136。

吁政府、企业等主体也积极参与到社会创新中来。社会创新的活动领域包括教育、医疗、养老、扶贫、助残、环保等。社会创新既是一种过程，一种解决社会问题、满足社会需求的新创意的提出、实施和推广的过程，又是一种结果，表现为一种得到社会普遍认可和接受的新理念、新产品、新服务、新组织、新体制、新政策法规、新生活方式、新社会关系等。其目的不是为了增进某些特定个人的利益，不是为了实现私人目标，而是为了实现社会目标，创造社会价值，增进社会利益，保障公民权利。社会创新强调以创新的方式利用和开发资源或用其他任何创新的方式解决社会问题。社会创新强调非营利组织、企业、政府等多部门的合作治理（governance）。"作为同一个社会的成员，我们已经意识到，经济基础过于狭隘，只有营利公司，而没有合作社、互助性企业、社会企业的经济是不健康的，是有风险的。而且，没有民间团体这个强有力的伙伴，政府满足需求的能力就很低下，甚至都不能发现需求的存在。过大的国家会压制企业的积极性，过大的市场则会压制同情心和合作精神"[1]。同时，社会创新强调包容性（inclusiveness），强调弱势群体的参与（engagement）；强调可推广性和可持续性（scale up）。[2]

各种社会力量，包括政府、市场、非营利组织、学术界等都在探索新的路径，推动新理念的发展和传播，新方案的产生与实践，以解决紧迫的社会问题。社会创新的广受热捧并不是毫无根据、毫无道理的，各国的实践证明，以创新的方式解决旧有的社会问题是行之有效且效果卓著的。例如，孟加拉经济学家尤努斯成立的全球第一家为穷人服务的小额信贷银行——

---

[1] 尼古拉斯·迪金：《欧洲英国：政府、民间团体和企业在英国社会福利中的协作伙伴关系》，《行政管理改革》2010 年第 7 期，http://www.chinainnovations.org/Item.aspx?id=34260。

[2] 社会创新是一个公民及公民社会组织发挥能动性和首创精神的过程，治理和善治所倡导的价值原则贯穿于社会创新的过程之中。合作、参与、透明、包容、赋权、问责等价值原则对于社会创新的过程来说必不可少。社会创新的过程是一个多种社会行动者合作完成的过程，合作及合作的协商、妥协、宽容等原则为社会创新所必需。社会创新又是一个公民和公民社会组织主动参与其中的过程，利益相关者的参与和发言权保证着社会创新始终符合创新主体的利益。社会创新是一个将受到社会排斥的、边缘化的社会群体融入主流社会的过程，包容性是社会创新的内在要求。社会创新需要解决那些因权利缺失或能力欠缺而处于贫困、流浪等不利境地人群所面对的问题，因此社会创新又是一个赋权、补权、增能的过程。社会创新是一个实现权利和责任均衡的过程，问责是将创新的权利、责任和风险相统一的重要机制。每一个特定的社会创新在体现这六大价值原则的侧重点方面各有不同。据此可以将社会创新区分为合作取向的社会创新、参与取向的社会创新、透明取向的社会创新、包容取向的社会创新、赋权取向的社会创新以及问责取向的社会创新。

"格莱珉银行",它既是一种金融创新,更是一种减贫方式的创新。通过为穷人提供信贷服务的方式,一方面解决了穷人发展面临的资金困境,另一方面还提高了穷人自我发展的能力。即为穷人提供了获得金融服务的机会,又为穷人提供了发展的机会,真正体现了"授人以渔"的理念,而不仅仅是传统的"授人以鱼"理念,是一种更具可持续性的减贫方式。

王平理事长在2012年3月18日部门负责人会议上提出:"需从创新性、可持续性和可传播性三方面对公益项目进行评价。"其中,创新性包括"以推动社会变迁和追求社会公正作为使命,以解决社会问题、创造社会价值和追求社会影响作为一个目标。用创新的方式来利用和开发资源和解决社会问题。跨部门的、多部门的合作治理,要有治理的创新。强调包容性,特别是尊重弱势群体的参与"。

对于社会创新这样一个内容丰富、门道较深的新事物,友成基金会从上到下始终以饱满和高昂的学习意愿和自身思考,通过各种方式、各种渠道积极地取经、探索、成长。

(1)建立高端、开放的顾问委员会和专家委员会。

鉴于工作领域比较宽,友成基金会采用了以项目需求为导向的聘用或者启用专家的办法,即开放式的专家顾问委员会。例如,友成为社会企业项目聚集了扶贫办、麦肯锡、中国社会科学院、零点调查咨询公司、凯洛格咨询公司、北京大学法学院等机构数位专家,帮助友成形成社会企业倡导、社会企业参与减贫、社会企业和商业企业结合、社会企业创业支持、国际社会企业法律法规等视角,使得友成在该领域的工作全面进入高端平台。至今友成在其各个重点项目方向上,都形成了这样的顾问、专家团队。这个团队是灵活的、流动的,一方面保障各方专长有所发挥,另一方面保障友成所获得的智力支持总是多元的、新鲜的、高品质的。

(2)海内外学习与交流。

成立不久,友成基金会便积极主动地进行了不少海内外交流,如接待了麦肯锡公司亚太区总裁、美国福特基金会总部官员和驻华首席代表、美国伯克利加州大学助理校长、美国好思买公司国际与战略部副总裁、环球协力社理事长、美国著名社会企业 Omidyar Network 企业顾问等。2008年,友成先后与阿育王、国际青年基金会、美国哥伦比亚大学、光华慈善基金会进行交流访问,通过调研与学习等方式,主动借鉴国内外成功经验。2010年,王平理事长带领团队前往孟加拉考察,深入了解孟加拉农村发展促进委员会

(简称 BRAC）所建立的 BRAC 大学的建校宗旨以及目前的运作情况，同时还参观学习了尤努斯中心、新闻培训中心等。

（3）自身能力建设。

在内部，友成基金会重视国家大政方针政策的学习与扶贫理论和实践的学习。2007 年参加了扶贫办组织的包括以雨露计划、社区主导型发展、国际消除贫困日等为内容的研讨会和活动。另外，采用"走出去，请进来"的方法，友成在成立第一年进行了数十次能力建设活动，类型包括：实地参访公益组织、积极参与各种研讨会和培训、组织理念倡导和能力建设相结合的"友成论坛"、友成自己的工作团队培训和分享，等等。平均每周一次的能力建设活动内容也非常丰富，包括认知性的，如非营利部门、社会企业、参与式社区建设、志愿工作等概念和做法；分享性的，如台湾非营利组织访问见闻；技术性的，如项目管理；启迪励志性的，如社会企业家讲创业经历；等等。友成坚信，只有坚持做学习型机构，每位团队成员都有开放多思的心态，友成才能成为一个专业性、规范性、公信力都领先的公益组织。

友成积极主动的探索学习精神和行动，并不是友成的自说自话，而是业内有目共睹的。北京市协作者社会工作发展中心主任李涛这样评价友成："我理解的友成，是一个能够全心全意地去释放爱，去支持其他合作伙伴的公益机构，并且在支持的过程中能够发挥很好的相互学习、互相促进，在行业内能够很好地起引领作用的一家本土基金会。最让我感动的就是友成的同事们的一种精神，一种非常开放的、学习包容的精神。"[①] 通过专家咨询、海内外机构间的学习互动，以及内部交流探讨，友成在操作方式、运作内容、社会议题等方面提出了一系列的行动方案。从 2007 年创办至今，操作方式上尝试了资助、自我运作，也部分尝试了孵化器和社会投资；运作内容上从搭建跨界平台、培养人才，到研究倡导都有尝试；社会议题方面，从扶贫、志愿者、教育、救灾，到社区建设、文化传承等都有涉足。

2. 各方面尝试

五年来，友成基金会一路探索，摸着石头过河，经历了从定位模糊到渐趋清晰，从活动领域发散到逐渐聚焦，从路径模糊摇摆到日益清晰的过程。

---

① 《友成之路——友成五周年回顾视频（配音稿）》，2012，http://blog.sina.com.cn/s/blog-5b7c0d880101bqfl.html。

在探索中行进，总会遇到磕磕绊绊，但业界和社会给予的认可，证明了这些付出和努力的值得。友成基金会 2008 年被评为全国扶贫系统抗震救灾先进单位；2009 年在《福布斯》中文版首次发布的"中国慈善基金榜"上入选"中国十佳非公募慈善公益基金会"；2010 年年初在民政部组织的基金会等级评定中获得 4A 等级；2010 年荣获国务院扶贫办颁发的全国扶贫开发先进集体表彰；2011 年，在民政部全国一千家公益组织透明度排行榜上名列榜首，在以透明度为主题的福布斯（中国）慈善基金会榜单上排名第二。《斯坦福社会创新评论》2012 年春季刊在题为《社会企业在中国崛起》的文章中提及了中国两家具有高度社会影响的社会企业支持机构，其中包括友成，认为友成一直致力于与公共和市场部门建立广泛的联系和合作。

纵观五年之路，友成基金会的各方面尝试主要集中在跨界合作及搭建平台、人才培养和研究倡导三方面，方式包括资助个人或组织、自己运作项目、孵化或投资个人及组织、举办论坛会议等。

（1）跨界合作及搭建平台。

经过三十年改革开放、快速发展，中国积累了一大批企业慈善家或潜在的公益资源供给方。同时，在基层也涌现出了大量的草根组织。纵观中国公益领域目前的发展现状，既不缺乏提供资源的行业上游，也不缺少活跃于基层的行业下游，最缺的是连接行业上下游并提供支持性服务的行业中游，是能将这些跨界资源进行对接、协调和匹配的支持性平台。在当下的中国，通过搭建平台的方式，整合各方资源，提高公益行业整体效率，从某种意义上来说，这本身就是一种社会领域的创新。采取这一策略和方式，不仅符合友成基金会的使命愿景，也符合其自身的核心优势。从 2007 年创办起，友成基金会就开始投入人力、物力、财力等开发设计以及搭建运营各类跨界平台。

2008 年汶川地震中搭建的绵竹灾后社会资源协调平台，以及同年启动的扶贫志愿者行动计划下建设的志愿者驿站，是友成基金会在搭建和运营跨界合作平台方面的初步尝试。而这两种尝试，在当时便获得了较好的效果和评价。其中，"扶贫志愿者行动计划"被写进国家《中国农村扶贫开发纲要（2011—2020 年）》，绵竹社会资源协调平台得到中央综治委和民政部认可，并开始推广。

2008 年 5·12 地震发生后，亿万人民的公益热情被激发出来。成千上万的志愿者从全国各地蜂拥而至，不计其数的物质资源纷至沓来，但洪水般涌入灾区的各类资源如同无头苍蝇一样，不知该去哪里支援，不知哪里急需它们。而另一边，需求迫切的灾区和灾民却只能苦苦等待，期待着各类支援尽快找上门来。面对这种灾区需求和救援资源供给之间信息不畅、匹配不畅的情况，友成从自己坚持的跨界合作理念出发，通过与麦肯锡团队的共同开发、设计，决定以搭建社会资源协调平台的方式，在政府资源、企业资源、NGO资源、志愿者资源和灾区需求间架起一座桥梁，将各类资源进行有效整合和匹配，最大限度地实现需求的被满足和资源的高效利用。当年，零点咨询集团对灾区居民生活需求监测显示："在绵竹，21.5%的灾民承认曾接受过友成基金会的服务，仅次于中国红十字会和中国青年志愿者组织。"到2008年年底，通过绵竹社会资源协调平台实现的社会资源匹配价值接近3900万元，通过该平台成功实施的项目共计73余项。中国人民大学非营利组织研究所所长康晓光教授评价友成在5·12抗震救灾中的贡献时说："友成企业家扶贫基金会，在出人、出钱、出物投入抗震救灾的同时，支持成立'遵道镇志愿者协调办公室'，举办'绵竹市灾后重建多方协作友成论坛'，协调各方力量筹建'绵竹市社会资源协调机制'，为建立整合政府、企业和社会组织三方资源的制度框架作出了突破性贡献。在此之前，我国还没有一套法律和政策，没有一套运行机制，也没有一套组织体系，来支撑政府、企业、社会组织之间的合作。友成的努力虽然发生在一个特定的时刻、特定的地区，但是其影响却是长期性的、全局性的。这一探索对于抗震救灾，对于社会部门的发展，对于和谐社会建设都具有深远的意义。"[①] 友成的这一"社会资源协调平台项目"入选2008年度网络盛典"2008中国创新公益项目"。在5·12地震灾区社会资源协调平台这一模式的基础上，友成在后续的玉树、舟曲、盈江和彝良救灾过程中，采用并发挥了平台的跨界整合与高效优势，同时在总结实践经验的基础上对该平台进行了优化和完善。

在总结抗震救灾经验以及搭建社会资源协调平台的基础上，友成进一步开发了以搭建民间应对灾害管理网络为内容的安全社区项目。该项目集减防灾教育、备灾库建设、培训和演练、社会资源协调平台、监测与评估于一体，通过对灾前、灾中、灾后相关知识的传播教育、技能的培训以及硬件设施的建设，提高社区内防范、应对和减少灾害的能力，提高民间机构灾害管理能力及其对社区组织灾害管理的支持能力。

---

① 《友成基金会2008年年报》，2009。

2008年起启动的"友成扶贫志愿者行动计划",旨在组织城市有能力有意愿的人才,以志愿服务的形式投身贫困地区,通过社会资本的投入改变贫困地区面貌。通过该计划,一方面为提高当地贫困人群的生存能力、发展能力创造条件和机会;另一方面,为政府和社会组织实施的各种扶贫项目搭建沟通平台,并提供服务。为了能更好地落地执行,该计划主要通过志愿者驿站来实现。志愿者驿站既是建立在贫困地区的社会资源协调平台,也是友成派出的专职志愿者管理和运行的志愿者服务站,还是友成人才培养的实践基地和培育基地。依托志愿者驿站这个平台,友成已经开展了众多具有社会影响力的项目,如"常青义教"。"常青义教"是通过组织城市优秀退休教师以志愿者身份到贫困地区学校提升教育管理和教学水平的公益支教服务项目。项目以退休教师为支教主体,以贫困地区学校老师和校长为对象,不仅"输血"更重"造血",促进学校自身教师队伍素质和管理水平的提高,促进学校可持续发展能力的提升。2011年,"常青义教"在全国5省区(广西、云南、河北、内蒙古、辽宁)共建立了9个支教点,招募志愿者428人。其中,实际已进驻支教点开展支教工作的志愿者142人,共提供了40488小时的服务时间,影响辐射了50所以上贫困学校,直接受益教师人数约2500人,间接受益学生约30000人。[①]

除此之外,友成还开展了"手工益"文化扶贫项目。该项目旨在通过对民族社区内的传统手工艺体系的修复、对社区内传统文化及传统技艺现存的传承人及其所代表的传承体系的支持,使整个民族社区的文化元素得到恢复发展。

(2)人才培养。

社会创新既是问题驱动的创新,又是精英驱动的创新。它是社会精英为解决社会问题、满足社会需求而发起并推动实施的创造性行动和服务。[②] 正如杰夫·摩根所说,社会创新需要蜜蜂和大树的联盟,蜜蜂是有新创意的个人和小型组织,它们行动迅速并富有灵活性,大树是政府、公司、大型非营利组织等,它们具有执行力、持久力、规模性等优势。它们彼此需要,共同推动社会创新。普通公民作为社会创新的参与者在社会创新的供给中也发挥

---

① 《友成基金会2011年年报》,2012。
② 《社会创新的十大理论问题》,http://wenku.baidu.com/view/4951b330eefdc8d376ee327f.html。

着重要的杠杆作用。友成认为，人才是推动社会创新发展的重要动力。因此，人才培养自然成为友成基金会支持和倡导社会创新的重要策略和路径之一。友成基金会提出，发现并支持以社会创新的方法解决社会问题的"新公益"领袖为其两大使命之一。五年来，友成在人才培养方面实施了一系列项目。

2009年，友成基金会率先与英国使馆文化教育处合作举办了"社会企业家技能培训项目"。到2009年年底，友成共支持了175名社会企业家和公益创业者参与项目培训，并且在这些机构发展所需求的法律、管理、战略定位、市场营销等方面，通过组织专业人士的辅导和交流为这些受训者提供了支持。举办当年，该项目即获好评，直接影响了其他组织，如南都公益基金会、上海增爱基金会等加入其中，共同来关注、推动中国的社会企业和社会创新发展。该项目极大地推动了社会创新和社会企业概念的普及，培育了一批以社会目标为导向的社会企业家。

同年，友成与北京大学公民社会研究中心合作开设了社会创新学分课。以开放性公共选修课，成绩记入学分的方式，在大学生群体中传播社会企业家精神，为有志于投身或热心关注社会企业和非营利组织工作的学生，提供与社会企业相关的全方位信息、知识和技能的学习机会。目前，这一形式已经被全国几十个大学广为复制。①

2011年无围墙、无大楼的"友成新公益大学"（简称友成大学）成立。友成大学通过整合各方资源，为政府、企业与社会培养社会创新人才和建立公益发展研究智库。它以导师指导下的基层实践作为主要教育方式，实施传统大学无法提供的全人素质教育。对于"友成大学"的特殊性、创新性，国务院参事、友成基金会常务副理事长、友成大学校长汤敏这样阐释："友成公益大学是一个非学历教育的学校，我们并不是纯粹的课堂讲学，我们有一两个月的课堂教学，但更多的是亲身实践。让这些人经过我们的培训，跟大学从校门跨到企业的门这样的学生不一样。我们希望把它建成一所无围墙、无疆界共享式、参与式、多方合作的创新型大学。"② 目前，友成大学具体开展了针对青年人培养的"小鹰计划""创业咖啡""香港青年乡村服

---

① 《友成理事会专刊》，2012年8月1日。http://www.youcheng.org/pagesnewsletter.aspx?val=2199。
② 《社会企业家问道中国公益新模式——价值中国专访中国发展研究基金会副秘书长汤敏》，《价值中国》，http://www.chinavalue.net/pvisit/tangmin.aspx。

务计划"和"调研中国",同时推出了针对公益行业人才培养的"中国新公益领导力研修班"和"百人计划"等项目。友成大学还通过网络课堂,利用新技术为更大范围的扶贫志愿者提供能力建设的资源和渠道。"小鹰计划"致力于培养具有公益视角的跨界领袖型人才,通过为期一年的基层实践、参与式教学与陪伴成长,从意识、知识、能力三方面培养新一代青年的公益精神、社会责任感、领导力和基层经验。"创业咖啡"项目侧重于社会企业家启蒙,旨在培养具有社会企业家精神的青年人才,引导大学生了解社会,培养其敏锐发现社会问题、创新解决社会问题的能力。2011年10月至12月,"创业咖啡"进行了第一期的试点,组织了从创业励志、创业过程、积累阅历、灵感产生、灵感落地、创业团队到启动项目,讲述整个创业过程的七次主题活动。活动中邀请了来自各个领域、有着丰富创业经验的主讲嘉宾,如新东方教育集团前副总裁、天使投资人徐小平,社会企业——善淘网联合创始人周贤,零点研究咨询集团董事长袁岳,创业梦工场创始人梁武等。众多怀揣着公益和创业梦想的青年人在这里受到了启蒙,得到了鼓舞。广西师大的周森林同学这样说道:"在这里,我结识了许多志同道合的朋友;在这里,我发现了身边原来那么多的同学和朋友们和我有一样的梦想;在这里,我们通过主讲人们的眼睛,通过分享他们的亲身经历和他们对身边朋友的创业历程的介绍,初步认识到目前外部社会的大环境,构建起对自我、对他人、对社会的认知。"[①]

2012年友成基金会、基金会中心网及中国人民大学非营利组织研究所共同发起"百人计划",以为公益领域培养、输送中高端人才为目标,以教育为核心,依托中国人民大学&美国圣母大学非营利管理在职硕士双学位项目,计划五年内,通过科学的选拔机制,在公益领域从业人员中选拔百名培养对象,为其提供中美一流名校非营利管理专业相关理论课程教学、美国知名非营利机构实习机会、职业发展规划及全程指导以及相关资金支持,旨在将其培养成为同时拥有扎实的专业技能以及中西方的实践经验的中国公益事业未来领袖。此项目得到百人计划支持体系及由友成企业家扶贫基金会和中国青少年发展基金会提供的奖学金资助。美国圣母大学稳居全美前20所顶尖学府之列,商学院本科教学连续三年在彭博商业周刊排名第一。友成基金会期望以此投入,回应近二十年内,中国社会团体、民办非企业单位以及

---

① 《友成基金会2011年年报》,2012。

基金会的数量高速增长，机构人员规模和资金规模稳步上升，而该领域人力资源的供应远远没有跟上其发展的步伐，高端人才极端缺乏，阻碍行业发展的主要问题。

（3）研究倡导。

社会创新、社会企业等作为新生事物，本身还需要进一步的研究。另外，新事物从不被人知，到逐渐被人们所了解、认可、接纳并采用，是一个漫长的过程，是一个需要不断倡导、传播、普及的过程。因此，为了推动社会创新相关概念、理论在中国的发展，进行相应的研究倡导工作是必不可少的。友成在这方面采取了一系列的行动。

成立当年，友成便积极举办了多次社会企业国际考察及研讨会，如资助北京大学未来企业家协会的"社会企业家文化节"，2008年1月3日举办了"域外归来话社会企业"研讨会。

2009年，友成与中央编译局比较政治与经济研究中心合作开展了社会创新比较研究，共同出版了《"友成"社会创新与社会企业译丛》《社会创新蓝皮书》，并进一步促成了"中国社会创新奖"的诞生。该系列丛书的主要编著者俞可平教授希望："丛书不仅能够使我们了解西方社会创新领域的最新研究成果，也有助于推动中国社会创新的发展，希望包括学者、官员以及普通民众在内的更多的人去阅读该丛书。"

同年11月，友成还支持主办了TEDxBeijing活动。"TED"由科技（Technology）、娱乐（Entertainment）、设计（Design）三个英文单词首字母组成。这个一年一度的会议活动邀请世界上的思想领袖与实干家来分享他们最热衷从事的事业。基于对TED跨领域的创新形式和"传播值得被传播的思想"这一理念的认同和延伸，友成作为主办方和支持方举办了TEDxBeijing这个本地化的活动，并将此次主题设定为"发现激情！"希望能将北京的创新精神与活力带给全世界。

2010年友成发起了"新公益嘉年华"活动，希望通过这样一种年度的公益盛会，建立推动社会创新的倡导性平台和中国公益事业的跨界交流平台。此次"新公益嘉年华"活动吸引了三个城市80多个组织和机构直接参与；举办了包括公益问题梳理、公益创新工作坊、社会创新发现之旅、上海公益季和新公益论坛等系列公益活动，涉及公益主题22个、公益领域十余个，发现社会创新案例134个，动员企业近百家，有5960人次直接参与，60家媒体报道，间接影响1600万人，成为2010年新公益领域的一件最具影响力的活动和事件。零点研究咨询集团董事长袁岳在"新公益嘉年华"环节之一——"新公益论坛"闭幕式上说道:"这次嘉年华的影响力达到了一个新的高度。检验新公益嘉年华的一个重要指标,就是有多少圈外人参与。我这两天参加了嘉年华很多的活动,大致的评估圈内人占六成,圈外人占四成,以往公益活动的参与方式是圈内人九成,圈外人一成。从这个角度讲,全民公益我们迈出了可喜的第一步。"《中国企业报》则这样评价:"9月18日,历时半年的首届'新公益嘉年华'在欢笑声中圆满落幕。这场精彩纷呈的嘉年华,赋予了社会对公益领域的崭新想象。公益不再是高不可攀的救世济亡,而是一种充满笑声、感动、创意及快乐的生活方式,是一场所有人能参与的嘉年华。"①

同年,友成还推出了"新公益学社",希望通过学社聚合国内优秀跨界学者,每季度开展一次活动,以专题辩论的形式,给予新公益理论上的论证、方向上的指引、偏差上的纠正。在此基础上,进行倡导、复制和推广,并形成一定的社会影响力。学社组织的社会创新理论系列研讨会推动了业内和媒体对社会创新的关注,直接启发和影响了《21世纪经济报道》社会创新版面的诞生。两年前,《21世纪经济报道》市场部总监参加了友成的"新公益学社"研讨会,就是在这次会上,他第一次听到、接触到了社会企业的概念,促发了《21世纪经济报道》内部团队对这一概念的思考和探讨。之后不久,在与友成共同商量讨论之后,《21世纪经济报道》团队决定在现有版面结构基础上增加"社会创新"版。② 经过五年来的不断研究和倡导,"社会创新和社会企业"的概念、做法已逐渐被业内认可和实践。

五年来在社会创新探索的过程中,友成的这些尝试和努力得到了理事会、执行团队及业界的认可。大家都感觉到友成正致力于成为社会创新的支持者和倡导者,推动中国社会领域的创新发展。北京地球村环境教育中心主任廖晓义如是评价:"我感觉友成这个基金会有特别鲜明的特点:一是关注基层,不管是志愿者驿站还是小鹰计划,都是在支持最底层最基层的社会组织的工作,尤其是在人才培养方面的支持;第二是对于社会创新的敏感性。发现了一个社会创新的社会实验,能够看到她的意义,能在她非常弱小的时

---

① 《友成基金会2010年年报》,2011。
② 引自友成基金会内部访谈资料。

候给予扶植。"① 在新五年发展之际，友成理事会于 2012 年进行了战略层面的梳理和反思，对未来五年的发展提出了更明确的定位、更聚焦的策略。

三 友成的未来五年

2012 年 5 月，友成迎来了创办五周年，也开始了其未来的五年之路。在友成的第二届理事会第一次会议上，理事会提出了"如何走向卓越"是基金会上下需要共同面对和应对的任务和命题。友成将自己定位为社会创新的平台支持型和倡导型基金会。所谓倡导就是改变利益相关者态度、影响利益关系和资源分配结构。友成希望利用非公募基金会的优势，通过支持一个个具有创新精神的公益领袖，打造出一个个社会各方积极参与、平等对话、充分交流、全面合作的研发、试验、孵化和倡导平台，共同为一个个特定社会领域的社会议题寻找一个个更为有效的解决方案，形成社会影响力并获取更大范围的参与支持和推广复制，最终达致持续推动社会公正和谐发展的目的。②

1. 友成的核心竞争力

核心竞争力不是孤立存在的，它往往是机构回应需求，适应外部竞争者，结合自身优势和能力而不断确立的。就外部环境而言，一方面，政府、社会组织、企业及个人资源多，但得不到有效对接匹配，需要中介型或平台型机构架起桥梁，促进相互联系、支撑和共同行动。另一方面，公益组织大多各自为政，自己建平台，自己运作项目。如现有的基金会大多仍集中在资助或自己运作项目层面，几乎没有搭建和运营公益平台的基金会。根据《中国基金会发展独立研究报告（2011）》的统计，截止到 2011 年，中国非公募基金会中，13.2% 为资助型基金会，86.8% 为运作型基金会。同时，行业内缺少既有能力、拥有各方资源，且有经验的机构来完成搭建公共的公益平台的使命。友成基金会在 2010 年上半年工作报告中说："环顾中国公益目前的发展现状，我们并不缺少资源的供给方，三十年中国经济快速发展的积

---

① 《友成之路——友成五周年回顾视频》，http://blog.sina.com.cn/s/blog-5b7c0d880101bqfl.html。
② 《友成基金会理事会专刊》，2012。

累造就一大批的'慈善家'或潜在的公益资源方;另一方面,我们也不缺少整个行业价值链的下游,二十年来,基于社区的草根组织从来就是公益发展的最前沿和活跃力量。如果说我们缺少什么,显然是行业价值链的中游,也就是支持性体系。我们至今仍然没有'慈善家'和公益资源方(资助型基金会)的支持性平台,更缺乏面对广大草根组织的支持服务性系统,以致出现公益领域的'两极分化',造成整个行业链的阻塞(甚至不能称之为价值链),使得公益组织大多仍然处于各自为战的阶段。"① 纵观友成五年来的发展和积累,以及整个外部环境对推动社会创新的公益平台的巨大需求,目前友成的核心竞争力有三:一是拥有明确的公益使命;二是拥有丰富的跨界资源及整合能力;三是友成已自主地、创造性地发展出了一组平台型项目,如社会资源协调平台、友成志愿者驿站,等等。友成之所以能进行自主性的探索,也得益于其拥有相对从容的资金来源。例如,从2007年到2011年,非限定性捐赠收入占总捐赠收入的比例一直较高,分别为99.96%、54.81%、55.32%、70.76%、44.80%。② 有效地利用好自身的核心竞争力,能够使友成在众多社会创新的支持者和倡导者中找到最适合自己、最能发挥自身优势的路径,避免大家在推动中国社会创新过程中的重复工作,有效实现行业分工与协作。

2. 友成的模式和策略

友成期望建立一种可持续地改变和影响利益相关者的态度和行为,影响利益关系和资源分配结构的模式,寻找一个个特定的社会领域中更为有效的解决方案,推动公平和正义。为此,友成采用了通过搭建和运营公益平台,同时辅以人才培养及研究倡导,进而推动社会创新的策略。具体而言,就是根据社会需要、组织使命及核心竞争力,选择阶段性社会创新议题,据此确定平台领域、人才培养方向、研究倡导议题,并围绕社会创新议题,以平台为轴心,将三者整合起来。

(1) 一个轴心:公益平台。

从属性上讲,友成的公益平台是一类服务于公共利益的特殊的公益项目;从本质上讲,友成的公益平台是一种公益基础设施,它不直接作用于受

---

① 《友成基金会 2010 年年报》,2011。
② 数据来源于友成基金会各年度报告。

益对象，但可以为直接作用于受益对象的项目提供必不可少的支持。作为一种公共基础设施，平台能整合各类资源，能更有效地连接需求和供给，开发和提高公益资源利用效率，更高效地解决社会问题，创造社会价值。平台是公益领域专业化、分工、合作的表现，能够从整体上提高公益领域的运行效率。该平台是开放的，而平台"所有者"负责设计、建设、管理平台，但是只要符合管理规范，任何公益组织的任何公益项目都可以在平台上运行。同时，平台的规模是"巨大"的。一方面其覆盖范围广，另一方面支持项目众多，因而受益者规模巨大。平台型项目与一般性项目的关系就类似于高速公路与汽车的关系。平台型项目为高速公路，而一般性项目犹如汽车，它们都可以运用高速公路这一公共基础设施，进行项目运作。因此，平台的设计与管理对专业能力的要求更高，平台建设对资金的要求也更高，平台建设周期更长，对外部合作方的依赖也更强，所以，一般公益组织难以胜任公益平台建设者的角色。

平台的功能是汇集、对接、匹配资源，连接需求和供给。其中协调对接的主体包括政府、企业、社会组织、学术界、媒体、公众，各主体之间因平台的存在将直接或间接地进行互动与合作，最终行业整体效率提高，社会价值增大。

作为友成战略中的轴心——公益平台，未来友成将会利用其核心竞争力加大对该轴心的投入、研发、优化。例如，对现有比较典型的公益平台"社会资源协调平台""志愿者驿站"等进行升级。2012年8月27日在第二届城市慈善指数发布典礼上，中民慈善捐助信息中心与友成基金会共同推出"全国城市公益慈善与社会管理创新平台"，试点区域为中国城市公益慈善指数代表城市（约300个城市）。另外，据悉友成基金会在扶贫办的领导下，与中国扶贫发展中心共同执行2013年扶贫志愿者行动计划，并获得国家财政预算的支持。这些都预示着，今后友成将会在搭建公益平台，整合各方资源，共同提高公益领域的效率，创造更大的社会价值方面加大投入并大展拳脚。

（2）两个支撑：人才培养和研究倡导。

作为一家社会创新的支持者和倡导者，光有公益平台是不够的，社会创新的发展关键还需要人来推动。正如王平理事长所说："推动社会变革的是人，靠的是人，有思想的人，有实践平台让他成长的人。人观念的改变、素质的提高，在当今时代对中国来讲是重中之重，是迫不及待要解决的一个关键问题。"友成的人才培养目的是为企业、政府和社会培养有公益精神、能够积极推动社会创新的人才。友成的人才培养更加侧重公益领域的实地、实操和实践性，而不是传统的以课堂教学和教科书为主的培养方式。在人才培养方面，友成并不具有核心优势，业内已经有多家机构进行着相似的工作，如南都公益基金会的"银杏伙伴计划"等。因此，人才培养作为支撑，辅助公益平台，不仅能充分发挥友成的核心竞争力，同时也能实现友成所追求的使命。在现有的比较优秀的人才培养项目中，如"小鹰计划""创业咖啡"等，友成将继续进行深挖和优化，为社会培育和输送有社会创新精神、社会创新执行能力的公益人才。

社会创新的发展，除了需要类似公益平台这样的硬件基础设施，以及创新人才外，还需要理念的研究倡导。因为社会创新的发展，是个人、组织乃至社会从理念、态度到行为的改变。观念的改变是第一步，因此，理念的研究倡导是整个发展过程中的基石。在2010年新公益论坛上，王平理事长说道："如果将解决社会问题促使社会进步作为目标，那么，就没有什么比改变观念更有效的方法了。正如Ashoka的创始人Bill Drayton所说'新理念一旦被具有社会企业家精神的人所掌握，就会成为改变社会的巨大力量'。"[①]社会创新的倡导不仅是对社会大众的倡导，也是对公益人本身的反思和改进。友成倡导的内容包括所有与社会创新相关的理念、方法、优秀案例等。研究则主要通过对国内外社会创新领域理论、实践和政策的研究，来更好地服务于中国社会创新的发展。研究倡导的方式有很多，包括举办论坛或研讨会、出版期刊或学术著作、开展巡讲或讲演，甚至还有"嘉年华"等比较新颖且受人欢迎的各类活动。研究倡导能为公益平台的搭建和运营提供理论支持，而公益平台能为研究倡导提供实践素材。在研究倡导方面，友成已经具备了非常丰富的积累和经验，出版了多本社会创新的学术著作，如《社会创新蓝皮书》《社会创新与社会企业译丛》等，开展过"新公益嘉年华"、TEDxBeijing等多个新颖且广受好评的活动，举办了各类社会创新的论坛及研讨会。

公益平台、人才培养和研究倡导三者都独立地贡献于友成的宗旨与使命。但三者之间有主次之分，其中公益平台是友成整个项目组合的轴心，而人才培养和研究倡导为公益平台的开展提供支持和辅助作用。同时，通

---

① 《友成基金会2010年年报》，2011。

过阶段性社会议题,将公益平台与人才培养、研究倡导整合起来。具体见下图。

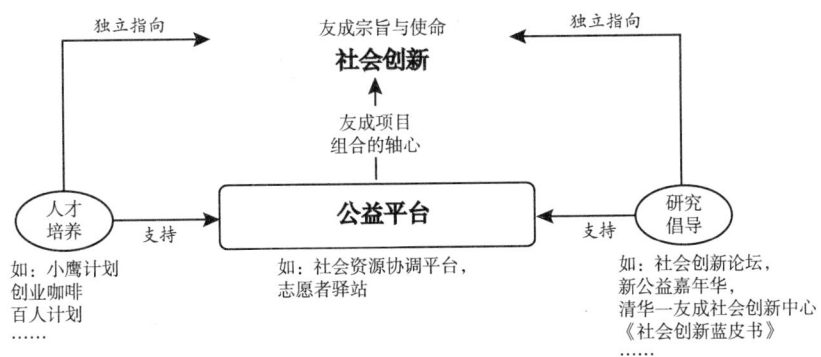

四 友成面临的挑战

作为一个初创期的机构,五年中友成也不可避免地经历了发展中的困境和波折,既有机构自身的问题,也有来自外部的不理解、质疑和挑战。为了取得更大的发展和应对今后的挑战,机构内部认为需要至少从业务统筹、项目管理、资金募集、团队建设、风险防范、品牌传播等方面进一步提高自身的能力。①

1. 业务聚焦的挑战

友成五年的探索发展,可以说是一种摊大饼式的发展。活动领域从扶贫、志愿者建设、救灾、教育、社会企业、社会创新到非物质文化遗产保护等均有涉足,但每个领域都被认为只是略有涉及,停留在较浅的层面,缺乏专注和深挖。策略上,从培育和搭建平台,培育和资助公益组织、公益人才,到培育和倡导理念也都有涉足。这种广泛而稍显发散的发展带来的问题便是缺乏精品和深度。另外,由于资源有限、精力有限、人力有限,持续的发散式发展给整个组织带来的是力不从心和吃力感、迷茫感。友成内部,从理事到执行团队一直在聚焦和专注方面进行反思,提出建议。吴亦兵理事在

---

① 《友成基金会理事会专刊》2012年8月1日出版。

友成基金会第二届理事会第一次会议上说:"我们面还是太广,你说我们是一个探索型的组织,我觉得下一步五年如何进一步聚焦,来打造明星产品可能是很重要的主题。五年前我们不知道做一些什么事情,自然需要创新,我们再花五年创新一些今天不存在的模式可能就浪费时间了,我们今天已经有一个很好的基础,我们怎么样在这个中间筛选出来,而不是把盘子做得越来越大,在这中间或者类似的模式中间形成更大的明星产品。"执行团队也对这一问题提出过自己的看法:"我们执行团队需要的是理事会确定基金会未来五年干嘛,具体目标是什么,然后细分到我们每年要做的事,不会发生很随意随机的事。这样我们使的力量是往一个方向的,不像现在是发散的,这样我们才能做得更好。"①

2. 行业认知的挑战

行业认知的挑战主要是指业内一些人不清楚或者不认可友成的所作所为。造成友成的这种不被认可、不被接纳,既有客观因素,也有主观因素。客观因素主要是由于社会创新本身是一个新生事物,需要有从逐步认知到接纳的过程。虽然,社会创新的概念早在20世纪80年代就已经提出、发展,并被落地实践,但是,社会创新的说法、理念、做法等进入我国比较晚。2006年中英两国合作举办"社会创新与建设创新型国家"研讨会以来,社会创新才逐渐为社会各界所认识和关注。人们对社会创新的理念、方法、效果等理解还不够清晰。在国内,社会创新还没有深入人心成为社会的主流。因此,友成在此时此刻提出社会创新,并致力于成为社会创新的支持者和倡导者,必然会经历一个从不被理解、认可,到逐步被认识、被接纳的过程。除此之外,也有友成自身发展过程中存在的一些原因。作为一个探索型组织,友成的发散和一些业务内容的变动,不仅在内部造成迷茫,连旁观者——业界也感到迷茫,无法看清楚友成到底追求什么、在做什么、为什么要这么做等等。友成的一些合作方,正是由于难以把握友成的定位,而导致中途停止合作或者难以维持长期性合作。另外,在对外的表述和传播方面,友成也存在让业内同行摸不着头脑的问题。这些问题,友成内部已经逐渐意识到,并开始反思以期找到解决方案。王平理事长在一封内部信件中就反思了这一问题:"我理解友成的这种处境——边缘化。这其中的许多原因,除了理念上

---

① 引自对友成基金会员工的访谈。

的、利益上的、面子上的等等，总之不被圈子接纳一定是我们自己的原因。我们太另类了，倒不是因为想要独树一帜，而是因为不懂，也理解不了别人的路，于是只好走自己的路。好在条条大路通罗马，这些并没有妨碍友成的发展，回头一看一不小心反而创新了，引领了。但是我们没有准备好说辞，我们需要一个既对原有公益模式有着透彻理解的，也对友成模式有着深刻认识的业内公认的专家帮我们进行总结、提炼，升华成有效行动策略和传播策略。"除此之外，赵民理事在友成基金会第二届理事会第一次会议上也提到了类似的问题和建议："我们现在定位要成为扶贫和发展领域的社会创新支持平台，这句话作为文字的一种表述是可以的，但是我们需要一个更有号召力、更通俗易懂的朗朗上口的表述。"

为此，王平理事长多次在内部的工作会议上提出关于友成对外传播的反思和建议，让行业更清楚地了解友成到底在想什么，到底在做什么，以及为什么要这么做。2012年3月18日的部门负责人会议上，王平理事长从内部自身反思出发，针对媒体管理方面提出了看法："你对媒体有没有管理，有没有理念的灌输？我们的媒体报道总是说不到点儿上，因为他不知道你在想什么。他不知道你和别人有什么区别。他主观想象地就是你就在干一件他想象的事儿。所以前期媒体的宣导特别重要，对项目背景的介绍足不足够，对机构背景的介绍足不足够？我们并没有知名度，所以我们要大量地介绍我们做了什么，我们的理念是什么，是需要对媒体做功课的。如果自己的功课没做好，对媒体的交代就会有问题。如果给媒体的信息是错的，如果我们平时的培训没有做到位，那媒体得到不对称的信息，做出的报道也就是不正确的。因此我们需要通过媒体的反馈，媒体的报道来检查我们平时的功课做得到不到位，沟通技巧对不对。如果谈了两个小时，发现他写得几句话都不到位，就需要调整我们的沟通角度和沟通语言。"

虽然面临内部自身的挑战，以及外部行业的挑战，但是友成始终没有放弃，始终坚持它的两大原则，一个是效率，一个是公信力，在两大原则的指引下继续努力和前行，推动中国社会的创新之路。关于机构的公信力，王平理事长在内部工作会议中这样说过："一个基金会的公信力如果没有了，一个'信'字如果没有了，那这个基金会就不要存在了。这个'信'字就是我们的天，如果天塌了，以后就不要再做事情了，不要再募集资金了。"

机构的发展过程中遇到困境、面临挑战是正常的。中国的社会创新之路，需要像友成这样的组织，充当领域的开路者。北京惠泽人咨询服务中心主任翟雁认为:"可以说,友成基金会在2007年开始,在引入'扶贫志愿者'这个概念的同时,也给了我们很多关于社会创新和怎么样能够调动自身更多的能力去跨界合作,去和政府、企业、不同的部门一起去开创一个新的事业的天地。这么多年下来,我自己的感受是,其实我们是在不断试错的当中不断往前发展。我们非常有幸在这五年当中,有友成基金会的陪伴,她们愿意做风险投资,她们愿意对哪怕是试错的这样的创新行动给予支持。"[1]对于友成在推动中国社会创新方面所发挥的支持和倡导作用,不仅是友成自身使命所指,也是行业需求所指。北京市一加一残疾人文化服务中心主任解岩在谈到友成的贡献和他对友成未来的希望时这样说:"我们非常感谢友成能够支持我们的这个计划和想法,就是这样的一个想法,我觉得不仅仅是钱的支持对我们的肯定,更重要的是对我们这种创新性的想法的肯定。在社会创新的理论研究和实践方面,友成确实走在了前面。我希望未来能够在整个制度环境或者政策环境中,友成可以发挥她作为一个非公募基金会所应该有的领导作用,不仅仅是一个概念可以为大家广泛使用和借鉴,更主要的是这种概念的操作性可以在政策环境中有更多的空间。"[2] 中国的社会创新之路还很漫长,需要更多的、来自各个领域的支持者和倡导者的共同努力。友成在这条新路上已经探索前行了五年,积累了非常丰富和扎实的经验,希望在未来五年,友成围绕着其愿景使命、更明确的定位、更聚焦的策略,继续扮演好其推动中国社会创新发展的支持者和倡导者的角色,发挥更大的作用。

---

[1] 《友成之路:友成五周年回顾视频(配音稿)》,2012,http://blog.sina.com.cn/s/blog-5b7c0d880101bqfl.html。
[2] 《友成之路:友成五周年回顾视频(配音稿)》,2012,http://blog.sina.com.cn/s/blog-5b7c0d880101bqfl.html。

老有所养：天津鹤童的故事

2012年7月，《中国周刊》登载了一篇名为《入狱养老记》的文章，讲述了一位"五保"老人为了能够养老而故意抢劫入狱的真实故事。① 该文章一出即被各大媒体转载并引起一股热议，有媒体和网民甚至将之称为中国版的《警察与赞美诗》。然而正如欧·亨利的那部名篇一样，这样的故事往往是以悲剧收场，带着辛酸与无奈。文章里的那位老人不是特例，老无所依的残酷现实一直就在刺痛着中国社会的神经。

在中国，养老始终是一个沉重的话题，但又无法回避。2010年第六次全国人口普查结果显示，大陆人口中60岁及以上人口已超过1.77亿，占总人口的13.26%，65岁及以上人口超过了1.18亿，占8.87%。② 依据联合国的标准，65岁及以上人口占总人口的7%，即可视该地区进入老龄化社会。令人担忧的是，在我国的老年人口中失能老人占了相当一部分比重。2010年年末，我国部分失能和完全失能老人约3300万，占总体老年人口的19%，到2015年，这一群体将达4000万人，占19.5%。③ 所以我国养老的任务不可谓不重。

由于计划生育的实施和经济社会的转型，作为我国传统养老模式的家庭呈现小型化、空巢化的特征，养老功能在不断弱化，同时我国的人口老龄化还是在"未富先老"的情况下发生的，家庭养老的负担很沉重，这就要求政府和社会能有所分担，共同实现老有所养的目标。

---

① 参见杨洋《入狱养老记》，《中国周刊》2012年第7期，第30~32页。
② 中华人民共和国国家统计局：《2010年第六次全国人口普查主要数据公报（第1号）》，http://www.stats.gov.cn/tjgb/rkpcgb/qgrkpcgb/t20110428_402722232.htm，2011年4月28日。
③ 张恺悌：《全国城乡失能老年人状况研究》新闻发布稿，http://www.cncaprc.gov.cn/info/13085.html，2011年3月1日。

《中国周刊》总编辑朱学东在《中国周刊》2012年第7期的卷首语中表达了自己的观点。他认为，养老成了每个普通人心中的痛，成了中国社会向前走的一道高坎。借鉴发达国家解决养老问题的经验，养老问题的解决需要政府、社会组织和个体共同的努力。这一点已经起步晚了，更需要群策群力。中国从来不缺解决问题的智慧，中国缺的是公平正义之心和责任感。而解决了养老的后顾之忧，才有可能使中国真正成为一个充满活力的健康和谐社会。①

一 准公共物品谁来买单？

老有所养，一直是中国传统社会的理想目标。《礼记》描摹的理想社会是"使老有所终，壮有所用，幼有所长，鳏寡孤独废疾者皆有所养"。养老问题在市场化的今天越来越引起人们的关注。《中国老龄事业的发展》白皮书将"老有所养、老有所医、老有所教、老有所学、老有所为、老有所乐"作为中国老龄事业发展的目标。"老有所养"是核心，更是前提。按照居所的不同，养老服务可以分为居家养老和机构养老。一直以来，居家养老是中国养老的主要模式，但是随着居民收入和储蓄的显著增加，越来越多的老年人选择机构养老。

作为为老年人提供住养、生活护理等综合性服务的机构，养老机构是老年人养老的重要场所，它的发展直接关系到老年人所获得的机构养老水平。全国老龄办副主任阎青春在2009年举办的第二届中国老龄国情与养老服务业发展论坛中指出了我国养老机构存在的五大问题②：（1）中国的养老机构远远不够。国际社会机构养老比例一般是老年人的5%左右，荷兰、澳大利亚接近或超过10%。2008年年底，我国养老服务机构近4万家，床位238万张，收养老人189万人。仅床位来讲，占老年人总量不到1.5%。③（2）机构服务

---

① 朱学东：《个人养老不可能完成的任务》，《中国周刊》2012年第7期，卷首语。
② http：//www.chinalley.com/gedi/msg.asp? id = 5094&classid = 296.
③ 《2011中国养老服务行业研究报告》显示，截至2009年年底，中国养老机构共有38060个，床位266.2万张。《2011年社会服务发展统计公报》显示，截至2011年年末，全国各类养老服务机构40868个，收养老人260.3万人（仅占总体老年人口的1.41%），拥有床位353.2万张（每百名老年人拥有养老床位1.91张，不仅低于发达国家5~7张的标准，也低于一些发展中国家2~3张的标准）。而从服务内容和质量来看，目前的养老机构大多设施简单、功能单一，难以提供照料护理、医疗康复、精神慰藉等多方面服务，无法真正满足老年人的迫切需要。

对象市场化定位与最需要机构长期照料护理的老年人支付能力不足之间形成矛盾。此外，社会福利机构的大量资源配置被高收入、能够自理的健康老人占据，与社会福利的法则相悖。（3）一方面鼓励社会力量兴办养老服务机构，另一方面政策不到位、扶持力度弱，使民办养老院的优惠政策形同虚设。而国家办的或者公办的养老机构拿着国家给的事业费、开办费等，在市场上和民办养老院同样竞争、收费，使民办养老机构举步维艰。（4）社会办养老机构蓬勃兴起，但政府行政监管乏力。据《2008年民政统计年鉴》，近4万家养老机构中，事业单位登记的有4615家、民办登记的有23279家，工商登记的有111家。按此计算，至少有11000～12000家没有注册登记就开办。行政监管乏力，引发各类事故、纠纷。（5）失能老人的专业化服务需求高，专业护理人员严重不足。目前，全国100多万养老护理专门服务人员中，持有国家养老护理员职业证书的人员不到3万人，只占3%左右。另一方面，大量社工专业毕业生，由于编制、名额等限制补充不进去，即使补充进去，由于待遇低、劳动负荷强度大，也大量流失。

养老服务机构是一种准公共物品，介于公共物品与私人物品之间，它具有公益性质。准公共物品的提供完全扔给市场绝不可行，毕竟，期望在经济领域流淌"道德的血液"不大容易。而纯粹靠政府，政府负担太重，事实证明效果也不佳。因此，要确保养老机构的社会福利和公益性质，需要政府、社会组织、市场三方共同努力。其中，社会组织是提供准公共物品的重要主体之一。但是，养老服务机构纯粹靠社会捐赠来运营，会面临财务可持续运营的挑战。目前，性质为民办非企业单位的社会组织，可以收取一定的费用，也可以获取一定的社会捐赠，同时又可以获得一定的政策补贴，不失为一种较佳的组织形式。它既可以得到一定的运营成本的弥补，同时又能兼顾公益。当然，由于这类机构亦存在"利"与"益"平衡的挑战，把这样的机构运营好难上加难。

为此，我国提出了建设社会养老服务体系，以应对人口老龄化，保障和改善民生。2011年出台的第一部《社会养老服务体系建设规划（2011～2015年）》提出，以满足老年人养老服务需求、提升老年人生活质量为目标，面向所有老年人，提供生活照料、康复护理、精神慰藉、紧急救援和社会参与等设施、组织、人才和技术要素形成的网络，以及配套的服务标准、运行机制和监管制度。明确了"以居家为基础、社区为依托、机构为支撑"的发展思路。其中，居家养老"以上门服务为主要形式"；社区养老"具有社区日间照料和居家养老支持两类功能"；机构养老"以设施建设为重点"，"老年养护机构主要为失能、半失能的老年人提供专门服务"，"符合条件的老年养护机构还应利用自身的资源优势，培训和指导社区养老服务组织和人员，提供居家养老服务，实现示范、辐射、带动作用"。① 由此可见，专业化养老机构对于解决我国的养老问题，特别是解决失能老人的养老问题，其作用无可替代。

天津鹤童，一家民办非营利养老机构，一家社会企业，在迎来这一国家政策之前已经运营了十几年。它以十几年的坚持和奋斗，从优秀到卓越，为我们走出了一条虽然艰辛但却充满着光辉与希望的养老之路。

二 鹤童——提供准公共物品的社会企业

鹤童走了一条社会企业的路，而且一走就是十几年。

1992 年，37 岁的方嘉珂接受朋友的邀请，远赴奥地利行医。这是他平生第一次出国，也是他一直以来的愿望。他出生于天津，中学是在南开中学念的，后就读于天津中医学院（现天津中医药大学），毕业后留校当了 3 年团委副书记，又辞职做了几年临床医生。在国外行医让他颇有收获，但也并非他所想的那样美好。

半年多之后方嘉珂回到了天津。他说："我接触过很多在国外漂泊的中国人，他们就为了挣钱而在国外，其他的个人抱负一律都湮没。我一看太残酷了，感到很悲哀。我从小就没考虑过钱，我们这代人小时候都没有钱的意识，成长的过程就是这么过来的。另外一直很自信，感觉资源在国内也多。回来以后就开始寻找（机会）。在国外参观过养老院，找我看病的也有很多是老人，又感到国内没这个东西，所以就有了这么一个想法，晕晕乎乎地做了起来。"② 经过几年的"原始积累"，他开始筹办养老院。1994 年 12 月，天津一家医院因效益不好而倒闭，开始对外招租。方嘉珂抓住这一机会，由其所创办的雷奔科技实业公司出资与之签订了场地租赁合同。1995 年 4 月 20 日，天津鹤童老年公寓正式落成，它是我国最早的一批民办养老机构。"鹤童"意味

---

① 《社会养老服务体系建设规划（2011~2015 年）》，国办发〔2011〕60 号，2011 年 12 月 16 日。
② 对鹤童创始人及负责人方嘉珂的访谈。

着要让老人鹤发童颜,度过幸福的晚年。它收养的第一位老人是一位因工伤导致全身瘫痪,经医院治疗后在家由子女照顾,子女不堪重负的老人。① 之后又有更多老人陆续入住。但当时的鹤童交通不便、设备简陋,服务对象穷,收费低,处境十分艰难,第一年下来亏损了28万元。

然而,鹤童的事业获得了不少人士的肯定和支持,这其中有王桂英和王涛等人。王桂英是天津市护理学会原理事长、知名护理专家,后来获南丁格尔奖章,此前也是方嘉珂爱人的老师。当方嘉珂提出要办鹤童时,时年75岁的她欣然加入,自带工作服和干粮到鹤童进行志愿服务,还动员天津各大医院的护士每周来服务,并捐赠医院里用过的针棉织品。王涛时任天津市民政局副局长,由当时的天津市人大常委会副主任石坚介绍给方嘉珂,也是做了一辈子福利事业,曾组织很多人给鹤童捐款。方嘉珂、王桂英和王涛等人一起组建了一个管委会,共同商议老年公寓的发展。②

方嘉珂曾坦承,最初决定投资时的确有营利动机,但是很快就适应市场的供求关系,把鹤童定位在按成本收费、服务于不能自理的老人。③ 而鉴于入住老人多为高龄和不能自理者,鹤童于1995年年底注册建立了天津市第一家老人护理院,进而形成了公寓、护理院两个牌子、一套班子的养老机构,简称天津鹤童老人院。1996年老人院得到加快发展,住院老人数平稳升至110余人。尤其是在1997年2月以后,老人院派员到德国及中国香港进行考察和学习,带回了国际上养老机构发展的经验和模式,开始了向国际标准化的老人服务非营利机构发展的全方位转变。④

1997年,正当方嘉珂为鹤童的下一步发展困惑时,恰逢中国社会科学院社会政策研究中心进行非营利机构评估项目,鹤童便主动上门,成为其评估对象,这也是国内首次非营利机构评估。评估之后,小组负责人杨团称有两种选择:一是营利,二是非营利。而鉴于方嘉珂及其团队都是做公益和福利事业的,鹤童便开始明确地走上了标准化的非营利发展之路⑤,并进行了一系列改进措施,主要有:成立了鹤童老年福利协会,在天津市民政局正式登记注册为社团法

---

① 方嘉珂:《鹤童长期照护服务的实践》,《鹤童报》2010年11月1日第1版。
② 对鹤童创始人及负责人方嘉珂的访谈。
③ 杨团:《从鹤童研究认识中国非营利机构》,载杨团、葛道顺主编《中国社会政策研究十年·论文选(1999~2008)》,社会科学文献出版社,2009,第266页。
④ 杨团:《非营利机构评估:天津鹤童老人院个案研究》,华夏出版社,1998,第45~46页。
⑤ 对鹤童创始人及负责人方嘉珂的访谈。

人机构；鹤童老人院为鹤童老年福利协会下属的社会福利服务机构，归协会理事会管理；起草并通过了理事会章程，明确说明鹤童老人院是由天津市雷奔科技实业公司前期投资，社会各界赞助兴办，属民办公助、机构所有、非营利性的社会公益单位，该院的产权不属于任何个人，其产权不得转卖，不得被其他机构兼并，不得改变其非营利机构性质，不得改变其为老人服务的宗旨；按照非营利机构要求重整财务报表，进行公开审计，出版年报。创办鹤童的雷奔公司的两位主要股东还捐赠了先前投入鹤童的 20 万元。① 鹤童就此成为中国首家民办非营利养老机构，同时也成为一家真正意义上的社会企业。它在政府和社会的殷切期望之下不断向前迈进，并开拓新的局面。

如今，鹤童已由最初一家小小的民办养老机构发展为一家年收入突破3000 万元、较有规模的养老社会服务的产业集团联合体。它以鹤童老年福利协会理事会和鹤童老年公益基金会理事会为核心，以秘书处、各中心及各职能部门为支撑，不仅拥有 7 座老人院（其中 1 座为接受政府委托管理，1座为中国红十字基金会项目），还拥有餐饮公司、物业公司、洗衣公司、老人用品商店以及老人用品研究所、老人护理职业培训学校、国家职业技能鉴定所、免陪护派遣中心、咨询公司等，贯通了老年产业的上下游产品。

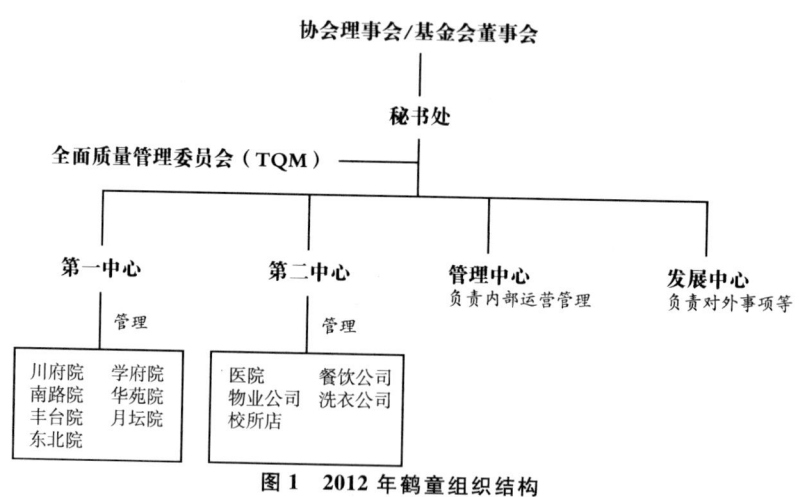

图 1　2012 年鹤童组织结构

资料来源：根据鹤童老年公益基金会官网对鹤童组织架构的介绍绘制，http://hetong.org.cn/about.aspx? BaseInfocateId = 59&CateId = 59&CurrCateID = 55&CurrCateID = 55。

---

① 杨团：《从鹤童研究认识中国非营利机构》，载杨团、葛道顺主编《中国社会政策研究十年·论文选（1999～2008）》，社会科学文献出版社，2009，第 267 页。

"天津市先进民间组织"、"养老护理新技术改革创新奖"、"全国民办非企业单位自律与诚信建设先进单位"、中国红十字会李连杰壹基金"典范工程"、"全国先进社会组织"、"2010 年度中国慈善推动者"、第六届"中华慈善奖"……鹤童在以其卓越成就和非凡贡献获得了一个又一个殊荣和嘉奖的同时，也付出了很多。经历了风雨的洗礼，它最终破茧成蝶，实现飞跃，成为中国养老的一面耀眼的旗帜：不仅以社会企业的新模式提供了社会目前极端短缺的准公共物品，在机构养老领域创造了经济和社会的双重价值，还以高度的使命感引领和推动了行业的建设和发展，在行业中建树颇多，同时也以其奉献精神主动承担了更大的社会责任，在全国各地播撒爱心和希望。而在中国，社会组织能胜任以上三种角色，并且每一种都做到这样的程度，目前只有鹤童一家，将来或许也大不容易有第二家。

三 秉持双重底线，实现双重价值

在天津市南开区雅安道川府新村中心花园内，坐落着这样一家老人院，里面环境优雅，设施齐备，收住了近 80 位老人，他们的平均年龄也近 80 岁，一半需要依靠轮椅活动，另一半则长期卧床。每天，老人院的护理员都会给老人们送去特别配制的三餐，并为他们洗澡擦身、更换衣物和床单，在上、下午还带他们各做一次康乐活动。平时，老人们或晒太阳，或看电视，或唱歌，或聊天，享受着安逸的晚年生活。为使他们不感到与时代脱节，老人院还教老人上网冲浪和购物，让他们体验到了以前在家中都不曾有的生活方式。①

这是鹤童旗下的一家老人院，而像这样的老人院鹤童一共拥有 7 家，分布在天津、北京和四川等地。虽然这些年来鹤童的业务范围在不断拓展，除了机构养老之外，还涉足医疗卫生、护理培训、管理咨询、老年用品、餐饮配送、物业洗衣等领域，但是机构养老始终是它的核心业务，其他业务拓展也是围绕机构养老逐渐展开的。不过鹤童的机构养老走了一条新的运营之路，它既非企业的模式，也非纯粹公益组织的模式，而是采取社会企业的模式。

通常，非营利组织的经费主要来源于慈善捐赠或政府补贴，当慈善捐赠

---

① 李孟苏：《天津鹤童老年福利协会：愿天下老人皆有所养》，http://gongyi.sohu.com/20111118/n326131373.shtml，2011 年 11 月 18 日。

或政府补贴资金不足时，非营利组织即会面临困境。在这种情况下，运用商业手段和方法、以解决社会问题为目标的社会企业的优势逐渐显示出来。不仅可以解决自身发展的成本，甚至可能有盈余，可以摆脱单纯依赖政府或慈善捐赠获得资金的限制。这种运营方式可以在提供准公共物品或公共物品的过程中达到经济目标，即社会企业需要同时坚持双重底线——社会目标和经济目标，或创造双重价值，既创造经济价值，又创造社会价值。

运营好社会企业并非易事。无论是双重底线，还是双重价值，它们是同时的，并不是先后的。做好一家企业，为股东或企业所有者最大化地创造利润，在市场中已经证明是能够成功的；而运营好一家纯粹的公益组织，靠志愿服务以及慈善捐赠或政府补贴维持，在非营利领域中也已证明是成功的。尽管从逻辑上讲，社会企业作为既能实现经济价值，又能实现社会价值的双重目标，应该不难做到。然而，当一家机构有限分红或不分红时，它吸引的资本将有限，它的治理、激励机制，所吸引的人才也将面临挑战，再加上所服务的对象难以以市场化价格或高价购买其服务时，其获利的能力即容易受挫。而获利能力受挫，或获利能力出现问题，机构可持续运营则会面临挑战。

另据全国老龄工作委员会的调查，不管公办还是民营，都面临一个最大的难题：在扣除养老院的日常支出，包括护理员工资以及硬件设备的折旧费用之后，如何保持养老院的收支平衡？与"先天条件优越"的公办养老机构相比，"无政府"背景的民办养老机构尤为艰难，仅房租一项就占到总支出的50%以上。多数民办养老院的运营资金完全依赖入院费，被迫推行市场化的价格，而老人通常经济拮据，有养老需求却不得其门而入，让民办养老机构不得不面对生存压力和公益性之间的两难选择。[①] 然而同样是民办养老机构的鹤童虽也要承担高额的成本，但却很好地兼顾了公益，在可持续运营和公益性之间实现了平衡。它一方面通过定位服务对象、服务内容、收费水平保障了公益，创造了社会价值，另一方面通过自身独到的运营机制维持了机构长期运转，创造了经济价值，从而成为一家成功的社会企业。

服务对象

大多数养老机构，特别是公办养老机构，由于其专业化照护能力的不

---

① 李孟苏：《天津鹤童老年福利协会：愿天下老人皆有所养》，http://gongyi.sohu.com/20111118/n326131373.shtml。

足，市场化的定位以及成本和风险等方面的考虑，往往不接收或仅接受很低比例的失能老人。全国老龄委的研究就显示，2009年全国老年人的收养机构将近4万家，实际收养老年人210.9万，其中收养的失能老年人为24万至25万，只占全部收养老年人数的17%。①

与之相比，鹤童自成立之初便将服务对象锁定在高龄患病、贫困孤寡、失能失智、不能自理老人的身上。一位入住鹤童的孤寡残疾老人曾这样写道："2002年5月，我突发脑梗塞，为了治病我变卖了房产，仍旧付不起高额的医药费，等病情稳定后，亲属不得不给我找老人院入住。我是离异之人，既没房也没钱，很难找到能收留我的老人院。亲属曾找了几家，说明情况后都不愿收留我，最后我来到鹤童南路老人护理院，是这里收留了我，并给我减免了费用，是鹤童给了我能继续生存下去的地方，而像我这种情况的孤残老人在南路护理院还有很多。"② 鹤童年报中显示，2011年鹤童7家老人院共有床位729张，收住老人565位，入住率达77.5%，其中70岁及以上的占所有入住老人的76.8%，无自理能力的高达97.9%，能自主移动的仅占11.8%，进餐能自理的仅占15%，排泄能自主的仅占10.6%。③

服务内容

在服务内容上，鹤童除了向老人提供住宿、物业、膳食、临终关怀等基本服务之外，更主要向他们提供个性化的生活护理和技术护理服务。其中生活护理按照每位老人所需的护理时间划分为5个等级，技术护理包括自带药喂药、口腔护理、胃管/尿管、鼻饲、气管插管、吸痰、专人康复护理等。④与其他大多数养老机构随意性、家庭化、粗放型的传统模式相比，鹤童则通过不断的学习、本土化和自主创新，实现了护理技术和护理管理的专业化、科学化和现代化，代表了国内养老护理最为领先的水平。而正是这样优质的养老护理服务，才为千千万万的老人带去了福音。

一位入住鹤童满15年的老人满怀感激之情地写道："我刚入住鹤童时

---

① 张恺悌：《全国城乡失能老年人状况研究》新闻发布稿，http://www.cncaprc.gov.cn/info/13085.html，2011年3月1日。
② 石国庆：《孤寡残疾老人言》，中国鹤童官方博客，http://blog.sina.com.cn/s/blog_7c5e00930100z7fx.html，2011年11月9日。
③ 引自《鹤童老年福利协会 鹤童老年公益基金会年报2010~2011》。
④ 参见鹤童老年公益基金会《鹤童机构养老服务指南》，http://hetong.org.cn/rzzn.aspx。

人很瘦，体重只有44公斤，性格内向，也很自卑，因此在夏天最热的时候，我都不敢穿短袖短裤，可是现在不一样了，我头脑清晰、手脚利索、性格开朗，体重也增加到55公斤了，为此再次感谢鹤童！"① 另一则故事是关于王桂英老太太的。"她从三甲医院出来的时候就给了3~4个月的寿命，当时89岁了。她是脑瘤压迫语言神经，不能说话，伸一个手指头是回自己的家，伸两个手指头是回鹤童这个家。她到鹤童之后，我们请营养师给她专门定了食谱，原来吃非常贵的能全力，② 后来慢慢调剂成吃鹤童的匀浆膳了；原来需要灌肠才能排便，后来到这里可以正常排便了。在这里活了将近3年半。这就是护理的作用。"③

收费水平

鹤童采取使用者付费、差别取费的方式。《鹤童机构养老服务指南》中明确规定了各项入住收费的标准，包括住宿、物业、洗衣、取暖、防暑、生活护理、技术护理、营养膳食和临终关怀等，全都明码标价、对外公开。

在收费原则上，鹤童始终坚持以支定收、向老人让利，如住宿费是按照每年老人院要交的房租平均分摊下来的；护理费是按照每位老人的护理等级即护理所需时间确定的，基本全部用于支付护理员的工资；营养膳食费则用来支付老人饮食的成本，而鹤童更是规定将不低于老人全部交费的60%都用于老人的饮食上，以保障每一位老人的膳食质量。此外，鹤童在确立收费水平时还会充分考虑当地老人的收入水平和支付能力，不同地区差异较大，比如在四川的老人院每月向老人的收费有几百到一千多的，而在北京的老人院也有到四千多的，但基本上是处于当地大多数老人可接受的范围之内。④ 不过即使是这样的收费，还是有一些入住老人支付不起。鹤童曾经的一次统计显示，收养的部分老年人存在经济支付能力严重不足，7%的入住老年人交纳不起基本的费用，有30余位老年人平均每个人的年度费用差额达到3240元。⑤ 这就决定了鹤童必须采取一套新的运营机制。

---

① 孙纪申：《感恩鹤童——入住15年来的简要回顾》，中国鹤童官方博客，http://blog.sina.com.cn/s/blog_7c5e00930100rlmh.html，2010年2月17日。
② 一种以整蛋白为基础的肠内营养制剂。
③ 对鹤童老年福利协会副秘书长刘国亮的访谈。
④ 对鹤童老年福利协会副秘书长刘国亮的访谈。
⑤ 《诠释鹤童》，中国鹤童官方博客，http://blog.sina.com.cn/s/blog_7c5e00930100z4jx.html。

运营机制

鹤童践行的是社会企业的机构养老新模式，而且更加兼顾社会公益目标，但这也为其实现经济价值、维持机构可持续运营带来了压力。一方面，鹤童将服务对象锁定在高龄患病、贫困孤寡、失能失智、不能自理老人的身上，并向他们提供专业化的优质服务，因而实际运营成本高于一般的民办养老机构，比如需承担更高的学习、培训、研发、改造费用，需支付更高的护理员薪酬等。另一方面，鹤童又需控制向老人的收费水平、坚持向老人让利，也没有像公办养老机构那样享受政府的全方位支持。所以如果鹤童想缓解这种运营压力，实现财务平衡甚至略有盈余的目标，则必须探索新的出路，而这种探索包括了内外两个方面。

在内部，以下三项主要措施有助于鹤童实现财务平衡目标：严格控制公用经费、坚持不分红原则以及集团化发展。

第一，最直接的措施便是在财务上精打细算，严格控制各项支出。但是一些固定成本如房租，一些涉及护理质量的成本如护理员的薪酬和培训费用都不能降低，所以鹤童就开始严格控制公用经费，从办公用品、通讯费到交通费，能省一笔是一笔，一点一滴地去节约开支，而这几乎已经成为机构文化的一部分。

第二，鹤童在1997年评估之后即走上了标准化的非营利发展之路，并按照法律法规要求将老人院注册为民办非企业单位，且恪守不分红的原则。老年福利协会的理事会成员绝大部分不在鹤童受薪，理事长本人就是志愿者。鹤童管理人员的薪酬与一线护理员差异也不大，方嘉珂每月还带头将个人的讲课费捐给鹤童。他认为非营利的核心在于不分红，不分红有助于将所有的盈利再投入到机构可持续发展建设之中，[①] 同时还避免了机构内部的利益纠纷。他还表示，"竞争的优势来自管理，包括协会体制，内部没有股东为利益而打架。我觉得股东有利也有弊，弊就在于只想挣钱，很容易出现分歧。我们这种组织没有这种分歧，因为它没有股东，没有分红的压力，成本能平了就行，目标就是预算平衡管理。"[②]

---

① 方嘉珂：《"非营利"机构运营的核心在于不分红》，《中国房地产报》2010年6月7日第027版。

② 对鹤童创始人及负责人方嘉珂的访谈。

第三，集团化发展也有助于鹤童实现财务平衡。鹤童的集团化发展是建立在业务范围多元化和组织形式多样化的基础上的，按注册形式分，其所拥有的机构就包括民办非企业单位、公司、社团、基金会和未注册的等多个类型。为了加强管理，鹤童实施了集团化改革，最终构建起以老年福利协会理事会/老年公益基金会董事会为核心，秘书处、各中心及各职能部门为支撑的集团体系。集团化发展实现了鹤童内部资源的共享，在客观上降低了老人院运营的成本。值得一提的是，社会企业的一些特征也深入鹤童集团内部，比如在老人院，鹤童就引进了许多过去只在企业中常见的管理方法，比如绩效管理、全面质量管理、泰勒制、职业经理人制度等①，这些管理方法均有效地提升了其运营效率。

然而，在现有条件下如果仅从内部着手，尚无法完全实现鹤童财务平衡的目标，这便要求它将目光投向外部，吸收和运用更多资源，特别是来自政府和社会的资源。目前，鹤童老人院的收入中有75%是经营性收费，就是向老人的收费，即他们购买服务；还有15%~20%是社会的筹募，主要通过项目和捐赠；剩下的5%~10%是政府床位补贴。② 这些来自社会和政府的资金构成了鹤童的主要替代性收入来源，对于促进其实现双重价值意义重大。

第一，获取政府支持对于鹤童而言必不可少。这种支持中最显见的便是政府床位补贴，例如针对民办养老机构，2012年天津市每张床位每月补贴50元，北京则已提高至300元，这在一定程度上缓解了鹤童的运营压力。不过政府支持还有更多、更间接的形式。

早在1995年鹤童创立之初即获得了政府的关注。老年公寓落成仪式当天，就有天津市人大、政协及各部、委、办、局等一大批领导到场祝贺。鹤童老年福利协会成立，第一届理事会成员中便包括时任天津市人大常委会副主任鲁学政和石坚，时任天津市政协副主席陆焕生，以及时任天津市民政局局长郭延益和副局长王涛等人③，此后历届都有不少党政领导任职。

之所以如此，除了鹤童事业本身具有公益性之外，也离不开方嘉珂个人的社会关系和党政背景。他出生于天津，中学是在南开中学念的（现任南

---

① 对鹤童老年福利协会副秘书长刘国亮的访谈。
② 对鹤童老年福利协会副秘书长刘国亮的访谈。
③ http://hetong.org.cn/about.aspx?BaseInfocateId=60&CateId=60&CurrCateID=55&CurrCateID=55.

开中学校友会副会长),后就读于天津中医学院(现天津中医药大学)并担任过校学生会主席,毕业之后又留校当了3年团委副书记(副处级)。这些关系和背景对早期的鹤童帮助很大,例如在注册鹤童老年福利协会时,当时的南开区区长是方嘉珂的老师,人大常委会主任是他的同学,南开区大多数领导干部也都是他的校友,所以很顺利就找到了主管单位并登记注册。① 而在鹤童以后的发展中,这些关系和背景也在发挥作用,例如曾任鹤童老年福利协会理事长的鲁学政,每次理事会时都会对理事们"劝捐",甚至亲自寻找社会责任企业向鹤童捐款捐物,还以"老面子"向主管水电暖等部门的老总们逐一亲笔写书信,嘱其落实对民办养老机构的优惠政策,更影响和带动越来越多的党政官员造访、参观鹤童以扩大鹤童的影响力。②

而为了继续扩大这一优势,方嘉珂还主动在鹤童建立党支部,大力发展党员并开展相关活动,员工们也都称他为方书记,同时鹤童的宗旨也由"替天下儿女尽孝,为亿万家庭分忧"调整为"帮天下儿女尽孝,为党和政府分忧"。③ 如今的鹤童,党政工团一应俱全。党支部自1998年以来一直被上级党委授予"先进党支部"称号,方嘉珂也一直被评为"优秀共产党员"。

随着鹤童的成长,其专业能力和社会效益得到了政府更多的关注和认可,从视察参观、颁发荣誉,到委托项目和业务,以各种形式支持鹤童的发展,提升了其实力和影响力。尤其值得一提的是,2006年年底北京市西城区月坛街道办事处还将其下辖的汽南社区敬老院委托给了鹤童来管理,取得了良好的社会效益,也开创了机构养老合作的新模式。当然能取得这样的突破,鹤童亦付出了很大的努力,仅前期的谈判就花了8个月的时间。④

第二,获取社会支持对于鹤童来说也很重要,其途径主要包括募集捐款和物品、招收志愿者以及与各社会主体开展合作。

在募集捐款和物品方面,鹤童经过多年实践形成了一套成熟的管理制度,社会捐赠已成为其重要的替代性收入来源之一,2011年鹤童公益基金

---

① 对鹤童创始人及负责人方嘉珂的访谈。
② 方嘉珂:《纪念鲁学政逝世5周年》,《鹤童报》2012年3月1日第1版。
③ 方嘉珂最初成立党支部主要是为了震慑当地的村霸,但也满足了老人们的精神需求,同时还有利于组织的文化建设和政府对它的支持。——对鹤童创始人及负责人方嘉珂的访谈。
④ 对鹤童创始人及负责人方嘉珂的访谈。

会募资达到了230万元。① 这些捐赠既有来自社会个人的，也有来自企业和单位的。其中，社会个人捐赠虽然份额不太高，鹤童依然分外珍惜。从最早的"一元捐""冬日捐"等活动到后来的公益二手店、助老慈善超市、公益拍卖会，社会的爱心都被汇集起来。而为了回馈这份爱心，鹤童每月还在《鹤童报》及官方网站等平台发布捐赠榜，小到半斤茶叶、几块香皂，大到数千数万元，一一记录下来，每年还会评选爱心榜并举办答谢仪式。针对企业和单位，鹤童除了发挥理事会和基金会的平台作用，建立名录并与它们保持经常性的联系之外，还以企业冠名旗下的老人院，并邀请它们的领导在鹤童理事会及董事会中任职等。

在招收志愿者方面，鹤童的实践也卓有成效，超过5000名志愿者的加入支持了它的发展。为了优化管理，2004年鹤童成立了义工联合会，对志愿者进行登记、培训和配置。鹤童每月在《鹤童报》、官方网站及博客等平台发布义工榜，记录下所有志愿者的工作，并经常刊登志愿者的故事和感言。2011年1月鹤童还建立"时间银行"等制度鼓励志愿活动。

在与社会各主体开展合作方面，鹤童也积极行动，与许多高校、媒体、海外机构等进行广泛的交流与合作，进一步扩大了它的影响力。

鹤童通过内外部的努力，整合了各方面的资源，践行了社会企业的机构养老新模式，实现了经济和社会的双重价值，也克服了传统公办养老机构和目前民办养老机构各自存在的弊端，走出了一条新路。这一模式的特点在于将服务对象锁定在失能老人身上，提供优质但却相对廉价的养老服务，同时还能以较高效率实现长期运营。

四 引领行业发展

"最近的一份调查显示，天津市的民办养老服务机构占总体养老服务机构的比例在全国最高。这体现出什么呢？这是说鹤童从天津发源，产生了一定的影响。鹤童的员工穿什么服装，其他养老院也穿成这样；鹤童的床上铺什么，其他养老院也铺什么。而且鹤童的员工出去很值钱，基层员工出去最少是护理长、院长，鹤童也为天津和全国培养了很多人。"② 这段话道出了

---

① 《2011年鹤童基金会筹资230万》，《鹤童报》2012年7月15日第1版。
② 对鹤童老年福利协会副秘书长刘国亮的访谈。

鹤童人内心的自豪。

2000年4月，民政部在广州召开"全国社会福利社会化工作会议"，鹤童作为大会9个发言者之一、唯一的民间组织和基层养老单位代表应邀出席。会上，方嘉珂作了题为"鹤童民办非营利机构的发展之路"的发言，引起强烈震动。因为在当时人们的观念中，仍是国家拨款建养老院，国家管养老院，一些边远地区甚至还不知道民间可以办养老院。广州会议后，鹤童一举成为天津乃至全国学习的样板，各地的参观者源源不断，直到今天。[1] 2006年7月民政部在大连召开"全国养老服务社会化经验交流会议"，2010年7月在无锡召开"全国社会养老服务体系建设推进会"，出席会议的鹤童依然是全国唯一来自基层的民办养老护理服务单位。之所以获得这样的重视，是源于鹤童在我国养老护理行业中的领先地位及其对行业的建设和发展所做出的突出贡献，而这种贡献主要体现在其推动国内养老护理专业化、职业化、标准化的种种努力上。

1998年，鹤童在天津注册成立了老人护理职业培训学校，它模仿日本的同类学校，是我国第一家专门培养养老护理员的学校。[2] 起初，它更多是为了解决鹤童自身的需求，但后来也开始对外开展业务。在实施护理和培训时，鹤童深感职业化对于机构和行业的重要性，却也无可奈何。直到两年后，这一局面才出现转机，逐渐发生了转变，而鹤童在其中更是起到了关键性的作用。

刘国亮说："各地老人院院长在一起开会，大家还是非常认同鹤童这个机构，因为都是从最基层、最底层做起来的。另外大家还是认为专业化、职业化、标准化对行业的长期发展是有利的，也能规避很多风险。所以这一块鹤童还是带动了养老护理产业的发展。

2000年的时候，德国政府向中国劳动和社会保障部（现人力资源和社会保障部）建议设立养老护理职业。劳动和社会保障部找到民政部，到民政部找专家。方书记（方嘉珂）是从德国学习养老回来的，正好契合。就由方书记带领一批专家制定了《养老护理员国家职业标准》，将养老护理员从没有职业的服务员变成了一种职业，分为初级、中级、高级和技师四个职业等级，有了资格准入门槛。变成职业之后需要专业培训，方书记就组织专

---

[1] 引自《养老先锋——方嘉珂》，http://blog.qq.com/qzone/622008814/1252581385.htm。
[2] 引自鹤童服务十周年特刊《鹤童百年梦 十年成长史 1995～2005》。

家编写了《养老护理员国家职业资格培训教程》和《养老护理员培训计划和大纲》，又建立标准考试题库并设立不同考卷。这一套基本是源于鹤童，然后上升到国家层面。"[1]

制定养老护理员职业标准之后，2002年7月鹤童又经批准设立了国家职业技能鉴定第五十二所，这是我国首家对养老护理员职业技能进行鉴定并颁发从业资格证书的专门机构。结合职业标准、培训教程、培训大纲、考试题库和职业鉴定，养老护理员真正成为一种职业，正式进入国家资质管理。2008年10月鹤童老年公益基金会会长侯立尊还出资1001000元资助天津4所大中专院校约100名护理专业学生完成学业，投身中国养老护理事业，并决定向天津中医药大学捐资3500万元用于建设侯立尊护理学院，重点培养老年护理人才。[2] 这些举措对于我国养老护理行业的长远发展可谓意义深远。

随着鹤童护理专业能力的提升，其培训业务也在平稳拓展，目前培训学校已有7所（其中5所为全国连锁加盟校），并在全国20多个省、市、自治区开展广泛的培训工作，累计为全国培养养老护理人才逾万名，达标率也从1998年的66%提高到如今的100%。而据有关方面公布的数据，2010年年底我国养老护理持证人员仅为两万人。[3] 为表彰其贡献，2010年4月民政部向鹤童培训学校颁发了国内社团组织最高奖项——"全国先进社团组织"奖。

鹤童培训学校不仅培养养老护理员，更重点培养老人院的管理者。2000年5月，鹤童老年福利协会暨鹤童老人护理职业培训学校开始承办由民政部支持、中华慈善总会委托、汇丰银行慈善基金资助的"全国首期民办老人院院长培训班"。培训班之后，鹤童希望能有一个院长们广泛交流的平台以探讨共同面对的问题并发出一个声音，中华慈善总会即向汇丰银行提交申请，由其出资在第二期院长培训班后，举办了"全国首届老人院院长论坛"。[4] 截至2011年，全国老人院院长培训班已举行了8期，累计培训院长超过800名，鹤童因而被业内誉为"黄埔军校"；全国老人院院长论坛也举办了7届（见表1）。

---

[1] 对鹤童老年福利协会副秘书长刘国亮的访谈。
[2] 引自《鹤童老年福利协会 鹤童老年公益基金会年报2010~2011》。
[3] 《鹤童师资服务全国——北京石家庄兰州德阳相继开班》，《鹤童报》2011年5月15日第1版。
[4] 对鹤童老年福利协会副秘书长刘国亮的访谈。

表 1 全国老人院院长论坛历届主题

届 次	举办时间	主 题
第 1 届	2002 年 4 月	中国民办老人院发展的机遇与挑战
第 2 届	2004 年 9 月	养老机构意外预防与对策
第 3 届	2007 年 3 月	对于养老机构的分型管理与政策支持
第 4 届	2009 年 1 月	养老机构 HR 困境路在何方
第 5 届	2009 年 12 月	论政府对养老机构的扶持与监督
第 6 届	2010 年 12 月	公建民营、公办民营
第 7 届	2011 年 12 月	长期照护、远离虐老

资料来源：依据鹤童历年年报整理得出。

在新时期，鹤童培训学校的重点则主要针对农村敬老院，承接了更多来自基金会和政府的相关项目，它认为这一工作的意义十分重大。鹤童老年福利协会副秘书长刘国亮表示："全国 4 万家养老机构中有 3 万家农村敬老院，有将近 7000 家社会组织、民间组织服务机构，还有 2000 多家公办的福利院、老年公寓等。农村敬老院床位占到了全国的大部分，这些床位做不好，整个养老产业能做好吗？我们做这些项目，不是说想赚点钱，也赚不了，成本很高，主要是出于鹤童的一种战略思维，下一步农村敬老院可能是一个重点发展方向。我们做些前期拓展，也为政府提供一些素材，它就会进一步被推动。"①

2011 年 5 月，鹤童老人护理职业培训学校中标中华社会救助基金会"全国农村敬老院院长培训课程体系开发"项目，并获项目资金 17.9 万元。中华社会救助基金会特别委托鹤童老人护理职业培训学校在实际调研的基础上，完成对于农村敬老院院长培训课程体系的开发并组织试点培训工作，以提升全国农村敬老院中广大住院孤老的生活质量，提升农村敬老院院长的服务理念和管理水平，推进农村敬老院的管理逐步走向专业化。② 到目前，该项目已基本顺利完成，成果丰富。

2012 年 4 月，鹤童老人护理职业培训学校暨定西市鹤童天使职业培训学校"全国农村敬老院支教试点项目"获得中央财政 40 万元资金支持。培

---

① 对鹤童老年福利协会副秘书长刘国亮的访谈。
② 李孟苏：《天津鹤童老年福利协会：愿天下老人皆有所养》，http://gongyi.sohu.com/20111118/n326131373.shtml，2011 年 11 月 18 日。

训学校派出了由专家成员组成的项目执行小组,深入四川、青海、新疆、甘肃、河南、山西、云南等中西部省份的地区、县级农村敬老院现场指导,直接参与广大农村敬老院面向孤寡老人尤其是失能、贫困老年人提供的生活照料、医疗救护、精神慰藉等具体照护服务,直接帮助广大农村敬老院管理者提高管理能力,帮助并促使其实现市场经济条件下的专业化运营与发展。同时,专家组还在项目执行区域中,举办"农村敬老院院长交流活动",提出农村敬老院普遍存在的问题与困难,研讨克服与解决的经验途径,展开相互观摩和评比。① 该项目也有效带动了我国农村敬老院管理者与从业人员综合素质的提高,并为政府制定相关决策提供了必要的支持。

五 承担社会责任

作为一家有着高度使命感和奉献精神的民间组织,鹤童不仅在机构内和行业中发挥专长、做出贡献,还在全国更大范围内主动承担起社会责任以帮助更多人,特别是当他们最有需要的时刻。

2008年5月12日,四川汶川发生8.0级特大地震,灾区的孤老、孤残人员激增,鹤童亦是心急如焚。震灾发生第二天,南都公益基金会常务副理事长徐永光给方嘉珂发来短信,希望鹤童能参加全国民间组织救灾行动,并提出要鹤童考虑灾后帮助当地孤寡老人的问题。鹤童立即行动,通过网络紧急发布倡议,倡议成立"长期照护全国联盟",短短几天之内就得到了来自17个省、市近百家养老机构的一致响应。经过紧张的筹备,5月23日,鹤童小分队一行7人(包括鹤童老年福利协会秘书长韩淑燕、副主任护师刘玉华以及5位护理员)率先出征四川德阳重灾区,开展救援照护。②

韩淑燕5月24日德阳日记记录下了鹤童刚开始的照护工作:"第一批交给鹤童的14名患者,绝大部分都是老年人;其中年龄最大的94岁,只有3人不足60岁。他们大多是在此处地震中被倒塌的房屋压伤,导致股骨颈骨折、盆骨骨折等,大部分现在还都打着牵引,稍微一碰就痛得直叫,护理难

---

① 夏清晨:《鹤童获中央财政支持》,《鹤童报》2012年5月1日第1版。
② 引自《长期照护全国联盟5·12特刊》,http://hetong.org.cn/Journal_detail.aspx?NewsID=3898&CateId=379。

度可想而知……这里的气温很高，因为没有收音机，所以具体的温度不详。我们每人都是汗流浃背，稍事休息喝口水又投入到整理床单的工作中……一上午的时间很快就过去了，午饭吃的是米饭炒芥菜和炒空心菜。这是大家离家后第一次吃到米饭还有青菜，觉得分外香甜……送走了家乡亲人，护理员们依旧在紧张地逐一为老人们洗浴，而刘玉华老师则开始了《战地老年人整体护理流程》的设计与书写。她说，我们要将鹤童照护老年人、伤残人的专业护理水平最大限度地发挥出来，体现出鹤童专业监护的水平。下午的天气骄阳似火，气温足有40度。经历了上午两个战役之后，下午13:30小分队全体人员准时进入各自的工作岗位，即投入第三个战役：整理老年人的仪容、仪表和个人卫生……面对如此众多的高龄骨折老年人，小分队66岁的护理专家刘玉华老师开始利用吃饭、交接班的短暂时间，为护理员们开始战地培训。大家在高温的帐篷中，根据老人受伤的部位、程度，为每一位老人建立起护理个案。大家利用《鹤童七日跟进表》的要求，认真填写每一位老人每天不同时段的变化……傍晚，小分队再度开工，正式恢复鹤童的早、中、夜三班制度。今天夜间，夜班护理员就要正式上岗了。"①

在经历了德阳17个艰难困苦的日日夜夜后，鹤童小分队与长期照护全国联盟第三梯队顺利完成交接，于6月7日返回天津。在这17个昼夜里，鹤童小分队对从死亡线上抢救过来的数百位伤病员，特别是老年病人，进行了卓有成效的照料和护理，包括：床上擦浴1123人次，给水3438人次，协助床上登厕3627人次，擦洗会阴476人次，剪指（趾）甲368人次，打饭、喂饭584人次，协助大便263人次，手取大便5人次。② 鹤童以其在此次抗震救灾中救援照护、组织动员的非凡表现，受到了当地医院领导、伤残老人以及他们的家属和全社会的高度评价，被德阳团市委授予"抗震救灾工作先进志愿者集体"及"优秀志愿者"的光荣称号。

鹤童在长期照护领域多年享有的专业水准与良好口碑，尤其是在"5·12"震灾发生的第一时间，鹤童紧急驰援灾区，有效照护灾区伤残孤老，以及震后迅速的动员能力，也得到了多家基金会的关注和认可，这使其很快便收到了这些基金会灾后重建项目公开招标会的邀请函。从2008年8月起，

---

① 引自《长期照护全国联盟5·12特刊》，http://hetong.org.cn/Journal_detail.aspx?NewsID=3898&CateId=379。
② 《鹤童电子报》2008年6月9日第19期，http://www.czlm.org/newsletter_view.asp?xwid=7155。

鹤童在四川灾区开展了一系列公益项目,包括中国红十字基金会资助的"四川灾区孤老孤残专业护理院项目",南都公益基金会资助的"'5·12'孤老孤残本土化专业照护免费培训班项目",以及中国扶贫基金会资助的"四川灾区养老护理员(初级)免费百万培训项目"等。①

其中,由中国扶贫基金会出资100万元的"四川灾区养老护理员(初级)免费百万培训项目"共开办17期,为四川全省培养出695名合格、持证的养老护理员,推动了四川全省长期照护整体水平的提升和长期照护行业的大步发展。②而在由中国红十字基金会先后出资200万元的"四川灾区孤老孤残专业护理院项目"中,鹤童也发挥了养老护理的专业优势,创造了巨大的社会效益,由其移交给当地政府的绵竹市剑南护理中心和其至今还在接管的绵竹市东北镇敬老院,依然起着照护孤老、孤残人员和社会高龄、失能老人的重要作用。

同样,另一场特大灾害中也看得到鹤童的身影。2010年4月14日,青海省玉树藏族自治州玉树县发生7.1级地震。4月15日,长期照护全国联盟紧急行动,提出倡议并起草了《致各成员单位的告知书》,很快便得到全国各地养老机构的一致响应。4月17日晚,长期照护全国联盟秘书长方嘉珂自四川考察项目后返回天津,连夜召开紧急会议,商讨抗震救灾、援助玉树藏族同胞方案。当晚,"长期照护全国联盟青海玉树震灾专业照护志愿服务团"宣告成立。4月18日,由鹤童老年福利协会秘书长韩淑燕等人组成的先遣队抵达伤病员集中的救灾后方西宁市,并迅速成立了"长期照护全国联盟青海玉树震灾专业照护志愿服务团抗震救灾指挥部",由韩淑燕担任首任总指挥。4月19日,首批志愿服务团团员抵达西宁,救援照护受伤藏族同胞的战役在五大医院中同时打响。

自4月18日起至5月29日,整整42个日日夜夜,来自18个省、自治区、直辖市的56家长期照护全国联盟成员单位,共计193名志愿者,分四批为在西宁的五大医院中正在住院、接受抢救治疗的315名藏族老人和同胞提供24小时持续不断的生活护理照料服务。志愿者们的服务包括穿/脱衣服、整理床单、洗脸、洗头、刮胡须、擦洗会阴部、剪指甲、手工取大便等

---

① 引自鹤童《身怀专业照护技能,有效服务灾区孤老——鹤童老年公益基金会四川灾区孤老孤残专业护理院项目》。
② 引自鹤童《四川灾区养老护理员免费培训项目 中国扶贫基金会2010》。

共计33项。整个救灾志愿服务期间,长期照护全国联盟志愿服务团志愿者共为玉树伤病员开展各项服务117792人次。这些志愿服务团员,不仅往返机票、路费需要由自己承担,而且还面临着西宁平均海拔超过2200米的高原反应及恶劣气候带来的巨大考验,有的院长刚走下飞机就已出现严重不适,甚至每天都要靠打点滴来坚持工作。志愿服务中还要克服语言障碍、风俗差异等诸多意想不到的困难。就是在这样的情形下,每名志愿服务团员每天坚持工作超过12小时,并且一干就是42天。①

作为长期照护全国联盟发起单位和秘书长单位的鹤童,更是在此次救灾应急照护行动中发挥了关键作用。方嘉珂曾多次飞抵西宁,现场指挥、指导救灾照护服务;韩淑燕担任了志愿服务团首任总指挥;刘国亮担任了总协调人;鹤童老年福利协会副秘书长张雁完成了最后收尾工作;鹤童东北敬老院院长张冬梅担任了运营总长和第5任总指挥;此外鹤童还派出了2名老人院院长、1名培训学校校长、3名护理长、1名主任护师、1名主任护理师、4名养老护理员参与救援照护。② 同时,鹤童和长期照护全国联盟在此次救灾应急照护中的行动机制也走向了成熟,虽然面对更多困难,但其反应更加主动、迅速,目标更加明确,动员的力量更加广泛,参与和管理更加有序,服务的效益也更加明显,它开创了行之有效的老人紧急生活护理应急联合模式,为民间组织承担起更大的社会责任探索了一条发展之路。③ 由于鹤童和长期照护全国联盟在此次抗震救灾中救援照护、组织动员的突出贡献,民政部还向其授予了"2010年中国慈善推动者奖"的称号,颁发了第六届"中华慈善奖"。

六 鹤童面对的难题

经过十几年的不懈努力和艰辛探索,鹤童从最初一家小小的养老机构逐渐壮大为目前中国养老护理行业的领军者,不仅养老机构本身实现了经济和社会的双重价值,还积极引领和推动了行业的建设和发展,并主动承担了更

---

① 刘国亮:《长期照护全国联盟青海玉树救灾纪实》,中国鹤童官方博客,http://blog.sina.com.cn/s/blog_7c5e00930100r7hf.html,2011年5月4日。
② 引自鹤童《难忘西宁》,http://hetong.org.cn/Journal_detail.aspx?NewsID=3829&CateId=379。
③ 对鹤童老年福利协会副秘书长刘国亮的访谈。

大的社会责任,为实现老有所养的目标做出了卓越的贡献。鹤童的这三种角色虽几乎都做到极致,但未相互冲突、扰乱其步伐,而是实现了相辅相成、良性循环,比如做好养老机构锤炼了鹤童的专业能力,使其有机会推动行业的职业化、标准化发展并承接各种培训项目,也使其有可能在抗震救灾中发挥优势;推动行业发展提升了鹤童在机构养老中的声望和地位,并有助于形成其在救灾应急照护中的动员能力;鹤童在"5·12"震灾中的救援照护行动使其养老护理在四川打开了局面,而在"4·14"震灾中的表现也进一步强化了政府和社会对其行业地位的认可。即便如此,鹤童在实现双重价值、引领行业发展、承担社会责任三方面依然会遇到难题。

实现双重价值遇到的难题

在实现双重价值、做好机构养老方面,鹤童所面临的不是战胜竞争对手等困境,而是寻求发展时会面临难题。主要集中在:养老护理员稀缺、租房困难以及政治法律环境的阻碍。

第一,养老护理员稀缺。虽然目前鹤童并不存在养老护理员短缺的难题,但无论在过去还是在未来,足够且专业的养老护理员都是影响鹤童养老机构发展的关键之一。鹤童老年福利协会副秘书长刘国亮表达了这一担忧:"未来恐怕人是大问题,从事这个行业的护理员不够,这是整个行业及鹤童都要面临的。现在学护理的专科的、本科的,都往日本、加拿大、澳大利亚、美国这些国家走,走出去也是干护理员。可能一是我们工资低,社会保障体系不健全,二是年轻人都希望走出去。可是咱们国人上哪儿弄人去呢?方书记都提出了想上非洲弄俩小孩儿来做这个。天津还好点,北京更突出,都是拎包,说走就走了,哪一天想开了又回来。鹤童现在的月工资有3000元,流动率还不高,每个月离职率不会超过8%,还实行末位淘汰,所以目前暂时还没有这方面的问题。但是前几年也很头疼,肯定跟薪水有关系,尤其是外地人员,过年都回家,小年的时候一放鞭炮我们心里就发毛。"[1]

第二,租房也是鹤童进一步增加和发展养老机构的一大难题。2011年10月18日,位于天津市河西区郁江道37号院内的鹤童解放南路老人院遭遇"暴力强拆",起因便与租房问题有关。[2] 因为此前当业主终止出租后,

---

[1] 对鹤童老年福利协会副秘书长刘国亮的访谈。
[2] 张国:《天津一家老人院遭遇强拆》,《中国青年报》2011年10月21日第8版。

鹤童受租金问题、居住环境、房屋规模等条件的限制始终找不到房源。方嘉珂坦承，近年来，民办养老机构发展确实迅猛，但负担其实也很重，院舍都是租的，房租、取暖费、护理人员的工资等，运营成本很高，其中房租是大头，一年少则几万元，多则几十万元，而且随时面临涨价的风险。"没有固定的院舍已成民办养老院最大难题，这导致民办养老院发展'良莠不齐'。"①

第三，具体的政治法律环境也有可能制约鹤童的发展。例如，鹤童曾希望将月坛街道这种政府委托管理的合作模式在国内更多地方复制，但进展十分缓慢。鹤童与某地政府官员洽谈过多次，并做出了很大让步，但对方始终不同意。在方嘉珂看来，除了思想观念上的偏见和保守之外，还有部门利益在作祟，这也让他颇感无奈。②

由于运营养老机构的成本越来越高，以及无法达成委托管理合作，鹤童正在考虑调整养老机构未来的发展战略，将重点转移到输出管理等方向上。2010年鹤童与奥地利SANLAS养老产业控股集团合资，在香港注册了盛龄鹤童国际健康照护管理有限公司。2012年鹤童分别向山东莱州和四川德阳派遣了两支团队开展咨询管理服务，帮助其人员培训、管理模式植入和市场开拓等。但因为国内养老护理咨询管理的行业环境尚未真正形成，所以该项业务在短期之内可能也难以实现较大的突破。③

引领行业发展遇到的难题

引领和推动养老护理员队伍的壮大和职业化始终是鹤童追求的目标，然而这也是目前养老护理行业面临的最大难题之一。一方面，相对于社会养老巨大的市场需求，养老护理员的数量严重不足，制约了机构养老行业的发展。另一方面，现有养老护理员的素质普遍偏低，经过专业培训并持证上岗的不多，持证上岗的也大多是初级护理员。鹤童培训学校虽已累计为全国培养养老护理人才逾万名，但是无法充分满足社会需要。而据有关方面公布的数据，2010年底我国养老护理持证人员仅为两万人。④

---

① 周润健：《"居无定所"成民办养老院硬伤》，http://www.tj.xinhuanet.com/news/2011-10/25/content_23975158_3.htm，2011年10月25日。
② 对鹤童创始人及负责人方嘉珂的访谈。
③ 对鹤童老年福利协会副秘书长刘国亮的访谈。
④ 《鹤童师资服务全国——北京石家庄兰州德阳相继开班》，《鹤童报》2011年5月15日第1版。

养老护理员之所以稀缺，方嘉珂表示，一是因为该行业的工资待遇还普遍偏低，而这与养老机构的经营状况直接相关。由于养老市场缺乏培育和政策扶持，民办养老机构除了个别经济效益较好外，大多处于微利运营的状态，为此各民办养老机构在资金运作上都精打细算，能省则省，以此来维持机构的正常运转。二是因为社会认同感尚未完全建立。目前养老护理员岗位还没有被人们正确认识，完全停滞在一种传统落后的观念上，将养老护理员简单地等同于喂水、喂饭、擦屎倒尿的工作，而没有认识到养老护理员是在人口老龄化背景下出现的一种高尚的职业。

而持证人员之所以少，方嘉珂认为，一是因为政府没有持证上岗的行业准入制度。虽然按照人力资源和社会保障部相关规定，养老护理员属于必须持证上岗的职业，未通过职业技能鉴定获得证书的人员不得从事此职业，但该规定尚未充分落实。二是因为养老机构行业缺乏自律。目前在养老行业里有相当多的公办院甚至民办院领导没有把养老护理员作为一种真正的职业来对待，而社会力量兴办的养老机构不少都是短期行为，因此缺乏定向培训计划。①

此外，推动民办养老机构管理水平提高和政策环境改善也是鹤童追求的目标。但是从全国老人院院长培训班和院长论坛来看，大多数院长并未正确定位老人院，而是仅将其当做谋生的饭碗。同时尽管民办养老机构通过院长论坛等平台一再呼吁，但政府对其尚缺乏有力的支持，民办养老机构和公办养老机构的资源与机会依然很不对等。②

承担社会责任遇到的难题

刘国亮说："鹤童是长期照护全国联盟的发起单位和秘书长单位，联盟目前有两千多家养老机构参与，遍布全国各地。在平时，联盟就是组织全国院长培训班和院长论坛，大家在一起交流，是相对松散的一个全国性组织。而一有灾情，有老年人和伤病员需要专业照护，我们联盟就马上行动，算是专业照护志愿队伍，叫有序参与、有效服务。"③ 从汶川"5·12"地震到玉树"4·14"地震，鹤童在救灾应急照护中的动员能力得以提升，行动机制

---

① 《养老护理职业为何乏人喝彩》，http://blog.sina.com.cn/s/blog_4bdfb8f50100088t.html。
② 对鹤童创始人及负责人方嘉珂的访谈。
③ 对鹤童老年福利协会副秘书长刘国亮的访谈。

和管理模式也逐渐走向成熟，因而志愿服务的效益也更加明显。不过随着救灾应急照护中有越来越多机构和人员参与，如何保障安全、有序和高效也成为新的问题。例如，2012年9月7日云南省昭通市彝良县等地发生5.7级地震，长期照护全国联盟各成员单位立即响应并随时准备奔赴灾区。但据由鹤童老年福利协会副秘书长韩淑燕等人组成的先遣队反映，当地伤员并不多，且大部分系青壮年，当地医疗护理能基本满足需要，同时前往彝良的峡谷路段受余震影响还不时有险情发生，十分危险，所以先遣队在几经辗转、滞留昭通而无果后返回成都待命。① 这也提醒鹤童在救灾应急照护中要充分考虑当地灾情和自身优势，并确保志愿服务行动的安全、有序和高效。

鹤童在发展过程中虽然会遇到种种难题，有的甚至是挑战，但它长期在做好养老机构以提供准公共物品，引领行业发展，承担社会责任方面所做出的独特贡献、所取得的非凡成就依然光彩夺目。由其所探索的社会企业的养老新模式对于我国的机构养老具有深刻的启发意义；由其所引领和推动的养老护理专业化、职业化、标准化发展对于行业的未来也是影响深远；由其在德阳、西宁等地所播撒的爱心均已生根发芽，最终开花结果。我们期待鹤童坚定理想，奋勇向前，不断开拓新的局面；期待国家能够为提供准公共物品的非营利机构，为这样追求双重价值的社会企业，进行政策倾斜，建立良好的发展空间；期待更多社会捐赠者共同支持像鹤童这样的养老机构，使其从容、高水平地推动我国的养老事业发展，使我国社会早日实现老有所养的理想目标！

---

① 对鹤童老年福利协会副秘书长刘国亮的访谈。

第三部分

典型案例

典型机构
▶ 典型项目
典型人物

腾讯月捐计划：
先导先行承诺性捐赠

中民慈善捐助信息中心发布的《2011年度中国慈善捐助报告》显示，2011年来自境内捐赠约752.57亿元，企业捐赠仍为主要力量，来自各类企业的捐赠485.75亿元，贡献约57.5%的捐赠；来自境内外个人捐赠约267.20亿元，占31.6%。从捐赠人的职业特征来看，企业经营者或所有者的捐赠最多，约239.02亿元，占个人捐赠总额的89.5%。一般民众捐赠所占比例很低。

然而，在中国的香港，乐施会一年约2亿多港币的收入中90%的捐赠来自于香港普通民众的小额捐赠，善款来源与内地有巨大的差异。更为不同的是，在普通民众小额捐赠中，"乐施之友"的每月固定捐款（以下简称月捐）是乐施会筹款的重要来源之一。

月捐是指动员公众，以每月小额捐款的形式，积少成多，形成强大的公益合力，长期关注支持公益机构，是承诺性捐赠的一种重要方式，被国外及港台非营利组织广泛使用。承诺性捐赠是指在捐赠方和受助方达成协议的基础上，通过各类捐赠方式（如定期捐赠、一日捐、遗产捐赠等）完成对受助方的捐赠。承诺性捐赠手续简便、募款成本低，公益机构可以长期获得稳定的捐款来源，并培育稳定的公众基础。

乐施会2011年3月31日公布的上年财报显示，香港民众捐款占乐施会总捐赠的88.8%，来自"乐施之友"等月捐的捐款则占到其中的64.5%！乐施会香港部总监萧美娟介绍："乐施会一贯倡导'平民慈善'，捐款多少关乎个人能力，常态的小额捐款给他们以稳固支撑。不在多，贵在久。"她认为："企业捐款多是一次性的，个人捐款具有持续性。像我们的乐施之友，他们每个月都会捐款，有人已经捐了一二十年，这是一种细水长流的捐款方式。所以，相比一次性的行为，我们更注重长远的可持续性。"①

可见，月捐是乐施会香港部的主要特色之一。这一计划深入人心，鼓舞人们以一己之力投入公益。每个月捐者对香港乐施会给予承诺性的支持，给予持续的信任，每月通过银行自动转账的方式进行捐赠。但是，这一幕在中国内地却没有出现。如上述数据显示，各募款机构的资金大多来自大捐方——企业或企业家，普通公众的小额捐赠非常少，月捐更是微不足道。于是，募款机构越来越"嫌贫爱富"，筹款策略以主攻大捐方为导向，忽略小额捐赠，更不重视对民间或平民参与公益的鼓励与意识的培养。然而，在如此情境下，腾讯公益慈善基金会（以下简称腾讯基金会）的"腾讯月捐计划"（以下简称月捐计划）出现了。

一　月捐计划——建立承诺性捐赠平台

月捐计划是腾讯基金会 2009 年 6 月以月捐为核心，在腾讯公益网捐赠平台的基础上，借助腾讯公司的 QQ 产品，面向个人用户（此处的用户指腾讯公司的用户）推出的新型网络公益方式。该计划旨在凭借 QQ 平台优势凝聚亿万网友的爱心力量，倡导爱心人士（主要指腾讯公司 4 亿 QQ 用户），通过每月小额捐款（10 元）的形式，长期关注和支持公益机构（腾讯公益网的战略合作伙伴机构）的公益项目，培养腾讯公司用户持续关注支持公益的习惯。

2006 年，经过多年的艰苦创业，腾讯公司迎来了业务高速发展、战略日趋稳定的良好局面。此时，腾讯公司确立了"成为最受尊敬的互联网企业"的企业愿景。为实现这一愿景，腾讯公司决定成立腾讯公益慈善基金会，并将基金会的业务领域定位于利用公司的核心资源——先进的网络技术及 4 亿活跃腾讯网友为中国公益领域打造网络平台，推动慈善事业发展。2007 年 6 月腾讯公益网正式上线，网络捐赠平台是其最重要的功能。

捐赠平台开通初期，虽然腾讯公司对其进行了大规模宣传，但访问量很少，2007~2008 年，募集的资金仅有几千元。2008 年 1 月贵州雪灾，捐赠

---

① 《香港平民慈善：不在多，贵在坚持》，《云南信息报》2012 年 5 月 30 日，http://www.gongyishibao.com/News/201205/145251.aspx。

平台迎来了第一个转折点，一周内募款平台捐款突破 10 万元，但一周后捐款峰值回落，直至 2008 年汶川地震发生。

捐赠平台上捐款金额的波动规律，让腾讯公司高层注意到中国的公益或慈善存在的问题——公众有爱心，但没有参与公益的习惯和意识。因此，腾讯基金会决定在腾讯公益网的基础上开发一款产品，以营销公益行为，改善慈善土壤，"月捐计划"就这样应运而生。2009 年 6 月腾讯月捐平台系统正式上线。

"月捐计划"并非为腾讯基金会向公众募集资金，而是为其战略合作伙伴免费搭建一个持续稳定的网络公众募款平台，帮助其宣传公益项目，为其提供公众捐款渠道。由于"月捐计划"的宣传渠道为网络，募款对象为 4 亿腾讯公司用户，捐款数额较小，但期望捐赠者持续捐赠，因此合作机构必须具有法定公众募款资格以及良好的信誉保证，用于劝募的公益项目必须能够打动公众，容易被公众快速理解。根据上述标准，截至 2012 年 11 月，"月捐计划"共选择了 8 家合作机构，共 12 个募款项目。

腾讯基金会将参与"月捐计划"的公益项目在腾讯公益网"月捐计划"网页中展示，号召网友支持公益项目。月捐平台的页面中，向网友展示了参与"月捐计划"的公益机构和公益项目，并为每个公益项目设置了"开通月捐"的快捷链接。用户可选择自己支持的公益项目，按照网页显示的月捐流程，利用自己的 QQ 号和财付通账户进行捐赠。

在此值得强调的是，财付通是腾讯公司创办的在线支付平台，天然地为"月捐计划"提供了资金流动渠道。财付通为所有的合作机构的特定公益项目开设专门的募款账号，每月定期将善款打入合作机构银行账户。相应的，合作机构向腾讯基金会出具收据。

月捐与一般性捐赠不同，强调公众对公益事业的长期关注以及对公益机构的长期支持，期望将参与公益融入公众的日常生活。腾讯月捐平台的建立以及月捐理念的推广在为公益机构带来直接的公众捐款的同时，潜移默化地让公益成为公众生活的重要元素。

二 "营销"公益——助力月捐理念推广

动员公众参与公益事业是公益机构的基本使命之一，公众募款应是公益机构获得资源的最重要途径。根据 GIVING USA 的数据，自 1955 年以来，美国慈善捐赠来源的结构未发生巨大变化，个人捐赠的比例为85%~90%，成为美国非营利机构最为重要的捐赠来源。① 而中国公募基金会至今仍未摆脱依赖企业法人等大捐方捐赠的困局。大多数人将此现象归因于中国公益土壤。何为公益土壤？公众对社会的关心、对公益事业的了解以及公益机构的公信力都是其中的重要元素。

2008年的贵州雪灾及汶川地震期间的爱心和援手都显示了中国人民并不缺乏对所生活社会的关心。但公益并不等于仅仅存在于人们的内心和脑海中的慈善和爱心，它需要并且等待被激发，公益需要行动。② 如何让爱心从人们的脑海中走出，成为行动，是公益机构的责任。而月捐是公益机构动员公众长期关注公益，进行公众募款的最佳手段之一。

为实践自身责任，推广月捐理念，改善公益土壤，腾讯基金会首先利用商业营销方法，通过广而告之、营销推广两大策略开始推广月捐计划。腾讯基金会借助腾讯公司的优势资源，首先在其广大QQ用户中广而告之月捐理念和公益项目；其次在商业促销的概念下，利用腾讯公司的产品对用户的吸引力，增加"月捐计划"的附加价值，吸引用户体验。

广而告之。公益事业在中国起步较晚，因此目前并不被人熟知，普通公众很少了解第三部门、公益组织、承诺性捐赠等概念。因此推广月捐的第一步是广而告之，让公众认识公益、认识月捐。腾讯公司以QQ为中心，利用腾讯公司核心资源，除在腾讯公益网中设置"月捐计划"专属页面外，还通过QQ弹框、QQ系统消息、QQ聊天页面、腾讯微博等以信息推送的方式向广大网友宣传"月捐计划"，并在QQ新闻、QQ秀入口等设置快捷链接，使网友可以直接点击进入"月捐计划"网页，了解"月捐计划"。

"月捐计划"是建立在公益机构的公益项目的基础上的。因此，除宣传"月捐计划"外，还需向网友宣传参与"月捐计划"的公益项目。腾讯基金会在"月捐计划"的专属网页中向网友展示参与"月捐计划"的公益项目，明确告知公益项目的执行机构、受助群体、运营方式等，以便让公众了解"月捐计划"所支持的公益机构和公益项目。

---

① James R. Norvell, Thomas J. Reynolds, the Art & Science of Philanthropic Fundraising (Denver, Quantum Press LLC, 2003), pp. 88-89.

② James R. Norvell, Thomas J. Reynolds, the Art & Science of Philanthropic Fundraising (Denver, Quantum Press LLC, 2003), p. 6.

促销。斯科特·菲茨杰拉德（F. Scott Fitzgerald）认为，将非营利机构的竞争对象局限在非营利领域内是一个严重的错误，在公众募款方面，非营利机构需要和捐款者的家庭、朋友、娱乐、工作、购物等展开竞争。① 腾讯基金会在推广"月捐计划"的过程中也面临着上述问题。

在让公众认识"月捐计划"以及"月捐计划"背后的公益组织及公益项目后，如何让公众选择参与"月捐计划"，并长期参与"月捐计划"是腾讯基金会要解决的重要问题。正如腾讯基金会孙懿所说："如何让网友放弃每月买饮料的钱、买腾讯其他付费产品的钱，而选择参与月捐计划是我们要解决的问题……"为此，腾讯基金会利用腾讯公司产品开始了"营销"公益的过程。腾讯基金会以腾讯公司产品为基础，为参与"月捐计划"的网友设计了爱心图标、月捐徽章、"爱心果"礼包以及公益成长体系等礼品。采用向网友赠送上述QQ产品的方式，增加"月捐计划"的附加价值，吸引网友关注并体验"月捐计划"。

（1）爱心图标。参与"月捐计划"的网友在开通"月捐计划"并成功完成第一个月的10元捐款后，其QQ迷你资料卡图标的首位将自动点亮爱心图标。腾讯公司的用户多为青年及少年群体，QQ为他们构建了虚拟网络社区，搭建了免费互动和社交平台，在这个虚拟的社区或平台中，唯一的身份识别即QQ号码，因此与QQ号码捆绑在一起的一些标志变得十分重要，例如代表QQ等级的太阳图标、代表网友虚拟形象的QQ秀。象征爱心的爱心图标相比以往的标志，更加能够凸显网友的个人特征。

（2）月捐徽章。月捐徽章与爱心图标性质相似，同样是附加在网友身份上的一种标识，但区别是月捐徽章的门槛相对较高，并有等级之分。参与"月捐计划"，并连续捐赠3个月的网友可以拥有公益月捐徽章，并根据参与月捐的时间长短得到不同级别的徽章（月捐6个月领取的是金质徽章，月捐3个月领取的是银质徽章）。该徽章能在个人聊天面板上展现。月捐徽章的设计不仅增加了"月捐计划"对于网友的附加价值，还能够激励网友延长参加"月捐计划"的时间。

（3）"爱心果"礼包。2009年，腾讯公司开发的应用类游戏QQ农场风靡一时。爱心果礼包即在QQ农场的基础上，专为"月捐计划"开发的

---

① James R. Norvell, Thomas J. Reynolds, *the Art & Science of Philanthropic Fundraising*（Denver, Quantum Press LLC, 2003），p. 13.

产品。凡参加"月捐计划"的爱心网友，都可根据月捐的月数的不同，领取 QQ 农场独家奉献的"爱心果"礼包 1 份（月捐 1 个月，获得小礼包，包括爱心果种子 6 颗，农场爱心装扮 1 套；月捐 2~3 个月，获得中礼包，包括爱心果种子 12 颗，可赠送的爱心果种子 6 颗，农场爱心装扮 1 套；月捐 4 个月，获得大礼包，包括爱心果种子 18 颗、爱果果幼崽 1 个、可赠送的爱心果种子 12 颗；等等）。这些礼包中不仅包含可自己耕种的爱心种子，还包含可赠送给好友的爱心种子。此产品的开发在激励网友参加并延长"月捐计划"的同时，通过网友间爱心种子的赠送，提升"月捐计划"的知名度。

（4）公益成长体系。公益成长体系包含 8 个阶段，阶段标志将随爱心积分的增长而变化，对应公益成长的 8 个阶段。成长标志位于迷你资料卡的图标的首位。网友的爱心积分由特定的计算公式算出。爱心积分与参与月捐的月份成正比。公益成长体系旨在激励网友长期参与"月捐计划"。

上述奖品除了能够增加"月捐计划"的附加价值外，其设计都以满足捐赠者的心理感知为核心，满足网友在虚拟社区中向外展示自身有爱心、有责任的正面形象以及获得社会尊重和认可的心理需求。

三 信息透明——推动公益机构公信力

扩大"月捐计划"的知名度，增加"月捐计划"的体验价值，仅仅是吸引公众参与"月捐计划"的第一步。然而，月捐的重点在于公众对公益机构或公益项目稳定而长期的支持。如何使公众将公益的元素融入生活，成为一名真正的月捐计划成员，是腾讯基金会推广月捐理念、改善公益土壤旅程最重要的环节。

根据捐赠者决策模型（见图 1），捐赠者往往根据公益机构或公益项目的属性特征以及参与公益能够带来的功能性、心理及个人价值观上的感知，做出是否捐赠的决策。因此，月捐的推广需要让公众充分了解公益组织、公益项目，并让公众感受到参与月捐的效果，从而让公众认可、信任并最终支持公益组织或公益项目。这是一个不断升级、进阶的过程，捐赠者慢慢由商业赠品驱使的、一时感动促发的捐赠，变为理性的捐赠。而这一切的关键在于公益机构、公益事业向公众展示的公信力。

对公众来说，支持公益或直接进行捐赠，最关键的是对受赠机构的信

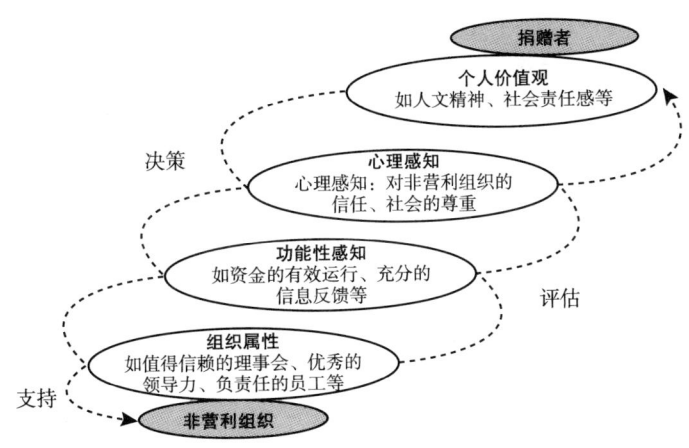

图 1 捐赠者决策模型

资料来源：James R. Norvell, Thomas J. Reynolds, *the Art & Science of Philanthropic Fundraising* (Denver, Quantum Press LLC, 2003), p.21。

任。公益机构如果没有值得信赖的公信力，承诺性捐赠难以持续。香港乐施会赋予参与月捐的公众一个亲切的称号"乐施之友"。乐施会的服务队会通过通讯、信件、MSN、聚会、发布年报等方式与"乐施之友"保持日常联络，提供查询、更改资料等服务。此外，每一个财年，乐施会的年报也要在网站公布，一旦有为紧急救援所进行的临时募捐，他们也会通过媒体和网站向募捐者做出汇报，让那些临时捐款者充分了解自己的捐款去向何处，发挥了何种作用。公信力，特别是对于平民慈善来说，是最关键的生命力，它是保证平民慈善可持续发展的动力。

毋庸置疑，腾讯基金会所借鉴的商业推广手段的确有助于吸引网友体验"月捐计划"。然而，即使奖品存在等级设计，有助于激励捐赠者延长月捐时间，但让捐赠者真正长期地关注"月捐计划"，还要依赖"月捐计划"为捐赠者带来的实际效果。正如捐赠者决策模型所示，参与捐赠为捐赠者带来的功能性、心理层面、价值观层面上的感知是捐赠者评估是否支持公益机构的重中之重。腾讯基金会深知捐赠者感知的重要作用，因此与参与"月捐计划"的公益机构合作，利用自身网络技术，主打"透明消费"的口号，建立了完善的信息反馈机制，实现了"月捐计划"的善款使用透明以及公益项目实施效果的及时反馈，从而让捐赠者全面了解自己参与公益事业为社会带来的贡献，并逐渐在捐赠者心中建立"月捐计划"本身以及参与"月捐计划"的公益机构的公信力。

"月捐计划"信息反馈机制主要由月捐成果动态展示、公益项目月捐报告、捐赠者个人中心、捐赠者发票申请等四大部分组成。

（1）月捐成果动态展示。在腾讯公益网网络捐赠的首页上方，腾讯基金会实时向公众展示网络捐赠平台的成果，包括自平台开通之日起募集善款的数额以及参与月捐的网友人数。根据腾讯公益网披露的数据，截至2012年11月27日，共有1343052人开通月捐，共募集善款49040600元。各公益项目的募款效果如表1所示。

表1 各公益项目募款效果

合作机构	募款项目	募款起始时间	募款金额（元）	参与人数（个）
深圳壹基金公益基金会	网圆童梦——壹基金困境儿童关怀项目	—	11113065	321334
爱德基金会	网助成长——e万贫困孤儿助养行动	—	12605161	344736
中国绿化基金会	网护森林——高黎贡山保护行动	2011年12月	368477	30946
中国绿化基金会	网添绿色——幸福家园生态扶贫全民行动	—	4153188	112698
中国扶贫基金会	网汇真情——爱心包裹贫困地区学生圆梦行动	2011年5月	637858	24324
中国扶贫基金会	网织希望——为饥饿儿童送营养行动	2011年11月	1477306	94496
中国红十字会嫣然天使基金	网捐嫣然——唇腭裂儿童救助行动	2011年7月	751044	49830
中华健康快车基金会	网聚光明——贫困白内障救治行动	2010年12月	1914510	89881
中国儿童少年基金会（腾讯网友爱心基金），爱佑华夏慈善基金会	网救童心——先天性心脏病儿童救助行动	—	6865006	185390
上海真爱梦想公益基金会	网筑梦想——乡村学生梦想书屋建设行动	2011年6月	992668	56640

说明：时间截至2012年4月。—：缺少数据。
资料来源：腾讯公益网。

由于各公益项目与"月捐计划"合作募款开始时间不同，因此募款效果不能仅依据总募款额判断。根据与腾讯公益网员工访谈得知，在参与"月捐计划"的所有公益项目中，受助群体为儿童类的项目募款效果相对较好。可见，在动员公众关注公益事业时，需要考虑公益项目与公众价值观的契合程度，也就是捐赠者决策模型中评估标准的最高层——公众对公益机构或项目在个人价值观层面的感知。

月捐的主要特征在于捐赠者对公益事业的长期关注。如前所述，"月捐计划"的捐款渠道为腾讯公司在线支付产品——财付通。财付通仅是一种网上支付工具，并非个人银行账户，因此很难保证有固定的现金流入。且网友拥有随时终止"月捐计划"的自由，因此参与"月捐计划"的捐赠者存在并非真正进行长期捐赠的情况。尽管如此，腾讯月捐平台仍是中国公益领域推广承诺性捐赠理念的先驱，是最成功的利用承诺性捐赠推动公众募款、培养公众公益习惯的案例。

（2）公益项目月捐报告。为实现信息透明，腾讯基金会要求参与"月捐计划"的公益机构至少安排一名工作人员负责"月捐计划"中的信息反馈工作。公益机构每月必须向腾讯基金会提供公益项目月捐报告，腾讯基金会将其在各个公益项目的专属页面中发布。月捐报告主要包括共募集善款数量、参与捐赠的人数、本月募集善款的数量、本月参与捐赠的人数、公益机构收到腾讯公益基金会从财付通处转入的善款收据、善款的使用信息以及项目进展（附有图片）等信息。腾讯基金会会在页面中保存尽可能多的公益项目月捐报告，供网友查阅。除在网站上统一公布月捐报告外，腾讯基金会还会定期将与捐赠者相关的公益项目报告直接发至捐赠者的QQ邮箱。

（3）捐赠者个人中心。除公共信息发布平台外，腾讯基金会还为参与"月捐计划"的网友设立了捐赠者个人中心。捐赠者可以凭借个人QQ账号进入中心，查询自己的捐赠信息以及与自己捐赠相关的公益项目财务报告和项目进展信息，并可以办理停止月捐。除此以外，月捐徽章、公益成长体系的标识等也将在捐赠者个人中心显示。

（4）捐赠发票。捐赠人在捐赠成功后，可以根据各募款机构在腾讯公益网中公布的程序申请索取发票。从网友评论中可以看到捐赠者对此项服务十分满意，更有很多捐赠者表示经常索取发票会造成资源浪费，建议机构发放电子收据。

"透明消费"的理念让腾讯公益网为"月捐计划"设计了完善的信息反馈系统，从而使捐赠者充分了解积极参与公益事业对于社会的实际意义，使捐赠者建立对"月捐计划"及参与劝募的公益机构的信任，这种公信力为

"月捐计划"吸引并留住越来越多的捐赠者。腾讯基金会的孙懿说:"一个网友在给我们的信中写道,一开始他的确是因为想得到奖品才开通了月捐,但是在收到各类月捐反馈信息后,他真正意识到月捐意味着什么,月捐的意义是什么,之后便决定继续参加月捐……"

四 "月捐计划"的公益启示

"月捐计划"对于公益行业的意义并不仅仅在于为公益机构搭建了免费的募款平台,为所合作的公益机构募得了善款,"月捐计划"也引发我们进行反思。腾讯公司及腾讯基金会深入思考中国的公益现状,意识到中国并不缺乏爱心,而是缺乏孕育公益的方式。腾讯意识到公众的力量,试图培养公众参与公益事业的意识和习惯;它意识到承诺性捐赠的优势和意义,并利用自身优势实践推广;它也意识到透明对于公益的重要性。

承诺性捐赠的意义。承诺性捐赠对于公益机构的意义始于公众对于公益机构的重要性。由于公众捐款单笔数额低、动员成本高、管理难度大,造成很多公益机构望而却步,因此导致了现存的以企业法人等大捐方为主要募捐对象的主流募款模式,公众被有意无意地忽视了。其结果,使公众丧失了参与公益事业的机会,强化了大捐方的话语权,也限制了公益机构的自主性。然而,公众募款尽管单笔捐款的数额低,但积少成多仍是一类巨大的公益资源。美国的公益领域公众捐款占85%~90%即最好的证明。而且,对于公益机构来说公众的认可和信任是其机构生命力的根本保证,此外,最为重要的是动员公众参与公益事业,培育中国的公益土壤是公益机构的基本使命之一。"股神"巴菲特说:"每个个体对慈善的态度将推动建立一个更好的社会。当更多的人投身到一个社区的微小慈善事业中时,这个进程所蕴涵的精神力量是巨大的,而且随着时间的推移,这种精神力量也将改变整个社会的行为风尚。"

承诺性捐赠是进行公众动员的最佳方式。对于公益机构来说,公众募款的最大问题是耗时、费力且募款金额少。而承诺性捐赠能够改变公众劝募募款成本高的缺点,通过公众对公益机构长期的关注和支持,为公益机构带来长期稳定的捐款来源和公众基础。公益机构还可借助开发承诺性捐赠的过程,建立自己的客户数据库,为长期的公众募款奠定基础。即使如此,对于公益机构来说,迈开推广承诺性捐赠的步伐仍然不易,因为承诺性捐赠自推广直至拥有广泛的公众基础，需要一个缓慢而扎实的过程。公益机构应该用长远的眼光看待机构及公益事业的发展，将承诺性捐赠的推广提上议事日程。

透明的力量。如捐赠者决策模型所示，公众是否选择支持公益机构取决于对公益机构本身属性、捐赠的功能性、心理层面、价值观层面效果的感知。公益机构只有通过实际行动让公众了解机构优势，体会参与公益的意义，才能够获得捐赠者的支持。而以上所有的一切都源于透明。透明意味着公益机构能够使公众了解机构的方方面面，特别是捐赠资金的使用情况以及公益项目的执行情况。

（1）利用多元手段宣传机构。获得公众支持的第一步是让公众认识自己，因此公益机构应尽其所能宣传自身机构，让公众充分了解公益机构使命、战略、组织架构、业务范围、对社会的贡献等。

（2）信息反馈机制。建立完善的信息反馈机制，对公众实现财务、项目执行、项目效果的全透明，让公众可以以最便捷的手段了解到自己捐款的用途和达到的效果。其实，对于公益机构而言，公众是委托人，公益机构理应对其实现信息的全透明。透明是公益机构应尽的基本义务，也是公益机构塑造公信力的唯一渠道。但透明并不是简简单单的宣传和信息反馈，透明的背后是公益机构对高尚的价值观、强烈的责任感及高效的执行力的追求。因此，公益机构在面对缺乏公众基础的困境时，不应埋怨公众爱心的缺乏，而应当从自身做起，利用透明的力量，塑造自身公信力，让公众意识到公益机构的价值以及参与公益事业的意义。

公益机构的使命。公众的作用、承诺性捐赠的意义以及透明的力量都是"腾讯月捐计划"带给公益领域的启示，然而笔者认为"腾讯月捐计划"对于公益领域最大的价值在于向公益机构展示了责任感和思考的力量。

在公益备受关注的今天，公益机构在公益领域中引领者和开拓者的角色逐渐弱化，大型公募基金会依赖企业法人等大捐方，墨守成规，缺乏创新开拓精神。相反，商业的力量在企业社会责任的浪潮下，以其强大的创新力量、高效的执行团队，不断地向公益领域注入新鲜血液，推动着公益事业的发展。

腾讯基金会是腾讯公司践行企业社会责任，达成"成为最受尊敬的互联网企业"愿景的主要方式。在腾讯高层的带领下，腾讯基金会将腾讯公司的核心优势与中国公益事业的发展相结合，不断地思考中国公益事业存在的问题，寻找着自身的定位以及充分发挥自身作用的方式。"月捐计划"即腾讯公司及腾讯基金会经过思考，为推动公益事业发展所做出的努力。

公益机构应当承担起自身使命和责任，关注公益领域存在的问题，学会思考，努力成为公益领域的领导者，并借助其他领域的力量和资源，推动公益事业不断向前发展。

政府 – NGO 合力破解留守儿童困局

2010 年，为深入实施共享蓝天关爱农村留守流动儿童行动，推动家庭教育工作深入开展，全国心系列活动组委会等机构联合开展了"心系好儿童"关爱农村留守流动儿童家庭教育系列活动，并发布《农村留守儿童家庭教育活动调查分析报告》。报告显示，目前，全国农村留守儿童约 5800 万，其中 14 周岁以下的农村留守儿童约 4000 多万。近三成留守儿童家长外出务工时间在 5 年以上。①

其中六成以上儿童支持父母外出务工，而且父母外出务工的时间对留守儿童的态度有一定程度影响，父母外出务工的时间越短，留守儿童持反对意见的越多，这说明留守儿童对父母外出打工有一个逐步适应的过程。另外，家庭亲情团聚率低，父母与孩子沟通不足的问题十分普遍。"爸爸昨天晚上才回来，今天一早他又要出门。我真舍不得他走，但是他要挣钱来养我们，还要供我们读书……有一辆客车来了，爸爸就走了……我心里很想爸爸……以后，即使我们睡到大天亮也不会再有人叫我们了。这一回，爸爸可是要到过年才回来，我会很想爸爸啊！"②

八九岁的孩子，本应在父母的呵护下享受无忧无虑的童年生活，但是对于中国农村地区千千万万的留守儿童来说，生活的苦难早已像黑夜的手无声地伸进现实。爱的缺失，现实的残酷，让他们不得不用自己稚嫩的双肩扛起生活的重担。就像《中国留守儿童日记》里所描述的那样，留守的孩子要上学，要照顾年幼的弟妹，要做家务，甚至还要下地干活，而最重要的是在

---

① 《忽视素质教育　留守儿童家庭教育背后的隐忧》，《中国妇女报》2010 年 10 月 12 日，http://acwf.people.com.cn/GB/99050/12929069.html。
② 摘自杨元松《中国留守儿童日记》，江苏文艺出版社，2011。

这一切体力劳动背后的心灵的凄苦,在最需要父母的年纪里,他们独自成长。

目前,留守儿童问题已引起社会各界的广泛关注,不论是政府、企业还是第三部门都采取了积极有力的措施来解决这个问题,但是效果不甚理想。本报告对留守儿童问题产生脉络进行梳理,厘清问题产生的深层次原因,并深入细致描述现实中各方主体的做法,通过对两个案例的深入分析,探索可推广借鉴的公益之路,以期为解决这个问题提供一点有益的参考。

一 留守儿童之困

留守儿童是指父母一方或双方外出务工而需要留守在户籍所在地,由他人照顾的处于义务教育阶段的儿童。

20世纪80年代初农民工大量进城,为留守儿童问题的出现埋下伏笔,经过将近十年的发展,"386199部队"这个大家耳熟能详的戏称随之出现("38"即妇女节指妇女,"61"即儿童节指儿童,"99"即重阳节指老人,合起来就是"三留守"问题)。但在那个时期,人们的注意力还是放在农民工进城给城市等流入地带来的影响以及进城农民工和流动子女的权益上。而在流出地,由于外出打工给农村家庭带来了一定收入,给地方带回一些资金,还洋溢着"外出一人,脱贫一户"的乐观气氛,外出的收益一定程度上遮蔽了农村正在出现的问题。虽然许多调查已经涉及农村的负面问题,比如城乡收入差距持续扩大和农村贫困问题、公共服务匮乏问题、"三留守"问题、农村儿童辍学和新的"读书无用论",等等,但总体来讲,对这些问题的关心还主要局限在"农口"和"教育口"等政府部门和研究者,没有进入高层和全社会的视野。直到2000年,原湖北省监利县棋盘乡党委书记李昌平上书国务院,提出"三农"问题,引起国务院高度重视,并且牵扯出农村义务教育问题时,留守儿童作为一个"新"的群体才浮出水面。

2004年5月底,教育部基础教育司召开了"中国农村留守儿童问题研究"研讨会,这次研讨会标志着留守儿童问题正式进入政府的工作日程,成为对留守儿童问题报道、研究和干预"升温"的重要推力。会议指出,流动、留守儿童是"三农"问题的副产品,而长期以来我国的城乡二元结构体制是"三农"问题的最大障碍,农村留守儿童教育问题也受制于此。此番话点出了对留守儿童关注"升温"的背景。这次会议前后,教育部基础教育司委托了几家研究机构和高校组成课题组,分别在各地调研留守儿童情况,这些调研报告成为最早,并被频繁引用的一批留守儿童研究的文献。在此之后,农村留守儿童研究不断深入,研究的范围从在校教育发展到家庭教育和其他社会教育,从学习问题到心理、行为、安全、监护类型,以及留守儿童的群体特征和人口特征等;媒体的文章更是犹如井喷,其带有悲情色彩的报道特别牵动人心。经过20年的沉默,农村留守儿童成为备受关注的群体之一。[①]

留守儿童处在义务教育阶段,年龄非常小,他们要么仅由在家的单亲(一般为母亲)看护,要么被留给祖父母、兄弟姐妹、亲戚、邻居等父母之外的其他人代为照料,无法享受到家庭正常的抚养、教育和爱,儿童权益受到了严重的侵害。不仅如此,由于存在家庭教育缺陷,健康和安全难以得到保证,有的留守儿童从小就染上了诸多不良的社会习气,有的则因心理长期压抑而导致了行为的偏差或性格的扭曲,部分甚至成为让人难以置信的一系列"恶性事件"的主谋者或被害人。[②] 概括起来,主要有四大问题引人关注。

健康问题

首先,由于没有父母照顾生活和引导,部分留守儿童营养严重不足,生长发育得不到保证,身体健康受到很大损害。留守儿童多为隔代监护,彼此都缺乏必要的营养意识与营养知识,使得大多数留守儿童营养不良。其次,父母不在,留守儿童就要承担起本不属于他们那个年龄所应承担的家庭重担,如做家务,照顾年幼的弟妹,有的甚至还要下地干农活,沉重的生活负担严重影响了留守儿童的生活质量。再次,义务教育阶段的儿童正处在身体和心理发生重大变化的年龄段,一些生理期的变化由于没有父母亲的指导,容易导致孩子惊慌失措或是处理不当,造成终身的遗憾。

一项调查显示:留守儿童中父母都外出打工的占81.25%,有70.35%的留守儿童由祖父母或是外祖父母照顾,和兄弟姐妹生活或独立生活的占22.22%,而父母半年回家一次的占25.93%,一年回来一次的也是25.93%。祖父母、外祖父母很多都年老、体弱多病,本身都需要别人的照

[①] 谭深:《中国农村留守儿童研究评述》,《中国社会科学》2011年第1期,第138~150页。
[②] 叶敬忠、王伊欢、张克云、陆继霞:《对留守儿童问题的研究综述》,《农业经济问题》(月刊)2005年第10期。

顾，而现在他们又要担负照管孩子的重任，很难满足留守儿童衣食住行的需要。36.67%的留守儿童表示他们"经常吃不饱、睡不好"。①

由于家庭结构不完整，很多留守儿童的身心发育极其不平衡。比如跟随母亲长大的孩子由于父亲长期不在身边，就可能缺少阳刚之气。而父母均不在身边的孩子更是由于亲情的缺失，缺少情感沟通与疏导的渠道，情感和心理问题得不到及时解决，一些留守儿童不同程度地存在性格缺陷和心理困惑，心理极度不健康。

一项历时五年的跟踪调查也表明，农村孩子的心理障碍和行为异常比例高达19.8%，远高于城市孩子的8%，这其中，55.5%的留守儿童表现为任性、冷漠、孤独和内向。他们对待批评教育，往往采取逃学、游逛甚至离家出走的过激行为应对。②

教育问题

教育问题主要分为两个方面：家庭教育和学校教育。父母在外打工，祖父母或外祖父母普遍文化水平不高，留守儿童儿童的家庭教育基本空白。另外，由于家长不能对孩子的学习进行有效的监督和辅导，一些留守儿童的自觉性不高，消极学习的现象和思想很严重，有的还产生厌学情绪，导致学习成绩下降，严重的甚至逃学或辍学。留守儿童在学校由于思念父母或是担心家事无人照料，上课时精神不集中。有了问题不能及时跟老师和同学沟通，导致学习劲头不足，学习成绩很不理想。

留守儿童学习成绩及初中教育的在学率都低于正常家庭儿童，中国人民大学人口与发展研究中心的研究显示，进入初中阶段以后，留守儿童在校率大幅度下降，14周岁留守儿童的在校率仅为88%。孩子的精力不放在学习上，自然就要在其他方面加以消耗，于是其行为开始出现偏差，各种超越道德、规则的行为开始在孩子身上出现，而监护权的缺失是造成留守儿童学习不好的直接原因。③

道德问题

父母不在身边，留守儿童的监护人不管是祖辈还是其他亲朋好友，都将

---

① http://www.doc88.com/p-983399529824.html。
② 马娥：《农村留守儿童困境与出路》，《教育与教学研究》2011年3月第25卷第3期。
③ 张亚明：《农村留守儿童的问题与建议》，《科技向导》2012年第2期，第21页。

其临时监护责任理解为让孩子们吃饱穿暖、不出事，而忽视了儿童身心健康和人格的教育，造成留守儿童道德教育的缺失，以致一些留守儿童的行为习惯和道德品质很差，甚至于缺乏是非观念，违法违纪案频频发生。

福建师范大学教育学院的刘俊指出，留守儿童存在的道德问题主要有四个表现：一是道德情感偏差。指的是留守儿童与父母长期分离，无法进行正常的情感交流，无法获得直接的情感体验，难以形成健康的道德情感品质，在正常的道德情感方面表现出诸多偏差。二是道德认识混乱。班杜拉认为：从对父母的言行模仿中，儿童会逐渐建立起正确的是非判断和价值观念。留守儿童与父母长期分离，缺少模仿的榜样，导致他们分不清楚是非黑白，容易产生认识误差。三是道德行为失范。心理学家认为同伴群体也是影响儿童道德发展的重要因素，不良的同伴群体是儿童过错行为的诱因。留守儿童缺少父母的道德引导，不良的同伴影响概率就会大大增加。四是道德意志薄弱。心理学家认为，儿童的自我控制能力是在个体与环境相互作用中发展形成的，道德意志是个人把道德行为付诸实践的关键因素。留守儿童长期与父母分离，缺乏父母正确的引导，再加上留守儿童祖辈代养人的疏于管教与溺爱，造成留守儿童道德意志薄弱，是非辨别能力差，自律和自制力不强。

安全问题

近些年，发生在留守儿童身上的各种悲剧事件，一直是整个社会的痛：2008年7月湖南省涟源县遭遇一场特大洪灾，12名儿童死亡，其中11名是留守儿童；2009年11月，广西贺州鞭炮黑作坊爆炸，11名被哄骗来的留守儿童受伤；扶风县5名小学生相约自杀，其中4名是留守儿童。2012年5月，震惊全国的宜春5名留守儿童溺亡事件再次触动了我们脆弱的神经，也突破了留守儿童安全防范的底线。[①] 一对年迈的老人要抚养6个孙子孙女，根本就是力不从心。再加上孩子年龄小，结伴下河游泳发生危险没有能力自救，而村子里的年轻人大都外出打工，出现险情一时找不到人来救，5个天真可爱的孩童就此命丧水中，家人悲痛欲绝。如果孩子生活在父母的身边，这样的悲剧很可能就不会发生。

留守儿童存在安全隐患可以归结为三类因素：一是自我保护能力差。留守儿童普遍年龄较小，他们自我保护意识淡薄，安全防护能力有限，容易受

---

① http://www.jxnews.com.cn/zt/system/2012/05/24/011991048.shtml.

到拐骗、打架、抢劫、交通事故、溺水、小病拖成大病等伤害。二是监管不力。孩子的父母远在他乡，老一辈没有精力管，其他人没有动力管，致使留守儿童受伤害事件时有发生。三是留守儿童自己行为失控导致安全问题。前面提到很多留守儿童都存在不同程度的心理问题，他们极易产生过激行为，比如离家出走、打架斗殴等，在伤害别人的同时也使自身受到伤害。

二 留守儿童问题根深蒂固

留守儿童问题主要源于我国当前社会经济发展过程中的劳动力配置模式。

改革开放30多年，中国的经济获得高速发展，但是城市经济高速发展的同时农村经济却严重滞后。优先保障城市发展的政策导向，使得农民工大量进城，为城市提供大量廉价的劳动力，中国城市得到了高速发展。由于农村生活贫困，孩子的父母不得不背井离乡到城市里寻求更大的发展；户籍制度限制，使得他们没有能力带着孩子一起进城。留守儿童问题就这样产生了。

西北大学公共管理学院副院长梁忠民教授指出："如何有效地促进统筹城乡发展，关键在于城市带动，让更多的农村劳动力和农民进入城市，让更多的资金技术人才流向农村。统筹城乡发展的工作重点是加强城市与工商企业的就业能力，把工作重点和财政收入进一步向农村倾斜，建立健全城乡一体的就业和社保制度，促进城乡教育、卫生、文化资源均衡配置，用公共服务均等化促进城乡统筹发展；城乡经济社会管理一体化，让更多的农民走专业合作社的道路；有针对性地推进各项制度创新，当前重点抓好农村土地流转、公共财政体制、金融体系、社会保障、环境保护、基本公共服务均等化、户籍管理、失地农民社会保障八项制度建设，用健全的制度体制保障城乡统筹发展。"①

由于户籍限制，农民工的子女在城市的学校上学基本上是不可能的，即使有学校接收，其父母也很难承受高额的费用。而城市中那些面向农民工子女的学校基本上都是民间兴办的，其教学质量不仅无法和城市学校相比，也

---

① 延长县人民政府门户网站，2011年7月12日，http://www.yanchangxian.gov.cn/content.jsp? urltype = news.NewsContentUrl&wbnewsid = 11545&wbtreeid = 1033。

无法和农村学校相比。教育的失调与不公，与户籍相配套的各种权利（居住权、医保等福利权利等）的缺失构成了留守儿童进城与父母共同生活的最大障碍。①

管理缺位和社会保护的缺失，使留守儿童的基本权利诸如生存权、受保护权等缺乏有力的保障。由于缺乏有效监管和社会保护，留守儿童对突发性事件几乎没有应变和自救的能力，引发了许多留守儿童溺水、触电、车祸、自杀等意外伤亡事故，以及被人贩子拐走的事情。更有甚者，一些不法分子趁机对留守儿童家庭实施不法侵害，包括入室盗窃时打伤留守儿童，对留守女童进行猥亵、诱骗，企图拐卖留守男童等。

监护人监护不周导致一系列问题。留守儿童多为隔代监护，监护人普遍存在年迈、知识水平不高、与留守儿童有代沟等一系列问题，在监护人精力有限的情况下，留守儿童很容易发生危险或意外。另外，由于祖辈普遍疼爱孙辈子女，监护过程中多有溺爱，只求孩子能吃饱穿暖，对其学习、道德品行等方面则少有顾及，造成留守儿童学习成绩下降，道德约束缺乏，心理问题不能得到及时疏导。另外一些孩子则完全是自我监护，年龄大的带年龄小的，处境之艰辛可想而知。②

显而易见，留守儿童问题是根深蒂固的问题。要从根本上解决这一问题，目前 NGO 及其他社会力量几乎无能为力，但是，这并不意味着 NGO 及各级政府没有补救的措施。

三 单方力量难解留守儿童问题之困

问题产生的原因是多种多样的，那么解决问题也应该从多个层面着手。政府和 NGO 各自发挥自身的优势做了很多努力，但问题仍然存在。

1. 政府局限性

政府层面可以高屋建瓴地解决留守儿童问题，包括三农政策的引导、法

---

① 樊宇明：《农村"留守儿童"还要守望到什么时候》，人民网，2007 年 11 月 12 日，http://acwf.people.com.cn/GB/99061/102368/102383/6517420.html。
② 孔维勇、暴士璇：《论中国农村留守儿童形成根源与解决机制》，《广东农业科学》2009 年第 12 期，第 266~268 页。

律制度的完善、财政资金的支持等。比如，大力发展乡镇企业，让农村劳动力不用远离家乡到城市务工；提高务农人员的收入水平，改善农村居民的生活条件；逐步落实农村基层社会保障，解决农民的医疗、养老和教育等问题；改革户籍制度，不让它成为阻碍孩子在城市入学的障碍；成立公办农民工子弟学校或是资助现有的民办农民工子弟学校，提高学校的教学质量；运用法律手段强制规定提高外来务工人员的基本工资水平；完善针对外来务工人员的社会保障体系，使得农民工能够享受与城市居民一样的社会福利；明确规定农民工的工作强度和时间，保障农民工的权益等。政府解决留守儿童问题所采取的措施大致可分为三类，即财政直接拨款、法律和政策支持以及直接提供服务（见表1）。

表1 政府解决留守儿童问题的举措

财政直接拨款	例:2011年启动农村义务教育学生营养改善计划,国家每年投入160亿元;2004~2007年,国家实施了西部地区"两基"攻坚工程,中央财政投入资金100亿元,专门用于西部未"普九"地区农村中小学寄宿制学校建设等
法律和政策支持	例:《国家中长期教育改革和发展规划纲要(2010~2020年)》,《中国儿童发展纲要(2011~2020年)》等
直接提供服务	例:建立"留守儿童活动中心",完善"代理家长制"等

（1）财政直接拨款。近年来，中央政府和各级地方政府逐步加大了对农村义务教育阶段孩子的财政投入力度，不论是改善他们的膳食营养还是修建寄宿制学校，切实提高了边远农村地区义务教育阶段孩子的生活和教育水平。但是，迄今为止，国家虽有很多针对困难学生的拨款措施，却没有一笔款项是专门针对留守儿童的，只是执行过程中能覆盖到部分留守儿童，解决其部分问题。留守儿童虽然是中国农村义务教育阶段贫困生的重要组成部分，但是却有其不容忽视的特殊性，他们不仅面临着缺乏营养、学习环境艰苦等这些农村地区普遍存在的问题，他们的心理、道德方面的困境同样是留守问题的重中之重，甚至在某种程度上是我们需要下大力气解决的重点。另外，中央政府以及各级地方政府的直接财政拨款虽然数额巨大，持续时间长，能够对受惠群体的困境起到立竿见影的改善作用，但是却很难面面俱到。就拿160亿元的营养改善计划为例，试点范围包括680个县（市）约2600万在校生，规模已经相当庞大，但无奈缺口更为庞大：教育部2010年统计数据，中国农村地区义务制教育阶段（包括小学和初中）在校生总数

已经超过7000万人。所以说政府的财政拨款虽然在不断加大力度，却还有相当数量的留守儿童没有享受到。

（2）法律和政策支持。《国家中长期教育改革和发展规划纲要（2010～2020年）》以及《中国儿童发展纲要（2011～2020年）》中虽然都明确提出要建立健全农村留守流动儿童关爱服务体系的目标任务，但纲要条款笼统、宽泛，应用到解决留守儿童问题的现实任务上不免有隔靴搔痒之感。此外，虽然根本解决留守儿童问题最终必然要走上法律这条道路，政策措施必须以立法的方式确定下来，但是立法无疑是一个漫长的过程，它需要不断地细化和完善，有了合适的政策规定还要逐级地摸索、推行，对于迫在眉睫的留守儿童问题并不十分给力。

（3）直接提供服务。直接提供服务主要指的是一些由当地政府牵头的为保护留守儿童权益所进行的具体的活动，包括创建"留守儿童之家""代理家长制"以及自助式的"留守小队"模式，等等。

"留守儿童之家"泛指一种由政府、妇联或是共青团组织发起的将农村留守儿童定期聚集在一起进行教育与关怀的活动形式。由政府部门投入资金，依托农村中小学或幼儿园开展建设。"留守儿童之家"配备有电脑、电话、电视机、书籍和其他一些文体用品，孩子们可以利用电脑和书籍等学习知识，利用电话与在外打工的父母进行亲情沟通。安徽、甘肃等地的"留守儿童之家"和团中央的"七彩小屋"等都是这种模式。

该模式由重庆南川鸣玉中学首创，并迅速在全市推广。具体做法是：成立留守儿童工作领导小组办公室，建立留守儿童信息库，每学期对其基本情况进行一次普查。然后，在自愿原则下，倡议和发动机关事业单位干部职工、村社干部、有帮扶能力的共产党员和社会各界爱心人士做留守儿童的代理家长。代理家长必须按照"三知、三多、三沟通"的家长职责和"五个一"的具体要求，主动履行家长义务，正确引导孩子成长。"三知"即知道留守儿童的个人情况、家庭情况和学习情况；"三多"即多与留守儿童谈心沟通，多参加学校学生集体活动，多到其家中走访；"三沟通"即定期与留守儿童父母、托管人、老师联系沟通；"五个一"即每周与留守儿童联系交流、辅导作业一次；每月与留守儿童父母、任课教师、托管人联系一次；每两月到留守儿童家中走访一次；每学期初制定一份帮扶计划书；每学期末撰写一份帮扶工作总结或教育经验文章。

安徽省肥东县的"留守小队"模式已被国家11个部委倡导为在全国推

广的留守儿童工作的重要模式之一,这是一种注重发挥农村留守儿童自我教育、自我管理的解决措施。其主要做法,一是组建少先队校外留守小队;二是为每个留守小队聘请1名少先队辅导员或志愿辅导员;三是组织开展丰富多彩的留守小队活动。肥东县团委、少工委在全县36个乡镇100多所学校进行试点,成立"留守小队"1100多支,依托少先队和学校的支持,每个"留守小队"都配备了专门的辅导员,90%以上的留守孩子都参与到"留守小队"的组织活动中。

直接提供服务是政府创新解决留守儿童问题的有益尝试,一般来说都是从一个地方发起,如果能够取得比较好的效果,各地就争相效仿,从而固定下来之后大范围地推广。直接提供服务无疑是政府"最接地气"的一项措施,它能够因地制宜地开展活动,但是同样存在着规范管理难、活动安全管理难、经费保障难的问题。

另外,直接提供服务多为政府依靠行政命令往下推进,它的可持续性就有待商榷。就拿"代理家长制"来说,政府规定机关内的党员都要充当当地农村留守儿童的家长,一开始代理家长们或许还能够比较好地履行责任,日子长了,当行政命令的威力减弱,又有多少代理家长能够像真正的家长那样时刻为孩子们送去温暖呢?因此,政府强制性的工作方式往往难以形成社会支持。

由以上的分析可知,政府虽然具备其他主体所不可比拟的财政、政策和法律方面的资源,可以大刀阔斧地干大事,但难免有局限性和疏漏。解决留守儿童问题是一件慢工出细活的事情,政府能力虽强,也难免百密一疏。

2. NGO局限性

NGO可充分发挥自身的灵活性、亲民性,因地制宜地为农民送去实惠,提供帮助,促进问题的解决。比如,参与社会管理,协同政府改善农民的日常生活;为农村带去创新理念和知识技术,引导农民自主致富;筹集资金办学或是资助现有的农民工子弟学校;组织志愿者定期或不定期到学校去与孩子们进行教学互动;进行公众倡导,引起社会各界关注从而推动问题的解决。我们可以将NGO针对留守儿童所做的工作分为四类:资金援助、技术信息服务援助、理念援助和宣传倡导(见表2)。

表 2　NGO 所做的努力

资金援助	包括资助型基金会和运作型基金会
技术、信息、服务援助	派驻社工，支教等
理念援助	创新的教育理念，因地制宜教育方法等
宣传倡导	借助电视媒体、慈善名人等，进行现状调研，产生民间报告

NGO资金援助最主要的来源是基金会。资助型基金会可以直接给钱，也可以通过项目形式对留守儿童给予资金帮助。比如在公立学校出资设立教育基金，对留守儿童进行帮扶或者奖励。运作型基金会可以直接创办小学校，为贫困地区的留守儿童提供就学机会。NGO在很多时候确实可以弥补政府资金短缺的困境，但是它的资金却没有保障，它需要不停地募捐筹款，因而资金援助难以保障持续性。以中国青少年发展基金会开展的希望厨房为例，一开始是卡夫食品冠名赞助，启动"卡夫希望厨房"项目，但是一家企业的能力毕竟有限，青基会又联系到九阳豆浆为希望厨房出资并启动"九阳希望厨房"项目。如果能继续找到肯出资的企业固然好，但是这种事情却不是人力可以左右的，因此如果找不到后续资助方，项目扩展面将受限。

另外，技术、信息以及理念的援助是NGO结合自身特点和当地情况，因地制宜地解决留守儿童问题的创新举措。既然要因地制宜，必然要取得当地学校、老师、学生以及外部环境的配合才行，这些事情单靠NGO往往难以解决。仍然以希望厨房为例。希望厨房是青基会募集善款在贫困地区满足一定条件的学校建设厨房，以提高孩子们的营养健康水平的一个项目。从希望厨房的投建、运行到孩子们吃上营养午餐完全由青基会独立完成是不可能的。它需要当地政府的配合，如出资将厨房建好，青基会的捐款负责采购厨房用具，然后由学校的老师或是聘请外部人员担任炊事员，这其中最重要的是要有政府的营养餐补贴款，否则再好的厨具也只能面临无米下锅的尴尬境地，只有多方合力，孩子们才能吃上热腾腾的营养餐。

宣传倡导也是NGO的优势之一，它们利用自身的影响力，联合大众媒介，能够使留守儿童获得更多的关注，从而推动问题的解决。但是，宣传倡导只是解决问题的前端，从根本上解决还需政府。

NGO在某些情况下确实可以弥补政府的不足，甚至监督政府的不力，但是单独行事却显现出乏力的征兆，虽能深入到基层，却在关键问题的解决上有心无力。

四 政府-NGO合力破解留守儿童困局

从以上的论述不难看出，在留守儿童问题被提出的过程中，主要有政府、研究人员、媒体和NGO在推动问题的解决。首先，经济发展过程中的劳动力的转移为留守儿童的出现埋下了最初的伏笔。这种"优先保障城市"的发展模式是改革开放以来政府所极力倡导的，因此若是从源头说起政府本该为此事件负责。然而在相当长的一段时间里，由于问题并没有引起足够的关注，导致政府长期角色缺位。研究人员和媒体本着自身的角色使命和人文关怀的精神对其进行了一定范围内的研究与报道，可是由于没有得到政府的响应以至于收效甚微。

一直到留守儿童问题引起政府高层的关注，针对这一问题的一系列的政策、措施和资源才逐步运转和到位，再加上媒体的大力宣传和研究报告的佐证，使得留守儿童这一长期被忽视的群体曝光于人前。可以说，政府是贯穿始终的一条主线，它的作用是其他任何主体都无法代替的。但是随着时间的推移，特别是在2008年汶川大地震之后，NGO凭借其灵活多变的服务形式以及高超的筹款能力逐渐走入人们的视野，承担起越来越多的责任。一些大型的公益组织比如中国青少年发展基金会等设计了很多针对留守儿童问题的服务项目，取得了阶段性的成果。NGO逐渐显现出其在解决留守儿童问题中的潜力。由此可见，任何单方努力都有其局限性，需要各方优势互补，同心协力共同解决留守儿童问题。

美国约翰·霍普金斯大学公民社会研究中心主任、全球有关非营利部门研究的最著名学者之一莱斯特·M. 萨拉蒙在其著作《公共服务中的伙伴——现代福利国家中政府与非营利组织的关系》中指出，目前流行的福利国家理论是人们对美国的政府与非营利部门关系产生误解的核心，它没有把政府作为资金提供者和监管者的角色与作为服务提供者的角色区分开来。由此让人们误以为，随着几十年来美国政府在社会福利方面支出的不断增加，出现了一个巨大的官僚制国家，替代了以前由其他社会机构履行的功能。

事实上，在美国的公共服务体系中，联邦政府更多是以资金提供者和监管者的角色，而不是以服务提供者的角色来出现的。在具体提供服务时，联邦政府大量求助于第三方机构——州、市、县、大学、医院以及行业协会等。政府与非营利部门之间的广泛合作，使得美国没有像欧洲福利国家那样,出现庞大的政府机构,而是在保持较小政府规模的情况下,有效地完成了政府的福利责任。

萨拉蒙通过经验观察否定了非营利部门的存在是为了弥补政府和市场以及合约的失灵,是满足人类服务需求的替代性反应机制这一命题。他注意到,非营利组织不仅出现在政府、市场或合约失灵的地方,在很多政府和市场运行得很好的领域,非营利组织同样很活跃。由此,作者把这些理论颠倒了过来。他认为,非营利部门并不是政府和市场的替代性满足机制,与此相反,政府是弥补志愿失灵的有效机制。正因为非营利部门和政府在各自功能上的优势和不足,二者才需要相互依赖和合作,精巧的第三方治理机制才得以在美国形成。①

但萨拉蒙提出的"政府是弥补志愿失灵的有效机制"的观点是不符合中国国情的。西方公益组织80%的收益来自政府拨款,他们受到政府的大力扶持,因而承担了提供多种多样的公共服务的责任。而中国的非政府组织尚处于起步阶段,资金主要不是来自政府的财政拨款,而是以企业或是个人的捐赠居多,因此力量十分薄弱。在中国,政府是提供公共服务的主体,只有它有能力这样做,NGO虽有心却无力。

传统福利经济学早就表明了政府存在的基础。由于纯公共物品具有非竞争性和非排他性,因而通过市场来提供这些物品,会导致它们供给不足,因为没有消费者会自愿为可以免费享用的产品付费。由于市场需求很少,生产者就会生产少于公众真正需要和向往的商品或服务。这种现象一般被称为"搭便车"问题("free rider" problem)。② 通过强调市场失灵、外在性、私人成本和社会成本的差异来支撑国家干预政策,是传统的福利经济学的主要观点。

而萨拉蒙在他的《公共服务中的伙伴——现代福利国家中政府与非营利组织的关系》一书中,同样提供了市场失灵/政府失灵理论来解释第三部门存在的基础。书中说,政府作为纯公共物品的生产者,也有着不可避免的固有局限。其中最重要的是,在民主社会中,它只生产能够获得大多数选民支持的集体物品的种类和数量,这就不可避免地在这部分社区留下了一些未得到满足的需求,他们对一些集体物品有需求,但不能获得社区大多数人的支持。之所以需要私人的、志愿的非营利部门,正是为了满足这些对集体物

---

① 〔美〕莱斯特·M.萨拉蒙:《公共服务中的伙伴——现代福利国家中政府与非营利组织的关系》,田凯译,商务印书馆,2008,第1~2页。
② 〔美〕莱斯特·M.萨拉蒙:《公共服务中的伙伴——现代福利国家中政府与非营利组织的关系》,田凯译,商务印书馆,2008,第1~2页。

品"未得到满足的需求"。

将萨拉蒙的理论应用到留守儿童问题就是，虽然留守儿童的规模越来越庞大，但是仍属于少数群体，他们有着自身的特殊利益需要满足，因为没有或者很少有代表其利益的人向政府部门反映他们的问题，因而政府的触角就触摸不到，在这个时候，NGO就可以发挥作用，弥补政府的缺位。

由以上的分析可知，政府和NGO都有其存在的基础，也都具有优势和不足，单打独斗总是不尽如人意，只有相互依赖和配合才是上上之选。在中国，我们虽不能认同萨拉蒙提出的"政府是弥补志愿失灵的有效机制"这一观点，但他提出的政府与第三部门优势互补理念却仍然是解决留守儿童问题的良策。下面我们就结合两个案例来探讨政府与NGO合作模式的合理性和有效性。

1. 政府挑头，NGO跟进

石泉县位于秦巴山区腹地，人多地少，经济社会发展相对滞后，是个劳务输出大县。石泉县义务教育在校学生2.46万人，留守儿童1.18万人，占在校生的48.4%（2011年3月6日数据）。

自2007年以来，石泉县切实将解决留守儿童问题纳入全县经济社会发展总体规划、党委政府重要议事日程和教育行政管理部门重点工作，明确县委、县政府为实施主体，县教体局为主抓单位，要求相关部门密切配合，动员社会各界广泛参与，扎实稳妥推进留守儿童教育管护工作。经过几年来的大胆探索和深入实践，通过建设"三大中心、四支队伍"等措施，广大留守儿童的成长环境得到全面改善，初步形成了"党政统筹、部门联动、学校为主、家庭尽责、社会参与、儿童为本"的"六位一体"农村留守儿童教育管护长效工作机制，在解决农村留守儿童问题、促进儿童健康成长方面取得了显著成绩，创造了丰富经验，其经验在全省、全国得到了推广，被专家誉为"石泉模式"。2010年1月，石泉县关爱留守儿童长效机制建设荣获"第五届中国地方政府创新奖"。政府各部门和社会各界的共同努力，使得石泉县留守儿童学习生活环境得以有效改善，身心得以健康成长，切实解决了务工家长的后顾之忧。

有记者在2008年采访石泉县县委书记邹顺生的时候，他指出："关爱留守儿童是一个公益性质的东西，必须由政府来推动。尤其是在贫困山区解决留守儿童问题，绝不能政府撒手，而依赖社会自行消化。""我们的留守儿童工作做到现在，面临的最主要问题还是钱的问题、人的问题。人的问题主要是少儿心理辅导老师奇缺，但是可以通过培训和招募志愿者等办法解决，但钱的问题解决门路少之又少。""目前,石泉留守儿童工作主要靠'社会力量+本级力量'。到今秋(2008年)开学,全县有12所留守儿童中心投入使用,投入800万元,县财政补贴300万元,其余资金都是世界宣明会、宋庆龄基金会以及慈善协会资助的,正儿八经的政府项目一个也没有。虽然这项工作好像跟劳动、民政、教育、社保等样样都沾边,但是争取项目时样样沾不上,没有'主'家。"

从邹书记的话中我们可以看出,留守儿童问题要政府挑头,NGO配合,而石泉县在实践当中也验证了这条道路的可行性。为了便于分析,我们就选取在石泉模式中发挥重要作用的陕西省宋庆龄基金会作为NGO的代表来分析石泉模式中政府和NGO的地位及作用。

(1)石泉县政府

在解决石泉县留守儿童问题的过程中,石泉县政府和陕西省宋庆龄基金会都结合自身的优势和特点做了很多工作,图1是对石泉县政府针对留守儿童所建立的长效工作机制的汇总,石泉县政府解决留守儿童问题的具体措施见表3。

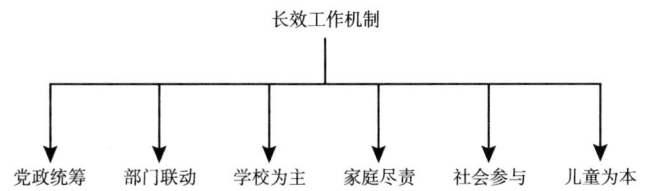

图1 石泉县政府针对留守儿童所建立的长效工作机制

表3 石泉县政府解决留守儿童问题的具体措施

具体措施	说明
三大中心	·留守儿童教育成长中心 ·留守儿童校外活动中心 ·留守儿童托管中心
四支队伍	·学校留守儿童教育管护队伍 ·"代理家长"队伍 ·留守儿童工作志愿者服务队伍 ·留守儿童工作研究队伍
坚持儿童为本,促进儿童全面发展	·建立经济困难家庭留守儿童救助机制 ·在留守儿童教育成长中心建立卫生保健室 ·节假日开展对留守儿童"送温暖 献爱心"活动 ·广泛开展各类主题教育活动和夏令营活动 ·组织留守儿童开展各类实践活动

续表

具体措施	说 明
加强家长教育,落实监护责任	·建立乡镇"留守儿童家长学校" ·建立家校一体监护网络
加强社会治安综合治理,优化留守儿童成长社会环境	·建立校园及周边环境综合治理长效工作机制
加强组织领导,健全工作机制	·建立党政领导统筹机制 ·实行部门联动机制 ·建立考核奖惩机制 ·建立政府投入为主,社会资助、对口帮扶经费投入机制

通过对石泉县政府和陕西省宋庆龄基金会所做工作的分析发现,"石泉模式"之所以能够取得成功,以下因素必不可少:

①政府思想上足够重视。以邹顺生为中心的县委领导班子首先认识到留守儿童问题是关系社会发展的大问题。邹顺生曾经说过,"留守儿童不仅是一个教育问题,还是一个经济问题、政治问题和社会问题";"花力气解决留守儿童问题不产生GDP,不出政绩,但是却刻不容缓";"要干,就要系统地干。留守儿童教育管护是一个系统工程,牵扯到党委政府,牵扯到教育、家庭、儿童本人等方方面面,不能浅尝辄止,不要搞点点滴滴,搞成哗众取宠的事情,要从学校、家庭、社会、儿童等全方位来架构。"正是对这一问题有着深刻的思想认识,县委领导班子才能定下政府主导、部门联动的基调,才能使政府部门充分运转起来,建立多种多样的联动机制,多管齐下解决留守儿童问题。因此,一个地区的留守儿童工作,政府能不能充分地承担其责任,关键是要从思想源头上寻求突破,政府充分认识问题的严重性是留守儿童救助工作开展的关键一环。

②政府充分发挥自身优势,承担起主导性责任。石泉县政府在解决留守儿童问题的过程中不仅确立了"党政统筹、部门联动、学校为主、家庭尽责、社会参与、儿童为本"的"六位一体"的工作机制,还通过"三大中心、四支队伍"等措施的建立,使留守儿童处于全方位、立体的保护网中,触角涉及家庭、学校、社区以及留守儿童本身。

政府本身具有其他行为主体所不具备的政策、财政和法律方面的资源,在解决问题的时候可以俯瞰全局,同时实现部门联动,教育部门促进教育,司法部门保障安全。另外,留守儿童问题牵扯甚广,并不是一天两天就能解决的，这就要求政府部门还要有恒心，要在明知道困难的情况下还勇于承担起自己的责任。石泉县政府的作为充分表现出了这些特点。

③建立党政领导统筹机制和部门联动机制。石泉县成立县委书记、县长任组长，县委、县政府分管领导为副组长，县委办、县政府办等县级相关部门及各乡镇党委政府主要负责人为成员的关爱留守儿童工作领导小组，建立县关爱留守儿童工作联席会议制度。实行部门联动机制。明确各部门、各乡镇工作职责，细化分解工作任务，齐抓共管，合力开展关爱留守儿童活动。另外，分析政府的工作可以发现，它的很多做法都是借鉴学习别的地区的先进做法，比如"代理家长"制就是由重庆首创，建立"留守儿童成长教育中心"也是在别的地方实验良久的做法。这说明石泉县政府是一个积极探索勇于学习的政府，扎实稳妥地开展工作是成功的前提之一。

（2）陕西省宋庆龄基金会

2008～2012年，陕西省宋庆龄基金会除了筹款建立儿童成长中心外，还筹资建立了"光明综合楼"，并开展了教师培训计划和百万特助计划（见表4）。

表4 陕西省宋庆龄基金会开展的工作

年　份	工　作
2008	筹款15万元建立城关留守儿童成长中心
2008	筹款20万元在兽溪乡建"光明综合楼"
2010～2012	每年拨付5万元开启留守儿童心理健康教育师资培训计划
2012	开展百万特助活动

政府的财政拨款毕竟是有限的，从表4可以很清楚地看到宋基会从2008年开始连续5年为石泉县的留守儿童筹集善款，先后援建了"城关留守儿童成长中心""光明综合楼"等。NGO的资金虽然不稳定，但相对灵活，当政府资金出现缺口的时候可以一解燃眉之急。另外，政府也充分认识到要解决好留守儿童问题，单靠政府机关的工作人员是远远不够的，还需要推进社会力量广泛参与，在四支队伍中有一支就是"留守儿童工作志愿者服务队伍"，这支队伍的人员来自社会各界，取得了很好的工作效果。

NGO除了提供资金、人力外，最重要的一个作用就是对政府照顾不周的环节给予关注。留守儿童面临五大问题，政府在着手解决的时候肯定从最具有显性特征的生活、安全和教育等问题上开始，这样就容易忽略其实对留守儿童伤害更大的心理问题。心理问题在很多时候是潜伏在留守儿童们的成长过程之中的，它不易被察觉，而一旦被发现往往已经不可收拾，甚至会造成留守儿童伤害自己或别人等严重的后果。NGO 能够发挥自身的灵活性和亲民性，有效地弥补政府在这方面的缺位。比如宋基会在 2010 年启动的为期三年的留守儿童心理健康教育师资培训计划，就很好地解决了这个问题。2010 年和 2011 年，宋基会每年都请心理专家为当地的小学和初中老师开展留守儿童心理问题辅导班，让老师们受益匪浅。通过对教师的培训，让他们能更多地关注留守儿童的心理健康状况，及时发现问题，避免不可挽回的危害的发生。

（3）政府与 NGO 的互相配合

在政府主导、NGO 参与的"石泉模式"中，政府与 NGO 广泛和深入地配合是无处不在的。

以陕西省宋基会 2012 年开展的百万助学活动为例，该活动是由陕西省宋庆龄基金会筹资百万元开展。该活动给每位资助对象资助现金 200 元，主要用于学习和生活，其中石泉县 200 名。这次活动由陕西省宋基会（以下简称省会）和陕西省宋基会榆林分会（以下简称分会）共同开展。除分会所在的市外，在西安、咸阳、渭南、商洛、安康、汉中市和杨凌示范区的资助活动，则由省会通过各市教育局进行。由各县（区）教育局按照资助规定和要求进行摸排，确定资助对象，并登记造册。摸排情况经各分会和市教育局审查后，于 7 月 31 日前综合报送省会秘书处。省会收到各分会和各市教育局的综合报告后，按分配名额、资助标准，将资助款转入各分会和各县（区）教育局账户，于新学年开学前分发到受助学生手中，并须受助学生或家长签字。各县（区）教育局确定的资助对象由各分会和各市教育局进行审定，并监督足额、按时发放。省会可由领导带队，届时派员赴有关县区进行抽查，如有违规行为及时纠正。

由此可见，这次百万资助活动实际上就是陕西省宋基会与当地教育局的联合行动。教育局不仅要在没有陕西省宋基会分会的城市开展资助活动，还要承担确定资助对象，承接下拨资助款和监督的工作。只有教育局与陕西省宋基会互相配合，这次活动才能够圆满成功，只有政府与 NGO 的互相配合，留守儿童问题才能够解决好。

"石泉模式"是政府主导、NGO 协作的最佳体现。要想把留守儿童的问题解决好,政府必须承担起主导责任,充分发挥其组织、财力等优势,挑起头来干大事。但是,百密总有一疏,NGO 的作用不容忽视,它们可以提供资金、技术等援助,还能弥补政府工作的不足。正是政府和 NGO 的联手,才使得陕西石泉的留守儿童工作取得全国瞩目的成绩。

关于合作为什么最优这个问题,我们可以针对石泉解决留守儿童面临的五大问题的举措逐一做出说明。分别依托于学校、社区和幼儿园的留守儿童教育成长中心、校外活动中心和托管中心为留守儿童建立了良好的学习生活环境,着力解决留守儿童面临的生活问题,但是当政府资金出现缺口时,就需要陕西省宋基会等 NGO 的补充。培育以教师、学校德育工作者和机关干部等为主体的"四支队伍"为留守儿童建立起了教育管护网络,着力解决留守儿童的教育、道德偏差等问题。建立校园及周边环境综合治理长效工作机制着力解决留守儿童面临的安全问题。虽然石泉模式的很多做法都可以对留守儿童的心理问题起到调节作用,但是却没有一项专门针对心理问题的举措。NGO 可以为政府在解决留守儿童生活、教育、道德和安全问题而出现资金和人员不足时给予补充,也可以利用自身的优势出力解决留守儿童的心理问题,比如开启留守儿童心理健康教育师资培训计划。政府和 NGO 合作起来可以使石泉县的留守儿童问题得到全方位的解决。

2. NGO 先行,政府支持

目前,农村青少年的成长问题日益受到关注。受制于农村的经济水平、教学质量、农民的文化层次等因素,农村青少年的身心健康以及成长发展很难得到全面的呵护。另外,农村剩余劳动力不断向城市转移,产生了大量的留守儿童,这种"亲子分离"更给孩子的生活和心理带来很大的影响。长时期的"关爱缺失"将严重影响孩子的成长和成才。

近年来,青基会对希望工程进行全面升级,由之前的"救助"模式拓展为"救助—发展"模式。在帮助农村贫困地区家庭经济困难学生上学和改善办学条件的基础上,更加关注农村学生的素质培养。中国青基会联合中国社工教育协会在四川省广元市利州区地震灾区学校成功实施社工项目,积累了具有可操作性的学校社工活动经验。基于以上三个方面,中国青基会推出希望社区项目,即在农村小学成立希望社区,结合专职社会工作者和青年志愿者的力量,针对农村青少年,尤其是留守儿童开设一系列学校社会工作专业服务,促进农村青少年健康成长,全面发展。希望社区旨在针对在学业、社交、行为及情绪发展上有需求的留守儿童提供预防性、发展性及补救性的社会工作服务，促进留守儿童健康成长；丰富留守儿童的校园生活，提高综合素质；影响老师的教育观念。同时，链接外界资源，促进社会对留守儿童的关注。

2010年下半年，中国青基会社区服务部、研究部及伙伴二部组成联合调查组赴河北怀来进行考察，选定鸡鸣驿希望小学和东八里中心校作为希望社区试点学校。2011年3月中旬，中国青基会与怀来县教育局、团县委签署了青少年希望社区项目三方协议，项目社工正式入驻东八里中心校及鸡鸣驿希望小学两所农村学校，开始了青少年希望社区项目的驻点服务工作。

鸡鸣驿希望小学位于怀来县最西端，距怀来县城20公里。学校占地面积22500平方米，建筑面积4030平方米，现有12个教学班，学生450人，其中留守儿童68名，住校生162名。该校的校舍充裕，有足够的教室开展社工活动。东八里中心校辐射6个行政村，距鸡鸣驿希望小学20公里。校本部一至六年级共计437人，其中有住宿生83名，午休生100多名，午休和住宿的学生共计201名。午休的学生主要包括幼儿园、一至二年级的学生，住宿的学生主要是三至六年级的学生。学校占地面积较大，房屋比较充裕，有足够的空间开展社工活动。

据青基会该项目负责人介绍，留守儿童对怀来县来说并不是很严重，这两所学校的留守儿童一般都是有父母一方留在家里，有大概10%的留守儿童是父母都出去跟着爷爷奶奶一起生活的。因为东八里离县城很近，父母都在县城打工，每天都可以回家，鸡鸣驿稍微远一些，父母有的在北京打工，一个月也能回来一次。针对这个情况，他们的服务就有所转向，转到寄宿生包括留守的和非留守的，这样社工就可以利用晚上的时间开展服务工作。虽然工作方向转变之后，社工的服务并不能对两所学校的留守儿童实行全覆盖，但丰富多样的社工服务仍然可以使留守儿童受益匪浅。

（1）中国青少年发展基金会

中国青少年发展基金会（简称中国青基会）是团中央所属的全国性公募基金会，与各地团委有着天然的联系，因此其本身在某种程度上就体现了政府与NGO的结合。此次怀来县的希望社区（针对留守儿童）项目，同样得到了怀来县委和县教育局的大力支持，下面我们就通过对该项目实施流程的梳理来分析政府与青基会各自的地位及作用。

第一步，选择开展希望社区项目的学校，并与教育局、团县委签订三方协议。

由怀来县教育局、团县委填写《青少年希望社区项目申请书》，上报中国青基会审批，选定开展希望社区的学校。此次虽然在怀来县教育局和团县委的大力配合下，中国青基会实施农村希望社区的学校已经选定，但为了规范工作流程，就由教育局及团县委补填《青少年希望社区项目申请书》。待中国青基会对申请书审核完毕之后，由中国青基会与怀来县教育局以及团县委三方签订《青少年希望社区项目协议书》，明确三方的权利义务。

在这个阶段，由于青基会与怀来团县委长期以来保持着良好的合作关系，怀来县也有很多所青基会援建的希望小学，因此在选点过程中由团县委出面与学校沟通，首先选出四五所备选学校供青基会考察，待实地走访和与学校主要领导沟通后最终确定试点的两所学校，在这个过程中由于学校是县教育局的直属下级，因此教育局相关负责人也全程参与。

青基会的项目负责人说，在这个阶段如果没有团县委的出面协调，青基会不可能如此顺畅地与试点学校达成共识。因为希望社区项目要求社工进驻学校，占用学校的场地和学生的时间来开展服务，学校领导、老师和学生的配合就显得十分重要，团县委与教育局的参与可以为社工进驻扫清障碍，节约大量的沟通成本，显现出政府部门出力的重要价值。

第二步，在学校成立青少年希望社区，并派驻专职社工。

三方签署的项目协议书中明确规定，青基会将捐赠人捐赠的35万元善款用于在鸡鸣驿希望小学和东八里中心校建设希望社区，该项目将为学校提供专职社工以及相应的配套硬件设施。其中，捐款中的17.4万元人民币用于青少年希望社区硬件设施的配备，17.6万元人民币用于专职社工的薪酬、社会保险以及工作费用。

青基会为青少年希望社区项目配备硬件设备，需由社工和学校协商提出申请，经教育局和怀来团县委同意，并报青基会批准后，以实物或资金的形式分一至两批配发给学校，用于青少年希望社区项目。青基会配发的设备如果是实物，则直接由青基会下拨给学校；青基会配发的设备如果是资金，则由学校通过教育局、团县委上报预算，由青基会审核批准后，通过教育局将资金支付给学校。

经驻校社工和学校协商后，根据需求，由学校填写《青少年希望社区设备需求申请书》（申请书中包含预算），经教育局、团县委同意后提交给青基会，预算经青基会审批通过后，青基会将预算资金通过教育局下拨学校,由学校派人员与驻校社工按照预算共同采购硬件设备。硬件设备采购完毕,由学校经教育局、团县委向青基会提交《青少年希望社区采购设备资金结算书》(含设备照片以及发票复印件)。采购设备的资金总额应不超过预算总额。若实际采购设备发生的费用低于预算资金,学校应经教育局将节余资金退还给青基会。若学校实际采购设备发生的费用高于预算的资金,高出部分由学校自己承担。

青基会划拨资金时,须向教育局和学校发出拨款通知,注明拨款方式、时间、金额、收款人等。教育局收到款项后(教育局在收到汇款当日应将正式收据开出寄送至青基会)7日内将该款项支付给学校,同时向学校和甲方发出转拨款通知,注明拨款方式、时间、金额、收款人等。学校在收到款项后7日内应通知青基会。

所有硬件设备都要用于青少年希望社区项目,由驻校社工负责保管和使用。项目终止,硬件设备的使用处置由青基会决定。

三方协议中规定的青基会的责任是:(a)为试点学校提供专职社工,负责青少年希望社区项目的实施,并提供至少一年的学校社工服务工作;(b)通过相关机构与专职社工签订工作合同,并为专职社工提供薪酬、社会保险以及工作费用;(c)为鸡鸣驿希望小学和东八里中心校青少年希望社区项目提供价值17.4万元人民币的硬件设备;(d)为试点学校配备的专职社工开展的所有服务以学校师生需求为本,不影响学校的正常教学秩序。

第三步,社工在青少年希望社区开展服务。

驻校社工在入校一个半月内,根据需求调查,制定了较为完备的社工活动计划。主要包括以下几个方面:"希望小书吧"的建立与开放;住宿部"希望影院"的形成与开放;社会工作室的开放;亲情电话的安装及开放;庆六一亲子运动会等大型活动的策划与实施;社工课堂的落实;小组工作的开展;学生咨询及个案。

据青基会希望社区项目的负责人介绍,他们在对全校学生的调查中发现,留守儿童和非留守儿童在学习方面是没有显著差异的,孩子们的学习兴趣都不太浓。主要的差异就是留守儿童比较孤单,觉得自己没有优点,感觉生活困难,心理方面存在问题。心理困惑时不知道该找谁帮忙,也没有人去找老师,也很少去找自己的同辈或父母。

因此,社工在设计服务项目的时候也把孩子们的心理健康作为工作的重中之重。比如亲情电话的安装及开放可以使与父母长期分离的留守儿童通过电话一解思念之苦；亲子运动会等大型活动的开展可以为留守儿童提供与父母相处的机会；社工课堂中有一门叫做"提升幸福感"的课程，也让孩子们的心理调节能力有了很大的提高。

在"石泉模式"的案例中我们曾经提到过，政府解决留守儿童问题的时候最容易忽略他们的心理问题，青基会就恰恰将自己的工作重点放到了留守儿童的心理问题上，连试点学校对进驻社工的定位也是"德育辅导员"。这不仅体现了在解决留守儿童问题的过程中政府与 NGO 的不同侧重点，也说明政府与 NGO 合作的问题解决模式是最理想的选择。

第四步，项目评估。

根据项目的进展情况，由研究部或联合第三方对本项目进行评估，以期发现项目实施过程中的成功与不足，加以保持与改进。

（2）怀来县教育局和团县委

在整个项目进程中，怀里县教育局和团县委给予了极大的支持。

其中，三方协议中规定的怀来县教育局的责任是：（a）针对青少年希望社区项目，县教育局明确主管科室以及分管领导负责对驻校专职社工的管理，同时保持与青基会的联络沟通；（b）青基会为学校配备的硬件设备需要通过教育局沟通协调，最终用于青少年希望社区项目；（c）教育局指定鸡鸣驿希望小学、东八里中心校分别选出 1~2 名学校教师（可以从德育老师中选拔）配合专职社工的工作；（d）专职社工在开展工作的过程中，如果学校配合不力，教育局应协调督促学校配合社工开展工作；（e）教育局与鸡鸣驿希望小学、东八里中心校协商，为专职社工在学校安排适当的职务，专职社工应在学校校委会的领导下独立开展服务；（f）教育局指定鸡鸣驿希望小学、东八里中心校提供青少年希望社区的场地，以及为专职社工提供住宿场所；（g）教育局保证专职社工在学校期间的人身安全以及青少年希望社区的安全，因学校治安造成的社区硬件设备的损坏，由教育局负责。

三方协议中规定的怀来团县委的责任是：（a）选派工作人员配合青少年希望社区项目的开展；（b）专职社工在开展服务，尤其是举办大型活动时，可以与团县委合作；（c）负责督促专职社工完成工作计划、工作总结以及月报等，并向青基会通报；团县委每半年向青基会提交一份对专职社工的工作表现评价报告；（d）在开展项目的过程中，社工开展正常工作如果需要学校配合，而学校无正当理由不配合，团县委应协调学校积极配合社工开展工作。

(3) NGO-政府的相互配合

可以看出，在整个希望社区项目开展的过程中，青基会、县教育局以及团县委都是处于权利义务相互配合的状态。资金的流转与文案的传递都需要经过教育局以及团县委这个中间环节，那么它们实际上就承担起了监督资金的使用以及社工工作的重要责任。社工与学校遇到沟通障碍时，团县委还要出面协调，这就又起到了桥梁和润滑剂的作用。青基会希望社区项目的最初设想就是由青基会提供资金、人员和技术，团县委以及教育局提供推动项目开展的平台。在专职社工开展工作的同时，教育局还应指定试点学校选出本土社工配合专职社工的工作，以便一段时间之后青基会能够撤出。整个项目的实施过程都需要团县委以及教育局的监督协调，三方配合逐步建立关爱留守儿童的长效工作机制。

中国青少年发展基金会在怀来县发起的希望社区项目采用派驻专业社工进驻学校开展服务的办法，取得了很好的效果，是针对解决留守儿童问题的一次大胆创新与有益尝试。这个项目虽然是由青基会发起推动的，但从进入到运行到评估，处处离不开怀来县政府部门的支持与配合。青基会设计项目时的初衷也是希望由青基会提供技术与资金，政府部门提供推动的平台并切实履行好监督的职责，在本土社工培养起来之后青基会便可功成身退。尽管项目在实际运作过程中有很多目标没有完成，比如团县委与教育局的监督职责在很长一段时间内没有履行起来，再比如本土社工的培养非常困难，青基会在短时间内都无法撤离，可是经过时间的推移，这些问题都渐渐得到了解决或是好转。

这就为我们解决留守儿童问题提供了一种新的工作思路：在某些地区，政府对留守儿童的问题并没有引起足够的重视，NGO带着全新的思路和视角、资金和技术进入当地，使当地的留守儿童工作开展起来。随着时间的推移，政府逐渐越来越多地承担起解决留守儿童问题工作的重任，NGO则慢慢淡化甚至退出，从而建立起解决留守儿童问题的长效机制。

这种政府与NGO的合作模式虽然是NGO发起并在前期主导的，但要想长久地根本地解决留守儿童问题仍然要政府部门发挥主导性作用才行，因此也可以说是一种政府主导、NGO协作的合作模式。只有政府在与NGO合作的过程中逐渐挑起重担，建立健全各种配套机制，将好的经验做法逐步推广完善，留守儿童问题的解决才能获得根本保障。

五　总结

本文在分析留守儿童问题及产生原因的基础上给出了当前政府和 NGO 各自单独采取措施的局限性，指出只有发挥政府 - NGO 协作的合作模式才能有效地解决留守儿童面临的问题。

本文通过对两个案例的详细描述，给出了两种政府和 NGO 合作解决留守儿童问题的模式。一种是"石泉模式"中运用的由政府来构建各种留守儿童服务平台，这个平台应该尽可能全面、有效，在实际运作的过程中遇到资金和人力的缺口时由 NGO 等社会力量来补充，同时弥补政府服务平台中容易忽略的留守儿童心理等问题。另一种是 NGO 利用自身的优势进入一个地方，从自己擅长的领域做起，可以对留守儿童进行心理、道德哺育，然后逐渐带动当地政府认识、重视从而采取全面措施解决留守儿童的其他问题。不论是这两种方式中的哪一种，都是在政府和 NGO 合作的基础上促进留守儿童五大问题的全面解决，剩下的只是时间问题。

政府和 NGO 在解决留守儿童问题上都有发挥其作用的空间，也都有其优势和不足。但是从这一问题产生的根源讲起，是由于政策导向使得留守儿童问题产生，因此政府必须为此负最直接也是最重要的责任。进一步讲，也只有政府有能力彻底解决这个问题，因为政府有着其他部门所不具备的财力、政策和组织优势，社会主义国家的根本又是国家干预来提供公共服务，只有政府准确定位它在解决留守儿童问题中的责任，充分调动各种资源，健全保护留守儿童的法律法规，各级政府通力配合贯彻执行中央决策，留守儿童问题才可能得到根本的解决。

社会合力，责任至上
——《梦想合唱团》大型电视活动解析

继 2011 年 11 月中央电视台启动大型电视活动《梦想合唱团》第一季后，2012 年 9 月 19 日，该活动第二季启动。节目定于 2012 年 12 月至 2013 年 2 月每周六在央视综合频道晚间黄金时间段连续播出。据称，将长达三个月的综合频道黄金时间段留给一个大型电视活动，开季播大型电视活动在中央电视台编播上的先河。[①] 这源于社会对《梦想合唱团》第一季的高度认可，其原因之一如果用 2012 年的流行词来解释，就是《梦想合唱团》是在传播"正能量"。"正能量"，意为"一切予人向上和希望、促使人不断追求、让生活变得圆满幸福的动力和感情"[②]。《人民日报》文艺部副主任刘玉琴在第二季启动仪式上表示："从它的创意到诞生到推出，到现在的第二季，我们一直在关注，在跟踪，在采访。为什么？因为它值得宣传、值得报道，它传递的是正能量。"这正是我们这个时代极其需要的。

《梦想合唱团》是央视综合频道发挥第一媒体平台的作用，于 2011 年以全新节目形态，全力打造的年度大型电视活动。第一季于 2011 年 11 月 12 日至 2012 年 1 月 21 日，每周六晚上 17∶20～18∶50 在央视综合频道连续播出 10 期，于 2011 年除夕这一天播出最后一期《梦想盛典 温暖中国》。节目在首播当天，收视率就达到 1.71%，遥居全国同时段第一，最高收视率达 2.15%。节目播出后的三个星期内，引发近 50 万条微博热议，赢得许多观众的认同和共鸣。节目最终为 9 个公益项目募集捐款 13785 万元。有网友说："这样的公益节目应该多多组织，唤醒被金钱蒙蔽的心，唤醒贪官污吏，唤醒为了一点点利益尔虞我诈的小人，用感动洗涤我们的心灵！"《人

---

① http://et.21cn.com/tv/roll/2012/09/19/13037050.shtml.
② http://baike.baidu.com/view/4318053.htm.

民日报》《光明日报》等也纷纷刊文评论。《人民日报》指出："《梦想合唱团》展示的是普通人的故事，传递的是普通人的大爱，召唤的是整个社会的向善。"《光明日报》指出："《梦想合唱团》用快乐与感动、希望与力量点燃了人们心中的公益梦想，在寒冷冬季创造了温暖的奇迹。它所承载的高尚道德标准、正确社会导向、精湛艺术表演，必将为培养良好道德风尚，促进社会和谐稳定发挥重要作用。"节目被国家广电总局授予2011年"创新创优优秀节目"称号，获得2011年《新周刊》中国电视榜推委会特别大奖、中央电视台特别节目一等奖。

传播正能量、正确的价值观是媒体，尤其是电视台的责任和义务。《人民日报》于2012年8月13日刊文指出："电视台作为密切联系大众的文化建设的重要力量，是否应该扪心自问，在物欲横流、人心浮躁的当下，我们为人心建设做了些什么，我们的节目传达的是正能量，还是负能量？我们为民族的文化积淀留下些什么？"正如《人民日报》和《光明日报》所指出的，《梦想合唱团》承载着"向善的力量""高尚的道德标准""正确社会导向"，展示了一个媒体如何以自己的方式实现自己的价值，服务社会。

一　媒体在构建社会主流价值观方面有特殊责任

当前社会主流价值观迷失

有网友认为，"诉求自己想要的东西是人的本能，频繁被提及的'正能量'背后，隐藏的正是如今充斥在每个人身边的'负能量'。不平等、不公平、腐败、信任危机、权利缺失……越来越多的人被负能量所包围，却无法冲破这些阴影。公平、正义、廉洁、互信、民权……这些本应拥有的反而成了奢侈品，人们想要的太多太多，浓缩成一个词：正能量"。

经过三十年的改革开放，中国发生了翻天覆地的变化，日渐成为国际上最令人瞩目的国家之一。2010年，中国GDP超越日本，成为世界第二大经济体。经济增长的同时也带来了国际地位的大大提升，2008年奥运会、2010年上海世界博览会向世界彰显了大国的风范。然而，伴随经济的快速增长，社会主流价值观开始发生令人担忧的变化，在奉献与索取、社会利益与个体利益之间发生严重的倾斜，个体更注重索取，追求个体利益最大化，个体利益被置于社会利益之上，只承担自己的责任，不承担对社会的责任。

无论是政府、企业、还是媒体、名人、普通公众，甚至公益机构，都存在这样的问题。一些地方政府一味追求 GDP 的增长，贪污腐败、官商勾结，公众利益被忽视甚至被侵犯。有些企业则追求利润最大化，不断逾越法律约束，突破道德底线，损害公众利益。企业污染问题、劳资问题，尤其是近两年频频被曝光的食品安全问题，像三聚氰胺、瘦肉精、地沟油、塑化剂、皮鞋酸奶果冻、毒胶囊等，不断地在挑战公众的神经。有些媒体在市场化进程中也逐渐迷失自我，以吸引眼球为目标，以噱头、丑闻来增加受众，大肆宣扬金钱、权力。有些名人、明星等公众人物只顾追逐自身名利，将法律与道德抛之脑后，代言虚假广告，误导消费者，损害公众利益。"人不为己，天诛地灭"的观念在严重地侵蚀人们的内心。公益机构本应为公共利益服务，但有不少的机构，尤其基金会，只以筹资额论英雄，经常忘了自己的使命，忽略利益代言……这导致的最终结果是，社会强势者最大化地利用资源、获得利益，而弱势者越来越弱势，被社会排斥，不是成为发展的受益者，而是受害者，甚至是牺牲者。这一切并不是一个美好的、有凝聚力的社会应该有的样子。

当然，如今的社会并没有沦丧到不可救药的地步。2008 年汶川地震、2009 年玉树地震，个体的责任感被最大限度地激发出来，中国人民团结一心、众志成城的景象历历在目，至今仍然能够感受到其中所迸发出的巨大能量。然而灾难过后，当一切渐渐趋于平复，社会又进入了常态，没有形成真正的凝聚力。事实上，缺少正确价值规范的社会，必然是难以有真正凝聚力的社会。

正确的价值观需要社会所有主体共同构建

一个美好的社会、有凝聚力的社会应该有积极向上的、正确的主流价值观，引导人们"向真""向善""向美"。主流价值观是一种能够获得大多数公众认同的价值观念、好恶标准和行为准则，它帮助人们判断什么是好的，什么是坏的，并进而指导人们的行为。当一种不健康的价值观成为主流价值观的时候，假丑恶就会横行，个体就会是非不分、黑白颠倒。

在特定的社会历史条件下，主流价值观可以自发形成，也可以由社会主体自觉建构。今天的中国，尤其需要社会主体自觉构建和共同构建主流价值观。清华大学社会学系郭于华教授强调，社会是独立于国家、独立于市场的主体，社会的主体性表现为社会当中存在不同层次、不同类型的组织实体，工会、学校、媒体、大众教育团体、利益群体和政党都是社会的实体，而建设社会的主体不应该是政府（或者说，不应该只是政府），而应该是公民自己。也就是说，社会属于各类主体，各类主体都要承担建设美好社会的责任，遵循社会共同的价值观，保护弱势群体利益，为社会利益服务。在这种情况下，一方面需要每个个体单独承担责任，另一方面需要能够整合各类主体的力量的机制出现。

媒体作为一类特殊的社会主体，它不仅是商业企业，同时也是"社会公器"，即具有商业功能和公益功能，在以实现自身利益最大化为目的的同时，也要实现社会利益最大化。

媒体肩负特殊责任

随着改革的深入，中国的大部分媒体开始了市场化进程，参与自由市场竞争，成为自主经营的实体，其经济基础从财政拨款变为广告创收，因此，想尽各种办法获得更多的受众是媒体的工作核心。在信息化时代，人们通过各类媒体，包括电视、报刊、广播等传统媒体，尤其是网络等新兴媒体，来了解外面的世界，获取信息。媒体通过传递信息获得受众，再通过受众市场进行二次销售，获得市场回报，即广告。也就是说，作为商业性的个体，媒体的本质是要实现自身利益最大化。

但是，媒体也需要扮演"社会公器"的角色。社会公器是指在社会系统中，以维持社会公共秩序、维护社会公共利益为根本目标的组织形态、规则、机制和制度，具有公共性和工具性双重属性，而公共性是其根本属性。[①] 而媒体是某些稀有公共传播资源的受托使用者，作为公共财产的使用人，它们必须对社会和公众承担相应的责任和义务，这是媒体的公益性。大众传媒的公共性主要指的是大众传媒作为社会公众了解、沟通外界的重要信息来源，是为整个社会所共有的，即大众传媒是一种社会公共资源，同时又因为其强大的影响力对整个社会有一种公共的作用和影响。概括来说，媒体具有监测社会环境、协调社会关系、传承文化、提供娱乐、传播信息、引导舆论、教育大众等社会功能，为社会公共利益服务。媒体宣传社会主导文化和社会普遍承认的价值观念，为个体提供一套社会行为的规范，是社会价值观念和社会规范的传播者。媒体对个体树立社会发展所需要的主流人生观、价值观、世界观具有导向作用，是影响个体人格发展的

---

① 高炜：《社会公器与新闻媒介》，《内蒙古大学学报》（人文社会科学版）2008 年第 1 期。

重要因素。

因此，在社会主流价值观的构建上，媒体有着特殊的责任。媒体首先需要以身作则，承担责任。在现代社会中，媒体不仅以其特有的视角、特殊的手段和特定的方式直面社会、解释社会、分析社会，还以它独立的意志和价值体系影响社会、引导社会。① 美国学者詹姆斯·波特（James Potterd）在他的《媒介素养》一书中比喻说："媒介传播效果对人的影响就像天气对人的影响一样，它无处不在，无时不有，且存在的形式多种多样……"学者丹尼尔·埃利奥特曾明确指出："无论大众媒介置身于怎样的社会中，它们都对社会负有责任，而且每种媒介要对依赖它们而获知信息的公众、团体负责。不管是私有制媒介，还是政府所有制媒介，不管有无新闻控制，也不管这种控制是来自新闻机构本身，还是来自外部力量，责任都是存在的。"要求媒体履行责任，也就是要求媒体讲究伦理道德，传播负责任的信息，提供具有真善美价值的服务信息，倡导积极向上、健康文明的道德风尚，做维护公共利益、调节社会矛盾、协调各方关系的均衡器。

同时，媒体的力量是有限的，除了站好自己的岗，也应该充分发挥自己的优势，最大限度地进行社会动员，推动其他社会主体共同承担责任，服务社会。所谓社会动员，是指人们在某些经常、持久的社会因素影响下，其态度、价值观与期望值变化发展的过程。媒体在社会动员中具有即时性、迅速性、易变性、刺激性、权威性、广泛性、持久性等特点。所谓权威性是指，媒体的影响力不断扩大，受众对媒介的依赖度和信任感增强，尤其是主流媒体，创造的某些观念、思潮或者行为方式有着极大的能量。全面性是指作为社会人，人们无时无刻不处在媒介的影响之中，大到国际新闻，小到日常琐事，人们得到的信息绝大多数来源于报纸、电视、新闻以及网络。持久性是指，传媒对社会生活和人们的意识形态的作用是长期的、持久的、潜移默化的，长年累月向受众传递具有倾向性的信息和观点，整个社会和个体处于这些观点的包围之中，会形成与媒体一致的社会文化观点。适度的社会动员有助于形成强大的社会凝聚力。

在所有媒体中，电视仍然在人们日常生活中占据重要的地位，尽管网络很大程度降低了人们尤其是年轻人对电视及其他媒体的依赖。电视具有通

---

① 鲁玉琴、李燕临：《大众传媒的社会责任与经济效果的平衡与和谐发展》，《东南传播》2010 年第 8 期。

俗、生动、形象、准确、迅速等众多特点,可以展示真实强烈而丰富的现场信息,且较少受文化程度与生活经验的限制,能吸引各阶层人士的广泛参与。央视《梦想合唱团》正是一档依托电视媒体的娱乐公益节目,其以媒体的方式和优势引导主流价值观,并推动其他社会主体合力共同构建主流价值观,追求社会利益。

二 《梦想合唱团》主动承担社会责任,服务社会

1958年9月2日,中国第一家电视台——中央电视台(建立之初为北京电视台,1978年5月1日正式更名为中央电视台)正式开播,是中国最具权威、最有影响力的国家电视台。据统计,中央电视台全国人口覆盖率达到95.9%,观众超过11.88亿人(2005年统计数据)。央视作为当之无愧的主流媒体,一直以来被视为党、政府和人民的喉舌,发挥着传播政治价值观的功能,同时也承担着传播经济价值观和文化价值观的重要责任。中央电视台综合频道是中央电视台的旗舰频道和精品频道,是中国覆盖面最广、受众人口最多、品牌效应最高、影响力最大的国家级频道,其全国入户率高达99.61%,收视人口过13亿,城市入户率则高达100%,全天候平均收视率及收视份额均位居全国电视台第一。

近两年,央视综合频道不断加大节目创新力度,打造新的节目品牌,打造"文化引领"和"形态创新"的活动和节目。自2011年开始,中央电视台启动了节目创新改革,总编室成立了节目研发部。中央电视台总编室副主任赵文江介绍,台内先后累计划拨1亿元创新资金,用于各频道研发新节目模式。同时还启动了"中央电视台第一届节目创意大赛",征集适合各频道播出的节目创意。一时间,在台内形成了"人人爱创意,人人有创意"的节目研发氛围。① 2011年3月,在中央电视台总编室节目研发部举办的一次海外节目模式推介活动上,《合唱团之战》(Clash of the choirs)由于不是单纯比赛专业歌唱,背后有动人的故事,承载了价值观的输出,被纳入央视一套的合作视野。经过本土化改造,《梦想合唱团》最终产生。在《梦想合唱团》启动仪式上,央视综合频道总监钱蔚女士指出,央视综合频道希望多

---

① 《"海外模式"实现中国价值——〈梦想合唱团〉唱响央视节目创新》,http://ent.cntv.cn/20120308/100155_2.shtml。

多地履行一些社会责任，多多地发出一些社会真心需要的声音，通过《梦想合唱团》，力求倡导央视"力量、关怀、希望"的主流价值观，以担当起国家媒体的社会责任。

《梦想合唱团》的具体形态是：8位当红明星回到自己的家乡，进行召集、海选，寻找20位来自各行各业的当地居民，把这些心怀歌唱梦想的个人，组建成一支城市梦想合唱团；通过合唱训练和竞赛，用歌声和情感故事打动评委和现场观众；根据场上表现晋级，走到比赛不同阶段的明星合唱队将获得不同额度的梦想基金，来实现他们的家乡公益梦想。在《梦想合唱团》第一季的舞台，有160名不同年龄段的来自全国8个城市的各行各业的普通人，其中有农民、进城务工人员、乡村教师、青年志愿者、退休的大妈、在校大学生、自由职业者，同时还有8位当红明星，包括张蔷、胡彦斌、周笔畅、房祖名、林宥嘉、庾澄庆、胡夏、龚琳娜。在8位明星的带领下，他们共同组成了8支代表8个城市的合唱团，齐聚央视舞台，为争取公益基金、实现家乡的公益梦想而歌唱。此外，也有政府、企业、公益组织的积极参与和亮相。

追求社会利益

《梦想合唱团》注重节目的公益性，以追求社会利益为目标。《梦想合唱团》制作人卢晓波在接受媒体采访时说："通过《梦想合唱团》，呼唤社会真善美，唤起人间真情，展示积极向上和向善的力量，这是我们节目的初衷。"之所以称之为《梦想合唱团》而没有沿用英国节目的名字《合唱团之战》，是希望加强本土特色以及公益特色，"梦想"首先体现的是公益梦想，也体现着每一个参与者的个人梦想以及团队梦想、集体梦想。而"合唱团"则体现"节目吸引眼球的不仅是个人高超的表现技巧和专业唱功，还有团队的协作精神与凝聚力、明星与家乡人们共同演绎的家乡故事以及他们为实现家乡梦想一起协作努力的全过程"。在节目总制片人许文广看来，形态是一个节目的起点，而它所传递的价值观决定了它能传播得多远。

"与明星一起，为家乡的公益梦想而战"，这是《梦想合唱团》的口号。公益梦想关联着流动儿童、残障儿童、孤儿、贫困高中生、大病或罕见病患者的教育、健康、心理等问题。例如，深圳队的公益梦想是为改善打工子弟小学的教学条件，为打工子弟获得标准化的多媒体教室"梦想中心"（真爱梦想多媒体教室"梦想中心"）；杭州队的公益梦想是帮助先天性心脏病患儿争取手术资金；普洱队的公益梦想是帮助山区上学要过河的小学生们争取建桥资金；贵州队的公益梦想是帮助有艺术天分的特困高中生得到教育机会；南宁队的公益梦想是为孤儿学校的孩子们争取心理关爱服务和生活助养资金，让孤儿健康成长；北京队的公益梦想是救助因疾病、先天残障被父母遗弃的孤儿；烟台队的公益梦想是帮助罕见病患者"瓷娃娃"争取救助资金；上海队的公益梦想则是为智障人士争取艺术培训的资金。

围绕社会利益进行节目设计

《梦想合唱团》在具体环节设计中，紧紧围绕社会利益展开，让人们时刻感受到节目的公益性。《梦想合唱团》共播出11期，其中，前3期的内容为8支合唱团团员招募、选拔过程的回顾，第4期的内容为8支合唱团的亮相表演，随后6期内容为8支合唱团之间的比赛，第11期《梦想盛典•温暖中国》为一场公益晚会。

合唱团团员的招募和选拔，并不特别强调报名者的歌唱水平，而是更加看重个人的故事和梦想是否足以打动并影响他人，是否能够展现真善美，这些梦想可以是为他人，也可以是为自己。在合唱团团员的招募海报上这样写道："这是一个心怀大爱，为梦而唱的舞台。只要你热爱音乐……只要你勇于追梦，就可以与明星一起，用歌声实现家乡最美心愿……来吧，一起来报名，为梦而唱，为梦而战！"最终的团员由8位明星亲自挑选，明星回到家乡，对合唱团候选人一对一"面试"。在节目中，可以看到很多让人感动的普通人。例如，宋艳民是一名普通的仓库保管员，来自农村，在北京打工。因为小的时候都是走着上学，体会到孩子上学的困难，希望用自己的歌声为村里的小学生赢得一辆校车，用自己的歌声帮到需要帮助的人；哈尼小学老师张建晶多年收集哈尼童谣，把哈尼童谣做成课间操教给孩子们，希望保存哈尼族的文化，让更多的人知道哈尼族特色的歌曲文化；方春递的梦想是"将来有能力了创一个基金会，帮助那些像我一样没有父母的孩子们，让他们也能感受到这个社会的温暖"。最终的8个家乡公益梦想是从这些梦想中挑选出来的。

在8支合唱团竞赛的6期节目中，8个公益梦想不断地被重复讲述和突出，荧屏呈现的并不是一群为了歌唱比赛而比赛的明星和群众，而是一群为了美好的公益梦想而努力歌唱的个体。

在节目中，8支梦合唱团依次登场表演，最终由现场的观众投票决定哪支合唱团被淘汰。在每支合唱团登场表演之前，都会通过节目组摄制的视频短片对该合唱团的公益梦想（公益项目）进行介绍，讲述需要公益项目的目标对象及需求。在表演结束后，主持人会现场对合唱团中或选拔过程中出现的有感人、励志、能够传达真善美的故事的普通人进行采访。实际上，在每期时长约 90 分钟的节目中，每支合唱团表演的时间大约只占 4 分钟，共计占了每期节目不到一半的时间，其他的大部分时间主要都是在讲述家乡公益梦想及普通人的故事。

从节目中可以看到，合唱团之外的其他各类主体为公益梦想做出了贡献。在第 11 期《梦想盛典 温暖中国》中，众多明星、政府官员、企业代表、公益机构代表出现在了节目现场。在节目录制之前，节目组向社会发了公益梦想的认领书，号召社会对 8 个公益梦想进行捐赠，并将认捐企业邀请到节目录制现场。明星们为了公益梦想再次唱响整个舞台，企业、政府作为公益梦想的支持主体，公益组织作为公益梦想执行机构，出席节目现场。

在具体的节目形式上，《梦想合唱团》采用通俗的、大众化的形式，如草根真人秀、PK 赛、歌舞表演、故事讲述等，展现人们的真实情感，积极的价值观。在演唱曲目上，进行仔细的挑选，选用的是公众耳熟能详的经典民歌、流行歌曲，歌曲的主题要么体现公益和爱，要么体现美好的情感，包括以"家乡""红歌""童年""影视经典""运动"等为主题的歌曲，如《我的未来不是梦》《飞得更高》《改变自己》《爱的奉献》《最好的未来》《远方的客人请你留下来》《北京欢迎你》《咕噜山歌》《万水千山总是情》《渡情》《歌声与微笑》《打起手鼓唱起歌》《映山红》《国家》《大中国》《东方之珠》《浏阳河》《甜蜜蜜》等。

央视投入人力、资金、时段等资源

中国公益传媒基金副理事长高强认为，只要电视节目的服务目的和宗旨是在弘扬主流价值观，都属于电视公益节目，其中包括但不限于慈善。既要体现主流价值观，又要让观众愿意看，这需要制作团队有很强的节目创新能力。从 2011 年年初开始设想，到 3 月份确定节目模式，5 月份通过央视编委会审核，9 月份正式启动，11 月份开播，2011 年除夕《梦想盛典 温暖中国》收官，《梦想合唱团》从无到有再到结束经历了大约一年的时间，这也是节目总制片人许文广作为电视人经历的最漫长的策划活动。中央电视台总编室节目研发部对推进《梦想合唱团》顺利入轨予以了大力支持，从调研、立项、谈判、资金、培训等方面全方位对接综合频道。

社会合力，责任至上 | 327

《梦想合唱团》节目内容及流程图

流程及内容

《梦想合唱团》各期主题

第1~3期 合唱团队招募、选拔
1. 明星介绍（VCR）
2. 讲述公益梦想、受益对象（VCR）
3. 利用明星动员公众参与
   - 明星走穿所有报名参与梦想的参与者互动
4. 明星选拔团员
   - 参与者歌唱展示
   - 明星点评，与参与者互动
   - 突出普通人的故事与梦想

第4期 合唱团及公益梦想展示
1. 大合唱《我的未来不是梦》等
2. 讲述公益梦想、展现受益对象（VCR）队员梦想讲述（VCR，不一定）
3. 合唱团为公益梦想而唱
4. 再次讲述公益梦想
   - 队员故事与梦想讲述（现场+VCR，不一定）
   - 受益对象上台（不一定）
5. 大合唱

第5~10期 合唱团为公益梦想而唱
1. 大合唱
2. 讲述公益梦想、展现受益对象（VCR）回顾合唱团在前期节目中与公益梦想有关的精彩镜头（VCR）
3. 合唱团为公益梦想而唱
4. 再次讲述公益梦想
   - 明星发表感言
   - 队员故事与梦想讲述（现场+VCR，不一定）
   - 政府、企业代表上台（普洱、招商银行）
5. 现场观众投票决定胜出者

向企业发送公益梦想认领书

第11期 梦想盛典 温暖中国（除夕）
1. 其他明星为公益梦想而唱
2. 公益组织代表上台承诺为公益梦想付出，表示透明决心
3. 合唱团为公益梦想而唱
4. 再次讲述公益梦想
   - 明星发表感言
   - 队员故事与梦想讲述
   - 前期受益对象上台讲述
5. 企业、政府承诺为公益梦想付出
   - 宣布企业捐赠额
   - 企业上台发言
   - 地方政府上台作出承诺

说明：《梦想合唱团》共8支合唱团和8个公益梦想，每支合唱团和公益梦想轮流亮相。图中中部体部分为每支合唱团和公益梦想亮相的完整流程与内容。

《梦想合唱团》摄制组奔赴8个城市，录制与公益梦想有关的人群的真实生活，使观众获得更直观的感受。例如，节目摄制组需要深入普洱的大山，跟踪拍摄23个孩子跋山涉水、历尽艰险的上学路和艰苦的生活环境。

社科院研究员时统宇评价《梦想合唱团》说："通过歌唱艺术加上公益，除了主流价值观的呈现之外，更多地赋予电视节目创新创优的意义。节目中的人物和故事感动的背后更有一种理性的力量，就是中国电视的情怀和关怀。中国电视这十年来在市场化和产业化的过程中，是以牺牲这种情怀和关怀为代价的。在这种情况下静下来看一看《梦想合唱团》，热闹中透视出安静的力量，这种力量才能让我们这个民族走得更远。"

三 《梦想合唱团》推动社会合力共同承担社会责任

邀请各类社会主体参与，共担社会责任

《梦想合唱团》有各类社会主体的参与，有当红明星，有普通公众，有政府、企业，也有公益组织，他们各自发挥自己的优势与资源，承担自己应该负起的那份社会责任。

对于面向普通公众的《梦想合唱团》来说，明星是吸引受众的重要亮点之一，因此，在明星的选择方面，要经过仔细的斟酌与挑选，尤其是要考虑明星的示范作用。例如，要求明星具有良好的公益形象，没有负面新闻；有强大的号召力，属于当红人气明星；表达具有感染力；有独特个性。最终，节目组用了一个月的时间确定了8位明星，包括能够吸引年轻人的高人气青年明星，如胡夏、周笔畅、房祖名、林宥嘉、胡彦斌，有独具艺术特色的龚琳娜、庾澄庆，以及能够吸引中年人目光的80年代人气明星张蔷。龚琳娜表示："这是一个团队践行公益，实现一群人的梦想，这是有别于其他同类节目的。我参加梦想合唱团，因为首先这是个公益节目，其次能够推广家乡贵州的歌手，而我也一直想组建一支合唱团。"《梦想盛典　公益中国》还邀请到谭晶、韦唯、沙宝亮、徐若瑄、丁当、李健等诸多明星和爱心大使的参与。

在许多社会问题的解决上，政府有着不可推卸的责任。唤起政府的责任意识，引导政府承担责任，这也是媒体的功能之一。《梦想合唱团》也聚集了各级地方政府的力量。从合唱团组建开始，持续近半年的活动得到了8个

城市市委宣传部的大力支持。在 2012 年 9 月第二季活动的节目启动仪式上，贵州省委宣传部副部长周晓云、普洱市委宣传部部长赵联涛、南宁市副市长唐轶昂等受邀参加。在第一季最后一期《梦想盛典　温暖中国》中，民政部副部长、上海市委宣传部部长、普洱市委书记等均出席。

不可否认，企业拥有巨大的力量。而一个有责任的企业，不应只是追求利润最大化，也应发挥自己的力量，承担对社会的责任。玉兰油作为本次节目的冠名商参与本次节目。招商证券博爱基金作为节目合作方，以投入慈善款的方式支持大型公益慈善节目《梦想合唱团》，共提供 380 万元善款（即 8 支合唱团获得的总公益资金）用于 8 大公益项目。另外，还有数十家企业响应节目呼吁，进行捐赠，并受邀参加《梦想盛典　温暖中国》慈善晚会。

公众是《梦想合唱团》中不可或缺的主体，正是通过他们，唤起人们的责任意识。节目通过各种渠道动员公众的参与，包括在国家网络电视台（CNTV）开通网络报名通道；开通电话报名；与 8 个城市的文化局联系，推荐面试；冠名商玉兰油专柜进行招募。

中国扶贫基金会、上海真爱梦想公益基金会、浙江省青少年发展基金会、中华少年儿童慈善基金会天使妈妈基金、瓷娃娃罕见病关爱中心、上海艺途无障碍工作室等公益机构是 8 个公益梦想的善款接收机构，负责项目的具体实施，扮演公益组织应该扮演的角色。

设定共同目标，推动合力形成，引导责任意识

在节目进行过程中，时刻不脱离公益梦想，各类主体均同心协力，以公益为诉求，以建设共同的美好社会为诉求。主持人撒贝宁说："我们的最终目的是要在这个舞台上，作为一个平台，把我们的公益能量转发出去，我们像一个变压器，我们让它的能量越来越大，让它的能量超出我们的想象，让它的能量在社会上流动起来，爱从来不是一个静止的概念，它一定在流淌中体现出它的价值。"节目使各类主体融入其中，为社会利益服务，使他们意识到，他们是社会的一员，是共同为社会服务的，是为了维护价值观，关注弱势群体，构建和谐社会。

——赋予 8 支合唱团使命与责任

每支合唱团被赋予了为家乡公益梦想而战的使命与责任。节目设计公益实践环节，既影响明星与团员，又起到树立明星的示范作用。在《梦想合唱团》第 6 期节目中，播放了各支合唱团参与相关公益机构的公益实践，例如，龚琳娜带领她的团队来到行知新公民学校为学生上音乐课；庾澄庆带队在北京街头为中国扶贫基金会爱心包裹项目募集爱心书包；房祖名带领队员义卖"瓷娃娃"制作的徽章，为"瓷娃娃"日常生活筹款；胡夏带领团队到南宁盲童孤儿学校看望孩子们；胡彦斌带队到北京大学义卖智障儿童的画；等等。在媒体以明星离婚、小三，甚至以露点、露底为卖点时，《梦想合唱团》发掘了明星正面向上的价值和正向的感召力。

——通过普通人的故事传播真善美，引导个体责任意识

《梦想合唱团》160名普通团员中，有厨师、学生、公司职员、老师、退休老人、医生等不同行业、不同年龄的人。节目还关注许多进入最终决选但被淘汰的、有故事的候选人。在云南普洱市团员选拔过程中，山村女教师王章琼没有唱歌，而是带着学生的一篇作文《我上学的路》来参加选拔，她慢慢念道："我上学的路是一条弯弯曲曲的路，大概20多公里，我上学的路要翻两座大山，过两条河，过河时大同学总是把小同学一个一个背过去，帮助小同学我非常高兴，过河的时候让我懂得了怎样做人的道理，无论上学的路怎样艰难我都不会放弃学文化，我一定要好好学习，将来长大我挣钱了要在河边上建一座桥，让村里的孩子上学不那么艰难。"20多年来，她和丈夫支撑起大山里的一所小学，最大心愿是为孩子们搭建一座上学路上的便民桥，让往返40多公里的上学路不再因水流湍急而威胁孩子们的安全。还有曹亚淇及其他志愿者作为"天使妈妈"，为脑瘫儿童日复一日地付出的故事，等等。

电视屏幕上，一群背着书包的小朋友赤脚在山间路上走着，电视里传来操着一口不太标准的普通话的男孩的朗读的声音，朗读内容正是王章琼老师在参加选拔时读过的那篇作文，这个男孩正是这篇作文的作者。在每支合唱团开始歌唱表演前，首先会播放节目组摄制的这样一段有关该合唱团的公益梦想的视频短片，向观众直观地陈述那些需要帮助的儿童的故事、那些帮助这些儿童的普通人的故事。在表演结束后，主持人还会请出短片中的相关人物，进行现场采访。节目用这种纪录片的叙事方式将演播室内容与场外环节紧密相连，通过纪实故事的铺垫，让最终的舞台合唱呈现出一种人文关怀。再如，在一段视频短片中，天使妈妈工作人员欢欢，每天需要帮助脑瘫儿童进行康复治疗，想到她最喜欢的一名脑瘫儿童张爱明，她有时候会说"不结婚了，就这样带着张家明过吧"。在节目现场，她哽咽着无法说出话来。此外，还有"梦想宝贝"焦沛琼、"红薯大妈"许淑艳、"我不想混吃等

死"的"励志男孩"褚振龙等人的充满美好情感的故事,让无数人为之动容。"羊肉串大叔"阿里木、胡艳萍等普通公益人物的故事重新被讲述。阿里木在贵州省毕节市以烤羊肉串赚钱为生,同时还用卖烤羊肉串攒下的10多万元,资助了上百名贫困学生,被评为"中国网事·感动2010年"年度网络人物。阿里木在《梦想合唱团》节目现场说,"很多人说有钱人可以帮助人,不是这样的,他是需要一种习惯,他从小的时候养成这种习惯,有些很多有钱的人,他那这个钱去买几套几套房子,或者是大酒店里吃饭,这样那样的他愿意,但是很多的人,他不可能拿一点去帮助别的人,因为他没有这个习惯"。

许文广认为:"有时我们认为没有讲好故事,其实是没有讲好人。讲好故事靠技巧,讲好人靠洞察和情怀。为什么普通人的故事最能打动我们?因为电视是一面镜子,我们从他们身上寻找的是自己的影子。"《梦想合唱团》在每期节目中不断地重复讲述着这些普通公众的故事,讲述为他人的付出,对他人的责任。普洱队的明星团长庾澄庆说:"我们这个活动就是让大家知道还有很多这样的地方,还有很多这样的人在这样艰苦地生活着,他们需要帮助。"

进行准确定位,各类主体服务社会的同时获得个体利益

央视作为国家电视台,可以说是最具影响力的传播平台,因此,能在央视"露脸",对于政府、明星、企业、普通人来说,分别意味着一次政府宣扬政绩的机会、明星提升人气的机会、企业被公众认知的机会、普通人成名的机会。《梦想合唱团》确实也向他们提供了这样的机会。然而,更重要的是,在《梦想合唱团》中,各类参与主体,包括政府、企业、明星、普通人、公益机构,是作为节目的一部分存在的,已融入整个节目中,大家为了共同的公益梦想服务,为社会服务。

——政府:承诺为社会利益付出,同时树立良好的政府形象

节目给城市政府提供了充分展示政府形象的机会。在讲述完一个个感人的故事、企业表示将承担社会责任之后,政府也被邀请到了舞台了,表达政府将为社会承担的责任。贵州省委宣传部副部长周晓云代表政府承诺:"今年贵州省委省政府决定拿出42.2亿元解决65个贫困县的120万的贫困学生的扶贫问题,使贵州的农村的基础教育有个根本性的改观。"南宁副市长在启动仪式上表示:"梦想合唱团是以一流的平台,一流的明

星,来发掘、带领和打造一流的草根英雄,共同做公益的这样的一个活动。寻大爱,做公益,与南宁市'能帮就帮,敢做善城'的城市精神不谋而合。作为南宁市政府,我们对胡夏带领的梦想合唱团,应该说是期望、愿望和希望,我们期望胡夏带领的合唱团精诚合作,充分展示壮乡的风情,展示南宁的魅力;祝愿胡夏率领的合唱团梦想成真,为家乡实现一份公益的心愿。"

——企业:为社会利益付出,同时体现企业的社会责任,树立良好的企业形象

参与《梦想合唱团》既是企业履行社会责任的一次实践,也是企业公益营销的一次尝试。《梦想合唱团》是展示企业形象的一个平台。在节目的启动仪式上,冠名企业玉兰油品牌中国区总经理杨珊珊表示:"玉兰油梦想合唱团是玉兰油品牌娱乐营销的第一次尝试……我们希望借由这个平台,面向年轻族群,传达'选择成就梦想'的理念,鼓励年轻人勇敢做出选择、创造机会、成就梦想。"招商证券相关负责人表示:"通过该节目的合作,公司可获得8个中国最具执行操作力及影响力的慈善项目,这是公司拓宽慈善项目选择渠道的一次有益尝试。我们也希望通过与央视的合作,将我们的慈善项目影响最大化,让更多的人参与到公益慈善中来。"在《梦想合唱团》梦想盛典中,共现场募集企业捐款13785万元,捐赠企业代表也被邀请上台,有了一次向观众表达企业社会责任的机会,而不仅仅是坐在台下举牌。企业代表表示,"今天下午我收获了无数次的感动","2012年我们(加多宝)计划资助1000万元赞助2000名学生能够圆梦大学","贫困助学是一件非常有意义的事情,ABB公司会坚持继续做下去"……

——明星:影响更多人关注社会利益,同时获得粉丝支持

整个节目占用8位明星近三个月的完整档期,有业内人士人认为这是不可能完成的任务,因为每年的9月到次年的1月是黄金演唱季,因此,参与节目意味着要放弃其他的机会。而且,因为是公益节目,节目组没有像商业节目那样去邀请他们,明星都是志愿参与节目,没有出场费等酬劳,节目组只是向他们支付很少的车马费。当然,这并不意味着明星就失去了很多,在参与节目的同时他们也为自己集聚了知晓度和人气。龚琳娜表示,《梦想合唱团》让她有机会把原生态的音乐艺术化,带着贵州金嗓子们去唱歌,"此外,我们的队伍肯定会保持下去的,以后会建立一个基金,为了公益项目一直唱下去"。

——普通人：影响更多人关注视社会利益，同时实现自己的梦想

对于普通人来说，能登上央视的舞台无疑是一种荣耀。许多人之所以报名参加合唱团，也是因为希望实现自己的梦想。上海合唱团队员温增泉的弟弟不幸因病去世，怀着对弟弟的思念，他来到《梦想合唱团》，希望胡彦斌为他给弟弟写的歌词谱曲。被网友称为"颤音奶奶"的董云蓉因为音乐这一共同的兴趣爱好，和老伴认识两个月就走到了一起并共同生活了37年，自2005年老伴去世，开始学习吉他，决心要将她和老伴共同的音乐梦想延续下去。

节目现场观众的积极参与也深入人心。许文广认为，真正的参与感不仅是观众投票、发短信等互动参与，更重要的是情感参与，对节目中呈现的人物，产生认同和共鸣。在节目中，我们数次看到，在企业代表、政府代表话音刚落的时候，现场观众不由自主地全体起立鼓掌。这是公众对企业、政府的一种无言的认可。

四　结语

当前，许多媒体在利益的驱动下，表现出过多的"企业性格"，而忘记了或刻意忽视了自己的另外一种属性，即公共性和公益性，只顾追求自身利益，以吸引眼球为根本目标，破坏社会价值观。

我们看到，一方面，一些媒体为了攫取利益，吸引眼球，抢占市场份额，提高广告收益，谋求经济利润，想尽各种办法，最终迷失了自己。主要体现在三点：一是庸俗、低俗和媚俗。其惯用的手法是提供暴力、性等低俗内容，并以娱乐元素稀释新闻，一些娱乐访谈、综艺类节目经常用荤段子、暧昧字眼和暴露镜头来吸引观众。面对当前媒体的低俗之风，人民网发出这样的评论："一个热衷于低级趣味的媒体，又怎能树立严肃庄重的公信力？"二是为了吸引眼球故意放大社会阴暗面和丑陋面。现今的一些媒体，故意放大问题，以引起更多的关注，结果导致全社会对问题的错误认识，引发不良的社会后果。近两年，媒体尤其对公益领域的"丑闻"格外感兴趣，不时抖露出爆炸性的新闻，这些确实在很大程度上对公益领域造成了压力，对促进领域的自律起到了很好的作用，但其中也存在一些不客观的报道，如"卢美美"事件。这些导致全社会对公益领域的不信任，最终损害的是全社会的利益。三是炮制虚假新闻，或者在炒作过程中罔顾事实，伤害真实细节，这不仅伤害到公众的心理，知情权受到了极大损害，同时，也伤害到媒

体自己的权威性与公信力。

另一方面，一些媒体沦为其他利益主体获取利益的工具，社会公器成为私器。媒体是党和政府的喉舌，也是大众的喉舌，是大众信息的提供者，是环境公平的守望者。在市场经济持续发展的大环境下，一些媒体为了获取自身的利益，甘愿沦为企业的获利的工具。例如，企业在媒体投放广告，成为媒体生存的保障，媒体因此而建立了客户保护名单，一旦有负面报道，媒体就采取遮盖、不报的方式为企业"服务"。媒体在沦为其他利益主体的获益工具的同时，损害了社会公共利益，完全丧失了作为社会公器应该具有的功能，反其道而为之。

这些也正是媒体的局限性所在。媒体既要在竞争激烈的市场中赢得生存，实现商业功能，又要同时实现社会功能。而一旦媒体过于重视商业功能，则可能使节目的宗旨发生偏移，节目变味，最终导致节目不持续。2011年10月，国家广播电影电视总局下发被媒体称为"限娱令"的《关于进一步加强电视上星综合频道节目管理的意见》，主要是针对当时社会反应强烈的部分上星频道电视节目过度娱乐化、格调低俗、形态雷同等倾向而制定的一整套管理措施。在"限娱令"之后，有很多媒体进行了整顿。媒体其实应该反思，为什么会有"限娱令"的出台，为什么只有"限娱令"出台之后才开始进行整顿。

在当前的社会环境下，《梦想合唱团》为其他媒体树立了榜样，它是一种表率，唤醒和引领社会、其他媒体，主动地承担责任。正如广电总局宣传管理司司长金德龙对《梦想合唱团》的评价："它的形式是娱乐，内容是公益，宗旨是唤醒和引领。"期望《梦想合唱团》保持它的公益性，继续唤醒和引领社会向美好的方向前进。

第三部分
典型案例

典型机构
典型项目
▶ **典型人物**

"我开"网联合创始人魏可欣

2012年5月15日中午,北京的天气连续着阴郁灰暗,从东四十一条59号小院走出来准备去吃午饭的张圣和刘丽美,碰见了隔壁杂货铺的老先生。老先生手里拿着一份报纸,一如既往地用纯正北京腔和他们打招呼:"吃饭去啊?"张圣答道:"嗯!您吃了没?"老先生忽然说:"报上说你们要关张了?可欣回国了?我说怎么小半年没见到她了呢!"老先生说的报纸是刚出版的《南方周末》,上面整版报道《"农民的Facebook",死了——公益小额信贷陷入困境》。

东四十一条胡同的这位老大爷,他并不关心微型金融、小额信贷,几年来,他更熟悉的是一个有一头褐色头发的美国姑娘,每天从他店前行色匆匆地经过,眼角永远洋溢着微笑,偶尔会买一大桶矿泉水,更多的是用标准的汉语说:"你们好!你们都好吗?"由于走路太快,当她说"你们都好吗"的时候,已经需要转身退着面向大家了。这个美国姑娘就是"我开"网联合创始人兼CEO魏可欣。

一 永远的行动派

1. 初来乍到

2006年9月,魏可欣第一次来到中国,那一年她22岁,那个秋天她本来应该开始大学四年级的课程。可欣从高中开始修读中文,对中国的文化和飞速发展的经济充满好奇。进入大学后,她充分发挥了聪明勤奋的特质,在三年内修完了大学四年的课程,提前毕业。大四开学的时候,可欣和父亲商量,她希望父亲能够继续提供给她本来大四应该花费的钱,然后她想到中国走走看看。父亲欣然同意女儿的计划。可欣申请了清华大学开设的金融商业中文培训班,开始了中国之旅。未曾想到的是,可欣的这个"中国缘"竟结得如此深厚,父母亲默默支持了她5年。

2006年可欣对中国的感觉是神秘和质疑的,完全不像今天这么了然于胸。为了深入了解中国,刚到北京两个月,魏可欣和朋友进行了一次长途旅行,在一个月时间里,她们租了一辆车,在东北的土地上一路开过,从延吉、丹东,再到长白山……他们常常偏离公路,一头扎进中国东北的各式乡村里面。

旅途中,中国普通的乡村生活近在眼前。作为游客,魏可欣总觉着她看到的中国像是隔着一层玻璃。她想知道城乡如此迥异的中国,人们的想法是否有差异,真实的中国农村人是怎样安排生活的。"我想和当地人聊天,知道他们平常日子是怎么样,思考最多的是什么,但只能远远地看着他们。"魏可欣坦言,当时的她汉语并不流利,对于中国文化也是一知半解。仅有一腔热情是远远不够的,她甚至还知道如果自己贸然行动,最后会被中国人当做老外"被考察"。

回到北京,可欣一头扎进汉语学习中,天性开朗的她很快融入异国的新鲜生活,遇到卖水果的小贩、打扫卫生的阿姨、附近遛弯儿的大爷大妈,可欣总会主动真诚地打声招呼。她说:"第一次就是简单的'你好!',第二次再遇到就问问:'你今天怎么样?'第三次就能很自然地聊几句了。"

2. 开始的开始

魏可欣的"中国化"是从一个从中国乡村来的姑娘张春苗开始的。曾经有一段时间,可欣经常光顾租房附近的东北饭馆,饭馆里从厨师长到服务员很快就和她熟悉起来。这不仅因为可欣常常主动和餐馆工作人员打招呼、聊天,还因为她点餐非常独特:蔬菜,少油,无盐(或者少盐)。餐馆服务员张春苗热情开朗,很快和个性鲜明的可欣成了朋友。随着交往的深入,春苗的生活状况开始牵动可欣的心。她说:"她的生活好像凝固了一样,每周工作7天,通常从早晨8点到晚9点,每月不到1000元的薪水,没有娱乐,更没机会接触外面的世界。对于未来,春苗没有任何打算,就想着能够存些钱让父母来北京旅游一次。"

在当时可欣的心里,春苗的生活是应该被改变的。她说:"不应该这样,我们年龄相仿,都是一个人从很远的地方来到北京,都很努力地生活,唯一不同可能是来自不同的家庭。"而可欣的经历和所受的教育让她认为,世界是平的，人与人之间的差距是非常小的。只要努力，改变就会发生！她决定帮助春苗改变。

但让可欣有些苦恼的是，她甚至不知道该做点什么。思来想去，她决定教春苗英文，"懂英文，她起码可以在星巴克这样的地方找到一份赚钱更多的工作"。于是，在春苗结束了一天的工作后，通常晚上10点左右，魏可欣要赶到春苗嘈杂拥挤的集体宿舍，从 A、B、C 开始教授春苗英文。

"春苗非常用心，进展迅速。"终于能为好朋友做点什么，这让披星戴月前去教课的魏可欣很满足。她万万没想到，几个月后的一天，春苗却提出中止学习，因为父母在老家为她介绍了一门亲事，她要回去结婚。春苗这样对可欣说："这是我的命，咱们都改变不了。"

春苗回家了，她那番朴素的话却深深刻印在魏可欣心中。善于观察的她发现，那家东北餐馆的服务员流动很大，那些曾和她有说有笑的服务员们陆陆续续都走了，有回家的，也有的去了另一家餐馆或是超市，也还是1000元左右的工资。可欣逐渐意识到，改变可能要从根本的地方开始，而对于同龄的中国人来说，改变应该发生。可欣期待着有机会在这个飞速发展的国家做些什么。

转折点出现在一次节日聚会中。那是2007年3月17日，也是爱尔兰的传统节日 St. Patrick's Day（"爱尔兰日"），魏可欣、室友孟康妮和几个好朋友正聊得开心，突然孟康妮正色道："我想到个好主意！我们在中国搞小额信贷吧。"众人纷纷响应，对于行动派的魏可欣来说，长达五年的中国农村小额信贷的工作拉开了帷幕。

3. 理想主义者

魏可欣和孟康尼为她们即将开始的小额贷款事业取了一个响亮的名字——"我开"，取意"从我开始"。也就从那时开始，魏可欣将自己定义为"永恒的理想主义者"，乃至在未来可欣的团队中，每个人都需要具备"我开"这一核心价值观："永恒的理想主义者——我们知道没有克服不了的困难，如果还有问题没得到解决是因为我们努力得不够、看得不够长远或者寻求的专业支持不够，我们坚持不懈直至解决问题，每一步都更加接近我们的目标。"

魏可欣的"理想主义者"风格里，永远都蕴涵着无穷的执行力，让人相信她是那个在下一秒就会将设想变成行动的人。2007年4月初，可欣和孟康妮踏上了去往宁夏的考察之旅。在宁夏盐池县妇女发展协会考察的几天里，可欣开始接触到小额信贷在中国乡村的实际运行，留给她最深印象的是一位 60 多岁的当地妇女，身为小额信贷中心大组长的她有条不紊地讲述自己的贷款经历，非常干练。很难想象当信贷员最初找到她时，需要一次次耐心地鼓励，她才鼓起勇气接受一笔仅仅 1000 元的小额信贷。之后，可欣又到中国最偏僻的地方去接触基层的小额信贷工作，四川仪陇、内蒙古赤峰、河北易县……凡是当时稍有名气的公益小额信贷机构，她们都走访、学习过。不仅如此，在北京、天津，魏可欣和同伴还遍访中国的小额信贷专家、学者。

中国现有的小额信贷机构大都依托专业的慈善基金会，外国人创立新的小额信贷机构没有可借鉴的先例，想要实现良性的资金循环更是巨大挑战。魏可欣和孟康尼反复思考后认真构思了一份"我开"运营企划案，并粘贴在 15 份邮件里寄到从事小额信贷的专家和朋友那里征求意见。谁想竟如石沉大海，15 份邮件竟然连一份答复都没有。"我开始还以为是邮箱出了问题，又发了一次，耐心等了两天，还是什么回信都没有。"在今天魏可欣谈到草创期尴尬的遭遇也会很无奈地笑，"问了一位朋友，回答是实在太长，问题也多，不知从哪里回复。"

没人理睬，只能凭实力说话。两位姑娘将企划案拿给有相关经验的朋友，一次次论证修改，直到改到第五遍才定稿。当这份企划案最终放到毕业于哈佛企业管理研究所的美国信贷专家面前时，她非常惊讶，根本无法相信这是两个 20 岁出头的姑娘所写。很自然地，这位专家成为"我开"最初的捐赠者之一。

2007 年的春天给魏可欣提出了很多难题，但是另一方面诱惑也是非常多。江苏某太阳能公司刚刚赴美上市，高薪的总裁助理的职位向即将毕业的魏可欣伸出了橄榄枝。对当时的魏可欣来说，她着实犹豫了，一面是稳定体面的职业，可以开始独立的生活；另一面是未知的前途，随时可能需要向父母请求经济援助。

很多了解可欣背景的人都认为，可欣是不需要向经济压力屈服的，家族的实力可以帮助她生活得无忧无虑。但是可欣很要强，她知道汉语中有"富二代""啃老族"等流行词语，但是她"无法理解他们的想法和生活方式"。所以 5 年以来，她都是和朋友在北京合租房子。魏可欣知道在北京如何每天只用 10 元钱过她的生活："早晨在随身带的杯子里冲一小坨普洱茶，早餐和晚餐吃 4 元钱的煎饼。"

犹豫再三后,"理想主义者"还是选择了继续"我开"。2011年7月,在去宁夏下乡的路上看见高速路两旁壮观的风电场、光伏电站,魏可欣很感慨地回忆起当年的经历。就在2011年5月,可欣回到美国哈佛大学作演讲的时候,她的听众里就有那个太阳能公司总裁的助理,看着台下这位衣着光鲜的"听众",可欣不禁感叹"命运"的奇特。

2011年的可欣汉语已经非常流利了,不仅四川话、宁夏话听得懂了,还开始思考汉语中神秘而美妙的词,比如缘分、命运。她每一次都能很恰当地运用这些词。

二 曲折中前进

1. 加油,加油

2007年6月,在魏可欣和孟康妮的企划案得到哈佛企业管理研究所信贷专家的认可后,"我开"正式成立了。在访问的过程中,有人认为"我开"是在搬进属于自己的办公室那一刻成立的,有人说"我开"是在取得中国代表处的资格那一刻成立的,有人说"我开"是在网站上线的那一刻正式成立的……按照"我开"团队的风格,每一次具有里程碑意义的事件,都能让这个年轻的团队振奋,然后用最热烈又最简洁的方式给予最真诚的庆祝,所以大家印象深刻。

但魏可欣认为,"我开"的成立是在她见到贷款的农民那一刻。她总是说:"我认识的人中,最勤劳最有企业家精神的,就是寻求贷款的农村人。他们愿意把一切用来投资小生意,想让家人生活得更好。他们这样做,需要很大的勇气。"成立"我开",不是给予这些微型企业家们施舍,而是对他们积极改变命运态度的一种认可和帮扶。"我开"想做的是"用先进的技术手段、最有效益的方式给予他们机会"。所以在"我开"的战略蓝图中,永远可以看到醒目的大字:帮助缺少机会的人群获得与他人平等的机会。

最初的艰辛是每个创业者能够想象但不能完全体会的。2007年9月,孟康妮返回美国进入麦肯锡工作,只能在工余尽力支持"我开"的运作,魏可欣开始独挑大梁。最开始的贷款大都来自身边的亲戚朋友,对于生活中充斥着各种慈善捐款名目的美国人来说,拿出一笔钱来帮助远在中国的贫困人群显得太遥远了,很难引起其共鸣。因为毫无知名度,魏可欣只能抓住一切可能的机会宣讲"我开"。她说:"我在各种场合都做过演讲,最难的是那种午餐会,大家都在闲聊,喝东西,只有我在充满激情地讲话,看起来有些奇怪。但是我不太在乎,只要能吸引到一位听众就算成功。"那个时候的魏可欣,每天坚持工作13个小时以上。谈起那时候的心态,她说,如果哪一天工作没有实质的进展,会觉得不踏实。

2. 中国特色

如果说超负荷的工作是魏可欣当时通过个人的勤奋可以承受的,那么许多"有中国特色"的工作内容则是她最初遇到的困难。作为美国人,她们没有办法在中国注册合法的非营利性机构;她们必须先在美国注册成立一个NGO,然后再以公司的形式回到中国申请开设代表处。她们最初按照尤努斯小额信贷实践设计的借贷模式也不可行,为了防止非法集资,中国法律禁止小额信贷机构吸纳存款。而作为一个代表处,不仅不能吸纳存款,也不能接受人民币的捐赠。在中国大政策下,有合法资格接受人民币捐赠的机构仅有屈指可数的几家。

为此,魏可欣不得不冷静下来,思考新的模式。那时,在美国本土和国际小额信贷行业风行的"Kiva"模式,引起了魏可欣的注意。Kiva建立的那种以个人对个人的P2P小额信贷平台为可欣提供了新的思路。"我开"可以模仿它,建立一种新型的网络社区,贷款者可以通过贴照片、挂视频、写博客来与提供贷款的人产生互动。而提供贷款的人也可以互相交流,组成"小组"和农民实现交流。这样可以更好地保证钱款透明,让出资者更有信心。此时出资者,仅被限定为在中国境外以美元捐款的个人或组织。

这时,新的问题产生了。首先,由于金融政策的限制,农民的还款是无法再回到贷款人的账户上的。其次,农民没有互联网。

魏可欣进一步改变模式。首先将"我开"建成一个非营利性质的公益组织,只吸纳慈善捐款;然后再通过与中国各地方的小额信贷机构合作,把这笔款"有条件地捐赠"给这些机构,由它们负责具体的借贷业务。那些懂方言、了解风俗的小额信贷机构比"我开"更适合做贷款的发放者。不仅如此,这些合作的地方小额信贷机构也要按照"我开"的要求,对贷款者进行定期的跟踪和访问。贷款者的还款记录和生产进展,被实时地上传到"我开"网站上,网站也会自动生成邮件发给相关的捐款者和公众。在当时,这是最有效率、最低成本的运行方式。

在一步一步向政策"妥协"的过程中，魏可欣和"我开"团队得到了专业律师事务所美富律师事务所的专业支持。但是，在认识和熟悉中国工作方法的过程中，可欣小心谨慎。她从一些媒体、书籍中学习中国人工作的习惯，和许多外国人一样，知道中国工作需要"关系"，而这个词的发音是"Guanxi"而不是"Relationship"，中国维系关系的最好方式是喝酒、吃饭。她一直尝试着理解这一切。2011年夏天，可欣带领团队第二次赴宁夏盐池考察小额信贷机构时，第一天晚上的接风宴席上，可欣喝醉了。席间，西北的主人们用最热情的礼仪接待"我开"团队，十几个人轮流向美国客人魏可欣致意、敬酒。可欣欣然接受这一切，展示着最豪爽的一面，甚至用西北的方言和大家行酒令、做游戏。大家尽兴而归。第二天、第三天，可欣身体都难受异常。宁夏盐池妇女发展中心主任龙治普主任和"我开"团队中国成员都对可欣表示非常抱歉，并告诉她，其实你可以在席间拒绝喝酒，或者按照宁夏的风俗请别人代替喝酒的。可欣表示不可思议，她说："真的可以吗？如果这样做，大家会不会不高兴？会不会影响到我们的'关系'？"

在"中国特色"这个问题上，魏可欣从来没有纠结过。她承认并理解现阶段中国的特点，也自知这会是将来"我开"发展中最大的挑战。为了应对挑战，她积极寻访中国本土顾问，并邀请具有共同理想的中国精英人物加入"我开"的全球董事会。魏可欣坚持自己只是一名"协作者"。在她制定的"我开"三条核心价值里，第二条便是"协作者"："我们是积极、合作、尊重他人的团队成员，我们分享想法、洞察和支持。我们积极在组织内外寻求指导、反馈、建议以帮助机构达成目标。"

3. 得道多助

魏可欣坚持到处宣讲，同时完善对于"我开"的技术设想，以求得最佳的"成本—效益比"。她的坚持为她带来了意想不到的运气。一次参加清华大学组织的IT论坛，在座的有谷歌原中国区总裁李开复，活动结束乘坐巴士时，魏可欣发现坐在自己身边的正是李开复，就主动自我介绍。她回忆说："他对'我开'也很有兴趣，问了好多问题，当我讲到最苦恼的是缺少优秀的网站设计者时，他马上说出一个人名，并给了我联系电话。"

李开复曾经在微博说过创业者应具备的一种能力：电梯游说（Elevator pitch），是比喻可以30秒内在电梯里把一个产品或创意说清楚。应该有下列四点：你是做什么的，你解决什么问题，你如何做到与众不同，我为什么要在乎。魏可欣经过长期的准备和实践,似乎随时可以完成类似的"游说",不论是使用英语还是汉语。这一次和李开复的偶遇,让魏可欣找到合适的网站设计团队,并以超低的价格完成了"我开"的最初网络架构。在这个网络中,每一笔捐款流转于哪位贷款人、贷款人的生产状况如何,全部透明地在网站上公布和实时更新。用户可以看见自己一笔 20 美元的捐款和其他人的捐款汇合在一起,兑现成农妇抱回家的小猪仔。随着猪仔的成长和农户家庭生产的发展,农妇每个月的还款记录都会清晰地反馈给捐款人。

农户信息的上传是由合作伙伴的信贷员操作完成的,所以贷款农民的故事都是用最朴实的汉语完成的。但"我开"的捐款人几乎都是外国人,于是"翻译者"团队迅速组建并发展起来。这些翻译的人员都是在网站上注册的志愿者。他们几乎用匿名的方式支持着"我开"的发展,奠定了"我开"网站中英文并存的基础。此时,"我开"团队仅有 1 名中国籍带薪员工。

2008 年 10 月,我开网站(wokai.org)试用版上线。一个月的试用期间便为第一个合作伙伴赤峰昭乌达妇女发展协会的妇女贷款者们筹集了 10000 美元的资金。

那一年,是北京奥运会年,也是美国次贷危机年,那一年美国女孩魏可欣从美国人那里募款帮助中国北方居住在蒙古包内的牧民们准备越冬的牛羊饲料;也是那一年,四川发生了大地震,"我开"与四川仪陇乡村发展协会达成了合作协议,发展了第二个合作伙伴。

那一年,Facebook 的独立访问量首次超越了 Myspace,推出了由志愿者翻译的中文版本。那一年,中国的年轻人是可以注册并使用 Facebook 的。

三 一路同行的人

1. 农民的 Facebook

2008 年,与魏可欣同龄的马克·扎克伯格(Mark Zuckerberg)的 Facebook.com 也刚刚完成网站的创立与推广阶段,进入了"创新引导,开拓新领域"的发展阶段。和"我开"网一样,当时的 Facebook 由志愿者负责中英文的互译。于是,中外媒体毫不吝啬地给予魏可欣的创新想法以最好的评价,称为"中国农民的 Facebook"。媒体喜欢用简洁的语言勾勒出魏可欣当时的生活状态:"深秋的北京清晨,上班的人流不断从胡同里弄涌出,奔向街道两侧林立的摩天大厦。在这样的清晨,25 岁的美国女孩魏可欣(Casey Wilson)看起来更像一个大学生。她背着书包,听着苹果 MP3,啃着从巷口大妈手里买来的新鲜蛋饼,逆着人流躲进了东四十一条的老北京四合院里。"[①]

2009 年,"我开"的带薪员工依然只有一人。"我开"在这一年得到 Newsweek、San Francisco Chronicle、CCTV、凤凰卫视、Bloomberg TV Asia、China Daily 和三联生活周刊的报道,筹集了 128000 美元的贷款资金,资助了 276 笔借款,捐助人达到 1040 名,还款率为 99.5%。成立了香港、北京、旧金山、纽约、西雅图五大分支机构,开始全球范围内的募款。

对于"中国农民的 Facebook"的说法,严谨的魏可欣一直不太认同,但这是她的梦想。"我开"其实还并不能算是真正的"Facebook",因为农民们的家里都没有电脑和网络,一直都只能靠地方的信贷员们,带着照相机和纸笔,翻山越岭去农民家里帮助他们记录情况,填写报告,然后再上传到"我开网",通过志愿者的翻译后,展示给公众。她希望有一天,"我开"可以成为真正的贷款者与借贷人之间直接交流的网络社区,可以真正像 Facebook 或者 Twitter 一样,给双方带来意想不到的效果。

魏可欣热衷于对新技术的观察,她认为技术的进步最终会帮助人们突破人为的政策壁垒,从而大大地推动社会公平。2010 年后,随着微博等新媒体和智能手机的飞速发展,魏可欣看到了希望。她认为,有了智能手机这样的移动终端,在技术层面来讲实现"我开网"真正的 SNS 功能指日可待。可欣希望能够跟得上这一波互联网的技术变革,使"我开"有一个突破性的进展。

在追求创新的道路上,魏可欣从来都是敏锐而执著的。她所制定的"我开"的核心价值观第一条就是"积极的创新者(Proactive Innovators)":"我们不断寻找增加'我开'产品和影响的更高效的工作方法,我们永不满足于现状而不断追求做得更好。"只是在这个过程中,她时而孤独,时而意气风发。

2. 青青子衿,悠悠我心

2010 年春天,魏可欣打出了招聘广告,她希望网站的中文版更方便,

[①] 刘旭阳:《美国女孩在中国的尤努斯式扶贫实践——中国农民的 Facebook》,《外滩画报》2009 年 11 月 12 日。

能够提高网站流量。不久,一个高高瘦瘦的美国人来应聘,他是 Ben Benson。

　　Ben 的妻子是中国人,为了陪妻子而旅居北京一年多,希望能在中国做一份有意义的工作。Ben 和可欣见面后聊了以往的工作经历,让可欣着实兴奋了一大阵子。有个朋友告诉她"青青子衿,悠悠我心;但为君故,沉吟至今"的诗句,她笑着说:"虽然我不太懂你们说的是什么,但是我知道一定很符合我的心情,Ben 是百万里挑一的天才!"Ben 在美国长大,11 岁开始编程,13 岁"攻破"了警察局的网站后被警察局发现,一家银行替他交了罚金,后来受雇于这家银行。14 岁开始便接受政府委托的业务。刚刚 30 岁出头的 Ben 已经有了 20 年的工作经验。无论是刚刚起步的小公司还是世界 500 强企业、跨国银行,Ben 都曾经为其提供过服务。Ben 到来后,轻松地完成了可欣 2010 年关于网站建设的计划。中文版的网站风格清新,操作简便,更重要的是系统专业,透明,本金、利息、权益、转账……一笔笔、一条条清晰明了。

　　Ben 瘦弱的身材、思考的神情活脱脱就是一个年轻版的乔布斯。Ben 不说汉语,但是读林语堂的英文书,坚持每天练习"咏春拳"已经有七年了。在"我开"工作期间,Ben 做了父亲,给自己的孩子取名"Kai"。宝宝 Kai 的名字,包含着 Ben 对"我开"的喜爱,也包含着对同他一样聪明、高效的"小领导"的认同。

　　2010 年是"我开"扩大团队的重要的一年。迷晓兰(Julia Meek)在英国看到了魏可欣在北京发出的招聘启事,经过几轮跨洋的 Skype 面试,她来到了"我开"。迷晓兰加入"我开"后,魏可欣轻松多了,和全球的捐赠者、志愿者的交流工作由迷晓兰承担了起来。迷晓兰是非常优雅的英国女孩,工作和生活中的她和她的名字一样,处处流露出迷人的亲和力。2011 年 9 月,米晓兰由于父亲身体的缘故,不得不回到英国。在这之前,她一直是可欣得力的助手。

四　如是我闻

1. 捐款者

　　迷晓兰在"我开"工作的一年多的时间里,经常会被收到的邮件惊到。

每周都会有近百封的邮件从世界各地发来，有那么多人都愿意帮助"我开"。在短短的三年的时间内，"我开"在全球已经有20多个分支机构，大多拥有50~80个活跃会员，活跃的联系人200余人。每周，迷晓兰会代表可欣向全球的600多个志愿者发送Newsletter，报告"我开"北京办公室的进展和合作伙伴、典型贷款人的近况。

2011年春天，有两个特殊的捐赠者找到了魏可欣，他们是一对美籍华裔老夫妇，当时都刚刚70岁，用他们自己的话说："我们的人生刚刚开始，终于可以做一些自己想做的事了。"他们是一对医学博士，在可欣一次演讲的时候认识了可欣，并被可欣的演讲深深打动，当即决定捐赠一笔钱给"我开"，支持"我开"的小额信贷事业。

但是，当时他们也坦白地和"我开"交流过，和大多数捐赠者一样，他们捐赠的初衷来源于对可欣的热忱和工作态度的深信不疑，但在全球小额信贷丑闻不断的情况下，他们不相信当下中国的公益小额信贷机构可以独善其身。

这对老夫妇有此质疑并非臆测，他们对中国农村公益事业感触颇深。他们从2009年开始，和朋友一起在云南援建了一所小学。在崭新的校舍内，他们也建设了能够满足全校师生需求的高标准厨房。可令他们意外的是，孩子们并没有营养的饭菜可吃。根据当地的条件，他们知道孩子们不可能喝到安全卫生的牛奶，所以要求学校保障孩子每天吃一枚鸡蛋，费用依旧由他们这些老人出。事过一年，学校无法实现这个营养方案。究其原因，学校只说，买鸡蛋太难，学校又没有冰箱储存。

在老夫妇十分无奈地给学校配备了冰箱后，带着疑惑找到了可欣。可欣笑笑说："在中国做公益事业，其实要十分注重机制的设计和与地方政府的配合。要是在我们合作伙伴的范围内就好办了，我们可以扶植小额信贷的农户在学校附近养鸡，再将鸡蛋销往学校。就是不知道当地有没有小额信贷机构可以合作呢？"

当老夫妇问及"我开"的小额贷款何以得到如此好的成绩时，可欣也只是和每次面对这个问题时一样，耸耸肩说："其实，最好的答案是您们亲自和我们的员工到合作伙伴处做一次季度性的考察。"于是，2011年夏天，老夫妇和"我开"的工作人员一起从北京到了四川仪陇。这期间，有3个小时的飞机旅程，还有6个小时的秦巴山崎岖山路的大巴跋涉。在路上，老夫妇才透露，老太太的膝盖是刚刚换过的，不能蹲，不能行走太久……

　　为期一周的考察中，老夫妇和工作人员到农户家中拜访，观察当地信贷员和"我开"工作人员的工作。他们拿出打印的"我开"网页上客户信息一一核对。其中，在网页上客户王女士的资料显示，借款时是单身妈妈，在以后每三个月一次的资料更新中，说到又结婚了，又离婚了……老太太认为一定是信贷员没有逻辑地胡编的。登门拜访后，发现王女士在短短一年内两次离婚，婚姻经历如此坎坷。同时也发现，王女士的儿子竟然是军医大学的高才生，她含辛茹苦地养着两个女儿和优秀的儿子。

　　七天的翻山越岭，每到一家一户，每次遇到一个"我开"的贷款客户，都有不一样的心酸故事。老太太都是给予了最大的同情，流下了热泪。老太太感慨地对合作伙伴高向军主任及"我开"的工作人员说："我要向你们道歉。之前我一直觉得，你们收取农民10%的利率，是高利贷的行为。今天我才知道，你们不容易啊，这10%都未必能够维持你们的运营。我要和我的朋友，和所有的捐款者说明我看到的一切。"如她老人家所言，从仪陇回来后，她用中文写了一篇博客发表在"我开"网站上，也和可欣、米晓兰一起接受CCTV的采访。老夫妇所做的一切，通过米晓兰编辑的"我开"简报，发到了每个关注"我开"的人的邮箱里。

　　老夫妇的此次仪陇之行，令老太太最为动情的一次，是在一所半山腰的学校废墟上。学校原本破旧，2008年地震后，学校就剩下三面墙还立着。附近的近100个孩子，则在老师家的地下室上课，能看到几乎散架的桌椅，污水横流的厕所。村长说，这是地震后忘记建设的学校。老太太听闻后大哭，说："政府在哪？政府为什么不管？我要出资建设这个学校，但是我只出一半，另一半必须由政府负责！"

　　除了学校，他们还发现了很多被父母遗忘在家乡的"准孤儿"。他们决定帮助他们。2012年春天，他们发来项目的进展，学校计划投资50万元，当地政府和老夫妇各出一半资金，年内开始建设。原本计划帮扶30个"准孤儿"，现在提高到60个，从小学直至孩子们不再读书……

　　老夫妇在与可欣沟通此事时，也不无歉意地说："很抱歉，我们不再继续追加在'我开'的捐赠，因为我们更想帮助农村的儿童。"可欣却很欣慰地说："你们真棒！我非常开心你们可以帮助孩子们。农村的公益事业本来就应该是丰富的，可以帮助不同的人。我就是选择了最难的一个办法——小额信贷，现在我会坚持往前走，只是不知道会怎样。"

老夫妇用自己的经历开导可欣及"我开"员工："我们在50年代离开中国时，是发誓一辈子不会来的。现在你们看到了，中国如此有生命力，发展如此迅速，我们也想回来做些事情呢。现在遇到的问题多正常啊，才三十年，就有如此美好的变化，怎么会没有问题呢？但是问题一定会解决的！"

　　当老夫妇问可欣关于她自己的未来的想法时，可欣说："如果没有'我开'，我应该会回到美国开创一个'社会企业'吧，既可以养活自己也可以帮助别人。"而两位老人则说："你应该去世界银行工作，最后成为他们的总裁。哈哈……"

2. 志愿者

　　"我开"办公的小院子，在东四十一条胡同的中部，红漆的大门永远是关闭着的，门上方除了有个不起眼的铁门牌号外，没有任何标记显示这是一间办公室。但是通过可欣的带领前来的媒体、合作伙伴和志愿者，无不对这间小院子印象深刻。同时，前来的人也无不感慨不超过5个人的"我开"办公室人员，是如何有如此影响力的。可欣总是回答说："我们有许多帮助我们的志愿者，我们非常幸运！"几乎每周，都有来自世界各地的志愿者邮件申请到"我开"北京总部做志愿者。

　　"我开"以其年轻、创新的形象吸引着全球的志愿者。"我开"的平台也创造着大量的机会，使志愿人员十分方便地为"我开"工作，为小额信贷的农民客户们工作，其中最简单的就是"翻译"了。"我开"的网站是双语的网站，其中网站的结构是不懂汉语的Ben完成的，而客户的信息是由完全不认识英文的乡村信贷员上传。翻译的工作速度和质量是网站能够被访问者及时、准确地访问的保证，也是捐助者能够进行线上捐助的基本条件。

　　"我们汉译英的团队有200余人，他们是一个非常了不起的团队！"可欣最初组建这个团队时没有想到会如此高效。在美国高校演讲时，可欣提出双语网站需要翻译人员，当时就有很多华裔的美国学生报名。时至今日，汉译英团队的工作效率让大家非常吃惊。有的时候，合作伙伴的信贷员刚刚将客户的信息用汉语上传到网站，忽然想修改不妥的地方，就发现已经有了英文内容了。"有好几次，信贷人员非常着急地打电话来问为什么自己在编写客户资料时出现了英文，想要修改怎么办？我们的工作人员不得不马上帮忙修改。高效翻译也会带来'麻烦'！"但是可欣总是很骄傲地向别人提起她的"麻烦"。

"我开"的志愿者工作深入"我开"的各个环节，从具有决议权的投资委员会成员到一场活动的组织人员，到处都是志愿者的身影。投资委员会中，来自华尔街的金融工作者会仔细审核"我开"工作人员的"尽职调查报告"，并对合作伙伴的选择给出重要意见。志愿者 J 有着六年投行工作经验，在"我开"一年半的志愿工作时间内，他几次深入合作伙伴调查，摸透合作伙伴的财务、业务结构，为合作伙伴量身制作了"财务业务数据表"，这个表被合作伙伴称为最专业的"我开 T 表"，虽然每月让合作伙伴的财务人员挠头，但是对机构的帮助是巨大的。

可欣和董事会的成员们根据丰富的经验，将美国 NGO 成熟的志愿者制度带到"我开"，并得到了彻底的执行。"我开"的志愿者根据志愿时间和工作深入程度分为两类，一类被称为 Fellow，需要有丰富的工作经验，进入"我开"需要通过严格的面试、笔试选拔，工作时间最少 6 个月，其中有近一个月的培训时间。另一类才是通常意义上的 Volunteer，为"我开"的经常性的媒体活动、募捐晚会、主题酒会提供组织帮助。他们通过邮件得知"我开"的活动消息和召集通知。

志愿者参与的活动中，最让人难忘的是 2011 年 6 月 23 日的"我开"落地媒体发布会。那个夏天，"我开"终于与中国人口福利基金会签署合作协议，在基金会下成立"我开基金"。这意味着，经过 4 年的探索，"我开"于 2011 年 6 月开始取得了人民币募款的资格。颇具公关意识的可欣立即向一直以来支持"我开"的中外媒体发出邀请，一起分享这个具有战略转折意义的事件，并将活动的主题形象地称为"落地会"。

"落地会"预计会有 200 人参加。经过询价，这些人的餐费、酒水费、场地费将会是一大笔开支，超出了年度预算。情急之下，可欣决定向北京的志愿者发出求助。经过几次讨论最终决定，"落地会"于 23 日下午在北新桥附近一个叫"The Hutong"的小院子里举行，借用那里的大厨房，志愿者动用集体力量为出席"落地会"的朋友们动手做饭。"那天是一个不可思议的集合，我们记住它可能是因为那天的雨实在太大了，相信每个在北京的人都不会忘记。"可欣说起那天也会开玩笑。

"落地会"那天的主厨是来自美国的安妮，她是高高大大的典型美国白人，金黄色的头发似乎总是闪闪发光。提前两天，她采购了"落地会"晚宴所需要的所有蔬菜、水果、面包等，放在位于东直门附近的出租房间的客厅里。为了保证果蔬新鲜，房间空调开得低低的，盛夏走进去像冷库。"落地会"当天一大早,安妮用蹩脚的汉语向楼下卖水果的小贩借了一辆脚踏的三轮车,装着满满的蔬菜,从东直门沿着簋街一直骑到北新桥。那一天的上午在簋街上,有好几个好奇的人拿起手机,拍下了一个金发碧眼的姑娘蹬三轮运蔬菜的情景。

当天的厨房更是志愿者的大融合。美国人、欧洲人、肯尼亚人、中国香港人、中国内地人,一共有近20名志愿者在安妮的指挥下有条不紊地洗洗涮涮,蒸煮煎炸。厨房中黄皮肤、白皮肤、黑皮肤的人一起完成着"做饭"这一常见又不寻常的工作。傍晚,罕见的大雨袭击京城,北京在一个小时的大雨中成了一片汪洋。小院里的志愿者队伍也没能幸免,在端送食物过程中都成了落汤鸡。

很多人都记住了那一天的北京,"我开"的志愿者们更是印象深刻。按照惯例,当天的活动也会通过"我开简讯"发往世界各地,除了活动的报道,米晓兰也配上了"京城看海"的网络图片,也不无调侃地配上注释说:欢迎到北京来看海!

五 止于至善

1. 龙年会议

2012年年初,距离"我开"与人口福利基金会合作"我开基金"协议的签署,已经过去半年了。在这半年里,可欣的工作强度非常大,她在为打开人民币募集资金的渠道四处奔波着。根据合作的设想,2011年最后一个季度筹款进度需要每天上升,可欣要求每天筹款的数据上墙,建立全体员工早会制度。每人必须知道自己每一天在哪儿。

尽管团队最初只有3个人,"我开"还是以高标准的企业运营规则马力十足地开动起来了。为了同时兼顾国际和国内的推广,可欣在2011年下半年招聘了经验丰富的公关人员和市场推广人员。为了进一步扩大与基层小额信贷NGO的合作,可欣还招聘了合作伙伴的专员。也是在这半年,工作得心应手的米晓兰回到了英国,代替她工作的是来自美国的在读硕士研究生Emily。在人员更替和增加中国员工比例的同时,可欣的领导压力也骤然增大。由于从事NGO工作的中美年轻人对于社会关系和核心价值认知的不同,对机构原有的运营、人事、领导关系等产生了影响,让可欣又一次面临挑战。她需要平衡东西方文化带来的差异，引导所有员工按照"我开"既定的风格和文化属性前进。① 可欣对于新招聘的"我开"员工有着极高的要求，每个员工都会有完善、长期的员工培训。培训的课程是可欣亲自认真设计好的，她说："这半年的时间，更多的时间里我像一个老师而不是一家NGO的CEO。我希望'我开'的每一个员工都可以聪明地解决每一个问题，像照顾新生婴儿成长一样照顾'我开'的发展，我也尽我最大的力量帮助每个人融入'我开'的文化中。"

2012年春节假期，可欣和来自美国的员工Emily没有休息，她们在京城流光溢彩的烟火中、合家团圆的氛围中每天按时上班甚至加班。工作的内容有给Emily的培训，也有对已经开始的龙年的缜密的规划。

假期后的第一周，"我开"全体在京员工召开了第一个会议。会议需要对2011年最后一个季度的工作进行总结，也要对2012年第一季度的工作提出计划和要求。但是，一个十分不好的信号出现了，原本是6个人的会议，变成只有4个人参加。

可欣似乎十分熟悉如何领导小规模的团队，即便只有两个人，她也能够营造一个专业的氛围，让会议按照有效的程序进行下去，而不沦为闲聊漫话。所以，4个人的会议所呈现的话题包括了2011年农民贷款坏账的案例分析、合作伙伴财务问题解决方案讨论、全球分支机构和志愿者活动简报，更包括了对于2012年募款规模、贷款规模、贷款质量乃至"我开"将要拓展的公益领域的计划。可欣和张圣对于募款渠道的重点是国内还是海外，也做了激烈的辩论和探讨。最后，所有的计划，都以数字的形式展现在每个人的"我开战略执行一页纸"上。

会上，可欣也宣布了她本人会在2012年第一季度开始一项重要的工作，那就是在全球范围内为"我开"招聘一位CEO。计划CEO在5月确定人选，然后会有一年的过渡时间。这是一个让大家感到意外又觉得合乎情理的决定。张圣说："没想到可欣是如此严格规划自己的生活，5年前我刚刚进入'我开'时，可欣曾经说过无论成败会在第五年离开中国，没想到她真的做了。"

和以往一样，可欣也请大家讨论2012年第一季度目标达成后的奖赏。这一次是旅游，经过对青海、厦门、阳朔等地的分析，大家选择了阳朔。

---

① Emily Davis, *Cultural values in China's Non-profit*, SIT Graduate Institute, 2012.

Emliy将会很有创意地把北京到阳朔的距离标记在办公室的中国地图上，每一次团队完成计划前进一步，她将会缩短团队和阳朔的距离。

由于可欣将在会议之后回到美国一段时间，为了配合开年的气氛，丽美为可欣准备了一份小礼品，是请一位书法家朋友写的颇具中国哲学意味的对联。上联是"出门俯仰见天地"，下联是"日月光中坦荡行"。朋友说，这样的句子给可欣是否过于阳刚？但丽美认为还是挺符合可欣的性格和"我开"一直以来对于透明的倡导。对联配有横批：止于至善。

没想到，一语成谶。

2. 昏暗的一天

2012年4月23日，周一，早上7点多，天气阴郁。由于持续一夜的头痛，丽美决定先给Emliy发一个短信，告诉她今天上班可能会迟到。Emliy立即回复短信说可以，并请尽快检查可欣的邮件。丽美感觉不妙，打开可欣发来的邮件后，丽美头痛欲裂。

邮件很长，开头第一句便说："由于招聘CEO不成功和运营资金的压力，董事会决定从5月份开始，'我开'进入关闭的程序。"之前真的毫无征兆，Emily甚至还从美国招聘了新的Fellow志愿者在北京办公室工作6个月。而这个人刚刚租好房子，四天前进入"我开"开始工作。

邮件还说，上午10点开始，可欣邀请张圣和丽美分别进行Skype会议。看邮件时可欣还Chat在线，对丽美说："我知道你生病了，你可以不必去办公室，我会打电话给你。"但是丽美觉得自己一个人无法承受如此的变故，决定办公室见。

上午10点，张圣和可欣连线。他们在会议室里聊了很长时间，可欣发送来了关闭"我开"需要处理事项的清单，需要大家分头去做。同时也谈到会用最合法的方式关闭"我开"，谈到对于员工的安排。

与张圣的会议结束后，开始与丽美的会议。屏幕上，两人异口同声地说："I am so sad!"原本可欣也想和丽美谈谈后续的任务以及安置工作，但当时，一贯冷静的她也控制不了会议的进程。两个人都默默地流着泪，一个在深夜的大洋彼岸，一个在阴郁的北京。

张圣看见丽美红肿的眼睛很想缓解一下气氛，便笑话两个女生多愁善感。但是，她们两个立马要做的事情是通知赤峰和仪陇的合作伙伴"我开"发生了什么，并请信贷员们停止"我开"网站客户的更新工作。张圣负责通知赤峰，丽美负责通知仪陇。

丽美迟迟拿不起电话和仪陇乡村发展协会的高向军主任沟通这件事。张圣则以男人的冷静决定在院子里和赤峰召乌达妇女发展协会的霍桂林主任详细聊一下目前的情况以及下一步的安排。但是不到1分钟，张圣推门回到办公室，泪流满面。他哽咽着似乎想把五年来的艰辛都哭出来。他抽泣着说："原本一切好好的，怎么了？原本也和霍主任说得好好的，可是他一句'我在想，你们这些孩子怎么办啊？'我就再也忍不住了。"丽美还是头痛欲裂，什么也说不出，哭吧。

在张圣决定要回家休息，要离开办公室的时候，Emily来了。她见到团队的人就紧紧地拥抱着他们，眼泪也像决堤似的往外涌，她说："我感觉有个人死了。"

午饭的时候，天气阴得似乎要滴下水来，但就是没有雨。Emliy和丽美一起来到了办公室附近的一个餐厅"祖母厨房"，每一次欢迎"我开"新成员的加入，每一次为员工和志愿者送行，几乎都是在这个餐厅进行的。Emily说，天气似乎也在为我们难过。在说起身边人对于"我开"关闭的反应时，她们同时想到了可欣。

她该是怎样的痛心和难过，做出这样的决定对她而言该是何等的艰难。

3. 走过五年

向员工发出通知的一周内，可欣将关闭"我开"的邮件发给了每一个捐款人、志愿者以及所有在"我开"网站注册的相关人员。Ben将网站关闭，并在首页放上了中英文的关闭通知。北京这边，也在微博上公布了关闭通知。

旋即，媒体、企业家、小额信贷机构纷至沓来，媒体希望采访可欣以了解发生了什么，企业家希望帮助"我开"继续下去，而小额信贷机构的专家和从业人员则冷静地分析着"我开"关闭对公益小额信贷的影响。在微博上，网友们掀起了自从"我开"微博注册以来最热烈最持久的讨论。在讨论声中，也有对"我开"团队给出的客观原因表示质疑。但就是在这样的质疑声中，引发的是更深层次的思考，其中有对外国年轻人到中国做公益的出发点的讨论，有对"洋公益"如何实现本土化的讨论，也有对公益小额信贷实现可持续发展的讨论。更多人在悲叹声中找到媒体所有对于"我开"和可欣的报道，在感慨中他们喊出了"长歌当哭"。

而在"我开"内部，从上而下地也发起了一轮轮的反思。"我开"哪里出了问题？首先，"我开"团队对于技术、市场、公关的执行力是毋庸置疑的。从发展战略上看，2011年的国内筹款模式建立后，"我开"实现了两条腿走路，对未来1年乃至10年的规划看上去虽有些冒进，但也不会伤及筋骨。

当可欣向资助方提出更换CEO的设想后，确实遇到了阻力。这样的阻力也着实让"我开"的所有人一度怀疑，他们资助的不是一个组织，而是一个由可欣带领的团体，这让"我开"的所有人包括可欣在内深感沮丧。

可当我们换一个角度，用基金会的立场去思考这个问题，也便释然了。公益基金会的资金虽非逐利的资本，可它对社会效益的要求也不可谓不苛刻。在2012年来临的时候，可欣是出于什么样的判断要离开中国？在出现取消资助的念头的时候，董事会的成员中也不乏财团领导，为什么也选择了沉默？也许，2012年3月一次"公益小额信贷领导人工作坊"的活动，很好地回答了这个问题。在那个工作坊上，来自全国公益小额信贷机构一共5家，而像"我开"这样的帮扶机构、观察机构一共有近30家。公益小额信贷的凋敝从此可见一斑。

在公益小额信贷生态链条上，"我开"用P2P的方式探索着人人都能参与关注弱势群体的慈善方式。也许我们有无数的理论来分析"洋公益"如何水土不服，但是不应忽略的是，"我开"这个"洋公益"是置身在一个何等艰险的行业中？金融风险和众筹模式，让这个组织的每一步都如临深渊如履薄冰。当这个生态链条并未像5年前建立之初期许的那样发展，而是在逐渐走向式微的时候，那种压力、失望、焦灼的感觉自然涌来，剩下的怕是只有一个称为梦想的东西：向贫困宣战。

2012年的春夏之交，可欣一边关注着扎克伯格的Facebook上市的进展，一边读着中国媒体对于"我开"关闭的报道。她坦承："很难对5年的经历做一个简单的总结，如果需要，我愿意与一切关注过我们的人分享我的经历。"对于来自微博和她本人Facebook的鼓励、安慰，可欣感到欣慰，她也抽出大量的时间接受Emily对"我开"的研究访问，并帮助她联系相关的人。

4. 开一扇窗

"我开"结束了，但是正如《南方周末》报道引用的志愿者留言所说的:"看到'我开'关闭了,这是一个让人心碎的时刻,但'我开'的理念已经在中国扎根,消除贫困的梦想,还会激励更多人坚守下去!"

2012年5月31日,这是"我开"在法律意义上存在的最后一天。细雨蒙蒙的傍晚,几个志愿者和"我开"员工在"我开"的院子里举行了最后一次的告别晚餐。晚餐是简单的烧烤。整个烧烤氛围很奇特,悲伤中又带着不屈的希望。在最后要离开的时候,志愿者们一边收拾东西,一边为"我开"的关闭扼腕叹息。其中的一位忽然说:我们先把"我开"的办公室租下来吧,然后我们再设计一种模式,至少让"我开"的故事继续下去。

几个人一拍即合,现在在东四十一条59号院子里,"我开"的所有宣传册、镜框、照片都还陈列在会议室中。而大间的房子,已经在稍加收拾后,添置了几张桌子,环境整洁而温馨。在这里,年轻的创业者们可以来办公,可以来聚会,也可以只是安静地坐坐。房间里有自助的咖啡和茶。志愿者们还为这半个院子创意取名为"五十九点半",他们决定,除却房租等必要成本,若有盈利便会捐赠给以前"我开"合作过的小额信贷机构所在地区的贫困儿童。

"五十九点半力量虽小,但很有意义、很有意思。"可欣说。其中一位参与者也用优美的笔触为这个继续"我开"的创意撰文写道:于是,每个午后,每个八小时之外,在这位于东四十一条胡同59号的半间院子里,我们都希望可以继续一个有梦想的故事,让那颗积攒了旷野的风雨行迹、蓝天白云的种子,绽放它的美丽。

第四部分

大事记

大事记

政策法规

1. 国资委将制定发布《中央企业社会责任工作指引》，推动央企履行社会责任

2012年1月，国务院国资委研究局局长彭华岗指出，国资委将在本年制定发布《中央企业社会责任工作指引》，探索建立中央企业社会责任评价体系，为中央企业社会责任工作的推进提供框架指南。国资委于2008年初发布《关于中央企业履行社会责任的指导意见》，提出了中央企业履行社会责任的理念、目标、主要内容和措施。

2. 国家宗教局联合多部门印发《关于鼓励和规范宗教界从事公益慈善活动的意见》，鼓励宗教界开展公益慈善活动

2012年2月26日，国家宗教局联合中央统战部、国家发改委、财政部、民政部和国家税务总局等部门印发《关于鼓励和规范宗教界从事公益慈善活动的意见》，明确提出地方各级党委、政府和有关部门要以积极支持、平等对待的原则鼓励宗教界开展公益慈善活动，要采取切实有效的措施，保证宗教界依法开展的公益慈善活动和成立的公益慈善组织，在税收减免、政府资助、用水用电等方面享受法律法规和政策规定的同等优惠，重点支持宗教界在灾害救助、扶助残疾人、养老、托幼、扶贫助困、捐资助学、医疗卫生服务、环境保护、社会公共设施建设等领域开展非营利活动，以及法律和政策允许的、适合宗教界人士和信教群众发挥积极作用的其他公益慈善活动。

3. 温家宝在全国民政会议上强调构建政府管理与社会自治相结合、政府主导与社会参与相结合的社会管理和公共服务体制

2012年3月19日，温家宝在第十三次全国民政会议上强调，全面加强民政工作，必须坚持以人为本，构建政府管理与社会自治相结合、政府主导与社会参与相结合的社会管理和公共服务体制，最大限度地调动各方面积极性，激发社会活力。优化政府机构设置和职能配置，整合资源，构建直接面向基层、面向社区、面向家庭和群众、职能有机统一的管理服务体制。一要发展基层民主，增强社会自治功能。健全基层民主制度，保障人民依法直接行使民主权利、管理基层公共事务和公益事业。政府的事务性管理工作、适合通过市场和社会提供的公共服务，可以适当的方式交给社会组织、中介机构、社区等基层组织承担，降低服务成本，提高服务效率和质量。二要加强城乡社区建设，提高基层社会管理服务效能。按照属地原则，建立面向社区内所有常住人口的社会管理服务体制。建立为社区居民和流动人口提供公共管理服务的综合性平台。三要加快完善社会救助和社会福利体系，完善制度，提高保障水平，解决好城乡困难群众基本生活问题。逐步拓展社会福利保障范围，推动社会福利由补缺型向适度普惠型转变。四要进一步完善政策措施，积极支持发展社会互助团体和组织，鼓励企业、团体、家庭及个人开展社会互助和慈善活动。

4. 民政部将在全国下放非公募基金会审批权、异地商会审批权，促进行政效能的提高

2012年3月19日，民政部部长李立国在全国民政会议上表示："将在全国下放非公募基金会的审批权、异地商会审批权等，促进行政效能的提高。"业内人士分析，这是一个信号，意味着政府对民间慈善的松绑；慈善体制唯有回归民间，才能走出困境，焕发活力。

5. 深圳市民政局公布《深圳经济特区行业协会条例（征求意见稿）》，规范行业协会

2012年4月11日，深圳市民政局公布《深圳经济特区行业协会条例（征求意见稿）》（简称《条例》），规定：行业协会的机构、人事和财务应当与行政机关和本协会会员分开，而且不得与国家机关和本协会会员合署办公，国家机关工作人员也不得在行业协会中兼职。《条例》要求市、区政府及有关部门应当扶持和促进行业协会的发展，并逐步将可以由行业协会承担的职能转移给行业协会。还规定：行业协会理事会下设"惩戒委员会"和"申诉与维权委员会"，会员企业发生重大产品质量事故将被惩戒，并被依法录入深圳市企业信用信息系统。

6. 江苏试点环保案件集中化审判，环境公益诉讼因此获益

2012年4月12日，江苏省高级人民法院下发《关于在我省部分法院开展环境保护案件集中化审判试点工作的通知》，在全省人民法院启动环保案件"三审合一"试点，将涉及环境保护领域的刑事、民事、行政类案件进行集中化审判，改变当前环境污染纠纷按其分属而被分别分配到民事、行政和刑事审判庭的方式，缩短审理周期，保证审判质量。其中，对环境公益诉讼案件，当事人向人民法院提交诉状后，相关法院需立即将有关情况呈报江苏高院领导小组办公室。

7.《中共中央国务院关于分类推进事业单位改革的指导意见》发布，推进政府职能转变，提高事业单位公益服务水平

中共中央、国务院于2012年4月16日通过媒体发布《中共中央国务院关于分类推进事业单位改革的指导意见》（简称《指导意见》）。《指导意见》指出，面对新形势新要求，我国社会事业发展相对滞后，一些事业单位功能定位不清，政事不分、事企不分，机制不活；公益服务供给总量不足，供给方式单一，资源配置不合理，质量和效率不高；支持公益服务的政策措施还不够完善，监督管理薄弱。这些问题影响了公益事业的健康发展，迫切需要通过分类推进事业单位改革加以解决。要按照社会功能将现有事业单位划分为承担行政职能、从事生产经营活动和从事公益服务三个类别，逐步将前两类单位进行转制，今后不再批准设立这两类事业单位。根据职责任务、服务对象和资源配置方式等情况，将从事公益服务的事业单位细分为两类：承担义务教育、基础性科研、公共文化、公共卫生及基层的基本医疗服务等基本公益服务，不能或不宜由市场配置资源的，划入公益一类；承担高等教育、非营利医疗等公益服务，可部分由市场配置资源的，划入公益二类。

8. 中国首个社会工作专业人才队伍建设中长期规划发布

2012年4月26日，民政部网站公布了由中央19个部委和群团组织联合制定的《社会工作专业人才队伍建设中长期规划（2011—2020年）》，这是中国首个关于社会工作专业人才队伍建设的中长期规划，是推进专业社会工作事业发展及其人才队伍建设的又一纲领性文件。规划指出，加强社会工作专业人才队伍建设，需要坚持党政主导、社会运作的原则。提出要加强从事公益服务的事业单位建设，培育民办社会工作服务机构，发展社会工作行业自治组织，促进社会工作服务主体多元化发展，形成党政主导、社会运作、公众参与的社会工作服务与管理格局。

9. 广州、上海先后正式实施募捐条例，鼓励捐赠，规范募捐行为

2012年5月1日及9月1日，《广州市募捐条例》及《上海市募捐条例》先后正式实施。《广州市募捐条例》中"强化募捐备案许可，适当降低准入门槛"，"严格控制工作成本，促进慈善回归本色"，"强制公开募捐信息，真正实行阳光募捐"等方面的规定均为全国首创。业内人士评价，募捐条例的实施，最大的亮点是开放公募权，并要求拥有公募资格的民间公益组织适应变革，在提高自身能力的前提下接受公众监督，公开、透明地行使公益。同时，也将对官方慈善机构造成冲击。专家评价《上海市募捐条例》旨在确保公益事业公开、公正、透明、规范，可操作；让政府和社会组织职能分开已是大势所趋。政府有望从具体的慈善行为当中退出，不再替代慈善组织直接动员捐赠，也不再去设置捐赠点，而是做好监督者。

10. 民政部将出台《慈善捐助信息公开管理办法》，强制慈善组织公开捐助信息

2012年5月11日，民政部有关人士表示，《慈善捐助信息公开管理办法》将于年内出台。与2011年年底民政部公布的《公益慈善捐助信息公开指引》相比，该办法将从立法的角度，以民政部部颁规章形式，对慈善捐助信息公开进行刚性规范和执行。专家称，强制慈善组织公开捐助信息，是社会的需求，未来将从无办法可依发展为有办法可依，也要有相应的惩罚机制。

11.《山东省慈善事业发展纲要（2011年—2015年）》颁布，鼓励发展基层草根慈善组织引人注目

《山东省慈善事业发展指导纲要（2011年—2015年）》于2012年5月14日颁布。纲要明确指出，鼓励发展基层草根慈善组织，鼓励发展公募基金会，鼓励发展具有社会服务和社会福利性质的公益事业。探索降低公益慈善组织准入条件、简化审批手续、下放管理权限的具体操作办法，培育优秀草根公益慈善项目。推动慈善超市和经常性社会捐助工作站（点）向城乡社区延伸，打造方便广大群众捐赠款物和提供服务的平台。采取政府购买慈善组织服务的方式，不断拓展政府购买服务的项目、规模和领域，努力把慈善组织建设成为服务社会困难群体的重要载体。建立和完善第三方评估机制。

12. 各地出台政府向社会组织购买服务制度，使社会组织既获机遇，又遇挑战

2012年6月1日，广东省正式出台《政府向社会组织购买服务暂行办法》，政府向社会组织购买的服务不再限于传统的社会福利、基本公共服务等，政策（立法）环节中，调研、草拟、论证等事项也将"外包"给社会组织。购买服务由体制内机关、事业单位、纳入行政编制管理的群团组织转向体制外依法成立的社会组织。上海、浙江、山东、湖南、四川、云南等省（市）和新疆生产建设兵团采取多种方式推行政府购买社会组织服务，向社会组织释放积极信号，社会组织获得更多发展机遇。与此同时，各地政府也对购买社会服务的绩效评价做出安排，评价范围包括资金使用绩效和服务绩效两方面，对社会组织的效能提出了要求，这对一些不够成熟的社会组织不能不说是一种挑战。

13.《慈善法》初稿已上报国务院，至今仍未有出台迹象

2012年6月4日，民政部副部长窦玉沛表示，民政部已经将《慈善法》初稿上报国务院。此前社会各界不断呼吁《慈善法》的出台。2005年9月，民政部正式向全国人大和国务院法制办公室提出起草《慈善事业促进法》的立法建议，2009年《慈善事业法》正式被列为全国人大常委会立法工作计划中的预备项目，2011年被列入正式立法工作计划。作为慈善事业的基本大法，《慈善法》一直未能出台。《慈善法》的立法工作从开始酝酿到广泛征求意见，经过了很多前期工作，至今仍未有出台迹象。

14. 民政部发布《关于规范基金会行为的若干规定（试行）》，促进基金会规范运作和公开透明

2012年7月29日，民政部网站公布《关于规范基金会行为的若干规定（试行）》，对基金会接收和使用捐赠行为，基金会的交易、合作以及保值增值行为，基金会的信息公开行为进行了规范。规定指出，基金会不得资助以营利为目的开展的活动；基金会不得向个人、企业直接提供与公益活动无关的借款；基金会内部制度的公开不再区分公募基金会和非公募基金会。2012年5月3日，中国青少年发展基金会、南都公益基金会、深圳壹基金公益基金会等全国30余家基金会曾对该规定的征求意见稿提出了意见和建议。

15.《环境保护法修正案（草案）》公布引质疑

2012年8月31日，《环境保护法修正案（草案）》公布，向社会公开征集意见。这是现行环保法实施23年后首次修订。草案公布后遭业界专家、地方环保部门、环保部的强烈质疑。公众、学者、律师、环保人士认为，草案并未体现公众环境权益、环保公益诉讼、排污许可等重要环境保护制度，与新修订的民事诉讼法中关于"公益诉讼"的规定也存在衔接不畅的问题。专家称,若此次不修订,下次修订估计得等到10年之后,我国严峻的环境现状已等不起。

16. 公益诉讼制度写入《民事诉讼法》修正案,公益诉讼立法迈出重要的一步

全国人大常委会2012年8月31日表决通过了关于修改《民事诉讼法》的决定,首次将公益诉讼制度写入《民事诉讼法》,规定"对污染环境、侵害众多消费者合法权益等损害社会公共利益的行为,法律规定的机关和有关组织可以向人民法院提起诉讼",摒弃原来"原告必须是与本案有直接利害关系的公民、法人和其他组织"的规定,这是公益诉讼立法上的重要进步。一些民间环保组织非常期待这部法律能够赋予他们代为提起环境公益诉讼的职责,而目前,只有检察机关或政府机关被赋予了这个职权。在实践中,他们又绝少提起这类诉讼。如果开放这个诉讼门槛,可能使得大量民间环保组织可以代替缺乏法律和环境知识背景的污染受害者提起诉讼,进而遏制一些环境污染,至少使这些污染企业需正视诉讼。不过,这样一来,可能又会有滥诉的风险。

17. 民政部将加强和改善对境外非政府组织来国内活动的登记管理

2012年9月20日,民政部部长李立国在国务院新闻办举行的发布会上表示,中国总体上对境外非政府组织参与国内的合作和活动是敞开大门的,但确有一些别有用心的非政府组织从事了与中国法律不相符的活动,引起人民群众的警惕和关注,所以,加强和改善对境外非政府组织来国内活动的登记管理势在必行。李立国指出,我国对境外非政府组织依法开展活动的监督管理,在立法上尚有空白,新修订的社会组织三大登记管理条例将有针对性地解决境外非政府组织设立国内代表机构和在国内开展活动的登记管理、监督管理问题。

18. 《志愿服务记录办法》(征求意见稿)发布,利于建立志愿者管理系统与志愿者激励机制

2012年9月27日,民政部公布《志愿服务记录办法》(征求意见稿)。意见稿的发布,有助于实现志愿者信息化、系统化管理。同时,志愿者服务记录是志愿者激励机制的一个重要组成部分。以往,共青团系统建立社区志愿服务时间记录档案,一些公益组织也建立有志愿服务时间记录档案。此次民政部发布征求意见稿,有望在全国推广对志愿服务的记录。

19. 多地降低社会组织登记准入门槛，去行政化放开管理限制

2011年广东对社会组织规范管理推出新规定，降低社会组织登记门槛，可直接向民政部门申请成立，不再需要挂靠主管单位；2012年2月，上海民政局传出消息，今年上海将探索通过"自律承诺制"等方式，试行社会组织直接登记管理；同期，北京市民政局提出，公益慈善等类社会组织在北京登记注册，有望无须再找业务主管单位，直接向民政部门申请成立；2月25日，云南省民政工作暨加强社会管理创新工作会议上指出，云南省今年将实施社会管理创新计划，在省级试点将业务主管单位改为业务指导单位，推行公益慈善、社会福利、社会服务等类社会组织直接向民政部门申请登记；8月郑州市出台《关于对部分社会组织实行直接登记的实施意见》，规定公益慈善等五类社会组织可以不用再经行业主管单位审批，直接到民政部门进行登记。专家称，虽然这轮"松绑"只为公益慈善类社会组织带来了福音，但毕竟是进步，为众多社会组织获取合法身份敞开了大门，长久以来戴在诸多社会组织头上的"紧箍咒"使它们无法获取合法身份，只能以"地下""非法"身份从事公益慈善事业。

20. 民政部发布《关于规范社会团体开展合作活动若干问题的规定》，规范社会团体行为

2012年10月10日，民政部网站发布《关于规范社会团体开展合作活动若干问题的规定》（简称《规定》）。民政部民间组织管理局有关负责人表示，《规定》旨在从制度层面加强对社会团体开展合作活动进行规范管理，尤其是对"卖牌子"敛财、负责人不当关联交易等社会关注的不法行为进行规范管理。《规定》指出，社会团体应在合作前对合作方进行调查了解，如同意合作方使用本组织名称、标志，应签订授权使用协议；以"主办单位""协办单位""支持单位""参与单位""指导单位"等方式开展合作活动的，应全程监管，不得以挂名方式合作；将自身业务活动委托其他组织承办或者协办的，应当加强主导和监督，不得向承办方或者协办方以任何形式收取费用。

21. 地方政府先行发布企业社会责任评价体系，推动企业履行社会责任

2012年10月，《长沙市企业社会责任评价体系》正式出台，该评价体系明确了评价指标、评价标准、评价方式、奖惩政策等有关规定。自2004年以来，江苏常州、山东、上海、浙江杭州等地已先后出台企业社会责任标准、评价体系。引导和规范企业行为是政府的职责，与此同时，企业自律、社会监督也不可缺失。

政府行动

22. 北京市民政局发布 2012 年民政工作要点,支持社会组织健康、规范发展

2012 年年初,北京市民政局网站公布《2010 年北京市民政工作要点》,要点之一为社会组织建设与管理,包括创新社会组织登记管理体制、健全社会组织社会协同机构、完善社会组织支持服务体系、加强社会组织规范化管理。

23. 成都公布首批公益性幼儿园名单,解决入园难、入园贵问题

2012 年 2 月,成都市教育局公布了全市首批 397 所公益性幼儿园名单。公益性幼儿园是满足具备成都市户籍的城乡 3~5 周岁幼儿接受基本学前教育需求的机构,收费实行政府定价,并享受政府补助。严禁收取建园费、捐资助学等费用,只收取保教费和伙食费。从 2011 年 1 月 1 日起,成都市开始执行《关于促进学前教育发展的意见》,计划在 2015 年全面普及公益性学前教育,学前三年毛入园率达到 98% 以上,城乡幼儿园均达到规定的办园标准。每个乡镇(街道)至少有 1 所公益性幼儿园。但也有事实表明,成都有些地方在规划学前教育时,未将外来人口子女纳入计划,与实现普惠性学前教育的目标还有距离。

24. 东莞投入千万进行公益创投,扶持充满活力的公益性社会组织

2012 年 2 月,东莞第一届公益创投 28 个入选项目正式启动。2011 年 9 月,东莞市决定从福利彩票公益金拿出 1000 万元作为专项资助资金,开展第一届公益创投活动,探索公益慈善事业新路子:引入"第三方机构",扶持初创期和中小型的公益性社会组织发展,培育一批优秀公益性社会组织和优质公益服务项目,激活资源丰富的民间资本投入公益领域,逐步推动全民公益。

25. 青岛实施的残疾人康复救助服务工程提高康复救助标准

2012 年 3 月 31 日,青岛市委、市政府宣布新增 6 项民生项目作为本年度的重点工作目标,其中包括实施残疾人康复救助服务工程,提高康复救助标准。青岛市户籍困难家庭(低保、低保边缘)听障、智障残疾儿童康复救助标准由每人每月 500 元提高至 1500 元,脑瘫、自闭症儿童救助标准由每人每月 700 元提高至 3000 元,肢体矫治救助标准由每例 7000 元提高至

20000元，其他家庭残疾儿童康复救助标准减半执行；低保、低保边缘家庭聋儿人工耳蜗植入救助由8万元提高至12万元。这些补贴资金不会交给市民个人，而是直接交给残联指定的康复治疗机构。

26. 佛山市南海区向社会公平选拔副科级干部，NGO负责人也可参选，NGO从业人员担忧被公务员化

2012年4月9日，佛山市南海区公布2012年公开选拔科级领导干部简章，其中规定从事社会公益组织（NGO）工作3年以上或现任区社会公益组织负责人，只要符合年龄、学历等条件，同时又熟悉民政、社区、社会事务工作，可参选区民政和外事侨务局副局长一职。有研究者表示，由于原有公务员"对上负责"的思维根深蒂固、人数众多，可能抑制乃至扼杀NGO人的"另类思维"。也有NGO从业者认为，即使NGO负责人当选，受到体制限制，也未必能为社会组织发展发挥很大作用。

27. 民政部将建立一套慈善捐赠信息系统，推动慈善组织运作的公开透明

2012年6月4日，民政部副部长窦玉沛表示，民政部将建立一套慈善捐助信息系统，进一步推动慈善组织运作的公开透明。据介绍，该慈善捐助信息系统将覆盖全行业，信息收集对象为我国所有接受捐赠的单位，包括政府部门、事业单位、各类社会组织。收集的信息内容，既包括一个机构的募捐数据年报，也包括一笔具体捐赠的出处、去向。一条捐赠信息，可以细化到几个指标。

28. 北京将争取把慈善超市推广到每个社区，专家担忧慈善行政化愈演愈烈

2012年7月，北京市民政局副局长陈百灵表示将大力推广慈善超市，争取把慈善超市推广到每个社区。慈善超市起源于西方，是慈善性或公益性组织为其公益项目筹集资金而建立的零售机构。2004年开始，中国大中城市逐步推广面向社会困难群众的慈善超市，但由于多是在行政主导下运作，存在自我造血功能差、成本过高等问题，举步维艰。有专家表示，政府对于慈善事业应当在倡导、优惠政策、运行环境保障上给予扶持，不应当大包大揽、热衷于搞行政化。

29. 民政部和深圳、宁夏政府分别联合主办公益慈善展览会

2012年7月12日至14日，由民政部、国资委、全国工商联、广东省人民政府和深圳市人民政府联合主办的首届中国公益慈善项目交流展示会在深圳举行。2012年8月26日，由民政部和宁夏回族自治区政府共同举办的2012中国（宁夏）黄河善谷慈善博览会开幕。这是民政部联合地方政府举办的国家级、综合性慈善交流盛会，两地慈展会共同构建了地域上"一南一北"、经济上"一东一西"、内容上各具特色的全国公益慈善展示的格局。

30. 民政部将建救灾捐赠导向机制，不再指定接受捐赠的慈善组织，打破官办垄断局面

2012年7月13日，民政部部长李立国在全国民政工作会议上指出，将建立救灾捐赠导向机制，发生重特大自然灾害进行社会捐赠动员，除政府有关部门依法直接接受捐赠外，民政部门不再指定个别或少数公益慈善组织接受捐赠。多年来，我国大部分捐款流向政府，或者是官方背景浓厚的慈善会及红会系统。李立国表示，这种格局有望被打破。这意味着民间公益组织将获得更多的机会。

31. 民政部对两家协会作出警告行政处罚，折射行业协会乱象，行业协会亟待整治

2012年9月14日，民政部对中国足球协会、中国通信标准化协会作出警告行政处罚，折射中国行业协会乱象。行业协会本应是为企业服务，从事咨询、沟通、监督、自律、协调的社会中介组织，是联系政府与企业的桥梁和纽带，并维护本行业的利益，但我国目前的行业协会或是政企不分，或是由大企业牵头滥用权力欺行霸市，或是以各种名目"卖牌子"圈钱，乱象横生，行业协会亟待规范管理，厘清职责。

32. 多地政府尝试官办组织去行政化

近年来，部分官办慈善组织存在论资排辈、效率低下、自主性差、不透明、不规矩等现象，官办组织"行政化"问题饱受诟病，2011年"郭美美事件"发生后，官办慈善组织遭受前所未有的质疑。在此背景下，上海、北京、大连、深圳开始尝试官办组织去行政化。2012年3月，北京市民政局表示，北京市将推动公务人员逐步退出慈善公益组织，以保持慈善公益组织的志愿性、社会性和民间性。2012年7月，深圳市表示，深圳市民政局与市慈善会行政隶属关系将取消，市慈善会与市民政局将在职能、人事、财务、资产和办公场地推行"五分开"，实现"政社分离"。同时深圳市慈善会基金会职能将从市慈善会剥离出去，成立"深圳市慈善基金会"。

33. 建立社会组织孵化器渐成风气

2011年8月,太原市社区社会组织服务中心公益孵化器启动;2012年6月,南京市雨花台区社会组织孵化中心接纳首批社会组织;2012年7月,珠海首个社区社会组织孵化器培育基地——梅华街道社会组织培育基地揭牌成立,大连社会组织示范孵化基地在大连湾街道社会组织服务中心揭牌……我国社会组织孵化器发展迅速,据统计,在上海、北京、广州、南京、宁波、太原等地已经建立了26家社会组织孵化器,无锡、天津滨海和珠海等地则在筹建,功能相似,称谓有"孵化园""孵化基地""培育中心"和"培育基地"等,地域分布从最初的直辖市和沿海发达地区向全国各地扩展。模式有三类:政府主办、政府运营,政府主办、民间运营,民间主办、民间运营。业内人士评价,各地建立社会组织孵化器满足了扶持民间公益成长的需求,但同样存在不足,如运营模式相对单一,专业细分不够,成本—效益有待考量。

行业建设

34. 多家公益慈善研究机构成立

近来多家公益慈善研究机构成立,支持和推动公益事业的发展,如北京师范大学中国公益研究院、清华大学公共管理学院创新与社会责任研究中心、北京科技大学公益与社会发展研究中心、华民研究中心、北京师范大学资本精神研究中心、上海仁德研究中心、广东公益事业研究院、华南公益研究院、南京大学河仁社会慈善学院等。

35. 南都公益基金会协同公益界,共议草根组织资金困境问题

2011年以来,草根组织面临的资源困境更加突出。一方面,国际资助机构逐步缩减了资助金额和范围;另一方面,本土资源的供给没有跟上,草根组织多年来一直缺少本土资源的支持。2012年2月3日下午,南都基金会邀请十几位专家学者举行座谈,为解决草根组织的切身困难共同努力。

36. "社会责任与诚信联盟"活动发出诚信宣言

2011年12月17日,社会责任与公益诚信宣言发布暨联盟启动仪式举行。"社会责任与诚信联盟"活动由清华大学人文社会科学学院企业责任与社会发展研究中心、清华大学MBA同学会、中国扶贫基金会、中国宋庆龄基金会、中国人口福利基金会、南都公益基金会、基金会中心网、中国高等教育学会教育基金工作研究分会、中小企业合作发展促进中心、中国法律咨询中心、《公益时报》等共同发起，仪式上发布了社会责任与公益诚信宣言。此次发布，亦在消除损害企业和公益组织的社会形象和公信力的系列事件所产生的负面影响。

37. 112家公益慈善组织共同发起"透明慈善联合行动"

2012年1月8日，在由中华慈善总会、中国青少年发展基金会、中国人口福利基金会、中民慈善捐助信息中心等20多家全国性慈善组织联合主办的2011中国慈善年会上，全国112家公益慈善组织共同发起"透明慈善联合行动"，响应《透明慈善联合行动倡议书》，通过行业自律，提升整个慈善行业的透明度和公信力。112家公益慈善组织还将共同推动透明慈善评估标准的建立和实施，营造良好的慈善文化环境。

38. 中国社会组织促进会基金会分会成立，引导基金会行业发挥良好作用

2012年3月21日，由中国青少年发展基金会、中国残疾人福利基金会、中国扶贫基金会等18家基金会共同发起的中国社会组织促进会基金会分会在京成立，以促进基金会的规范运作和科学发展，推动各基金会之间合作交流，引导基金会行业在社会建设中发挥更好作用。2012年9月10日举行第一期基金会分会双月沙龙，探讨"基金会历史使命"。

39. 多所高校将社会公益服务纳入学分体系

2012年4月，天津科技大学海洋科学与工程学院推出新的学分管理制度，将社会公益服务列为必修课，对大学生参加志愿服务活动进行量化考核。2012年5月，吉林大学决定自2010级本科生开始正式将志愿服务纳入本科生学分制。据悉北京大学、中国人民大学、南京大学等高校都有相似举措。有专家认为，将公益服务纳入学分体系是一种阶段性的策略，通过强制推动，使学生真正养成自觉服务社会的意识。也有人不赞成强制性地将志愿服务列为必修课。

40. 第五次中华慈善百人论坛探讨"慈善与宗教"议题

2012年5月，以"慈善与宗教"为主题的第五次中华慈善百人论坛在中国台湾举行。论坛梳理了"宗教与慈善的历史发展""宗教与慈善的展现"，讨论了"宗教慈善组织的建设与传承"以及"宗教慈善组织与社会的融合""宗教慈善组织与非宗教公益机构之间的互动及合作"。论坛指出，

行善到善行，是宗教的慈善组织对社会做出的最大贡献。

41. 宗教界首次开展公益慈善事业交流表彰活动

2012年6月19日，中国基督教三自爱国运动委员会、中国基督教协会在杭州主办中国基督教公益慈善事业经验交流暨先进表彰会。这是我国宗教界首次举行公益慈善事业交流表彰活动。中国基督教协会会长高峰牧师说，中国基督教界参与和举办的社会公益慈善事业项目涵盖了医疗卫生、养老托幼、助残扶贫、助困资学、灾害救助、公共设施建设、环境保护等领域，其社会服务的专业化水平和组织管理能力正不断提高，在某些领域开始形成具有基督教特色的专业化服务模式。这次会议也是中国基督教界贯彻落实中央六部委《关于鼓励和规范宗教界从事公益慈善活动的意见》的具体行动。

42. "百人计划"正式对外招生，为公益事业培育百名青年领袖

2012年8月29日，由友成企业家扶贫基金会、基金会中心网、中国人民大学非营利组织研究所联合发起的"百人计划"正式对外招生。"百人计划"以为公益领域培养、输送中高端人才为目标，以教育为核心，依托中国人民大学&美国圣母大学非营利管理在职硕士双学位项目，拟定五年内，通过科学的选拔机制，在公益领域从业人员中选拔百名培养对象，为其提供中美一流名校非营利管理专业相关理论课程教学、美国知名非营利机构实习机会、职业发展规划及全程指导以及相关资金支持，旨在将其培养成为拥有扎实的专业技能以及中西方的实践经验的中国公益事业未来领袖。计划得到"百人计划"支持体系及由友成企业家扶贫基金会和中国青少年发展基金会提供的奖学金资助。

43. 公益领域发布多个透明指数，促进行业增强透明度

2012年8月29日，基金会中心网正式推出"中基透明指数"，这是一套有关基金会透明标准的评价系统。壹基金曾于2012年3月联合草根自律组织"USDO自律吧"开发并推出"USDO透明指数"及《USDO财务信息披露模板》，引导民间公益组织财务信息披露行为规范化、系统化和大众化。2011年12月30日，中民慈善捐助信息中心发布"中国慈善透明指数"，以评估公益慈善组织信息公开情况。

44. 壹基金呼吁出台推进自闭症学生教育的相关法律和政策

2012年9月16日，壹基金与114家以自闭症儿童为主的民间教育康复服务机构商议，向教育部递交《关于保障自闭症儿童受教育权利的建议书》，提出十条建议，包括制定《特殊教育法》，完善《义务教育法》，将自闭症儿童学龄前教育纳入《义务教育法》范围，设立普通学校特教班，建立和支持专门的自闭症学生学校发展，向自闭症学生发放教育券，遵循官助民办原则和官督民办原则，政府出资支持"联合会"建立服务于自闭症学生教育的特殊师资培训和资格认证系统，扩大和提高针对自闭症儿童教育的师资队伍。政府对从事自闭症教育的特教老师予以经济补助，使之达到平均收入水平。

45. 第四届中国非公募基金会发展论坛为非公募基金会提出"创造价值"新课题

2012年11月22~23日，第四届中国非公募基金会发展论坛会举行，聚焦"财劲其用，追求卓越"，探讨非公募基金会如何有效使用和管理资金以及与此相应的策略、方法和具体实践等议题。一直以来，一些中国非公募基金会陶醉于行善的记录，鲜有就其掌握的资源，为创造最大价值而进行战略性思考。创造价值成为中国非公募基金会不得不面临的新课题。

活动方式和资源

46. 多家公募基金会打破与草根组织的隔离

2008年以来，多家公募基金会开始向草根组织开放公募资金，如中国红基会、中国社会福利基金会、中国人口福利基金会、中国扶贫基金会、中华少年儿童慈善救助基金会等，通过资金支持、项目招标、设立专项基金等方式支持草根组织的发展。

47. 环保组织以公益诉讼主体身份代表受害主体状告环境污染企业

2011年6月云南省曲靖市发生了一起严重的铬渣污染事件，2011年9月民间组织自然之友、重庆绿色志愿者联合会及曲靖市环保局作为共同原告向曲靖市中级人民法院提起环境公益诉讼，要求污染企业停止侵害、消除危险、赔偿因铬渣污染造成的环境损失。一个多月后，曲靖市中级人民法院正式受理了这起诉讼。2010年11月19日，中华环保联合会和贵阳公众环境教育中心作为原告，起诉贵阳市乌当区定扒造纸厂违反向政府环保部门所做的承诺，长期向贵阳人民的"母亲河"南明河偷排工业废水造成严重污染。然而，业内专家称，这类案例虽属公益组织提起公益诉讼"破冰之举"，但仍面临诸多具体难题。

48. 民间环保组织发起公众监督 PM2.5 数据，推动国家修订环境标准

2011 年年末，持续阴霾之下，美国大使馆宣布北京空气"有毒害"，而北京市环保局则说"轻度污染"。12 月 17 日，达尔问自然求知社发起"我为祖国测空气"，引起关注，南京绿色之友和绿石等环保组织对此活动表现出极大的兴趣并"接棒"。随后，民间环保组织、个人发起自主监测活动，PM2.5 进入公众监督视野。2012 年 3 月 2 日，新《环境空气质量标准》正式发布，国家首次将 PM2.5 纳入强制监测范围。

49. 中国青少年发展基金会新工场协力中心成立，首家大型公募基金会建草根公益组织孵化器

2012 年，中国青少年发展基金会成立新工场协力中心，这是国内首家大型公募基金会成立的草根公益组织孵化器。新工场以协力公益创业为使命，为有志于公益事业的青年创业者，以及在中国青少年发展基金会设立专项基金并独立运营的公益项目团队提供集成办公、财务托管、资源链接、能力建设、项目督导、注册咨询和小额资助等服务，致力于协助民间组织提高自我发展能力，通过民间组织发展的集群效应，积极影响政策和公益生态环境的改善。

50. 中国环保人士马军获"绿色诺贝尔奖"——戈德曼环境保护奖

2012 年 4 月，有"绿色诺贝尔奖"之称的戈德曼环境保护奖（Goldman Environmental Prize）颁奖礼在美国举行，中国民间环保组织公众与环境研究中心主任马军成为亚洲地区获奖者。该奖颁发给马军，是表彰其在推动中国环境信息公开和促进企业降低污染排放等方面所做的努力。马军建立了"中国水污染地图"和"中国空气污染地图"两个在线数据库，通过数字地图定位和监督企业河流排污，推动国际及国内企业选择"绿色供应商"。该奖项于 1990 年设立，每年评选一次，颁发给来自世界有人类居住的六大洲的草根环保英雄。此前中国民间环保人士戴晴、于晓刚曾分别于 1993 年和 2006 年获得该奖项。

51. 10 家民间组织抽检美白祛斑化妆品重金属含量，致信淘宝网，要求其监督网店下架违规产品

2012 年 4 月 10 日，10 家国内环保组织联合"国际消除持久性有机污染物网络"发布了《美白、祛斑化妆品重金属含量调查报告》，指出检测过的 477 种美白祛斑化妆品中，有 23% 的样品汞含量超标，有的超标非常严重。随后，10 家民间环保组织联名致信淘宝网，要求其督促网店下架违规产品。淘宝方面回应，已经对 11 款涉嫌重金属超标化妆品进行了屏蔽处理，并对相关产品名称进行监控。

52. 中国扶贫基金会善品网正式上线，开启慈善新模式

2012年7月31日，中国扶贫基金会善品网正式上线。善品网是中国扶贫基金会于2011年5月28日启动的面向公众筹资的创新型公益项目，以慈善义卖为核心、现代网络技术为手段，对社会捐赠的闲置物资进行公益换购，一方面加大扶贫资金筹集力度，另一方面，实现社会闲置资源的充分利用，减少资源浪费。"你捐、我购、帮助他"，善品网作为垂直的网络义卖平台，秉承阳光服务的宗旨，开启了一个全新的公益模式。

53. 金华市慈善总会施乐会遭质疑

施乐会成立于2007年4月28日，致力于建立透明化网络爱心互助平台。2009年5月施乐会正式加入金华市慈善总会，成为金华市慈善总会的一个分支机构。2012年8月，机构"每个社工可以从每笔捐款中最高提成15%作为报酬"的消息被曝出，遭到公众质疑。业内人士认为，尽管从善款中抽取运营成本是慈善机构维持运营的必需，但是否"提成"，"提成"多少，必须足够透明并受严格规范。

54. 青基会启动"挑战8小时"慈善徒步筹款活动

2012年9月8日，中国青基会启动"挑战8小时"慈善徒步越野赛，将公益切入生活体验，进行公众筹款。活动规定，报名参赛的个人或团队筹集一定额度的善款后才能获得参赛资格。据悉，中国青基会将联合相关机构每年举办一次。在中国香港及海外，步行筹款是一种常见的公众筹款方式。中国青少年发展基金会曾于2007年发起"希望工程快乐纵走"大型公益步行活动，云南省青少年发展基金会则从2004年起就开始主办了一系列大型公益徒步筹款活动。

55. 友成企业家扶贫基金会联合高校开设社会创业课程

2012年9月至12月，友成企业家基金会与北京大学经济学院合作开设面向本科生的社会创业学分课，旨在普及社会企业及创业的理念和基础知识，开阔大学生的社会视野和创业视野，激发其对社会问题的兴趣和关注，对其实现社会企业与创业的启蒙。同时，课程还开设了远程班，通过网络技术将北京大学的课程分享给合作高校。

56. SEE基金会启动"创绿家"环保公益创业资助计划，将"天使投资"概念引入公益领域

2012年9月15日，SEE基金会建立"天使资助"平台，正式启动"创绿家环保公益创业资助计划"。该计划将商业"天使投资"的概念引入公益领域，专门支持民间环保公益创业团队。计划五年内支持300个环保公益团队的创业期发展，每个团队可获得1万~20万元的公益创业资金，用于团队开展早期行动计划、探索可持续的公益模式或相关的后勤支持，包括办公场地租用、办公设备采购、人员工资、项目实施等。同时，通过创绿家俱乐部将为获得资助的创绿家团队提供沟通、交流和相互陪伴的平台，为创绿家提供行业培训、孵化、资助等资源的信息和推荐服务。

57. 多家公益组织通过北京马拉松"为慈善而跑"活动筹款

2012年11月8日北京马拉松"为慈善而跑"主题活动再次启动，中国青少年发展基金会、中国扶贫基金会、中国绿化基金会、救助儿童会等公益组织与该活动合作，为自身的公益项目筹集善款。公益组织结合高知名度活动，吸引关注，拉近与公众的距离，不失为一种有效的筹款策略。

组织建设

58. 中国红十字会2013年启动综合配套改革

中国红十字会计划于2013年启动综合配套改革试点，争取用2~3年先在符合条件的地区进性综合改革试点，形成有针对性的、符合实际需要的统一改革模式，再用3~7年向全国范围推广。力争在管理体制、内部治理结构、人事制度、组织建设等方面取得实质性突破，用5~10年完成红十字会系统的综合改革任务和目标。近期多个事件发生后，在强烈的社会问责压力下，中国红十字会开始进行整顿。2011年7月31日，中国红十字会总会捐赠信息发布平台上线试运行；2012年6月，红十字会启动"国家红会组织能力评估程序"；2012年9月发布消息，明年起全面推进改革。

59. 民办打工子弟学校"同心实验学校"抗争成功

2012年6月19日，位于北京东北郊皮村、由公益机构"工友之家"创办的打工子弟学校"同心实验学校"收到其所在乡教育卫生科送达的关停学校《告知书》，原因是"在房屋安全、消防安全、用电安全和卫生保健等方面存在严重安全隐患"，也"未按相关规定程序取得办学资质"。7月26日，全国政协委员崔永元、"三农"学者李昌平等六位专家致信教育部，吁请有关行政主管部门保留这所打工子弟学校。8月20日，同心实验学校恢复报名，而该乡另外三所打工子弟学校已经被关停。专家指出，流动儿童应该有稳定的生活和学习的权利，政府应该帮助已有的打工子弟学校去消除消防、安全等方面的隐患，而不是简单关停。

60. 20名知名人士指出，判断劳工NGO是否合理合法，不能由政府和工会单方面认定

2012年9月9日，20名知名的社会、历史、文化、经济学学者、律师和媒体工作者联合向广东省委省政府及深圳市委市政府致公开信，指出判断劳工NGO是否合理合法，不能由政府和工会单方面认定，政府和工会不能先验地制定出一个"接触、利用、改造"的方针，对符合自己口味的就利用、保护和鼓励，对不太适合自己口味的就改造、打压和取缔。有劳工NGO人士表示，政府发现其不足和不规范时，应该帮助完善和规范，而非让其关门走人。同时有人担忧，政府这种简单的打压一批拉拢一批的管理方式，会使有些原本独立的民间劳工NGO逐渐丧失立场和其应持有的民间属性。

研究与出版

61.《中国民间组织报告（2011～2012）》出版

2012年3月，由中国社会科学院"民间组织与公共治理研究"课题组编著的第四本民间组织蓝皮书《中国民间组织报告（2011～2012）》正式出版。该书对2010年以来我国民间组织的改革现状、重大热点、发展趋势等进行了研究。蓝皮书认为，我国民间组织迎来的重大发展契机正在逐步变成现实。蓝皮书认为，社会管理创新赋予民间组织社会治理主体地位，民间组织已被政府纳入政府工作体制和运行机制。民间组织在地位发生重大转变的同时，资源环境状况也得到极大的改善，开始步入全面推进、整体发展的新阶段。

62.《社会创新蓝皮书》出版

2012年4月，友成企业家扶贫基金会与中央编译局比较政治与经济研究中心联合推出《社会创新蓝皮书》。该书聚焦当代中国的状况，广泛参照世界各国在社会创新领域的历史、经验、实践探索和研究总结的成果，从历史趋势、主体、行为、案例等角度，全面观照中国社会创新的格局。同时倡导"通过社会创新促进社会公正和谐发展"的理念。

63.《走向现代慈善——2011中国公益事业年度发展报告》出版

2012年5月24日，北京师范大学中国公益研究院发布《走向现代慈善

——2011中国公益事业年度发展报告》。报告从公益政策、公益捐赠、公益组织、人才培养和年度思想等方面梳理了过去一年中国公益的转型历程。报告提出，现代慈善体系的构筑将直接影响中国社会的转型进程。因此未来三年，应通过三大策略来推动现代慈善体系的建立与巩固：一是推动非公募基金会的发展和公募基金会的转型；二是推动智库建设和加强国际交流；三是推动公益组织注册放宽，促进慈善体制改革，建立国家慈善委员会。

64.《中国公益发展报告（2012）》出版

2012年6月，由中山大学公慈善研究中心朱健刚主编的《中国公益发展报告（2012）》出版。报告按照社区、社会、政府、文化四个层面对2011年公益领域发生的事件进行总结与分析，发布了民间公益组织公信力报告、基金会调查报告、国际资助方评估报告以及公益法规政策研究报告等。报告指出，全民公益的理念被越来越多的公众接受，全民公益成为推动中国社会转型的重要力量。报告认为，全民公益又称人人公益、微公益，是指普通人的捐款、捐物以及志愿服务行动，并指出当代全民公益的核心是"公民公益"，提出了"公民公益理论框架"。

65.《中国慈善发展报告（2012）》出版

2012年7月，由中国社会科学院社会政策研究中心副主任杨团主编的《中国慈善发展报告（2012）》发布。报告涵盖了对2011年中国慈善事业发展状况的描述和数据、对2011年热点事件的分析，以及对2012年中国慈善事业发展的展望和一些重要指标的预测，并就基金会、公益模式、微博打拐等热点问题进行了专门讨论。

66.《中国企业基金会发展研究报告（2011）》出版

2012年7月13日，由基金会中心网与明善道（北京）管理顾问有限公司联合发起和完成的《中国企业基金会发展研究报告（2011）》发布。报告一方面对国内企业基金会的基本数据进行定量统计和分析，呈现出行业基本情况；另一方面对案例进行定性分析。分析内容包括企业基金会与发起企业之间在战略、运作方式、财务、人事等方面的关系。

67.《企业社会责任蓝皮书（2012）》出版

2012年11月21日，由中国社会科学院经济学部企业社会责任研究中心编著的《企业社会责任蓝皮书（2012）》正式发布。报告综合对国有企业100强、民营企业100强和外资企业100强企业社会责任管理体系建设现状和社会、环境信息披露水平进行披露评价。报告显示，2012年中国100强系列企业社会责任整体水平仍然较低，平均分为 23.1 分（满分 100 分）。六成被评企业低于 20 分。报告特别显示，被评机构环境责任和社会责任劣于市场责任。

公民行动

68. 多地再现罢工，罢工渐成劳动者自主维权路径之一

2012 年年初以来，江西、北京、江苏、四川、吉林、广东、云南、浙江、陕西、山东等地发生劳动者罢工事件，涉及生产制造业、出租车行业、公共交通业、保险服务业、环卫行业、保洁行业等。劳动者通过罢工方式维权，或要求公司补偿工资，增加福利，提高待遇，或要求合理工作时间，或要求公开工资分配情况、惩治腐败等。

69. 民意表达质疑深圳医保新规，敦促政府履行行政职能

深圳市人力资源和社会保障局于 2012 年 5 月 4 日发布《深圳市社会医疗保险办法（修订稿）》公开征求意见后，引起民众广泛质疑。质疑从某些具体的技术性条款转向深圳医保基金运作的公开透明、医保办法的立法程序及医保理念等更深层次问题。5 月 20 日，深圳大学劳动法和社会保障法研究所、深圳劳资关系发展论坛组织有关专家学者和民间观察人士召开研讨会，此后民间人士吉峰发起一次超过 2.5 万人参与的调查问卷，征求市民对该办法的意见。6 月 7 日，吉峰向深圳市法制办提交了对修改稿的 11 项质疑。6 月 18 日，吉峰以个人身份提交养老和医疗保险信息公开申请。吉峰认为，在法律允许的框架内去争取权利和敦促政府行政职能的履行，有利于民众权利的实现和政府部门认真听取民间建议。

70. 广州桥底浇筑水泥锥阻止流浪汉栖身，公众拷问政府举措

2012 年 7 月，广州被曝出在白云区、天河区等多处天桥、高架桥桥下浇注水泥锥，驱赶栖居流浪汉。网友普遍表示，用水泥锥阻止流浪汉栖身，与广州开放包容的城市精神不符，有政协委员认为此举不太人道。另有少量网友赞成此举，认为流浪汉在桥下安家之后乱堆乱放，乱扔垃圾，影响桥下环境。有专家指出，政府应对流浪人员给予合理的安置，而不是放任不管或者粗暴驱赶。

71. 什邡、启东群体性事件，抗衡地方政府与污染企业结为利益同盟

2012 年 7 月 2 日，陆续有市民聚集到什邡市委、市政府门口，反对钼铜项目建设，政府随后于当晚发布通告决定停止项目建设。7 月 28 日，江苏南通启东市市委、市政府门前聚集大量群众，抗议当地政府拟将日本王子纸业排污口选择在启东附近海域，当天上午12时左右南通市政府发布公告称永久取消有关王子制纸排海工程项目。据称，两个项目均经过多年科学论证。有人士指出，在中国现行的以经济增长为主要任期考核指标的压力型行政体制下，地方政府易采取重增长、轻环保的污染保护主义行为，与污染企业结为利益同盟，环评中公众参与往往走过场，甚至弄虚作假。由于政府部门信息公开不足，在处理涉及公共利益的环境治理举措时缺少必要的议程设置和听证，容易导致群体性事件发生。也有专家认为，政府未经科学决策就叫停合理项目回应群众抗议，易造成多输局面。

72. 北京"7·21"暴雨中普通人行为彰显公益纯洁性

2012年7月21日，北京遭遇61年来最强降雨，普通人公益行为涌现。有网友通过微博号召自发组成车队前往机场搭载滞留乘客；公开电话和家庭地址24小时等待求助；众多商家加入24小时免费收留滞留乘客；有人送去野营帐篷，搭建临时住所；京港澳高速公路出京方向17.5公里处南岗洼铁路桥下严重积水，数十辆汽车被淹，附近工地一百多农民工兄弟闻讯立即赶到现场救人……然而，亦有个别出租车乘机提价，还有这百名农民工因救人获赠捐款被扣留。北京"7·21"暴雨中普通人的行为尽显公益的纯洁性，但另有阴暗面与之形成鲜明的对比。

73. 多名民间人士向铁道部提请公开购票网站建设信息

2012年9月，先后有维权律师、大学生、知名网络人士向铁道部申请公开备受公众质疑的耗资1.99亿元的"新一代客票系统一期工程项目"的信息，包括网站建设、设计以及招投标过程中的全部信息等，让公众享受知情权以便对资金使用展开监督。有人士认为，项目设计招投标没有披露相关的信息，铁道部集采购、监管、运营于一身或是导致这一现象的主要原因，要打破当前竞标利益格局，应规范铁道部权限，改变铁道部"既当裁判又当球员"的状况。

企业（家）

74. 深圳企业启动工会直选，工会独立性仍有待考验

2012年5月27日，深圳欧姆电子公司直选工会主席。公司两个月前曾发生工人罢工事件，员工因对公司的工资制度和福利待遇不满，提出加薪、

提高福利等12条诉求，后劳资双方因未能达成共识，700余名员工停工静坐表示抗议。员工提出的12条诉求中，有一条指向公司工会，员工普遍认为工会组织并非选举产生，甚至不知道公司有工会，对其并不认可。员工提出改选工会的诉求，希望选出一个真正代表自己的工会组织。深圳市总工会副主席王同信表示，2012年到期换届的深圳163家千人以上企业工会，将按照工会法、工会章程的规定，通过民主选举换届，而不像过去那样由资方指定，企业工会直选将成为一项常态化工作。有专家表示，作为民主选举产生的工会主席，除了接受上级指导外，其经费来源仍然取决于资方拨款，能否保持其独立性，不受资方控制，这才是真正的考验。

75. 新浪微公益平台正式上线，使公益快捷、透明

2012年2月，新浪微公益平台（gongyi.weibo.com）正式上线公测。平台专门面对微博用户进行开发，无论是求助者、救助者还是公益机构，均可通过微公益平台进行简易、便捷的操作，完成公益募集及捐赠的各个环节。该平台上的求助内容，主要分为支教助学、儿童成长、医疗救助、动物保护、环境保护五个重点方向，每个项目信息包含基本项目介绍、发起人、捐助对象、目标金额、救助时间等。平台通过对公益资源和微博互动优势的有机整合，提供"一站式"救助服务，并通过与权威公益组织、支付机构展开深度合作，让公益变得更加简洁、透明和快捷。对企业而言，在越来越注重企业社会责任的今天，平台为企业开展公益营销提供了一个很好的平台。公测阶段，平台仅向官方合作机构开放。

76. 百度"公益一小时"网络活动支持"免费午餐"行动

2012年六一儿童节，百度和60万家百度联盟网站共同发起帮助贫困学童获得免费午餐的网络公益活动"百度公益一小时"。6月1日上午11:00~12:00活动期间，60万家百度联盟网站同时展现"免费午餐"公益广告，百度首页则上线了特别设计的活动Logo和"您送一份祝福　百度捐一份午餐"的文字链。网友们只要通过百度首页Logo、文字链或60万家联盟网站的活动广告链进入"公益一小时"页面，为贫困学童写一句祝福语，百度就以网友的名义捐一份午餐。这是目前国内最大规模的网络公益广告。活动共有360202位网友为贫困山区学童送出祝福，百度为贫困地区学童送出360202份免费午餐，总额达到1080606元。

77. 公益慈善类电视节目渐受青睐，电视媒体关注社会效益

央视自2011年9月陆续推出《梦想合唱团》《寻找最美乡村教师》《春

暖2012》《开学第一课》等大型电视公益节目；湖南卫视自2011年6月先后推出《帮助微力量》《天声一队》；浙江卫视2011年3月先后推出《中国梦想秀》《"1+1红舞鞋"爱心公益计划》；山东卫视2012年3月推出《纵横四海》等。一年多来，公益慈善电视节目渐受青睐，向社会传递温情、关爱，倡导良好的价值观、道德观，履行媒体责任。这一现象与众多电视节目为了提高收视率，不惜降低节目格调，甚至传播错误价值观、道德观形成鲜明对比。2011年10月国家广电总局亦下发《关于进一步加强电视上星综合频道节目管理的意见》，要求各广播电视播出机构坚持把社会效益放在首位，坚持社会效益和经济效益的有机统一。

海外力量

78. 盖茨基金会"探索大挑战"项目，鼓励以创意解决方案助力全球健康

2012年3月和11月，比尔及梅琳达-盖茨基金会携手科技媒体果壳网、社交媒体人人网在北京大学举行"探索大挑战"（Grand Challenges Explorations）项目宣讲会发布会。鼓励不拘一格的创想并寻求跨学科的解决方案是"探索大挑战"项目的突出特点之一。总金额达一亿美元的"探索大挑战"项目于2008年由盖茨基金会设立，面向全球征集并资助突破性的创新方案，以帮助应对那些给发展中国家人民带来最大伤害，却得不到应有关注和研究投入的重大疾病（如疟疾、结核病、脊髓灰质炎等）和发展问题。

79. 联合国儿童基金会与教育部共同启动首届全国学前教育宣传月，推动早期教育科学理念的传播

2012年5月19日，联合国儿童基金会与教育部共同启动首届全国学前教育宣传月，推动针对所有6岁以下儿童的早期教育科学理念的传播。联合国儿童基金会表示，实现把学前教育纳入公共服务体系的目标，需要持续不断地投入精力、时间和资源，联合国儿童基金会将提供力所能及的支持，加快实现基本普及的目标。此前，联合国儿童基金会和中国政府合作已在包括云南、贵州、广西和新疆在内的西部省份的国家级贫困县进行早期儿童发展项目试点。2010年年底，中国政府承诺将在未来十年加大对于学前教育的投入，包括建设新的幼儿园，给教师提供更多的教育培训机会，重点扩大农村地区的学前教育，向普通家庭提供普惠性的学前教育服务。

致 谢

在报告撰写过程中，得到了南都公益基金会秘书长刘洲鸿先生、中国青少年发展基金会希望社区项目负责人其其格女士、鹤童老年福利协会副秘书长刘国亮先生及友成扶贫基金会的负责人和员工等相关人士的大力支持，包括信息资料的提供、个案访谈时的支持，以及提供诸多有价值的意见。谨向他们致以诚挚的谢意！

感谢中国扶贫基金会执行会长何道峰先生、专职副会长王行最先生、秘书长刘文奎先生、资讯监测研究部华克主任、莫秀根博士、陈晶晶先生及行政法务部段俊英女士对本报告提供的大力支持。感谢社会科学文献出版社社会政法分社社长王绯女士对本报告的出版给予的有力支持，同时，感谢责任编辑李兰生高质量的编辑工作。也非常感谢朱碧丹女士为本报告设计精美的封面。

此外，特别要感谢三年来一直关注和支持《中国第三部门观察报告》的公益界同仁、专家学者、关心公益事业的公众和媒体，以及相关政府部门官员。正是他们的认可和鼓励，使我们看到了报告真正的价值和意义，激励我们更努力地走下去。

最后，衷心地感谢中国扶贫基金会三年来为本报告提供的支持与资金资助。

社会科学文献出版社网站
www.ssap.com.cn

1. 查询最新图书　　2. 分类查询各学科图书
3. 查询新闻发布会、学术研讨会的相关消息
4. 注册会员，网上购书，分享交流

　　本社网站是一个分享、互动交流的平台，"读者服务"、"作者服务"、"经销商专区"、"图书馆服务"和"网上直播"等为广大读者、作者、经销商、馆配商和媒体提供了最充分的互动交流空间。

　　"读者俱乐部"实行会员制管理，不同级别会员享受不同的购书优惠（最低7.5折），会员购书同时还享受积分赠送、购书免邮费等待遇。"读者俱乐部"将不定期从注册的会员或者反馈信息的读者中抽出一部分幸运读者，免费赠送我社出版的新书或者数字出版物等产品。

　　"网上书城"拥有纸书、电子书、光盘和数据库等多种形式的产品，为受众提供最权威、最全面的产品出版信息。书城不定期推出部分特惠产品。

咨询／邮购电话：010-59367028　　　邮箱：duzhe@ssap.cn
网站支持（销售）联系电话：010-59367070　　QQ：1265056568　　邮箱：service@ssap.cn
邮购地址：北京市西城区北三环中路甲29号院3号楼华龙大厦　社科文献出版社　学术传播中心　邮编：100029
银行户名：社会科学文献出版社发行部　　开户银行：中国工商银行北京北太平庄支行　　账号：0200010009200367306

图书在版编目(CIP)数据

中国第三部门观察报告.2013/康晓光,冯利主编.—北京:
社会科学文献出版社,2013.1
ISBN 978-7-5097-4118-4

Ⅰ.①中… Ⅱ.①康…②冯… Ⅲ.①第三部门-研究报告-中国-2013 Ⅳ.①C232

中国版本图书馆 CIP 数据核字(2012)第 304862 号

中国第三部门观察报告(2013)

主　　编 / 康晓光　冯　利

出 版 人 / 谢寿光
出 版 者 / 社会科学文献出版社
地　　址 / 北京市西城区北三环中路甲29号院3号楼华龙大厦
邮政编码 / 100029

责任部门 / 社会政法分社　(010) 59367156　　责任编辑 / 李兰生
电子信箱 / shekebu@ssap.cn　　　　　　　　责任校对 / 岳书云
项目统筹 / 王　绯　　　　　　　　　　　　　责任印制 / 岳　阳
经　　销 / 社会科学文献出版社市场营销中心 (010) 59367081　59367089
读者服务 / 读者服务中心 (010) 59367028

印　　装 / 北京鹏润伟业印刷有限公司
开　　本 / 787mm×1092mm　1/16　　　　　　印　张 / 24.75
版　　次 / 2013 年 1 月第 1 版　　　　　　　　字　数 / 422 千字
印　　次 / 2013 年 1 月第 1 次印刷
书　　号 / ISBN 978-7-5097-4118-4
定　　价 / 68.00 元

本书如有破损、缺页、装订错误,请与本社读者服务中心联系更换
▲ 版权所有　翻印必究